鉴定式案例研习丛书编委会

鉴定式案例研习系列丛书

鉴定式案例研习
第二届全国大赛优秀作品暨会议实录

主编◎徐涤宇　张家勇

执行主编◎夏昊晗　陈大创

中国政法大学出版社

2024·北京

图书在版编目（CIP）数据

鉴定式案例研习. 第二届全国大赛优秀作品暨会议实

录 / 徐涤宇, 张家勇主编. -- 北京：中国政法大学出

版社, 2024. 7. -- ISBN 978-7-5764-1578-0

Ⅰ. D923.04-53

中国国家版本馆CIP数据核字第2024YX5999号

出 版 者　　中国政法大学出版社

地　　址　　北京市海淀区西土城路 25 号

邮　　箱　　fadapress@163.com

网　　址　　http://www.cuplpress.com (网络实名：中国政法大学出版社)

电　　话　　010-58908435(第一编辑部) 58908334(邮购部)

承　　印　　固安华明印业有限公司

开　　本　　787mm×1092mm　1/16

印　　张　　22.75

字　　数　　483 千字

版　　次　　2024 年 7 月第 1 版

印　　次　　2024 年 7 月第 1 次印刷

定　　价　　96.00 元

序　言

（王泽鉴先生为首届大赛所作）

2020 年《中华人民共和国民法典》（以下简称《民法典》）的制定与施行是中国民法发展与法治建设的里程碑。在全国积极热烈地学习民法的关键时刻，《鉴定式案例研习：首届全国大赛优秀作品暨会议实录》（以下简称"本书"）的出版，具有极为重大的意义。我们要感谢本书主编中国政法大学民商经济法学院于飞院长与执行主编吴香香副教授的精心策划，完成了艰巨的工作；并对所有推动鉴定式案例研习教学的学者，表示诚挚的敬意。此项大赛预定由中国政法大学民商经济法学院、中南财经政法大学法学院、华东政法大学法律学院轮流承办，每年举行，这将对中国法律教育的繁荣进步作出长远的贡献。为使读者能够更深认识本书所承担的使命及卓越成就，拟简要说明鉴定式案例研习的意义和功能。

法律的意义在于规范社会经济活动，法律的生命体现于法之适用，即将抽象的法律规定适用于具体的案例事实。此为所有法律人（包括法官、律师、公务员及所有从事法律工作的人）的任务，直接攸关人民的权益及法治社会的发展。鉴定式案例研习的目的在于培养训练所有的法律人，使其都能具有正确合理适用法律的思维方法及论证能力。此种创造性的学习方法系建立在请求权基础及鉴定式体裁两个核心概念之上。

本书提出一个重要的见解：无请求权基础无请求权。请求权基础，指的是支持一方当事人向他方当事人有所主张的法律规范，体现于一个具体的法条。民法系由权利及请求权所构成，法之适用就是在具体案件中寻找、发现或在必要时创设保护人民权益的请求权基础。"无请求权基础无人民权益的保护。"在诉讼时法院常会问当事人：您的请求权基础为何？兹为便于理解本书的贡献及十个得奖的优秀作品，特将以请求权基础为中心的法之适用的机制，图解如下（较详细的论述，请参阅拙著，《民法思维——请求权基础理论体系》，北京大学出版社）：

关于前述以请求权基础所建立的法之适用的机制，须补充说明的有五方面：

第一，法律问题始于案例，必须彻底理解案例，要针对案例事实，提出明确的法律问题。

第二，来回于案例事实与法律规范之间，从案例事实寻找请求权基础，从请求权基础认定要件事实。原则上应依契约、类似契约、无因管理、物权关系、不当得利、侵权行为等的次序，全面检查认定请求权基础，并检讨请求权竞合关系。

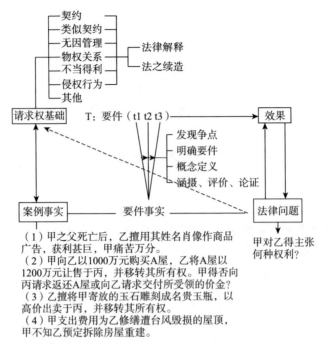

（1）甲之父死亡后，乙擅用其姓名肖像作商品广告，获利甚巨，甲痛苦万分。
（2）甲向乙以1000万元购买A屋，乙将A屋以1200万元让售于丙，并移转其所有权。甲得否向丙请求返还A屋或向乙请求交付所受领的价金？
（3）乙擅将甲寄放的玉石雕刻成名贵玉瓶，以高价出卖于丙，并移转其所有权。
（4）甲支出费用为乙修缮遭台风毁损的屋顶，甲不知乙预定拆除房屋重建。

甲对乙得主张何种权利？

第三，请求权基础系由构成要件（T）（要件因素，t1、t2、t3……）所构成，应就案例事实从事法之适用上的概念定义、涵摄、评价及论证，此涉及法律解释及法之续造方法论的问题。

第四，探究请求权与抗辩的对立关系，此在实务上甚为重要。所谓抗辩包括请求权不发生（如契约无效）、请求权已消灭（如债务业已清偿）、请求权的实现性（如罹于消灭时效）。

第五，从正义、公平及常识检视法之适用的妥当性。

案例研习的目的在于借着具体案例的演练来养成法之适用的思维方法及论证能力，前已说明。关于法之适用的表达，有两种方式或体裁，可供采取：一为判决，一为鉴定。兹将判决与鉴定两种体裁的结构表示如下：

判决体裁	前：主文（结论）	后：理由	
鉴定体裁	前：前提命题	后：论证	尾：结论

判决体裁以法院裁判为典型。其特色系：①结论在前，理由在后，即先作成结论，再赋予理由。②在结论与理由之间所使用的链接语句系："因为（因）……所以（故）……"例如因甲为A车所有人，乙为无权占有，故甲得依《民法典》第235条的规定向乙请求返还。

鉴定体裁的目的在于验证一定的法律规范（请求权基础）的适用，它具有三个特征：①法律问题应先提出。②逐步检讨由假设命题到达结论的过程。③结论置于最后。其使用的语句系："若……则……"例如甲得依《民法典》第235条的规定向乙请求返还A车，须甲系所有人，乙系无权占有（大前提）。应就确定事实认定其是否该当（满足、符合构成要件（小前提））。经由大前提适用于小前提，作成肯定或否定所提出问题的结论，即甲得否依《民法典》第235条的规定向乙请求返还A车。

需要特别提出的是，首届全国鉴定式案例研习大赛系采用鉴定式的体裁，实值赞同肯定。传统法律教育注重教授学习法律知识，学生亦多阅读法院裁判，较多认识判决体裁。判决体裁亦属重要，但法律教育的重点不是训练学生写判决书，而是要锻炼培养学生的法律思维。基此认识，案例研习应采鉴定体裁，其理由有四：

第一，判决体裁以鉴定体裁为基础：即先有鉴定的思考过程，再将之转化为判决形式。法院在评议时，通常不会径即作成判决，而是先思考假定命题，例如在挖断电线的案件中，被害人就其不能营业的损失，得否依侵权行为规定请求损害赔偿？

第二，法律思维的原型：鉴定体裁体现法之适用的思维过程。法律人遇到法律问题时，系先就案例事实寻找法律规范（请求权基础），再检验是否具备构成要件而作成结论。律师、其他法务工作者及法官评议时均采此种思考方法，具有普遍适用性，乃法律思维的原型。

第三，法之适用的论证检验：鉴定体裁使法律人能够更精确地掌握案例事实，遵循一定的方法规则，逐步推理论证法律的适用过程，使法之适用得获控制，可供检验。

第四，德国经验：德国大学法律教育从大一开始就有民法、公法等基本科目的案例研习，均采鉴定体裁；国家考试的题目亦采鉴定方式。此为德国法律教育的根本，所有的法律人都接受此种训练，体现于法律人的能力、法学水平和法院裁判的质量。

本书的会议实录包括两个主题。第一个主题系由得奖作品的同学现身说法，展示他们作品的内容，说明参与竞赛的目的，如何思考、克服写作过程中所遇到的难题，以及参赛的心得。他们宝贵的经验必能帮助、鼓励同学认真学习鉴定式案例研习。第二个主题是由来自全国重点大学百余位师生共同分享鉴定式案例教学的本土经验，研讨课程设计、发现的困难问题与其应对之道；如何将鉴定式案例教学扩大及于商法、民事诉讼法、刑法、行政法等领域；尤其探究鉴定式案例未来的困境、出路及发展的方向。与会学者一致肯定鉴定式案例教学的功能与作用，提出了许多具有建设性的建议，深化鉴定式案例教学的方法及效果，建构了鉴定式案例教学的理论基础及实施方案，深具学术价值。

值得特别强调的是研习案例的设计。大赛案例涉及民法重要领域，案例内容结合实务与理论、判例与学说的重要争议问题，具有法学方法论的意义。案例的设计具有典范性，确可达成研习的目的，测试参赛者法之适用的能力，并引导未来学习的方向。出题者的学识、用心及想象力，令人敬佩。须说明的是，出题者若先自己作成解答，或能补充修正案例事实，发现对某争点问题，得有不同见解。在评定作品时应注意并非所有法律问题都有惟一正确的答案，应予重视的是思维方法与论证质量。案例的设计与解答是创造性的法学活动，是一种技术，也是一种科学，更是一种艺术。技术须勤加演练，熟能生巧；科学是一种客观论证的过程；艺术则在于公平妥当处理争议问题，实现个案正义。

最令人感动的是十个获奖作品。此次大赛共有七百多位来自全国多所大学的师生及实务人士参与，该十个获奖作品能够脱颖而出，确属难能可贵。在此难以对每一个作品加以点评，应予肯定的是所有的作品都能够确实运用实践鉴定式案例研习的方法：①精确理解案例事实，区别与解题有关或无关的事实，此种区辨能力是法律人的基本素养。②建构解题纲要，把握重点，明确争点。③采用请求权基础方法，全面依序检查请求权基础，加以取舍，探讨竞合关系。④采用请求权与抗辩方法，分析请求权的发生、消灭与可实现性。⑤充分显现法之适用上关于要件定义、涵摄，尤其是法学方法论的评价及论证能力。⑥解答文字简明，少有赘语，易于了解沟通。法之适用（尤其是以鉴定式体裁为基础的法院判决）是一种对当事人、对法院、对法学、对社会的沟通，法律文字应受重视。

这十个优秀的作品充分体现了鉴定式案例教学的成果，及对未来发展的期待。为进一步落实鉴定式案例研习的目标，谨提出五点意见：

第一，善用本书的得奖作品作为基本教材，使学生先自行作答，再与得奖作品加以比较，共同讨论，有所补充或改进，并请老师点评。认真写作完成一个案例研习，胜过读十个案例研习的作品。

第二，将鉴定式案例研习纳入法学院正式课程，并积极使其全国化。

第三，以民法案例研习作为基础，逐步将鉴定式案例研习方法推广到商法、刑法、行政法及诉讼法等领域。

第四，促请法律职业资格考试采用鉴定式案例的试题，使鉴定式案例研习能够落实于法律教育。

第五，案例研习的教育需要资源，尤其是点评学生的作品等相关作业，国家及学校应该提供必要的人力、物力的协助。

最后要再强调的是，本次大赛所倡导的鉴定式案例研习，对中国法律教育作出了历史性的贡献。案例研习的深化、普遍化及落实实践，必会使全国的法律人都能具有相同适用法律的思维方法及论证能力，易于沟通，彼此理解，形成共识。必会提升法之适用的品质，强化法律的公信力，增强法之适用的客观性及安定，促进实现众所期盼的一案同判的平等原则。

谨再对所有参与首届竞赛工作的学者及相关人士表示诚挚的敬意。让我们秉持同一的信念，共同为法律教育的成功及法治社会的进步发展而努力！

王泽鉴

台湾大学名誉教授

2021 年 2 月 21 日

编委会序言

鉴定式案例分析作为一种法律人的养成方法，在我国方兴未艾。目前，已有多所重点法学院校开设鉴定式案例研习的专门教学班或专门课程，鉴定式案例教学正日益走向本土化、完备化、常态化。

以此为契机，2020年，中国政法大学民商经济法学院、中南财经政法大学法学院、华东政法大学法律学院共同发起"全国鉴定式案例研习大赛"暨"全国鉴定式案例研习论坛"。此大赛与论坛计划每年举办一届，由三校轮流承办，历届大赛的优秀作品以及论坛与会者的思想火花，都将忠实地记录于本丛书当中。

出版"鉴定式案例研习：全国大赛优秀作品暨会议实录"丛书，主要目的有二。

一则为"学"。鉴定式案例教学在我国开展已有一段时间，但相关的教材建设才刚刚起步。除了王泽鉴先生《民法思维——请求权基础理论体系》这一奠基之作外，目前仍以移译德国案例研习教科书为主。对于学生读者而言，如何将视角由域外法切换至本国法，摆脱"直把他乡作故乡"的隔阂感，是一大难题。尤其是，我国刚刚进入《民法典》时代，法教义学体系尚不完善，域外法上解答较为清晰的案例，转入我国法后很有可能难度升级，上述问题就会更加突出。获奖作品虽难称"标准答案"，但从中可以看到作者们针对国内法的疑难问题，整理案件事实、列明解题提纲、检索请求权基础、展开法律论证、作出涵摄判断的全过程。在论坛实录部分，我们还能够窥见作者们分享的"台下功夫"，解题的心路历程、遭遇的困难和解决办法。如此种种，读者若细心领会，必有收获。

二则为"教"。历届大赛的优秀作品，是开展鉴定式案例教学难得的材料。除此之外，在论坛实录部分，来自全国多所重点法学院校、长期从事鉴定式案例教学的学者们关于鉴定式案例教学应如何开展的讨论，也颇具参考意义。这些讨论，不仅全景展示了各大法学院校因地制宜进行鉴定式案例教学课程设置、教学组织、师资建设的宝贵经验，而且对鉴定式案例教学可能的局限表现出清醒的认识，尝试揭示其进一步发展的道路与方向。为推进鉴定式案例研习课程在我国落地生根，这些阶段性成果，亦值得仔细揣摩。

鉴定式案例分析能够有效地训练学生运用法律思维、铺展法律论证的能力，这也正是法律人必备的两项核心竞争力。类比武侠小说，其相当于习武者的"招式"，只有"招式"熟练，才能使理论学习中形成的"内力"，在实战中发挥出效能。"招式"固然不能代替"内力"，但只有不断地练习"招式"，法律人的"内力"才能够日渐精纯，运用自如。诚如王泽鉴先生所言：经由深刻思考，亲身体验应用的条文，将成为法律人生命的法律细胞，终生难忘。

希望丛书的出版能够为我国新时代的法治建设与法学教育不断提供新鲜的素材与养分。

是为序。

鉴定式案例研习丛书编委会　谨识
2021 年 2 月 20 日

大赛组委会工作组

（以姓名拼音排序）

陈大创　陈丽婧　葛平亮　贺栩栩　季红明　金　晶
柯勇敏　李　俊　李金镂　李运杨　缪　宇　王复春
王　浩　王　蒙　吴香香　夏昊晗　姚明斌　于程远
俞彦韬　袁中华　张传奇　赵文杰

目 录

2021 年第二届全国鉴定式案例研习大赛
试题及获奖作品

2021 年第二届全国鉴定式案例研习大赛试题

疯狂的担保

2018 年 7 月，长宁投资与南湖集团洽谈融资事宜，南湖集团携子公司南湖租赁、南湖保理与长宁投资及其子公司松江矿业、长宁担保商定合作框架。7 月 12 日，南湖集团委托南湖租赁与松江矿业签订一份《融资租赁协议》。双方约定：松江矿业将"松江 1 号"项目全套设备转让给南湖租赁，然后回租该设备，融资金额 10 亿元，租赁年利率 20%，租金总额为 12 亿，分四期付清，租赁期限自 2018 年 7 月 12 日起至 2019 年 7 月 12 日止；租赁期内，若遇基准利率上调，南湖租赁将对租赁利率作出等额上调；松江矿业付清租金等款项后，本合同项下租赁物由松江矿业按 10 000 元名义价款留购。松江矿业出具一份设备明细单作为《融资租赁协议》附件，南湖租赁未实地查验评估相关设备。

2018 年 7 月 12 日，南湖租赁与长宁担保签订《保证合同》，约定：长宁担保就松江矿业在《融资租赁合同》项下对南湖租赁所负全部债务提供连带责任保证，保证期间为主债务到期日起 2 年。

2018 年 7 月 12 日，南湖集团指示南湖租赁与南湖保理签订《公开型有追索权国内保理合同》，将《融资租赁合同》项下全部债权转让给南湖保理，由南湖保理直接将 10 亿元打入松江矿业账户。松江矿业将该笔资金转入长宁投资的银行账户。长宁投资后将该笔资金投入旗下小月河地产项目。

2019 年 7 月 12 日，松江矿业尚拖欠 5 亿租金，南湖保理与松江矿业、长宁投资磋商，由长宁投资向南湖保理出具一份《承诺函》，承诺"愿意督促松江矿业切实履行还款义务，若最终未能按时归还本息，由本公司协助解决，不让贵司蒙受损失"。同时，长宁投资的股东金飞勇与南湖保理签订《股权转让协议》，约定金飞勇将其持有的长宁投资 49% 的股权转让给南湖保理，若松江矿业不履行债务，金飞勇须按欠款数额回购股份，若金飞勇不履行回购义务，南湖保理有权以股权直接折抵欠款。南湖保理将债务展期至 2020 年 7 月 12 日。事后，金飞勇协助办理完毕股权变更登记。

2020 年 8 月 12 日，因松江矿业未能还款，南湖保理与松江矿业交涉，被告知"松江

1号"项目全套设备为松江矿业于2018年6月12日从昌平重科以所有权保留之方式购买，总价5亿元。因松江矿业拖欠剩余2亿到期价款，昌平重科已于2020年7月12日通知松江矿业解除双方买卖合同并拉走全套设备。松江矿业同时表示自己无力还款。

2020年8月15日，南湖保理要求金飞勇回购股权，得知金飞勇转让之股权是姚晗香无偿委托其代持，姚晗香事先不知情，并拒绝承认《股权转让协议》。

经查，案涉全套设备现价值3亿元，上述融资租赁、保理和所有权保留交易均未办理登记，各企业皆为有限责任公司。

问：各当事人依法得提出何种主张？

要求：

1. 运用请求权基础方法以鉴定式体裁解题；

2. 以《中华人民共和国民法典》（以下简称《民法典》）及其他现行有效规范为解题的法条依据；

3. 采用规定的答题模板与形式。

2021 年第二届全国鉴定式案例研习大赛获奖作品（一）

江美茹

　　一、比赛身份：中国政法大学国际法学院 2017 级本科生。

　　二、目前身份：南京大学法学院 2021 级民商法学硕士研究生。

　　三、自我介绍：鉴定式案例分析方法的特点是从假定的结论出发，倒推条件是否成立，进而得出假定的结论是否成立，系以案例中的问题为起点，助推民法学习。于法科学生而言，该方法有利于熟悉并系统化掌握实证法规范，梳理学术上的理论知识及争议，起到按图索骥的作用。

　　本文按照以下顺序检索请求权基础：基于合同而发生的请求权、基于准合同而发生的请求权、基于无因管理而发生的请求权、基于物权或占有而发生的请求权、基于侵权行为而发生的请求权以及基于不当得利而发生的请求权。在检视各项请求权时，应满足三个要件，即请求权已产生（无权利阻却抗辩）、请求权未消灭（无权利消灭抗辩）与请求权可行使（无权利阻止抗辩，即抗辩权）。

　　就南湖租赁而言，首先，其与松江矿业、南湖保理之间分别存在融资租赁合同、有追索权保理合同，需各自检视合同请求权。而且，南湖租赁作为《融资租赁协议》的买受人，可能取得对设备的物权，进而向昌平重科主张物权请求权。其次，南湖保理于 2018 年 7 月 12 日与南湖租赁签订《公开型有追索权国内保理合同》，受让南湖租赁对松江矿业的债权，需检视其对南湖租赁的合同请求权。根据"从权利随债权一并移转"的规则，仍需检视南湖保理对长宁担保的合同请求权。随后，长宁投资于 2019 年 7 月 12 日向南湖保理出具《承诺函》，南湖保理可能据此享有对长宁投资的合同请求权。同时，南湖保理与金飞勇之间存在《股权转让协议》，需检视其对金飞勇的合同请求权。最后，松江矿业可能基于其与昌平重科之间的所有权保留协议享有合同请求权、物权请求权。姚晗香可能基于其与金飞勇之间的股权代持协议享有合同请求权，也可能向金飞勇主张侵权请求权。此外，松江矿业作为长宁投资的子公司，在收到南湖保理的 10 亿元后直接转入长宁投资的银行账户，根据《民法典》第 83 条第 2 款，长宁投资可能要对松江矿业的债务承担连带责任。

第1部分：南湖保理对松江矿业

第1部分　大纲

一、基于《民法典》第766条第1句请求支付5亿元的租金及迟延利息（＋）

（一）请求权是否已产生（＋）

1. 存在有效的债权让与合意（＋）

2. 存在特定、有效的债权（＋）

①松江矿业与南湖租赁之间存在有效的合同（＋）

②权利阻却抗辩：合同效力瑕疵事由（－）

A. 是否因违反强行性规定而无效（－）

a. 借贷合同

（a）借贷合同具有无效事由？（－）

（b）利率规制？（＋）

b. 让与担保

（a）物权法定？（－）

（b）流押规制？（－）

3. 权利阻却抗辩：债权是否不具有可让与性（－）

4. 权利阻却抗辩：债权人是否不具有处分权（－）

5. 权利阻却抗辩：是否未通知债务人（－）

①未通知债务人时

②通知债务人时

（二）请求权是否未消灭（＋）

（三）请求权是否可行使（＋）

第1部分　正文

2018 年 7 月 12 日，南湖租赁与南湖保理签订《公开型有追索权国内保理合同》，将《融资租赁合同》项下全部债权转让给南湖保理，据此南湖保理可能得基于《民法典》第 766 条第 1 句后段向松江矿业主张清偿 5 亿元的租金及其延迟利息。

由于"从权利随债权一并移转"，若采功能主义，南湖租赁与松江矿业签订《融资租赁协议》（实为借款合同 + 所有权让与担保，详见下文），其移转的设备所有权实质为担保物权，应依法律规定自动移转予南湖保理，即南湖保理有权就债权范围内对案涉设备主张优先受偿，可能对松江矿业主张物权请求权，但南湖租赁自身对案涉设备便不存在任何权利（松江矿业为无权处分人，南湖租赁亦未善意取得，详见下文），因此不再检视南湖保理对松江矿业的物权请求权，亦无类合同请求权、不当得利请求权、侵权请求权。

一、基于《民法典》第 766 条第 1 句请求支付 5 亿元的租金及迟延利息（＋）

相较于《民法典》第 545 条第 1 款、第 509 条第 1 款结合《融资租赁协议》约定，《民法典》第 766 条作为合同分则的特别规定，应优先定为请求权基础。须强调的是，保理合同作为负担行为，仅使应收账款债权人负有转让应收账款给保理人的义务，真正使保理人有权以自己的名义直接向应收账款债务人主张应收账款债权的是应收账款债权人与保理人之间的债权转让行为，因此需要结合债权让与的相关规则补充要件。

（一）请求权是否已产生（＋）

该请求权的产生须满足如下要件：1. 存在有效的债权让与合意；2. 存在特定、有效的债权；3. 债权具有可让与性；4. 南湖租赁具有处分权；5. 无权利阻却抗辩，即已通知债务人。

1. 存在有效的债权让与合意（＋）

2018 年 7 月 12 日，南湖租赁与南湖保理签订《公开型有追索权国内保理合同》，约定将《融资租赁合同》项下全部债权转让给南湖保理。即使有追索权保理的债权让与具有让与担保性质，[1]也不妨碍该债权让与合意的有效。

2. 存在特定、有效的债权（＋）

保理合同的所指债权为南湖租赁于《融资租赁合同》项下的全部债权，即松江矿业拖欠的 5 亿元租金，满足特定要件，已届满履行期。是否为有效债权，则需检视《融资租赁合同》效力。

---

[1] 参见李宇：《保理合同立法论》，载《法学》2019 年第 12 期。

① 松江矿业与南湖租赁之间存在有效的合同（＋）

2018 年 7 月 12 日，南湖租赁与松江矿业签订一份《融资租赁协议》，根据《民法典》第 502 第 1 款，合同自成立时生效。

但仍需要探讨当事人的合意为何。融资租赁合同的核心在于"融资"＋"融物"，相较于借款合同单纯的"融资"，对融资租赁合同的认定须探讨当事人是否有"融物"之意，即买卖之意，[1]"融物"之意与"融资"之意间须存在关联性，这在《最高人民法院关于审理融资租赁合同纠纷案件适用法律问题的解释》（以下简称《融资租赁合同解释》）第 1 条中有所体现。津高法〔2019〕335 号进一步明确这一关联性，判断融资租赁法律关系是否成立，应当充分考虑出租人受让的租赁物是否真实存在且特定化、租赁物与合同约定是否一致、租赁物的价值与租金构成是否存在较大差异、所有权移转手续是否符合法律规定等因素。[2]

首先，"松江一号"作为租赁物是真实存在，与合同约定相一致的，设备明细单的出具说明标的物已然特定化。南湖租赁作为融资租赁公司，其经营范围固然包含融资租赁业务，[3]再加上回购条款的存在，[4]似可初步说明南湖租赁与松江矿业之间存在移转所有权之意图。

然而"融资租赁合同"与"借款合同"的本质区别在于前者兼具"融物"性质，即出租人与出卖人存在真实的买卖意图，[5]尚需结合租赁物的价值与租金数额的差异、出卖人是否向出租人转让标的物所有权进行判断。

根据《民法典》第 746 条，融资租赁的租金应根据购买租赁物的大部分或全部成本以及出租人的合理利润确定，这是"融物"与"融资"之间关联性的体现。"合理利润"的标准应如何界定，最高人民法院认为等价交换作为买卖合同之基本原则，涉案租赁物的价值与租金差异较大即可证成买卖关系不存在，[6]检索中发现认定"低值高估"标准最低的裁判是标的物价值为 400 多万元，融资金额为 600 多万元的，[7]有学者对融资租赁公司低值高估的认定标准作了总结：租赁物购买价款超过租赁物账面现值的 150% ~ 200%。[8]具

---

〔1〕 参见袁野：《隐藏型商事避法合同的裁判转向与解释路径——以售后回租合同为研究范本》，载《河北法学》2019 年第 11 期。

〔2〕 参见《天津市高级人民法院关于审理融资租赁合同纠纷案件若干问题的审判委员会纪要（一）》（津高法〔2019〕335 号）。

〔3〕 实践中常辅以对涉案公司的登记情况尤其是业务经营范围的考察。参见江苏省高级人民法院（2015）苏商终字第 00404 号民事判决书。

〔4〕 有学者指出"在售后回租法律关系中，标的物首先由承租人作为出卖方转移给出租人，其后承租人通过支付租金的方式持续性使用租赁物，待租赁期届满时，承租人一般会选择将租赁物回购。而在借款法律关系中，标的物主要是对借款作抵押担保之用，在贷款人未实现抵押权之前，其所有权一直在借款人名下。"见袁野：《隐藏型商事避法合同的裁判转向与解释路径——以售后回租合同为研究范本》，载《河北法学》2019 年第 11 期。

〔5〕 参见张家勇：《论融资租赁的担保交易化及其限度》，载《社会科学辑刊》2022 年第 2 期。

〔6〕 参见工银金融租赁有限公司、铜陵大江投资控股有限公司融资租赁合同纠纷案，最高人民法院（2018）最高法民再 373 号再审民事判决书。

〔7〕 参见原告江苏永高融资租赁有限公司与被告江苏超创信息软件发展股份有限公司、镇江市投资担保有限公司、镇江凤凰山庄生态农业有限公司企业借贷合同纠纷案，南京市栖霞区人民法院（2016）苏 0113 民初 723 号一审民事判决书。

〔8〕 参见张竟一：《融资租赁法律原理与案例评析》，中国法制出版社 2019 年版，第 14 ~ 15 页。

体到本案，《融资租赁协议》中的租金总额为12亿元，为该设备实际价值（3亿元~5亿元）的2倍甚至是4倍，可以认定标的物价值明显低于融资金额。但是，能否直接否定此为"合理利润"，进而否认"融物"与"融资"之间的关联性则不无疑问。等价交换存在"主观价值"与"客观价值"之别，一般认为若交换中不存在欺诈、胁迫、错误等情形，法律则应让当事人自己去寻找适当的价金，由各人确定自己公平的界限。只有在当事人之间并非自主、自愿、平等的情况下，才需要借助"客观价值"之判断并结合"显失公平"制度以维护实质正义，而且对其具体判断不能单纯以对价与获得利益价值之间的比例差值来确定是否等价，必然同时考虑其他因素。[1]

关键仍在于是否可从案情合理得出当事人具有"融物"之自治意图的结论，根据《金融租赁公司管理办法》第34条，从事售后回租业务的金融租赁公司应真实取得相应标的物的所有权；《融资租赁公司监督管理暂行办法》第15条，若租赁物不属于需要登记的财产类别，融资租赁公司应当采取有效措施保障对租赁物的合法权益。换言之，南湖租赁作为专业的融资租赁机构负有尽调义务。但南湖租赁订约前后均没有实地查验设备，亦未采取有效措施以保障自己对租赁物的合法权益，根据一般交易习惯，南湖租赁难谓有"融物"之意。另外，南湖租赁未在法律形式上取得"松江1号"的所有权（详见下文），辅以合同中"租赁利率随基准利率上调"[2]的表述，综合后可推知当事人的合意实为借贷而非融资租赁。

因此，根据《民法典》第142条第1款，应该认为双方当事人的合意为订立本金为10亿元，年利率为20%的借贷合同，同时转让涉案设备的所有权于南湖租赁以作担保。

②权利阻却抗辩：合同效力瑕疵事由（－）

A. 因违反强行性规定而无效？（－）

南湖租赁与松江矿业之间的《融资租赁协议》实为借贷合同＋所有权让与担保，需要参照适用《最高人民法院关于审理民间借贷案件适用法律若干问题的规定（2020第二次修正）》（以下简称《民间借贷规定》）相关规定，并考察案涉让与担保的效力。

a. 借贷合同

（a）具有无效事由？（－）

根据《民间借贷规定》第13条第3项，未依法取得放贷资格的出借人，以营利为目的向社会不特定对象提供借款的。本案中难以看出南湖租赁是否为取得放贷资格的出借人，但松江矿业并非社会不特定对象，无法断定南湖租赁以营利为目的向社会不特定对象提供借款，因此案涉借贷合同不存在该无效事由。

---

〔1〕 参见王磊：《论显失公平规则的内在体系——以〈民法总则〉第151条的解释论为中心》，载《法律科学（西北政法大学学报）》2018年第2期。

〔2〕 实务中以"是否实地查验""合同中利率的表述"作为判断当事人间的融资租赁协议实为借贷的标准之一的裁判较多。参见山西贝瑞精密工业股份有限公司诉中信富通融资租赁有限公司等融资租赁合同纠纷案，北京市第二中级人民法院（2016）京02民终4529号二审民事判决书；另参见北京亦庄国际融资租赁有限公司、山东得顺源石油科技有限公司申请执行人执行异议之诉，东营市中级人民法院（2018）鲁05民终281号二审民事判决书。

（b）利率规制？（＋）

首先确定南湖租赁的主体资格，南湖租赁是否属于非银行类金融机构中的金融租赁公司，无法直接从案情中得出结论。根据《贷款通则》第 21 条的规定以及《商业银行资本管理办法（试行）》附件四之三，非银行类金融机构须持有金融牌照且受金融监管当局监管。《金融租赁公司管理办法》明确禁止未经中国银监会批准的单位和个人在名称中适用"金融租赁"字样。换言之，只有金融租赁公司的名称中方可带有"金融租赁"字样，对实践中现有的金融租赁公司的检索结果亦可印证上述结论。因此，南湖租赁的名称中并无"金融"二字，案情亦未强调"金融牌照""金融监管当局监管"等事项，可以推断南湖租赁不属于金融机构，不适用金融机构借款利率限制的情形，而应适用民间借贷的利率规制。换言之，根据《最高人民法院关于新民间借贷司法解释适用范围问题的批复》，可以适用《民间借贷规定》的规定。

当事人的合意实质为借款合意，租金年利率实为利息利率，依据《民法典》第 680 条第 1 款，须检视借款的利率是否违反国家有关规定。根据《民间借贷规定》第 31 条第 2 款，本案借款合同成立于 2020 年 8 月 20 日之前，可请求适用当时的司法解释，即 2015 年施行的《民间借贷规定》计算自合同成立到 2020 年 8 月 19 日的利息部分，年利率在 24% ~ 36% 区间内的属于自然债务，超过 36% 部分的利息债权无效。

虽然案情中明确约定年利率为 20%，但需以其实际年利率作为判断标准。《融资租赁协议》中未明示还款方式，需要分情况讨论：

（aa）等额本息

若为等额本息的还款方式，借贷本金为 10 亿元，分四期，于一年内还清，还款总额为 12 亿元，根据等额本息的计算公式可算得每期利率为 7.713847295%，年利率约为 30.855%，超过年利率 24% 部分的利息债权为自然债务，已经支付的部分借助 PMT 函数及 PPMT 函数计算出各期本息金额如下：

每期还款	每期本金	每期利息
￥300 000 000.00	￥222 861 527.05	￥77 138 472.95
￥300 000 000.00	￥240 052 724.92	￥59 947 275.07
￥300 000 000.00	￥258 570 025.55	￥41 429 974.45
￥300 000 000.00	￥278 515 722.47	￥21 484 277.52

根据案情，松江矿业已经偿还了第一期与第二期的借款，第三期仅偿还了 1 亿元，依据《民法典》第 561 条，应认为松江矿业这 1 亿元优先偿还了利息，即第三期还剩 200 000 000 元本金未还。针对第四期借款，松江矿业可主张以年利率 24% 计算利息，约为 0.163 亿元。换言之，松江矿业可抗辩 5 148 910.027 元的债权不成立，只需偿还约 4.78 亿元本金与 0.163

亿元利息。

（bb）等额本金

若为等额本金的还款方式，则每期固定还款本金为 2.5 亿元，最终还款总额为 12 亿元，可得出实际年利率为 32%，计算出各期本息金额如下：

每期还款本金	剩余本金	每期利息	每期还款总额
￥250 000 000	￥1 000 000 000	￥80 000 000	￥330 000 000
￥250 000 000	￥750 000 000	￥60 000 000	￥310 000 000
￥250 000 000	￥500 000 000	￥40 000 000	￥290 000 000
￥250 000 000	￥250 000 000	￥20 000 000	￥270 000 000

根据案情，松江矿业已经偿还了第一期与第二期的借款，第三期仅偿还了 6 千万元，依据《民法典》第 561 条，应认为松江矿业这 6 千万元优先偿还了利息，即第三期还剩 2.3 亿元本金未还。针对第四期借款，松江矿业可主张以年利率 24% 计算利息，为 0.15 亿元。换言之，松江矿业可抗辩 5 000 000 元的债权不成立，只需偿还约 4.8 亿元本金与 0.15 亿元利息。

b. 让与担保

（a）物权法定？（-）

《融资租赁协议》中的所有权让与担保约定并不因违反物权法定原则而无效。这是因为，《民法典》第 388 条允许其他具有担保功能的合同，"借用"特定物权/财产权之名，在遵守被借用物权的公示要件规定的情况下，设立担保物权，获得优先受偿权。[1]

（b）流押规制？（-）

当事人约定将案涉设备转让给南湖租赁，待松江矿业付清债务后，再由松江矿业按 10 000 元名义价款留购，根据松江矿业履行期间所有权的归属，可以认为当事人默示约定债务人不履行到期债务后时，案涉设备所有权归债权人所有。基于《民法典》第 401 条，这不会导致合同无效，只是南湖租赁仅能就案涉设备优先受偿。

3. 权利阻却抗辩：债权是否不具有可让与性（-）

南湖租赁的 5 亿元债权不属于《民法典》第 545 条第 1 款所规定的例外情形，具有可让与性。

4. 权利阻却抗辩：债权人是否无处分权（-）

南湖租赁作为该 5 亿元债权的债权人，具有处分权。

5. 权利阻却抗辩：是否未通知债务人（-）

根据《民法典》第 546 条与第 764 条，该债权转让须由让与人或保理人表明身份并附

---

〔1〕 参见张家勇：《体系视角下所有权担保的规范效果》，载《法学》2020 年第 8 期。

有必要凭证通知债务人后方可对债务人发生效力。通知主体本案并未说明相关通知事宜，须分情况讨论：

① 未通知债务人时

该债权让与对松江矿业不发生效力，松江矿业只有对南湖租赁清偿，才能使 5 亿元的债务消灭。此时请求权不成立。相应地，该债权的从权利也只能由南湖租赁行使。此时南湖保理与南湖租赁之间为暗保理，前者需另以控制收款账户等方式确保对给付利益的控制，仅得在南湖租赁另行收取债权时主张违约责任。

② 通知债务人时

该债权让与对松江矿业产生效力，松江矿业只有对南湖保理清偿，才能使 5 亿元的债务消灭。此时请求权成立。

从本案中"松江矿业直接收下 10 亿元""2019 年 7 月 12 日南湖保理与松江矿业、长宁投资磋商"的表述，可推知该债权让与已有效通知松江矿业。

（二）请求权是否未消灭（＋）

不存在权利消灭之抗辩。

（三）请求权是否可行使（＋）

一方面，无论对保理合同性质作何种认定，保理人均可径直向应收账款债务人主张应收账款债权，松江矿业不享有先诉抗辩权。另一方面，南湖租赁已通过指示（南湖保理）交付支付了 10 亿元，松江矿业不存在基于借贷合同产生的先履行抗辩权。因此，此处不存在权利阻止抗辩。

（四）小结

根据《民法典》第 766 条第 1 句中段，南湖保理可请求南湖租赁支付 5 亿元及迟延利息。

第 2 部分：南湖保理对南湖租赁

第 2 部分　大纲

一、基于《民法典》第 766 条第 1 句中段主张返还 5 亿元本息或回购应收账款债权（+）

（一）请求权是否已产生（+）

1. 存在有效的有追索权保理合同（+）

（1）合同成立：保理合意一致（+）

（2）合同生效：采取书面形式（+）

2. 履行期届满（+）

3. 是否存在权利阻却抗辩（－）

（1）保理合同的效力性规制

①应收账款是否不存在（－）

②基础交易合同是否变更或终止（－）

（2）债权转让的效力性规制

①是否存在债权转让的限制事由（－）

（二）请求权是否未消灭（+）

（三）请求权是否可行使（+）

1. 南湖租赁基于《公开型有追索权国内保理合同》享有的先诉抗辩权（－）

2. 南湖租赁基于《公开型有追索权国内保理合同》享有的先履行抗辩权（－）

第 2 部分　正文

2018 年 7 月 12 日，南湖租赁与南湖保理签订《公开型有追索权国内保理合同》，南湖保理可能享有对南湖租赁的合同请求权，基于《民法典》第 766 条第 1 句中段主张返还

10 亿元本息或回购应收账款债权。南湖保理对南湖租赁无类合同请求权、物权请求权、不当得利请求权或侵权请求权。

一、基于《民法典》第 766 条第 1 句中段主张返还 10 亿元本息或回购应收账款债权（＋）

（一）请求权是否已产生（＋）

〗 2018 年 7 月 12 日，南湖租赁与南湖保理签订《公开型有追索权国内保理合同》。该请求权的产生须满足：存在有效的有追索权保理合同，履行期届满，且无权利阻却抗辩。

1. 存在有效的有追索权保理合同（＋）

（1）合同成立：保理合意一致（＋）

根据《民法典》第 483 条，南湖租赁与南湖保理达成合意，于 2018 年 7 月 12 日签订《公开型有追索权国内保理合同》，合同成立。有争议的是，基于《民法典》第 761 条针对保理合同的定义，在应收账款债权人将应收账款转让给保理人的基础上，保理人仅提供资金融通服务，是否成立保理合同。根据文义解释，只要符合《民法典》第 761 条其中任何一项内容即构成保理，即使基于"避免保理商专门从事催收业务或者讨债业务"的立法目的，对保理合同的性质进行限缩解释，认为"提供资金融通或提供应收账款债务人付款担保两者必居其一"。[1]南湖保理已提供资金融资服务，将 10 亿元打入松江矿业账户。因此，南湖租赁与南湖保理达成合意，成立保理合同。

（2）合同生效：采取书面形式（＋）

根据《民法典》第 502 条第 1 款及第 762 条，保理合同属于要式合同，从"签订《公开型有追索权国内保理合同》"的表述可知，南湖租赁与南湖保理的保理合同已采用书面形式，该合同成立并生效。

2. 履行期届满（＋）

2019 年 7 月 12 日，松江矿业尚拖欠 5 亿租金，直至 2020 年 8 月 15 日仍未还款，债权已届满履行期。《公开型有追索权国内保理合同》中未明确履行期，可从松江矿业在 2019 年 7 月 12 日前已还 7 亿元，并于 2019 年 7 月 12 日与南湖保理磋商可知，《公开型有追索权国内保理合同》亦已届满履行期。

3. 是否存在权利阻却抗辩（－）

（1）应收账款是否不存在（－）

如第 1 部分所述，南湖租赁与松江矿业签订的《融资租赁协议》实为借贷合同＋让与担保，合同成立并有效。根据《民法典》第 761 条、《应收账款质押登记办法》第 2 条第

---

〔1〕 参见方新军：《〈民法典〉保理合同适用范围的解释论问题》，载《法制与社会发展》2020 年第 4 期。

2 款第 4 项以及《商业银行保理业务管理暂行办法》第 8 条，提供贷款产生的债权可作为应收账款。

（2）基础交易合同是否变更或终止（－）

根据《民法典》第 765 条，若基础交易发生变更且对保理人产生不利影响的，对保理人不发生效力。如第 1 部分所述，《融资租赁协议》的真实合意自始即为借贷合同 + 让与担保，不存在变更或终止的情形。

（3）债权转让是否无效（－）

根据《民法典》第 769 条，可在"保理合同"一章未规定之处，适用债权转让的相关规定，结合第 1 部分的分析，该债权不属于《民法典》第 545 条不得转让的情形。而且此处被请求人为原债权人，无需检视债权转让是否已通知债务人。因此，债权转让有效。

2018 年 7 月 12 日，南湖租赁与南湖保理签订《公开型有追索权国内保理合同》，案情并无提示当事人间有特别规定，因此适用《民法典》第 766 条，认为双方约定保理人可向让与人和债务人同时主张权利。该合同成立且无效力抗辩事由。

（二）请求权是否未消灭（＋）

若南湖保理的债务得到松江矿业、长宁投资、长宁担保等的清偿，根据不可重复获偿原则，请求权消灭，但本案尚未出现此等事由。

（三）请求权是否可行使（＋）

1. 南湖租赁基于《公开型有追索权国内保理合同》享有的先诉抗辩权（－）

南湖租赁是否享有先诉抗辩权取决于有追索权保理合同法律性质的认定。间接清偿说认为保理人应先行请求应收账款债务人给付，经此仍未受清偿时始得请求债权人偿还融资款，让与担保说则无此种限制。[1]《民法典》第 766 条"可以……也可以……"的表述与清算义务的规定说明立法实采让与担保说，实务中也普遍赞同该观点。[2] 另外，《民法典》第 766 条虽未释明"保理人能否同时向应收账款让予人和债务人同时主张权利"，但根据第 766 条文义及实务中的通常做法，应认为若无特别约定，自无不允之理。[3]

2. 南湖租赁基于《公开型有追索权国内保理合同》享有的先履行抗辩权（－）

南湖保理将 10 亿元打入松江矿业账户的行为，既是受南湖租赁之指示交付《融资租赁协议》中的融资款，亦是南湖保理在履行自己在《保理合同》中的债务。如第 1 部分所述，《融资租赁协议》实为借贷合同 + 所有权担保，通过条款表述可判断出履行顺序为贷款人先提供借款，因此南湖租赁不享有先履行抗辩权。

---

〔1〕 参见李宇：《保理合同立法论》，载《法学》2019 年第 12 期。

〔2〕 参见《天津市高级人民法院关于审理保理合同纠纷案件若干问题的审判委员会纪要（一）》第 11 条第 10 款。

〔3〕 参见福州开发区福燃煤炭运销有限公司与中国建设银行股份有限公司福州城南支行等金融借款合同纠纷上诉案，福建省高级人民法院（2016）闽民终 579 号民事判决书。

因此，本案不存在权利阻止抗辩。

（四）小结

根据《民法典》第 766 条第 1 句后段，南湖保理可请求松江矿业返还保理融资款本息或者回购应收账款债权。

第3部分：南湖保理对长宁担保

第3部分　大纲

一、基于《民法典》第766条第1句后段及《保理合同》的债权让与效果结合《民法典》第688条主张承担连带保证责任（＋）

（一）请求权是否已产生（＋）

1. 存在有效的保证合同（＋）

（1）合同成立（＋）

（2）合同生效（＋）

2. 债务人不履行到期债务（＋）

3. 权利阻却抗辩（－）

（1）主债权是否无效（－）

（2）是否未通知保证人债权转让的事宜（－）

（二）请求权是否未消灭（＋）

（三）请求权是否可行使（＋）

第3部分　正文

如第1部分所述，南湖租赁将《融资租赁合同》项下全部债权转让给南湖保理，该债权转让有效，根据《民法典》第547条，南湖保理取得与债权相关的，非专属于南湖租赁的从权利，其中包括请求长宁担保承担连带保证责任的权利。

一、基于《民法典》第766条第1句后段及《保理合同》的债权让与效果结合《民法典》第688条主张承担连带保证责任（＋）

（一）请求权是否已产生（＋）

该请求权须满足以下要件：1. 存在有效的保证合同；2. 责任条件成就，即债务人不履行到期债务；3. 无权利阻却事由。

1. 存在有效的保证合同 （＋）

2018 年 7 月 12 日，南湖租赁与长宁担保签订《保证合同》，双方达成保证合意，根据《民法典》第 490 条、第 502 条第 1 款及第 695 条，《保证合同》已采用书面形式，自成立时生效，且无效力瑕疵事由，即存在有效的保证合同。

2. 债务人不履行到期债务 （＋）

债务人松江矿业直至 2020 年 8 月 12 日尚未还款，已属于不履行到期债务。

3. 权利阻却抗辩 （－）

（1）主债权是否无效 （－）

根据《民法典》第 682 条，保证合同作为主债权债务合同的从合同，会随后者的无效而无效。如第 1 部分所述，案涉《融资租赁协议》实为借贷合同＋所有权让与担保，借贷债权这一主债权有效。

（2）是否未通知保证人债权转让的事宜 （－）

根据《民法典》第 764 条及第 696 条第 2 款，该债权转让须由让与人或保理人表明身份并附有必要凭证，通知保证人后方可对保证人发生效力。这是为了使保证人免受债权人变更带来的不测之损害，[1] 避免保证人误为清偿。[2]

2018 年 7 月，长宁担保与南湖集团、南湖租赁、南湖保理等一同商定合作框架，而且《保证合同》《融资租赁协议》《公开型有追索权国内保理合同》均在同一天签订，有理由认为南湖租赁与南湖保理间的债权让与已经通知长宁担保。另外，2019 年 7 月 12 日，南湖保理与松江矿业、长宁投资磋商并由长宁投资向南湖保理出具一份《承诺函》，可以得出长宁投资已经知晓债权转让的事实，而长宁担保作为长宁投资的子公司，亦理应知情，对债权人变更带来的负担和风险有所预期，基于规范意旨的考量，宜认定已经满足"通知保证人债权转让事项"的要件。

（二）请求权是否未消灭 （＋）

1. 保证期间的变更 （－）

根据《最高人民法院关于适用〈中华人民共和国民法典〉有关担保制度的解释》（以下简称《担保制度解释》）第 34 条第 2 款，债权人在保证期间内未依法行使权利的，保证责任消灭。若在保证期间经过后，保证人仍主动承担保证责任，应认为构成明知非债清偿，不得请求返还。

2019 年 7 月 12 日，南湖保理将债务展期至 2020 年 7 月 12 日。根据《民法典》第 695 条第 2 款，该变更须得到保证人长宁担保的书面同意，根据现有案情无法得出该结论，应该认为展期行为对长宁担保不发生效力。《保证合同》中的保证期间为主债务到期日起 2

---

〔1〕 参见程啸：《保证合同研究》，法律出版社 2006 年版，第 359 页。

〔2〕 参见徐涤宇：《〈合同法〉第 80 条（债权让与通知）评注》，载《法学家》2019 年第 1 期。

年，即 2019 年 7 月 12 日至 2021 年 7 月 12 日。2020 年 8 月 15 日，保证期间尚未经过，南湖保理可向长宁担保主张保证责任。

（三）请求权是否可行使（＋）

本案中不存在权利阻止抗辩。

（四）小结

根据《民法典》第 766 条第 1 句后段及《保理合同》的债权让与效果结合《民法典》第 688 条，南湖保理可请求长宁担保承担连带保证责任。

第 4 部分：南湖保理对长宁投资

第 4 部分　大纲

一、基于《民法典》第 509 条第 1 款及《承诺函》的约定产生的原给付请求权（＋）

（一）请求权是否已产生（＋）

1. 存在有效的合同（＋）

（1）合同成立：合意一致成立无名合同（＋）

（2）合同有效：书面形式（＋）

2. 债务人负有义务（＋）

3. 权利阻却事由（－）

（二）请求权是否未消灭、可行使（＋）

二、基于《民法典》第 509 条第 1 款及《承诺函》的约定结合《民法典》第 577 条产生的次给付请求权（＋）

（一）请求权是否已产生（＋）

1. 存在有效的合同（＋）

2. 存在给付障碍（＋）

3. 因给付障碍而产生损害（＋）

4. 债务人具有可归责性（＋）

5. 权利阻却事由（－）

（二）请求权是否未消灭、可行使（＋）

三、基于《公司法（2018 修正）》第 20 条第 3 款主张承担连带责任（－）

（一）请求权是否已产生（－）

1. 存在滥用法人独立地位的行为（－）

第4部分　正文

2019年7月12日，长宁投资向南湖保理出具承诺函，若该函为合同，则长宁投资向南湖保理享有合同请求权。另外，松江矿业把南湖保理转入的10亿元直接转给母公司长宁投资，可能构成法人人格否认，南湖保理可能得依据《公司法（2018修正）》第20条第3款向长宁投资主张就松江矿业不能清偿的部分承担连带责任。

一、基于《民法典》第509条第1款及《承诺函》的约定产生的原给付请求权（＋）

（一）请求权是否已产生（＋）

南湖保理的请求权须满足以下要件：1. 存在有效的合同；2. 债务人负有义务；3. 无权利阻却事由。

1. 存在有效的合同（＋）

（1）合同成立：合意一致成立无名合同（＋）

参酌比较法及我国的裁判，承诺函或称安慰函（Letter of Comfort，德文为Patronatserklärung，法文为Lettre de patronage）的法律性质根据其内容的不同可被分为三类：一是保证等，只有当函中明确约定承担保证责任或代为还款等责任承担形式时，该函方可认为被定性为相应的保证合同、债务加入等。[1] 二是硬格式承诺函（harten Patronatserklärung），该函通常包含对交易的确认以及督促债务人履行的具体义务，[2] 如在"汇丰银行（中国）有限公司沈阳分行与中国冶金科工股份有限公司合同纠纷案"[3]中，中冶公司向汇丰银行出具《安慰函》，[4] 承诺股权维持、维持锌业公司经营，法院据此认定中冶公司负有相应的义务。三是软格式承诺函（weichen Patronatserklärung），该函通常措辞更为模糊，发函人虽然会在函中确认交易以及可能提供的支持，但会避免出现任何承担具体义务的明确措辞。此时的发函人负有的仅为道义上的义务，而非法律义务。[5]

《担保制度解释》第36条规定，第三人向债权人提供差额补足、流动性支持等类似承

---

[1] 参见刘斌：《论民法典分则中人的担保之体系重构》，载《当代法学》2018年第5期。另参见中国银行（香港）有限公司与广州市保科力贸易公司、广州市对外贸易经济合作局保证合同纠纷案，最高人民法院（2011）民申字第1412号民事裁定书。

[2] Ellinger, "Reflections on Letters of Comfort", *Singapore Journal of Legal Studies*1, 3（1991）.

[3] 参见汇丰银行（中国）有限公司沈阳分行与中国冶金科工股份有限公司合同纠纷案，北京市第三中级人民法院（2016）京03民终2585号民事判决书。

[4] 《安慰函》具体内容如下："我方确认已知晓贵行向锌业公司授予金额为1亿元整流动资金贷款授信额度，并批准此银行授信的各项条件和条款，我方同时确认只要在此授信项下有任何未偿还款项：我方将继续保持通过借款人的集团公司中冶葫芦岛有色金属集团有限公司对借款人的控股权和实际控制力，并承诺在做出决定处分对全部或部分持股时将立即通知贵行，只要该额度仍在使用，我方将继续维持借款人的存在和运营，以使其能够履行该额度下所负的义务，我方在任何时刻都不会采取任何行为致使借款人无法继续经营或使其能够履行该额度下所负的义务，并承诺在出现任何可能影响到借款人持续经营的情况时立即通知贵行，我方将向贵行提供年度经审计合并财务报表，并促使借款人向贵行提供年度经审计财务报表以及贵行可能合理要求的其他财务信息，我方与贵行均确认，本安慰函并非一种担保（中国国内及国外），但我公司将在权限范围内依照法定程序催促借款人切实履行其与银行之间的信贷责任。"

[5] Vgl. Schmidt-Futterer /Blank, Mietrecht, 14. Aufl. 2019, BGB § 551 Rn. 51a.

诺文件作为增信措施，具有提供担保的意思表示，则第三人承担保证责任。若具有加入债务等意思表示，则认定为债务加入。难以确定是保证抑或债务加入时，应当认定为保证。该条文的适用前提为此增信措施实为第三人承诺履行债务的意思表示，[1]进而再判断是否具有明确的保证意思或债务加入意思，若意思表示不明，无法区分，则将此第三人承诺履行债务的意思表示推定为一般保证。其一，该承诺文件须有受法律约束之意。其二，基于《担保制度解释》第 36 条第 3 款推定规则的规范意旨，该承诺文件需要有为第三人承诺履行债务的意思表示，即最起码应有扩大责任财产范围的效果等类似于担保的效果意思，否则适用推定规则将会使利益格局失衡。其三，纵有为第三人承诺履行债务之意思表示，也要从交易关系的事理结构出发，综合考量文义、体系、行为目的和交易习惯来确定增信措施是否属于无名合同，有疑义时不能直接推定为保证合同。如部分增信措施中主债权不确定甚至不存在，增信措施提供者并不当然享有追偿权又或是无法体现保证之补充性，[2]此时的交易结构天然与保证不相容，无法适用《担保制度解释》第 36 条第 3 款的推定，宜认定为无名合同。若当事人明显是为回避保证合同的规则而适用增信措施，则应尊重当事人意思自治，成立无名合同而非保证合同。[3]

本案的《承诺函》载明："愿意督促松江矿业切实履行还款义务，若最终未能按时归还本息，由本公司协助解决，不让贵司蒙受损失。"

首先，需探讨长宁投资的"督促义务"与"协助解决"是否构成法律上的义务，即有无受法律约束之效果意思，可参考情谊行为与法律行为的区分标准：[4]一是从主观标准来看，对商业交易行为会推定当事人通常具有受法律约束的意思，除非当事人特别明确地表明自己不具有受法律约束的意思，案涉《承诺函》显然无此等排除效果意思之表述。二是从客观标准来看，长宁投资出具《承诺函》的行为，是促进南湖保理同意展期、松江矿业获得期限利益的原因之一，而长宁投资作为松江矿业的母公司，加之先前松江矿业将收到的融资款直接打入长宁投资的账户的行为，可以看出松江矿业与长宁投资的利益具有一定的同一性，亦即长宁投资出具《承诺函》的行为一定程度上为自身带来了利益。同时，南湖保理也是因为信赖《承诺函》具有一定的法律效力，方会同意展期，此为相对人之信赖利益，需要得到保护。价值衡量之下，应当认为该《承诺函》具有相应的法律效力。三是从交易习惯来看，与案涉《承诺函》措辞相近的承诺函，通常会被置于向他人出具的授信函的"抵押品及法律文件"项下，意味着该类承诺函根据行业惯例是具有一定法律效力的。[5]

其次，需要判断《承诺函》的法律效力为何。函中明确了长宁投资承担责任的顺位位

〔1〕 参见夏昊晗：《债务加入与保证之识别——基于裁判分歧的分析和展开》，载《法学家》2019 年第 6 期。

〔2〕 参见刘保玉、梁远高：《"增信措施"的担保定性及公司对外担保规则的适用》，载《法学论坛》2021 年第 2 期。

〔3〕 参见朱晓喆：《增信措施担保化的反思与重构——基于我国司法裁判的实证研究》，载《现代法学》2022 年第 2 期。

〔4〕 参见王雷：《论情谊行为与民事法律行为的区分》，载《清华法学》2013 年第 6 期。

〔5〕 参见佛山市人民政府与交通银行香港分行担保纠纷案，最高人民法院（2004）民四终字第 5 号二审民事判决书；另参见建行浦东分行诉中基公司等借款合同纠纷案，最高人民法院（2001）民二终字第 155 号二审民事判决书。

于松江矿业之后，可排除债务加入。争议焦点在于《承诺函》属于无名合同抑或保证合同。基于《民法典》第142条第1款，《承诺函》作为有相对人的意思表示，应当按照所使用的词句，结合相关条款、行为的性质和目的、习惯以及诚信原则，确定意思表示的含义，即抛却纯主观解释路径。但无论是采用表示主义、规范意思表示解释、风险理论、理性人图景抑或是视域融合，都离不开对合同条款的条分缕析以及双方当事人之利益衡量。《承诺函》中载明长宁投资的义务内容为"督促松江矿业切实履行还款义务"，松江矿业未能按时归还本息时"协助解决"义务。从文义上看，"协助解决"具有模糊性，一方面可能包括采取公司集团的内部措施，倾斜有发展前景的项目于子公司，促进其资金流通，协助催收欠款等将长宁投资定位为辅助性角色的义务；另一方面也可能包含直接代为清偿。[1]"不让贵司蒙受损失"同样具有多义性，既可能仅是代表一种美好祝愿，也可能与前述"督促还款""协助解决"义务相结合表示自己愿承担因未尽到勤勉注意而导致的损害后果，还可能指长宁投资愿承担结果责任意义上的损害赔偿责任，即债务人未按时归还贷款本息时由长宁投资履行债务。实践中，最高人民法院认为无法从只约定"其愿意督促借款人切实履行还款责任，按时归还贷款本息。如借款人出现逾期或拖欠贷款本息的情况，将负责解决"[2]的担保函中看出具有承诺履行债务的意思表示，不构成保证担保。但针对具有近似内容的承诺函，[3]最高人民法院亦在［2006］民四他字第27号复函中指出"是否构成我国《担保法》意义上的保证，应……根据……出具《承诺函》的背景情况、《承诺函》的内容以及查明的其他事实情况作出认定"。所以应结合本案背景，考察双方当事人行为的性质和目的、习惯以及诚信原则综合判断。

　　长宁投资作为商事主体，应知晓交易中精确用语之重要性，特别是保证的认定及法律后果，但仍采取"协助解决""不让贵司蒙受损失"等模糊的用语，可合理推知长宁投资系有意避免承担保证责任。然而，作为有相对人的意思表示，需要考虑一般理性人的视角下相对人的理解，保护其合理信赖。南湖保理同样作为商事主体，长期从事保理业务，应能够理解含混表述中无担保的意思表示，对《承诺函》为保证意思表示之信赖难谓合理。另外，虽然长宁投资为母公司，但基于母子公司间的法人人格独立，母公司原则上不为子公司之债务承担责任，南湖保理若希望长宁投资承担保证责任，理应利用其债权人之优势地位，要求母公司明确《承诺函》之用语，可合理推知南湖保理不认为《承诺函》具有保证之意。

　　因此，案涉《承诺函》虽然具有法律效力，但不属于保证或债务加入，属于无名合同。

----

〔1〕 参见贺晓翊、牟宏微：《关于珠海中院审理涉港商事案件的调研报告》，载《人民司法》2009年第15期。

〔2〕 中国银行（香港）有限公司与广州市保科力贸易公司、广州市对外贸易经济合作局保证合同纠纷案，最高人民法院（2011）民申字第1412号民事裁定书。

〔3〕 "我市政府愿意督促该驻港公司切实履行还款责任，按时归还贵行贷款本息。如该公司出现逾期或拖欠贵行的贷款本息情况，我市政府将负责解决，不使贵行在经济上蒙受损失。"见广东省高级人民法院关于交通银行香港分行与港云基业有限公司、云浮市人民政府等借款担保合同纠纷上诉一案，广东省高级人民法院［2004］粤高法民四终字第153号二审民事判决书。

（2）合同有效：书面形式（＋）

案涉《承诺函》虽为无名合同，但本质仍为增信措施，属于一种广义的担保，在责任的无偿性与严苛性上与保证共享相同本质，可以考虑类推适用保证的相关规则：一是《民法典》第 683 条第 1 款、《担保制度解释》第 5 条、第 6 条关于担保主体资格方面的限制；二是《民法典》第 685 条保证合同成立以及第 695 条变更加重保证责任须采取书面形式的规则；三是《公司法（2018 修正）》第 16 条及《担保制度解释》关于公司对外提供担保规则的规定；四是关于保证中的债权转让或债务人变更的规则。[1]

纵然要式行为的功能本身即存在争议，但基于法律体系的融贯性以及保证书面要式的规范目的——其风险性、单务性与无偿性决定了双方当事人利益的不均衡，[2]应该认为保证合同乃至其他同样具有风险性、单务性与无偿性，与保证合同享有相同本质的广义的人的担保手段均需采取书面形式。

案涉《承诺函》显然已采取书面形式，该要件满足，合同成立并生效。

2. 债务人负有义务（＋）

债务人的义务有二：督促松江矿业还款的义务、松江矿业未按时归还本息时的协助义务，例如，在南湖保理以股权直接折抵欠款时给予合理的协助、松江矿业重大资产变动时的通知义务等。

3. 权利阻却事由（－）

由于《承诺函》中并未约定履行期限，前述义务尚未转化为次给付义务，也不属于《民法典》第 580 条的履行不能情形。

（二）请求权是否未消灭、可行使（＋）

本案中不存在权利消灭抗辩或权利阻止抗辩。

（三）小结

基于《民法典》第 509 条第 2 款后段及《承诺函》的约定，南湖保理可请求长宁投资履行督促松江矿业还款的义务以及松江矿业未按时归还本息时的协助义务。

二、基于《民法典》第 509 条第 1 款及《承诺函》的约定结合《民法典》第 577 条产生的次给付请求权（＋）

（一）请求权是否已产生（＋）

该请求权的成立须满足以下要件：1. 存在有效的合同；2. 存在给付障碍；3. 因给付障碍而产生损害；4. 债务人具有可归责性；5. 无权利阻却事由。

1. 存在有效的合同（＋）

同前所述，长宁投资与南湖保理之间存在有效的无名合同。

---

[1] 参见朱晓喆：《增信措施担保化的反思与重构——基于我国司法裁判的实证研究》，载《现代法学》2022 年第 2 期。

[2] 参见王蒙：《论保证的书面形式》，载《清华法学》2021 年第 5 期。

2. 存在给付障碍（＋）

由于《承诺函》中并未约定履行期限，根据《民法典》第 511 条第 4 项，南湖保理可随时请求长宁投资履行，但是应当给长宁投资必要的准备时间。若长宁投资拒绝履行、不完全履行、迟延履行等，则存在给付障碍。

3. 因给付障碍而产生损害（＋）

该损害要视具体情况而定，须与给付障碍之间存在条件及相当因果关系，其数额不必等于松江矿业所欠的 5 亿元债务，但原则上不得大于该数额，否则可能不具有可预见性。

4. 债务人具有可归责性（＋）

由于长宁投资所负义务为行为之债，其可归责性的判断应采过错责任，例如没有尽到应尽的勤勉义务[1]时具有可归责性。

5. 权利阻却事由（－）

本案中不存在权利阻却抗辩。

（二）请求权是否未消灭、可行使（＋）

本案中不存在权利消灭抗辩或权利阻止抗辩。

（三）小结

基于《民法典》第 509 条第 1 款及《承诺函》的约定结合《民法典》第 577 条，南湖保理可请求长宁投资承担违约损害赔偿。

三、基于《公司法（2018 修正）》第 20 条第 3 款主张承担连带责任（－）

长宁投资作为松江矿业的母公司，即拥有松江矿业一定比例以上的股份或通过协议方式能够对松江矿业的经营实行实际控制的公司。[2]《公司法（2018 修正）》第 20 条第 3 款适用的主体为公司股东，当长宁投资并非松江矿业股东而是通过协议等方式控制松江矿业时，请求权基础有以下选择：一是类推适用《公司法（2018 修正）》第 20 条，如最高人民法院发布的指导案例 15 号"徐工集团工程机械股份有限公司诉成都川交工贸有限责任公司等买卖合同纠纷案"。二是适用《公司法（2018 修正）》第 3 条第 1 款及《民法典》第 7 条的诚信原则进行法律续造。[3]虽然案情中未说明长宁投资是否为松江矿业的股东，但出资人滥用法人独立地位和关联人滥用法人独立地位，主体虽有不同，行为和后果要件应无实质差别，因此为便宜计，下文将以长宁投资是松江矿业的股东为前提展开论述。

《公司法（2018 修正）》第 20 条第 3 款及《民法典》第 83 条第 2 款，均规定了公司法人人格否认制度，《公司法（2018 修正）》第 20 条第 3 款作为特别法应优先适用，请求权基础为《公司法（2018 修正）》第 20 条第 3 款。

---

〔1〕 参见李世刚：《安慰函制度的法国经验及其启示》，载《法学杂志》2012 年第 9 期。
〔2〕 参见赵旭东主编：《公司法学》，高等教育出版社 2006 年版，第 72 页。
〔3〕 参见王军：《人格混同与法人独立地位之否认——评最高人民法院指导案例 15 号》，载《北方法学》2015 年第 4 期。

（一）请求权是否已产生（-）

依《公司法（2018 修正）》第 20 条第 3 款的文义，该请求权的产生须满足以下要件：1. 存在滥用法人独立地位的行为；2. 债权人利益受到严重损害，即《九民纪要》所言"公司财产不足以清偿公司债务人的债权"，公司丧失清偿能力；3. 滥用法人独立地位行为与债权人利益受到损害之间有因果关系。[1]

1. **存在滥用法人独立地位的行为（-）**

《九民纪要》第 10 条至第 12 条将滥用法人独立地位的行为分为人格混同、过度支配与控制、资本显著不足。其中第 11 条第 1 款第 1、2 项侧重规制母子公司之间的不当行为，值得深入探讨。第 11 条第 1 款第 2 项可被第 1 项所容纳，属于后者的具体表现形式之一。利益输送是指利用关联企业特殊的内部结构关系以实现企业间的协同操作，达致规模效应，从而降低运营成本。关联企业利益输送最直观的表现是将资产和利益向一个企业集中（利益输入方），将负债和亏损留给另一个企业（利益输出方），使债权人追债无门，利益输入方获得不正当利益。利益输送行为实际减少了利益输出方公司的资产，对于该公司的债务人极为不利。常见的手法还包括内部控制人通过子公司向关联方提供借款、担保，以及转投资等。[2]

然而，利益输送作为不确定概念，界定时应以公司是否具有独立意思和独立财产作为最根本的判断标准。学界一般认为判断时需考虑以下要件：一是债权人是否为自愿，其中包括是否为自愿交易、纠纷性质为合同抑或侵权、公司股东是否存在欺诈或错误行为；二是公司股东是否积极参与公司经营管理；三是公司是封闭的还是公众的。[3]在满足前述三个要件后，再加上资本不足或者主体混同，则可认定存在滥用法人独立地位之行为。资本不足应以公司开始营业时为准，而非事件发生之时，此时通常通过瑕疵出资制度追究相关股东之责任，不再赘述。需要关注的是主体混同，也就是《九民纪要》第 10 条规定的人格混同，通常表现为"没有遵守公司程式"[4]"在财产、业务、人员等方面混同、重叠，不分彼此，事实上无从区别"。[5]

具体到本案，首先并未强调长宁投资、松江矿业为股份有限公司，按照惯例应推定其为有限责任公司，即封闭公司。其次，长宁投资作为松江矿业母公司，是否积极参与公司经营管理，抑或只是消极地等待分红或股份升值。从"长宁投资与南湖集团洽谈融资事宜，南湖集团携子公司南湖租赁、南湖保理与长宁投资及其子公司松江矿业、长宁担保商定合作框架""2019 年 7 月 12 日，南湖保理与松江矿业、长宁投资磋商，由长宁投资向南湖保理出具一份《承诺函》""长宁投资的股东金飞勇与南湖保理签订《股权转让协

---

〔1〕参见李宇：《民法总则要义：规范释论与判解集注》，法律出版社 2017 年版，第 223～229 页；最高人民法院民事审判第二庭编著：《〈全国法院民商事审判工作会议纪要〉理解与适用》，人民法院出版社 2019 年版，第 146 页。

〔2〕参见王森、许明月：《美国特拉华州二重代表诉讼的实践及其对我国的启示》，载《法学评论》2014 年第 1 期。

〔3〕参见朱锦清：《公司法学》，清华大学出版社 2019 年版，第 164～166 页。

〔4〕见施天涛：《公司法论》，法律出版社 2018 年版，第 38 页。

〔5〕见王军：《中国公司法》，高等教育出版社 2017 年版，第 51 页。

议》"可以看出，长宁投资积极参与松江矿业经营管理。最后，债权人南湖保理与松江矿业间的交易为自愿交易，案涉纠纷亦属合同纠纷，南湖保理对交易对象为松江矿业而非长宁投资亦有所认识。关键在于松江矿业将南湖保理转入的 10 亿元资金转入长宁投资的银行账户，长宁投资后将该笔资金投入旗下小月河地产项目的行为是否构成欺诈行为。双方当事人事先未就借款的用途作出约定，将借款转让予母公司不属于通过欺骗或误导使债权人认为长宁投资与松江矿业为同一实体。案情未提供更多有关母子公司财务、业务、人员等方面混同的信息，亦未详述该笔借款转入母公司账户的名目及会计记账情况，就该借款转入母公司账户行为本身属于合理的交易常态，不存在适用法人人格否认之前提，亦无需继续向下检索是否存在人格混同，是否使债权人利益受到严重损害等要件。

该请求权不成立。

（二）小结

南湖保理不可基于《公司法》第 20 条第 3 款向长宁投资主张承担连带责任。

第 5 部分：南湖保理对金飞勇

第 5 部分　大纲

一、基于《民法典》第 509 条第 1 款及《股权转让协议》的约定产生的原给付请求权（＋）

（一）请求权是否已产生（＋）

1. 存在有效的合同（＋）

2. 债务人负有义务（＋）

3. 权利阻却事由（－）

（二）请求权是否未消灭、可行使（＋）

二、基于《民法典》第 509 条第 1 款及《股权转让协议》的约定结合《民法典》第 577 条产生的次给付请求权（＋）

（一）请求权是否已产生（＋）

1. 存在有效的合同（＋）

2. 存在给付障碍（＋）

3. 因给付障碍而产生损害（＋）

4. 债务人具有可归责性（＋）

5. 无权利阻却事由（＋）

（二）请求权是否未消灭、可行使（＋）

第 5 部分　正文

2019 年 7 月 12 日，长宁投资的股东金飞勇与南湖保理签订《股权转让协议》，南湖保理可能得向金飞勇主张合同请求权。

一、基于《民法典》第509条第1款及《股权转让协议》的约定产生的原给付请求权（＋）

（一）请求权是否已产生（＋）

南湖保理的请求权须满足以下要件：1. 存在有效的合同；2. 条件成就；3. 无权利阻却事由。

1. 存在有效的合同（＋）

2019年7月12日，长宁投资的股东金飞勇与南湖保理签订《股权转让协议》。当事人的合意并非单纯的股权买卖，因为他们还约定："若松江矿业不履行债务，金飞勇须按欠款数额回购股份，若金飞勇不履行回购义务，南湖保理有权以股权直接折抵欠款"，当事人的合意是股权让与担保，即非典型担保合同，而非以股权出质。"折抵"说明当事人之间存在就股权优先受偿之意，南湖保理负有清算义务，根据《民法典》第502条第1款，合同自成立时生效。

2. 债务人负有义务（＋）

根据《股权转让协议》，金飞勇负有以下义务：1. 将其持有的长宁投资49%的股权转让给南湖保理；2. 若松江矿业不履行债务，金飞勇须按欠款数额回购股份。

就义务一而言，该义务是否已履行完毕，取决于两个问题的回答：一是我国《公司法（2018修正）》上的股权变动模式为何；二是金飞勇对其持有的长宁投资49%的股权是否有处分权。

首先，我国《公司法（2018修正）》上的股权变动模式存在以下两种观点：[1]一类观点认为股权变动的效果在出让人向受让人履行某种"交付"股权手续时才发生，即股权变动＝合意＋"交付"，其中"交付"究竟是指股东名册的登记、工商登记抑或是二者兼备，又存在一定分歧；另一类观点认为，股权转让合同生效时即发生股权变动的效果，有学者在此基础上提出修正的意思主义，原则上承认股权转让合同生效即产生股权变动效果，股东名册记载指示股权受让人向公司主张并行使股权的要件，工商登记只是产生对抗效力。

本文赞同修正的意思主义，这是因为从法教义学的角度看，本文及该案所提及"股权转让"中的"股权"概念，指的仅是概括意义上的股权，属于财产权、相对权，而非支配权，更应类推适用债权让与规则，转让合同已经生效，即发生受让人取得所转让债权的效果。[2]从实证法的角度，变更股东名册与工商登记等属于"变更股东"或"依法继受取得"股权后须办理的内部文件程序（《公司法（2018修正）》第73条、《公司登记管理条

---

[1] 参见李建伟：《有限责任公司股权变动模式研究——以公司受通知与认可的程序构建为中心》，载《暨南学报（哲学社会科学版）》2012年第12期。

[2] 参见张双根：《论股权让与的意思主义构成》，载《中外法学》2019年第6期。

例》（已失效）第 34 条第 1 款、《最高人民法院关于适用〈中华人民共和国公司法〉若干问题的规定（三）》第 23 条，这表明立法者亦认为，这些程序并非股权转让的生效要件。至于《公司法（2018 修正）》第 32 条第 2 款，只是进一步明申以下逻辑：各种具体的股东权利，只能在公司内部主张，即要么针对公司或股东，要么依公司组织内容的治理程序。只有当通知公司并得到公司同意时，才能行使股东权利。股东名册上的记载只是获得公司同意的体现，其他形式的同意亦可达到同样效果。因此，无法从该条文得出股东名册是股权让与的生效要件的结论。最后从司法实务的角度来看，会存在有限责任公司未置备股东名册的情形，此时法院会根据其他证据认定是否存在股东资格。[1]最高人民法院亦在公报案例中明示"公司股权转让应办理工商登记以取得对外的公示效力"。[2]这些都意味着实务中股东名册与工商登记并非股权变动的生效要件。

金飞勇股权的取得既可能是原始取得，亦可能是继受取得。即使是前者，亦同样适用前述分析。这是因为公司本质上是"一系列契约的连接体"，原始取得股权相当于长宁投资与金飞勇之间达成合意，适用修正的意思主义，探寻长宁投资与金飞勇之间是否存在合意，换言之，即长宁投资对股权代持一事是否知情。如果不知情，则长宁投资与金飞勇之间存在合意，金飞勇取得股权，属于有权处分，其义务一履行完毕。反之，则金飞勇属于无权处分，仍需检视南湖保理是否根据《最高人民法院关于适用〈中华人民共和国公司法〉若干问题的规定（三）》（以下简称《公司法规定（三）》）第 25 条善意取得股权。若是继受取得，亦同前理，视出让人、长宁投资是否对股权代持事实知情而异，不再赘述，下文仅以股权原始取得的情形展开论述。

如果在股权原始取得中，长宁投资知晓股权代持一事，即构成不完全隐名出资，[3]此时长宁投资与金飞勇间不存在出资取得股权的合意，金飞勇未取得股权，其处分行为属无权处分，须检视南湖保理是否根据《公司法规定（三）》第 25 条及《民法典》第 311 条构成善意取得，进而取得股权。南湖保理须满足以下要件才能构成善意取得：[4]1. 依交易性法律行为取得；2. 受让人是善意的；3. 权利外观的予因。要件一与三显然满足，唯需讨论的是，受让人是否善意，《民法典》第 311 条第 2 项中的合理价款可作为辅助认定善意的因素之一，金飞勇作为长宁投资的股东，通过股权之移转，换取长宁投资的期限利益，实质上是存在合理对价的。最具争议的是，工商登记是否能成为有效的权利外观。反对观点认为：[5]股东登记属公司登记范畴，囿于公司登记的制度目的，其公示效力只能作用于与公司有关的商事交易。而且股东登记的依据文件无法很好地保障其准确性，股东登记的内

---

〔1〕 山东省昌邑市华星矿业有限责任公司诉姜光先股东资格确认和公司赢余分配权纠纷抗诉案，山东省高级人民法院（2009）鲁民再字第 4 号民事判决书。

〔2〕 《申银万国证券股份有限公司诉上海国宏置业有限公司财产权属纠纷案》，《中华人民共和国最高人民法院公报》2010 年第 3 期。

〔3〕 王毓莹：《股权代持的权利架构——股权归属与处分效力的追问》，载《比较法研究》2020 年第 3 期。

〔4〕 姚明斌：《有限公司股权善意取得的法律构成》，载《政治与法律》2012 年第 8 期。

〔5〕 张双根：《股权善意取得之质疑——基于解释论的分析》，载《法学家》2016 年第 1 期。

容也更倾向于与公司有关的股东信息而非股权信息。最后股东登记相较于不动产登记，多了公司的参与，提升了真正股权人的受害风险。本文认为，本案中的南湖保理已然满足善意，根据商事交易习惯以及金飞勇协助办理股权移转登记可推知，南湖保理定然已查阅相关工商登记。本案中的《股权转让协议》实质是与公司有关的商事交易，而且真正权利人所蒙受的风险完全可以通过"权利外观的予因"这一要件得到平衡，至于股权登记具体依据文件与记载信息确实是仍待完善，但不能以此完全否定股权登记的公示力，加诸受让人过重的调查义务。

因此，虽然案情并未说明金飞勇股权从何取得，是否为有权处分，但无论何种情况，得出的结论是一致的，即南湖保理成为新的股权人，金飞勇的义务一履行完毕。

至于金飞勇须按欠款数额回购股份的义务，条件已成就，南湖保理可请求金飞勇履行。若金飞勇不履行回购义务，根据股权变动模式中修正的意思主义，南湖保理有权直接将股权变价抵充价款，不足的价款再向松江矿业主张，多出的价款返还予金飞勇。

综上，金飞勇仍负有的义务为回购义务。

3. 权利阻却事由（-）

本案无权利阻却抗辩。

（二）请求权是否未消灭（+）

《股权转让协议》约定若松江矿业不履行债务且金飞勇不履行回购义务，南湖保理有权以股权直接折抵欠款。若南湖保理以股权直接折抵欠款，则构成代物清偿，回购义务消灭。同时南湖保理的债权未获清偿部分继续存在。根据《民法典担保制度司法解释》第68条，《民法典》第401、428条的规定，当股权清算所得价款高于松江矿业所欠租金及迟延利息时，债权人负有返还多余部分的义务。

（三）请求权是否可行使（+）

本案无权利阻止抗辩。

（四）小结

基于《民法典》第509条第1款及《股权转让协议》的约定，南湖保理可主张金飞勇履行回购义务，抑或直接以股权直接折抵欠款以消灭回购义务。

二、基于《民法典》第509条第1款及《股权转让协议》的约定结合《民法典》第577条产生的次给付请求权（+）

（一）请求权是否已产生（+）

该请求权的成立须满足以下要件：1. 存在有效的合同；2. 存在给付障碍；3. 因给付障碍而产生损害；4. 债务人具有可归责性；5. 无权利阻却事由。

1. 存在有效的合同（+）

同前所述，金飞勇与南湖保理之间存在有效的《股权转让协议》，合意的实质为股权让与担保。

2. 存在给付障碍（＋）

2020 年 8 月 15 日，南湖保理要求金飞勇回购股权，得知金飞勇转让之股权是姚晗香无偿委托其代持，姚晗香事先不知情，并拒绝承认《股权转让协议》，该案情似乎说明金飞勇拒绝履行回购义务。

3. 因给付障碍而产生损害（＋）

如前所述，南湖保理已经成功取得股权，可直接按照合同约定股权直接折抵欠款，此处可能的损害是股权的价值低于欠款数额，其差额则为因给付障碍而产生的损害。

4. 债务人具有可归责性（＋）

金飞勇拒绝履行回购义务，具有可归责性。

5. 权利阻却事由（－）

由于《股权转让协议》中为"若金飞勇不履行回购义务，南湖保理有权以股权直接折抵欠款"，替代权在债权人手中，因此无法以不履行回购义务后，南湖保理只能以股权直接折抵欠款为由进行抗辩。

（二）请求权是否未消灭、可行使（＋）

本案中不存在权利消灭抗辩或权利阻止抗辩。

（三）小结

基于《民法典》第 509 条第 1 款及《股权转让协议》的约定结合《民法典》第 577 条，南湖保理可请求金飞勇承担违约损害赔偿。

第 6 部分：南湖保理对姚晗香

南湖保理对姚晗香无可主张的请求权。金飞勇是以自己的名义实施的法律行为，且无代理权，不成立代理行为，也无法适用《民法典》第 925 条的间接代理规则，[1]因此法律效果无法归属于姚晗香，南湖保理对姚晗香无合同请求权，更无其他请求权。

---

〔1〕 参见胡东海：《〈合同法〉第 402 条（隐名代理）评注》，载《法学家》2019 年第 6 期。

第 7 部分：松江矿业对昌平重科

第 7 部分　大纲

一、基于《民法典》第 566 条产生的价款返还请求权：请求返还已支付的价款 3 亿元及其利息（＋）

（一）请求权是否已产生（＋）

1. 买卖合同解除（＋）

2. 买受人已经一定支付价款（＋）

（二）请求权是否未消灭（＋）

（三）请求权是否可行使（＋）

第 7 部分　正文

一、基于《民法典》第 566 条产生的价款返还请求权：请求返还已支付的价款 3 亿元及其利息（＋）

（一）请求权是否已产生（＋）

该请求权成立须满足如下要件：1. 买卖合同解除；2. 买受人已经一定支付价款。

1. 买卖合同解除（＋）

此处需要讨论所有权保留中取回权与解除权的关系，须先对所有权保留进行定性，方可准确解释相关条文，进而解答。

所有权保留的构造模式从原理上可分为两个方向：一个方向认为，在所有权保留中，出卖人享有的是所有权，买受人仅取得占有及收益的权利，并无处分权。买受人擅自处分标的物时，第三人可依善意取得规则取得物之所有权。若买受人不支付约定的作为所有权移转条件的价金，则出卖人可选择对买受人行使合同价金请求权抑或是请求解除合同后基于所有权主张返还请求权。[1]但这种思路与《民法典》第642条第2款以及第643条规定的回赎权相矛盾。另一方向则认为，出卖人享有的实质是担保物权，即在价金债权范围内对标的物优先受偿的权利，类推适用《民法典》第406条第1款，买受人享有处分权，即使出卖人解除合同亦只得主张价款的提前收回，而无法取回标的物所有权。[2]但这种思路首先便与《民法典》第642条第1款中的买受人不得私自处分标的物相冲突。

本文认为，所有权保留本身便具备双重属性。所有权保留制度相较于正常的买卖合同，在所有权移转的处分行为上附停止条件，这一停止条件的目的是担保出卖人价款的受偿，双方的合意介于纯粹的买卖与纯粹的借款+所有权让与担保之间，规则的设置也需要有别于这两种合意，平衡出卖人与买受人之间的利益，亦即相较于纯粹的担保物权，在所有权保留中，买受人不具有处分权，第三人只得根据善意取得规则获得所有权。

另外，在日常交易中，所有权保留通常出现在买受人暂无足够资金全额购入标的，通过多支付价款，与出卖人达成分期付款的情况。当出卖人因买受人的违约行为同时享有法定解除权，进而可基于物权请求返还原物，以及《民法典》第642条规定的取回权（以合同存续为前提）之间，应该给予出卖人自由选择的权利，即选择放弃多出的对价直接解除合同取回标的物抑或是继续请求多出的对价但只对物享有优先受偿的权利。在标的物价格与现时市值不一致时，不同的选择会对出卖人的利益状态带来不同的影响。此时的买受人存在违约行为，具有可归责性，而且无论出卖人选择何种权利，买受人都不会蒙受不当的利益损失：出卖人行使法定解除权时需要返还买受人已支付的价款，行使取回权时买受人可回赎，若不回赎，出卖人转售后多出的价款也归买受人所有。唯一存在争议的是，买受人在出卖人法定解除合同时，失去了回赎的机会，但考虑到其违约行为，此种机会的剥夺是合理的。最后，给予出卖人自由选择的权利，不会对第三人造成影响，因为根据《民法典》第642条第1款，买受人的私自处分均为无权处分。

因此，应该肯定所有权保留中，法定解除权与《民法典》第642条规定的取回权可以并存，由出卖人择一行使。

本案中，昌平重科于2020年7月12日行使的是法定解除权，其可能是基于物权请求权主张拉回设备。该买卖合同于2020年7月12日被解除。

2. 买受人已支付一定价款（+）

直至合同解除时，松江矿业已经支付3亿价款。

---

[1] 参见李永军：《所有权保留制度的比较法研究——我国立法、司法解释和学理上的所有权保留评述》，载《法学论坛》2013年第6期。

[2] 参见张家勇：《体系视角下所有权担保的规范效果》，载《法学》2020年第8期。

（二）请求权是否未消灭 （＋）

本案中不存在权利消灭抗辩。

（三）请求权是否可行使 （＋）

昌平重科享有基于不当得利请求返还设备使用费产生的同时履行抗辩权。

第8部分：昌平重科对松江矿业

第8部分　大纲

一、基于《民法典》第985条产生的不当得利返还请求权（-）

（一）请求权是否成立（+）

1. 相对人受有利益（+）

2. 相对人因给付而受利益（+）

3. 欠缺给付目的（+）

（二）请求权是否未消灭（+）

（三）请求权是否可行使（-）

第8部分　正文

一、基于《民法典》第985条产生的不当得利返还请求权（-）

不当得利返还请求权有给付不当得利与非给付不当得利之分，只有在相对人的得利并非基于他方给付所得时，才考虑非给付不当得利。因而，在检视顺序上，应先检视给付不当得利。[1]

（一）请求权是否成立（+）

给付型不当得利要求：其一，相对人受有利益；其二，相对人因给付而受利益；其三，无法律上原因（欠缺给付目的）。

1. 相对人受有利益（+）

"受有利益"系指依某特定给付行为而取得的个别具体利益。[2]2018年6月12日至

---

〔1〕 参见吴香香：《多级转租房屋之占有返还》，载王洪亮、张谷等主编：《中德私法研究⑭》，北京大学出版社2017年版，第225~271页。

〔2〕 参见王泽鉴：《不当得利》，北京大学出版社2015年版，第54页。

2020 年 7 月 12 日，松江矿业对案涉设备享有直接占有。

2. 相对人因给付而受利益（＋）

"给付"指有意识地，基于一定目的而增加他人财产，昌平重科基于与松江矿业之间的买卖合同，给予松江矿业 2018 年 6 月 12 日至 2020 年 7 月 12 日对案涉设备的直接占有。

3. 欠缺给付目的（＋）

昌平重科是基于买卖合同给予松江矿业案涉设备的直接占有，但买卖合同于 2020 年 7 月 12 日被解除，给付目的嗣后消灭。

（二）请求权是否未消灭（＋）

本案中不存在权利消灭抗辩。

（三）请求权是否可行使（＋）

松江矿业享有基于解除后恢复原状，即请求返还价款产生的同时履行抗辩权。

第9部分：南湖租赁对松江矿业

第9部分 大纲

一、基于《融资租赁协议》以及《担保制度解释》第68条，并参照适用《民法典》第410条向松江矿业主张对"松江1号"协议折价或者以拍卖、变卖所得的价款优先受偿（－）

（一）请求权是否已产生（－）

1. 请求权人是享有优先受偿权能的物权人（－）

① 依法律行为取得？（－）

A. 物权合意（＋）

B. 出让人是否有处分权（－）

② 非依法律行为取得？（－）

A. 出让人无权处分（＋）

B. 出让人与受让人之间存在物权合意（＋）

C. 出让人已经交付标的物（＋）

D. 出让人有权利外观（＋）

E. 受让人善意信赖其权利外观（－）

第9部分 正文

2018年6月12日，松江矿业从昌平重科以所有权保留方式购买案涉设备，在2018年7月12日将"松江1号"项目全套设备转让给南湖租赁，松江矿业的处分行为是否为有权处分？若为有权处分或是无权处分但善意取得，南湖租赁根据《融资租赁协议》取得的是何种权利？如果认为南湖租赁取得的是"松江1号"完全的所有权，则其有权基于《民法典》第235条请求昌平重科返还"松江1号"的占有。如果认为南湖租赁取得的"松江 1 号"所有权实质上为担保物权，该权利的设立并未移转物之占有，南湖租赁无法向昌平重科主张原物返还请求权。即使认为南湖租赁对标的物及其占有现状存在利益，即权利之实现、变现离不开占有，也只能请求向所有权人或直接授予其权利之其他物权人——松江矿业返还原物之占有。[1]

根据第一部分的分析可知，松江矿业将"松江 1 号"所有权转让给南湖租赁的行为实质为所有权让与担保，担保松江矿业在《融资租赁协议》项下的 12 亿元债务。《担保制度解释》第 68 条明确了所有权让与担保是以担保为目的的所有权交易，其目的决定了所有权的"担保性"定位，所以此时的所有权仅有变价功能，[2]适用《企业破产法》第 109 条的规定。[3]也就是说，南湖租赁取得的"松江 1 号"所有权实质上为担保物权，让与担保权人的法律地位原则上应比照典型担保权利人来对待，所以当南湖租赁未现实占有动产时，应参照动产抵押的规则，即让与担保权人原则上不享有担保财产的处分权与原物返还请求权，但可依《民法典》第 236 条主张排除妨害或消除危险请求权，并可通过类推《民法典》第 408 条享有保全请求权。[4]

但是，还需要探讨让与担保是否属于《民法典》第 547 条中的非专属于债权人自身的从权利，若属于，则该让与担保随着债权让与自动转让予南湖保理，南湖租赁也就不享有相应的请求权。德国通说认为让与担保不具有从属性，[5]但我国学者多承认让与担保的从属性，司法实践也多认同此观点。[6]这一差异的根源在于德国法上让与担保的构造方式为信托所有权说，担保人将标的物的所有权转移于债权人，债权人取得完整的所有权，在支付不能程序中享有取回权，但其行使权利须受担保合同约束。[7]但如前所述，我国的让与担保采的是担保权构造说，因此我国法的让与担保具有从属性，是非专属于债权人自身的从权利。虽然《公开型有追索权国内保理合同》实质为债权让与担保，但仍需适用债权让与的一般规则，其中便包括"从权利一并移转"，因此应由南湖保理向松江矿业基于《融资租赁协议》及《民法典担保制度司法解释》第 68 条主张对"松江 1 号"折价或者以拍卖、变卖该财产所得的价款优先受偿。

然而，这一请求权的前提是南湖租赁从松江矿业处取得了同样的权利，因此下文先分析南湖租赁是否可基于《融资租赁协议》及《担保制度解释》第 68 条向松江矿业主张对"松江 1 号"折价或者以拍卖、变卖该财产所得的价款优先受偿。依《民法典》第 236 条主张排除妨害或消除危险请求权，以及通过类推《民法典》第 408 条享有的保全请求权。

---

〔1〕 参见孙宪忠、朱广新主编：《民法典评注：物权编（第 1 册）》，中国法制出版社 2020 年版，第 220 页。

〔2〕 参见张家勇：《体系视角下所有权担保的规范效果》，载《法学》2020 年第 8 期。

〔3〕 参见贺小荣主编：《最高人民法院第二巡回法庭法官会议纪要（第一辑）》，人民法院出版社 2019 年版，第 221 页。

〔4〕 参见朱晓喆、马强：《优化营商环境视野下动产让与担保的法律构造及效力——结合〈民法典〉相关规则的解释》，载《云南社会科学》2021 年第 2 期。

〔5〕 参见［德］迪特尔·梅迪库斯：《德国债法总论》，杜景林、卢谌译，法律出版社 2004 年版，第 606 页。

〔6〕 参见朱晓喆、马强：《优化营商环境视野下动产让与担保的法律构造及效力——结合〈民法典〉相关规则的解释》，载《云南社会科学》2021 年第 2 期。

〔7〕 参见［德］迪特尔·梅迪库斯：《德国债法总论》，杜景林、卢谌译，法律出版社 2004 年版，第 634 页。

若松江矿业为无权处分且南湖租赁不符合善意取得的条件，则南湖租赁乃至南湖保理对"松江1号"均不享有任何物权，前述请求权都不成立。

另外，松江矿业与南湖租赁之间存在"松江1号"所有权让与担保的合意，南湖租赁可能得基于《融资租赁协议》及《民法典》第577条向松江矿业主张合同请求权，基于"所有权让与担保"的担保本质，参照适用从权利一并移转原则，请求权已移转至南湖保理。由于"松江1号"所有权移转已属履行不能，南湖租赁无法请求松江矿业继续履行、移转标的物所有权，仅能就主债务不能清偿的部分，以"松江1号"的价值为限，向松江矿业主张违约损害赔偿责任。[1]但由于南湖租赁作为融资租赁公司，订约前后均未实地查验评估相关设备，已然违反法定义务，对损失的发生存在过错，根据《民法典》第592条第2款，松江矿业可主张减少相应的损失赔偿额。由于字数有限，便不详细展开该请求权的检索过程。

一、基于《融资租赁协议》以及《担保制度解释》第68条，并参照适用《民法典》第410条向松江矿业主张对"松江1号"协议折价或者以拍卖、变卖所得的价款优先受偿（−）

（一）请求权是否已产生（−）

该请求权成立须满足如下要件：1. 请求权人是以就该财产优先受偿为权能的物权人；2. 债务人不履行到期债务或者发生当事人约定的实现抵押权的情形。

1. 请求权人是以就该财产优先受偿为权能的物权人（−）

①自有权人处取得？（−）

A. 物权合意（＋）

2018年7月12日，南湖租赁与松江矿业签订《融资租赁协议》，如前所述，双方的合意为借款合同与所有权让与担保，该约定有效，南湖租赁与松江矿业之间就移转案涉设备所有权存在物权合意。

B. 出让人是否有处分权（−）

松江矿业作为保留买主，是否具有处分权，涉及对所有权保留性质的界定。

所有权保留的构造模式从原理上可分为两个方向：一是基于《民法典》第388条、第641条第2款、第642条第2款，认为所有权保留属于非典型担保合同，保留卖主享有的所有权已然"功能化"，其实质是担保物权，即在价金债权范围内对标的物优先受偿的权利。[2]同时类推适用《民法典》第406条第1款，保留买主享有处分权。二是认为

---

[1]　参见高圣平：《未登记不动产抵押权的法律后果——基于裁判分歧的展开与分析》，载《政法论坛》2019年第6期。

[2]　参见最高人民法院民法典贯彻实施工作领导小组主编：《中华人民共和国民法典物权编理解与适用［下］》，人民法院出版社2020年版，第1126页；孙宪忠、朱广新主编：《民法典评注：物权编（第4册）》，中国法制出版社2020年版，第224页。另参见王洪亮：《所有权保留制度定性与体系定位——以统一动产担保为背景》，载《法学杂志》2021年第4期；高圣平：《民法典动产担保权优先顺位规则的解释论》，载《清华法学》2020年第3期。

在所有权保留中，保留卖主享有的是所有权，保留买主仅取得占有及收益的权利，并无处分权，第三人可依善意取得规则取得物之所有权。[1]

本文赞成后一观点，因为根据《民法典》第 641 条第 1 款和第 642 条第 1 款第 3 项，标的物的所有权属于保留卖主，当保留买主将标的物出卖、出质或者作出其他不当处分，造成出卖人损害时，出卖人可行使取回权。"其他不当处分"包括在标的物上设立动产抵押权。[2]因此，保留买主不享有对标的物的处分权。另外，根据 2020 年 12 月 23 日通过的修订后的《最高人民法院关于适用〈中华人民共和国企业破产法〉若干问题的规定（二）》（以下简称《破产法规定二》）第 2 条、第 34 条至第 38 条，保留买主破产且破产管理人选择解除合同或有其他不当行为时，保留卖主可主张破产取回权，而且不以登记为前提。由此可见，上述规定都是建立在保留卖主是真正所有权人，所有权保留采所有权构造的理论基础之上的。

但还需要对《民法典》第 641 条第 2 款、《担保制度解释》第 67 条以及《最高人民法院关于审理买卖合同纠纷案件适用法律问题的解释（一）》（以下简称《买卖合同解释》）第 26 条第 2 款进行梳理，以消除解释上的障碍。《民法典》第 641 条第 2 款"出卖人对标的物保留的所有权，未经登记，不得对抗善意第三人"存在以下解释可能：

一种是认为保留卖主享有的所有权实为担保物权，保留买主的地位与抵押人相类似。保留买主转让标的物时为有权处分，相对人善意与否仅影响标的物上是否存在保留卖主的权利负担，这也是《担保制度解释》第 67 条的规定。当保留买主为第三人设立抵押权时则准用《民法典》第 414 条的竞存规则，此时影响竞存顺序的因素仅为登记与否及设立时间之先后，与第三人善意与否并无关系。该解释实质上是将所有权保留完全构造为担保物权，纵通过《民法典》第 404 条正常经营买受人规则、《民法典》第 416 条购置款抵押权超优先顺位规则加以平衡，这一解释也是以牺牲当事人意思自治为代价的，[3]而且我国法并未如美国统一商法典第 2－401 条[4]明文规定保留卖主所享有的权利在效力上只相当于担保权，该解释缺乏限制意思自治的正当理由，亦与《买卖合同解释》第 26 条第 2 款相冲突，不可取。

另一种则认为保留卖主为真正所有权人，保留买主再处分标的物为无权处分，适用善意取得之规定。保留买主转让标的物时，相对人善意将直接消灭保留卖主的所有权，反之则相对人无法取得所有权。若保留买主为第三人设立担保物权，无论该担保物权是否公示，只要设立成功且满足善意取得之要件，该所有权对于第三人而言相当于不存在，不同

---

〔1〕 参见李永军：《所有权保留制度的比较法研究——我国立法、司法解释和学理上的所有权保留评述》，载《法学论坛》2013 年第 6 期。

〔2〕 参见最高人民法院民法典贯彻实施工作领导小组主编：《中华人民共和国民法典合同编理解与适用［二］》，人民法院出版社 2020 年版，第 1102 页。

〔3〕 参见谢鸿飞：《〈民法典〉实质担保观的规则适用与冲突化解》，载《法学》2020 年第 9 期。

〔4〕 卖方在货物已经发运或交付买方后保留的对货物的（财产权）效力上只相当于保留担保权益。

于《民法典》第 414 条的竞存规则。在此解释路径下，登记的作用是直接阻却善意取得，而非确定权利顺位。该解释与《买卖合同解释》第 26 条第 2 款相契合。《民法典》第 641 条第 2 款"未经登记，不得对抗善意第三人"可被理解为所有权保留中的所有权未经登记，不得对抗善意取得物权之第三人。至于《担保制度解释》第 54、67 条中"抵押人转让抵押财产，受让人占有抵押财产后，抵押权人向受让人请求行使抵押权的，人民法院不予支持，但是抵押权人能够举证证明受让人知道或者应当知道已经订立抵押合同的除外"，有以下两种解释路径：一是通过目的性限缩解释，将《担保制度解释》第 54 条第 1 项排除于第 67 条的参照适用之外；二是当适用对象为所有权保留时，《担保制度解释》第 54 条第 1 项仅为善意取得的指示参照性规范，受让人知道或者应当知道已经订立所有权保留合同，足以阻却善意取得。但无论何种解释路径，都需要解释保留的所有权类推适用抵押权规则的正当性，即保留的所有权之性质。

需要明确的是，类推适用抵押权规则不等于将保留的所有权完全等同于抵押权，充其量只能算作具有担保功能。所有权保留本身便具备双重属性：一方面，所有权保留制度相较于正常的买卖合同，在所有权移转的处分行为上附停止条件，这一停止条件的目的是担保出卖人价款的受偿，具有不完全担保功能化的特点；另一方面，保留所有权不同于让与担保，它仍然保有所有权的归属确认功能，能够通过合同机制实现向完全所有权的回归。因此，双方的合意介于纯粹的买卖与纯粹的借款＋所有权让与担保之间，规则的设置也需要有别于这两种合意，平衡出卖人与买受人之间的利益，亦即相较于纯粹的担保物权，在所有权保留中，买受人不具有处分权，第三人只得根据善意取得规则获得所有权，其担保属性则通过《民法典》第 642 条第 2 款标的物取回程序等有限的方面得到体现。

因此，2018 年 6 月 12 日，松江矿业从昌平重科以所有权保留之方式购买案涉设备，直至 2020 年 7 月 12 日尚拖欠 2 亿到期价款，松江矿业作为保留买主未取得案涉设备所有权，无处分权。

②自无权人处取得？（－）

松江矿业以所有权保留的方式从昌平重科处购得案涉设备，再将设备的所有权让与担保予南湖租赁。如前所述，松江矿业为物权处分，南湖租赁只可能通过善意取得规则，取得设备之物权。然而，无权处分人通过占有改定处分标的物，第三人能否适用善意取得是存在争议的。《最高人民法院关于适用〈中华人民共和国民法典〉物权编的解释（一）》（以下简称《物权编解释（一）》）第 17 条对简易交付及返还请求权让与以代交付的"受让人受让该不动产或者动产时"的时间点作了释明，却只字未提同为交付原则之例外的占有改定，似乎暗含占有改定不适用善意取得之意。但《最高人民法院物权法司法解释（一）理解与适用》中认为占有改定同样可以适用善意取得规则，只不过在具体构成要件上存在争议，如是否需要受让人其后实际取得占有。因此，无法从实证法中直接得出占有改定能否适用善意取得规则的结论，本文将在具体构成要件的检视中作进一步讨论。

善意取得制度的作用逻辑是：当出让人以法律行为移转物之所有权或其他物权却不具备处分权时，借助相对人对合理权利外观之善意信赖等要件补足处分权之缺失。因此善意取得的前提是满足正常通过交易行为取得物权所需的相应要件。"等要件"具体包含哪些则取决于"权利外观与实际法律状态相一致的可能性"。最强的不动产登记簿无需"等要件"，且能直接推定相对人的善意。最弱的普通债权基于债的相对性缺少可靠的典型权利外观，根本就不能适用善意取得规则。比普通债权稍强的是代理，通说认为除了相对人对合理权利外观之善意信赖外，仍需本人的可归责性，[1]更有观点认为相对人的善意内涵包括无过失，此后方可适用表见代理规则。[2]至于动产善意取得，介于不动产登记与代理之间，首先可以肯定的是其必须具备"相对人对合理权利外观之善意信赖"这一要件。有争议的是，动产善意取得是否需要具备所有人可归咎性、相对人善意该如何认定、是否还需要具备其他要件。

关于权利外观的认定，案涉所有权让与担保本质上与担保无二，可参照适用善意取得抵押权的相关原理。第三人善意取得动产抵押权时的信赖内容为处分人具有处分权。本文认为占有、占有移转、登记均可表征动产处分权之存在，只是需要随权利外观之表征强度，通过增减前述要件，调节善意标准之高低，平衡当事人之利益格局。因此占有改定亦无妨适用善意取得，否则具体到售后回租的实践中，将彻底否定善意取得之适用，促使出卖人（承租人）必须现实交付标的物予出租人，其后再由承租人移转占有予出卖人，徒增交易成本，与商事实践相悖。

《民法典》第 312 条规定了动产善意取得中的归咎原则，非基于占有人意思丧失占有的遗失物等占有脱离物有限制性地适用善意取得。但如果是所有权人自愿将其物品交予他人，就要承受由于该人不可靠而引起的标的物被他人善意取得之风险。囿于所有权人是风险防范成本最低的一方，亦可以向处分人主张赔偿责任，如此安排有其正当性。[3]另外，《物权编解释（一）》第 14 条规定了受让人的善意认定标准，受让人须"不知转让人无处分权，且无重大过失"。

争议最大的是，动产善意取得是否需要具备其他要件，由于占有本身未必能被外界明白无误地认知，可靠程度较低。再加上对受让人的善意认定标准低于表见代理中的相对人，基于风险理论加诸所有权人之上的归咎原则不足以解释，为何仅因原权利人尽自己最大的善意自愿将直接占有给予他人，就要陷原权利人于随时可能丧失物权的巨大风险之中（比被代理人要承担的风险更大，起码被代理人还有可能借助合同解除等制度从合同中脱离），如此的制度安排，明显利益失衡。因此，根据双方相对正当性原则，应该论证受让人取得所有权与原所有人丧失所有权之间的关系，衡量二者的利益，只有当出让人完全丧

〔1〕 参见杨芳：《〈合同法〉第 49 条（表见代理规则）评注》，载《法学家》2017 年第 6 期。

〔2〕 参见徐海燕：《表见代理构成要件的再思考：兼顾交易安全和意思自治的平衡视角》，载《法学论坛》2022 年第 3 期。

〔3〕 参见［德］鲍尔、施蒂尔纳：《德国物权法（下册）》，申卫星、王洪亮译，法律出版社 2006 年版，第 399 页。

失占有，使得受让人相较于所有权人拥有对物更强的事实支配力时，受让人才能有可能善意取得。[1]这一要件可被《民法典》第311条第1款第3项的"动产已经交付给受让人"所容纳（详见下文）。但需要注意的是，松江矿业对南湖租赁作出的处分行为是实质为担保物权的让与担保，其性质与动产抵押最为类似，鉴于动产抵押权的设立本身便无需移转占有，"出让人完全丧失占有"这一利益平衡的手段可以被"提高受让人善意认定标准"或是"受让人须登记所取得的权利"[2]所取代。由于善意取得与登记的公示对抗效力是不同阶段的规则，前者是受让人是否取得权利，后者是取得权利之后，该权利能否对抗他人，而登记本身的公示对抗效力在后者已经被纳入考量，在善意取得阶段便无需也不应该再重复评价。因此本文通过"提高受让人善意认定标准"平衡原权利人与受让人的利益关系。

综上，善意取得"所有权让与担保"的成立要件为：1. 出让人无权处分；2. 出让人与受让人之间存在物权合意；3. 出让人已经交付标的物；4. 出让人具备权利外观；5. 受让人善意信赖其权利外观。其中，要件1、2对应《民法典》第311条第1款第1句，要件4、5对应第311条第1款第1、2项，要件3则可对应第311条第1款第1句或第1款第3项。另外，本人具有可归责性属于权利阻却事由，可通过《民法典》第312条的反面解释得出。

A. 出让人无权处分

如前述对《民法典》第642条第1款第3项"不当处分"的解释，松江矿业于"松江1号"上设立"所有权让与担保"的行为属无权处分。

B. 出让人与受让人之间存在物权合意

2018年7月12日，松江矿业与南湖租赁之间约定案涉设备的所有权让与担保，移转所有权予南湖租赁，双方达成物权合意。

C. 出让人已经交付标的物

此处的"交付"包括简易交付、占有改定、所有权让与以代交付等交付替代手段。本案可能涉及的是松江矿业通过占有改定向南湖租赁交付案涉设备。

首先，占有改定须依托占有媒介关系，即独立于物权合意、旨在成立占有媒介关系的另一约定，[3]南湖租赁与松江矿业的所有权让与担保符合这一要件，属于占有改定的占有媒介关系，合同是否有效不影响占有媒介关系之成立。

其次，出让人须放弃自主占有之意思，松江矿业在签订所有权让与担保前是他主占有，无权处分时变为自主占有，后与南湖租赁约定所有权让与担保，移转所有权予南湖租赁，松江矿业变为自主占有。

〔1〕 参见庄加园：《动产善意取得的理论基础再审视 基于权利外观学说的建构尝试》，载《中外法学》2016年第5期。
〔2〕 参见冉克平：《抵押权善意取得争议问题研究》，载《暨南学报（哲学社会科学版）》2018年第11期。
〔3〕 参见刘家安：《论动产所有权移转中的交付——若干重要概念及观念的澄清与重构》，载《法学》2019年第1期。

最后，南湖租赁取得了间接占有，其可预期作为直接占有人的松江矿业为自己实施占有。因此，南湖租赁与松江矿业之间成立占有改定，后者通过占有改定向南湖租赁交付了标的物。

D. 出让人有权利外观

虽然让与担保的设定无需移转占有，但动产本身就以占有为公示方法，故让与人必须为动产占有人，才能形成让与人具有动产所有权或处分权之外观，此为善意取得构成的基础，[1]因此此处的权利外观为占有。2018 年 7 月 12 日，松江矿业对案涉设备仍直接占有，具备权利外观。

E. 受让人善意信赖其权利外观

善意是指受让人不知出让人无处分权，且无重大过失（《物权编解释（一）》第 14 条）。《融资租赁公司监督管理暂行办法》第 7 条规定了融资租赁公司不得接受已设置任何抵押、权属存在争议或所有权存在任何其他瑕疵的财产作为售后回租业务的标的物，公司应真实取得相应标的物的所有权。这意味着融资租赁公司负有事前查验标的物的义务。《融资租赁公司监督管理暂行办法》第 15 条第 2 句更是明确规定，对于无需登记的租赁物，负有采取有效措施保障对租赁物之合法权益的义务。南湖租赁作为融资租赁公司，订约前后均未实地查验评估相关设备，已然违反前述义务，存在重大过失。

（二）小结

该请求权不成立，南湖保理不得基于《融资租赁协议》以及《担保制度解释》第 68 条，并参照适用《民法典》第 410 条向松江矿业主张对"松江 1 号"协议折价或者以拍卖、变卖所得的价款优先受偿。

---

〔1〕 参见谢在全：《民法物权论（上册）》，中国政法大学出版社 2011 年版，第 276 页。

第10部分：姚晗香对金飞勇

第10部分　大纲

一、基于《民法典》第929条第1款第2句产生的请求权（+）

（一）请求权是否已产生（+）

1. 存在有效的合同（+）

2. 存在给付障碍（+）

3. 因给付障碍而产生损害（+）

4. 债务人具有可归责性（+）

（二）请求权是否未消灭、可行使（+）

二、基于《民法典》第1165条第1款产生的侵权请求权（+）

（一）侵权责任的成立（+）

1. 姚晗香的绝对性权益被侵（+）

2. 存在金飞勇的加害行为（+）

3. 责任成立因果关系（+）

4. 金飞勇的行为具有不法性（+）

5. 金飞勇具有责任能力（+）

6. 过错（+）

（二）责任范围（+）

1. 损害（+）

2. 责任范围因果关系（+）

3. 权利阻却抗辩：与有过失（+）

（三）请求权未消灭、可行使（+）

2021 年第二届全国鉴定式案例研习大赛获奖作品（一）

第 10 部分　正文

一、基于《民法典》第 929 条第 1 款第 2 句产生的请求权（＋）

（一）请求权是否已产生（＋）

该请求权成立须满足如下要件：1. 存在有效的合同；2. 存在给付障碍；3. 因给付障碍而产生损害；4. 债务人具有可归责性；5. 无权利阻却事由。

1. 存在有效的合同（＋）

姚晗香与金飞勇之间存在无偿的股权代持合同，该无偿委托合同自成立时生效，且无效力阻却事由。

2. 存在给付障碍（＋）

根据案情可以看出，姚晗香与金飞勇之间存在"未经姚晗香同意，金飞勇不得擅自处分股权"之约定，金飞勇违反这一义务，存在给付障碍。

3. 因给付障碍而产生损害（＋）

金飞勇擅自将股权处分给南湖保理，如前所述，无论何种情形，南湖保理均取得股权。姚晗香失去股权或是对股权的掌控，存在损害。

4. 债务人具有可归责性（＋）

由于此为无偿委托合同，根据《民法典》第 929 条，受托人故意或重大过失时方具有可归责性。金飞勇明知其与姚晗香之间存在"禁止擅自处分"的约定，仍与南湖保理之间签订股权让与担保合同，将股权移转于南湖保理，显然存在故意，具有可归责性。

（二）请求权是否未消灭、可行使（＋）

本案中不存在权利消灭抗辩或权利阻止抗辩。

（三）小结

基于《民法典》第 929 条第 1 款第 2 句结合合同约定，姚晗香向金飞勇主张赔偿松江矿业 49% 股份的市值及其他损失。

二、基于《民法典》第 1165 条第 1 款产生的侵权请求权（＋）

如前所述，只有当松江矿业对姚晗香为隐名股东一事知情时，根据修正的意思主义，姚晗香与松江矿业之间存在合意，原始取得股权，为股权人。金飞勇无权处分姚晗香的股权可能构成侵权。

（一）侵权责任的成立（＋）

1. 姚晗香的绝对性权益被侵（＋）

当姚晗香与松江矿业之间存在合意时，享有的股权不仅有财产权属性，还有成员权属性，是完整的股权，属于绝对性权益。

2. 存在金飞勇的加害行为（+）

金飞勇的加害行为是无权处分姚晗香的股权，该要件满足。

3. 责任成立因果关系（+）

金飞勇无权处分股权的行为与姚晗香丧失股权之间显然存在责任成立因果关系。

4. 金飞勇的行为具有不法性（+）

推定金飞勇的行为具有不法性，且无不法性阻却事由的适用。

5. 金飞勇具有责任能力（+）

金飞勇作为完全民事行为能力人，具有责任能力。

6. 过错（+）

金飞勇明知股权代持事实，仍违反约定无权处分他人股权，显然具有过错。

（二）责任范围（+）

1. 损害（+）

姚晗香的损害为49%长宁投资股份的价值。

2. 责任范围因果关系（+）

该损害与姚晗香对房屋的股权被侵害之间具备条件性、相当性、亦符合《民法典》第1165条第1款之规范目的，存在责任范围因果关系。

3. 权利阻却抗辩：与有过失（+）

姚晗香自主与金飞勇订立股权代持协议，将自己的股权置于风险之中，存在一定的过失，金飞勇的赔偿范围应相应减少。

（三）请求权未消灭、可行使（+）

本案中不存在权利消灭抗辩或权利阻止抗辩。

（四）小结

姚晗香可以基于《民法典》第1165条第1款产生的侵权请求权金飞勇请求赔偿49%长宁投资股份的价值。

第 11 部分：追偿问题

由于松江矿业已无力还债，即使南湖保理代位行使其对昌平重科的债权，最多亦只能获偿 3 亿元，因此南湖保理仍可向南湖租赁（第 2 部分）、长宁担保（第 3 部分）、长宁投资（第 4 部分）、金飞勇（第 5 部分）主张相应的请求权，分别是《公开型有追索权保理合同》的合同请求权、连带保证、《承诺函》的合同请求权、股权让与担保。南湖保理的债权总额为 5 亿元加上延期利息（若不考虑松江矿业基于利率规制提出的抗辩），南湖保理可以自由选择向何者主张相应的请求权，向一方主张权利后，其可得向另一方主张的权利在相应数额内消灭，相对方可主张权利消灭抗辩。如果南湖保理请求南湖租赁请求返还融资额本息或是回购债权并得到履行，则第 1、3、4、5 部分的权利均由南湖租赁享有。

有争议的是追偿问题。首先需界定可追偿的当事人的范围，南湖保理与南湖租赁的《公开型有追索权保理合同》，本质是应收账款债权的让与担保，根据"从权利一并移转"原则，取代南湖租赁成为金飞勇、长宁担保、长宁投资之债权人。虽然长宁投资《承诺函》的合同请求权是独立的请求权，但也属于广义的担保手段，属于可追偿的范畴。长宁投资、长宁担保或金飞勇承担责任后，有权向债务人追偿，他们之间属于混合共同担保，但混合共同担保人之间能否相互追偿存在诸多争议。[1]

本文认为虽然《民法典》第 699 条在规定共同保证时删除了《担保法》（已失效）第 12 条关于共同保证人相互追偿权的规定，《民法典》也未专门规定共同抵押人或共同质押人的相互追偿权，《民法典》第 392 条第 2 句与《物权法》（已失效）第 176 条第 2 句一样，仅规定担保人对债务人的追偿权，未规定担保人对其他担保人的追偿权。但这不意味着我国民法体系不承认共同担保人的相互追偿权。《担保制度解释》第 13 条对混合共同担保追偿作出较为严格的限制，但第 2 款"同一份合同书签字"即推定存在追偿之意思表示，其规范意旨在于"平衡当事人利益"。[2]质言之，各方当事人在提供"同一给付"的

---

〔1〕 持肯定说的文献可见贺剑：《担保人内部追偿权之向死而生一个法律和经济分析》，载《中外法学》2021 年第 1 期；黄忠：《混合共同担保之内部追偿权的证立及其展开 〈物权法〉第 176 条的解释论》，载《中外法学》2015 年第 4 期；程啸：《混合共同担保中担保人的追偿权与代位权——对〈物权法〉第 176 条的理解》，载《政治与法律》2014 年第 6 期。否认说可见崔建远：《补论混合共同担保人相互间不享有追偿权》，载《清华法学》2021 年第 1 期。

〔2〕 见最高人民法院民事审判第二庭：《最高人民法院民法典担保制度司法解释理解与适用》，人民法院出版社 2021 年版，第 183 页。

情况下，纵无追偿约定，只要相互知情，推定彼此之间可相互追偿，未超过其承担担保应付的风险及效果意思，应对第 2 款进行目的性扩张解释。具体到本案，长宁投资、长宁担保与金飞勇皆为了担保松江矿业的同一债务，向南湖保理负担的是"同一给付"，亦处于同一层次。加上母子公司、公司股东之间的关系，长宁投资与金飞勇更是在同一天签订合同，有理由认为三者彼此知情，可推断存在相互追偿之意思表示。

追偿范围存在德国法上的"均摊模式"、我国台湾地区"民法"的"比例模式"、日本《民法典》的折中模式等诸多争议，但可以类推适用《民法典》第 519 条，采"均摊模式"。

总言之，南湖保理可在 5 亿元借款和迟延利息范围内自由选择行使对金飞勇、长宁担保、长宁投资和南湖租赁的请求权。

若南湖租赁履行返还融资款本息和回购应收账款债权的义务，则在其承担责任的范围内，自由选择行使前段南湖保理原本对金飞勇、长宁担保、长宁投资享有的请求权。

金飞勇承担责任后，可向长宁担保、长宁投资基于《民法典》第 519 条追偿超过自己份额的部分。

如果长宁担保承担保证责任，可向金飞勇、长宁投资基于《民法典》第 519 条追偿超过自己份额的部分。

长宁投资承担《承诺函》的合同责任后，可向金飞勇、长宁担保基于《民法典》第 519 条追偿超过自己份额的部分。

2021 年第二届全国鉴定式案例研习大赛获奖作品（二）

许楚涵

　　一、比赛身份： 湖南大学法学院 2016 级本科生。

　　二、目前身份： 湖南大学法学院 2022 级硕士研究生。

　　三、自我介绍： 赴中南财经政法大学、中国政法大学参加暑期班初学鉴定式时，鉴定式对法教义学细致入微的体系化操练，便给我带来极大震撼。它不仅是一个学以致用、用以致学的过程，更是使各条文"成为法律人生命的法律细胞"的内化功夫。参与全国鉴定式大赛和行政法鉴定式大赛，担任学院课程助教和元照研习营助教，更使我感到鉴定式技艺与理论学习间的相辅相成。一方面，鉴定式对涵摄的严格要求，将迫使撰写者进行深入的法教义学研究，以应对法律适用中可能产生的各种问题。另一方面，精彩鉴定式框架的构建，也需要撰写者扎实的理论功底和对疑难问题的洞察剖析。

　　本文按照以下顺序检索请求权基础：基于合同的请求权、基于类合同关系的请求权、无因管理上的请求权、物上请求权、侵权上请求权以及不当得利请求权。且在检视各项请求权时，应满足三个要件，即请求权已产生（无权利阻却抗辩）、请求权未消灭（无权利消灭抗辩）与请求权可实现（无权利阻止抗辩，即抗辩权）。

　　同时，基于案情，本文对案件事实作如下推定：首先，本案中南湖租赁推定为融资租赁公司，而非金融租赁公司，[1] 故适用融资租赁公司的相关规则。其次，本案的涉案设备，即"松江 1 号"项目全套设备，推定为普通动产而非机动车等特殊动产，非浮动的集合动产，适用普通动产的物权变动规则。再次，本案中《融资租赁协议》的约定内容"租金总额为 12 亿，分四期付清"，推定为租赁期一年内，等时等量分四期付清，即一季度付 3 亿。最后，本案利率限制计算涉及的案件起诉日期，按截稿日期 2021 年 5 月 15 日计算。

---

〔1〕　否则依据《金融租赁公司管理办法》第 2 条第 2 款，其作为金融租赁公司名称中应当标明"金融租赁"字样。

第1部分：南湖保理对松江矿业

第1部分　大纲

一、基于融资租赁合同的请求权

（一）或可依《民法典》第752条第1句、第545条，请求支付融资租赁合同剩余租金（－）

1. 请求权是否产生（＋）

（1）南湖租赁与松江矿业之间存在有效的融资租赁合同（－）

① 融资租赁合同成立（＋）

② 融资租赁合同生效（－）

A. 融资租赁合同是虚假行为

a. 融资租赁不是南湖租赁的真意

b. 融资租赁不是松江矿业的真意

c. 双方对此存在通谋

d. 结论

B. 借款合同加让与担保是隐藏行为

a. 真实意思包括借款合同

b. 真实意思包括让与担保合同

c. 结论

C. 结论

③ 结论

（2）结论

2. 结论

（二）结论

二、基于借款合同的请求权

（一）或可依《民法典》第 674 条第 1 句、第 675 条第 1 句、第 545 条，请求支付借款合同的本金及利息（＋）

1. 请求权是否产生（＋）

（1）南湖租赁与松江矿业之间存在有效的借款合同（＋）

① 借款合同成立（＋）

② 借款合同生效（＋）

A. 因欺诈而可撤销：松江矿业隐瞒无权处分（－）

B. 违背公序良俗：融资租赁公司违反贷款禁止规定（－）

C. 结论

③ 结论

（2）南湖租赁将债权有效移转于南湖保理且对债务人生效（＋）

① 就借款债权存在有效的债权让与约定（＋）

A. 保理合同成立（＋）

B. 保理合同生效（＋）

a. 保理合同效力是否受《融资租赁合同》效力影响

b. 保理合同是否自身存在效力瑕疵

c. 结论

C. 保理合同的内容含让与借款债权（＋）

D. 结论

② 就借款债权存在有效的债权让与合同（＋）

③ 不存在合同债权不得转让的情形（＋）

④ 通知债务人以对债务人生效（＋）

⑤ 结论

（3）松江矿业的债务已到期（＋）

（4）结论

2. 请求权是否未消灭（＋）

（1）是否因履行而消灭

① 按约定需要清偿的利息加本金总额是多少

A. 属于民间借贷，要受民间借贷利率限制

B. 真实利率部分超出限额

a. 利率限制是年利率24%、36%

b. 真实利率约为年利率30.86%与20%

c. 结论

C. 此本息总额不含逾期利息，但含展期利息

D. 结论

② 7亿用来偿还哪部分债务

③ 剩余多少债务

④ 结论

（2）是否因解除而消灭（－）

3. 请求权是否可实现（＋）

4. 结论

（二）或可依《民法典》第577条、第545条，对未付本息请求替代履行的违约损害赔偿（＋）

1. 请求权是否已产生（＋）

2. 结论

（三）或可依《民法典》第577条、第583条、第676条、第545条，对迟付本息请求与履行并存的违约损害赔偿，即逾期利息（＋）

1. 请求权是否已产生（＋）

2. 结论

（四）结论

三、基于让与担保合同的请求权

（一）或可依《民法典》第577条、第545条，请求继续履行设立义务（－）

1. 请求权是否产生（－）

（1）存在有效的让与担保合同

① 让与担保合同成立（＋）

② 让与担保合同生效（＋）

（2）让与担保合同权利随同主合同移转（＋）

（3）让与担保未设立（＋）

① 所有权的让与担保（－）

A. 原所有权人为昌平重科

B. 昌平重科未将所有权移转给松江矿业

C. 松江矿业无法基于让与担保合同将所有权移转给南湖租赁

a. 存在有效的基础合同（＋）

b. 完成权利变动的公示（＋）

c. 松江矿业有处分权（－）

d. 结论

D. 南湖租赁未能善意取得所有权

E. 南湖租赁无法向南湖保理移转所有权，南湖保理亦无从善意取得

F. 结论

② 期待权的让与担保（－）

③ 结论

（4）无限制情形（－）

2. 结论

（二）或可依《民法典》第577条、第545条，请求违约损害赔偿（＋）

1. 请求权是否产生（＋）

2. 结论

（三）结论

第1部分　正文

按照顺序检索请求权后发现，就基于合同的请求权，双方当事人间可能存在的合同有三个，即融资租赁合同、借款合同和让与担保合同；就基于类合同关系的请求权与无因管理上的请求权，该双方当事人间应不涉及；就物上请求权，因昌平重科现占有涉案设备，松江矿业已失去对标的物的占有，故南湖保理对松江矿业的物上请求权无需讨论；同时如果南湖保理未取得所有权，则松江矿业未能保管标的物而使昌平重科取走，松江矿业也不构成侵权；不当得利请求权应不涉及。

一、基于融资租赁合同的请求权

（一）或可依《民法典》第752条第1句、第545条，请求支付融资租赁合同剩余租金（－）

1. 请求权是否产生（－）

根据《民法典》第752条第1句（融资租赁承租人租金支付义务）与第545条（债权让与），结合案情，本案中该租金请求权产生需有：（1）南湖租赁享有租金债权，即南湖租赁与松江矿业之间存在有效的融资租赁合同；（2）南湖租赁将租金债权有效移转于南湖保理，且对债务人生效；（3）松江矿业的租金债务已到期。

（1）南湖租赁与松江矿业之间存在有效的融资租赁合同（－）

① 融资租赁合同成立（＋）

在该融资租赁合同中，双方当事人都为民事主体、客体都已明确，双方意思表示达成

一致。融资租赁合同依据《民法典》第 736 条第 2 款，属于需要采用书面才成立的法律行为，本案中签订了书面合同。因此，南湖租赁与松江矿业间的融资租赁合同成立。

② 融资租赁合同生效（-）

检索《民法总则》（已失效）第 144 条至第 154 条规定，及通说认可的影响法律行为效力的情形发现，该合同中首先应审查的情形为通谋虚伪表示。若因构成通谋虚伪表示而不存在有效的融资租赁合意，则其它效力瑕疵无讨论必要，故主要分析该效力瑕疵。

本案虽然外观上存在一个双方达成合意的《融资租赁合同》，成立了《民法典》第735 条规定的融资租赁合同，但该合同可能属于"名为融资租赁，实为借贷"的情形。

"名为融资租赁，实为借贷"应当通过通谋虚伪表示制度分析，即应认为其表面上、外观上所呈现的融资租赁合同属于虚假行为，而隐藏在虚假融资租赁合同内容中的借款合同的效力不受影响。理由如下：

首先，在通常的"名为融资租赁，实为借贷"的情形之下，当事人并不会在"融资租赁合同"之外，再私下签订一份独立的借贷合同，而是直接将借款合同中的权利义务关系隐藏在伪装成融资租赁合同的条款中，事后也是直接按照合同中的相应约定履行相关债务。其次，这种"名为融资租赁，实为借贷"的合同，与普通的"合同约定的权利义务内容与名称不一致的"合同不一样，其"合同约定的权利义务内容"在外观上完全符合《民法典》第 735 条规定的融资租赁。再次，《民法典》第 737 条"当事人以虚构租赁物方式订立的融资租赁合同无效"，被认为是总则编通谋虚伪表示规定的具体化，同时也被认为此种交易不构成融资租赁法律关系，应定性为借款合同，因此融资租赁合同无效。[1]而该情形属于"名为融资租赁，实为借贷"情形之一，与其它情形并无本质区别。在"工银金融租赁有限公司与华纳国际（铜陵）电子材料有限公司、铜陵大江投资控股有限公司和中国建设银行股份有限公司铜陵开发区支行融资租赁合同再审案"中，最高人民法院在分析该案的"名为融资租赁实为借款"合同时，认为"融资租赁行为系其通谋虚伪的意思表示，但其隐藏的民间借贷法律行为，并不当然无效"。[2]所以《融资租赁合同解释》第 1 条第 2 款"对名为融资租赁合同，但实际不构成融资租赁法律关系的，人民法院应按照其实际构成的法律关系处理"按此逻辑实际也可认为是通谋虚伪表示规定的具体化。最后，虽然通谋虚伪表示与传统民法中的脱法行为[3]使用的手段不同，但二者存在交叉之处：当事人有时为了规避法律，一方面在公开的合同中订立条款，另一方面又暗中达成与其中部分条款相反的条款，此时的公开合同半真半假的通谋虚伪表示，包含在公开合同中的认真表

〔1〕 参见黄薇主编：《中华人民共和国民法典合同编释义》，法律出版社 2020 年版，第 572 页。
〔2〕 参见工银金融租赁有限公司与华纳国际（铜陵）电子材料有限公司、铜陵大江投资控股有限公司和中国建设银行股份有限公司铜陵开发区支行融资租赁合同纠纷再审案，最高人民法院（2018）最高法民再 373 号民事判决书。
〔3〕 脱法行为，也称为规避法律的行为，是指当事人为了躲避法律障碍、禁止性法律规范或者负担，试图借助其它法律构造形式实现同样的法律或经济效果。参见杨代雄：《法律行为论》，北京大学出版社 2021 年版，第 407 页。

示与暗中达成的条款共同构成一项符合当事人真实意愿的法律行为。[1]"名为融资租赁，实为借贷"的合同实际上就是将借款合同中的借款数额、还款方式等重要条款称为租金、租金支付方式等约定在公开的合同中，这部分属于其确实想要实现法律效果的真实意思表示，同时又对合同外观上属于融资租赁合同类型的实质权利义务内容予以私下排除。

所以应当先用通谋虚伪表示制度否认其外观上虚假的融资租赁合同，再结合个案真实情况探求当事人隐藏在合同条款中真实的隐藏行为。故以下为行文方便、论证连贯，依次分析：融资租赁合同是否是虚假行为；若是，则当事人的隐藏行为是什么。

A. 融资租赁合同是虚假行为

依据《民法典》第 146 条第 1 款，行为人与相对人以虚假的意思表示实施的民事法律行为无效，即虚假行为无效。虚假行为的构成要件为：[2]双方分别作出与真意不符的意思表示；双方对此存在通谋。以下依次分析：外观上的融资租赁是否是南湖租赁的真意；外观上的融资租赁是否是松江矿业的真意；双方对分别作出与真意不符的意思表示是否存在通谋。

a. 融资租赁不是南湖租赁的真意

融资租赁合同关系的显著特征是融资与融物相结合，一方面以融物（租赁）的形式达到融资的目的，[3]另一方面使承租人取得对标的物的使用。[4]所以在真实的融资租赁关系中，标的物非常重要，结合相关规定和交易实践，其具体呈现为以下几个方面，如果不具备以下特征，其真实意思则可能不是融资租赁：

第一，租赁标的物需要确定、客观存在、特定化。[5]

第二，租赁标的物的特性适用于租赁，即正常使用情况下，其在期限届满时有可能返还的。[6]

第三，租赁标的物所有权可移转，[7]且已经实际移转。[8]

第四，租赁标的物的价值与融资金额及租金总额相匹配。[9]

---

〔1〕 参见杨代雄：《法律行为论》，北京大学出版社 2021 年版，第 272~273 页。

〔2〕 我国现行法的效力瑕疵为法律行为的效力瑕疵，传统民法的效力瑕疵为意思表示的效力瑕疵，故不采传统民法学说中的构成要件。

〔3〕 参见胡康生主编：《中华人民共和国合同法释义》，法律出版社 2013 年版，第 384 页。

〔4〕 参见谢鸿飞、朱广新主编：《民法典评注·合同编·典型合同与准合同（第 3 册）》，中国法制出版社 2020 年版，第 419 页。

〔5〕 参见工银金融租赁有限公司与华纳国际（铜陵）电子材料有限公司、铜陵大江投资控股有限公司和中国建设银行股份有限公司铜陵开发区支行融资租赁合同纠纷再审案，最高人民法院（2018）最高法民再 373 号民事判决书；柳林县浩博煤焦有限责任公司与山西联盛能源投资有限公司等融资租赁合同纠纷案，最高人民法院（2016）最高法民终 286 号民事判决书。

〔6〕 参见仲利国际租赁有限公司与上海伊诺餐饮管理有限公司等融资租赁合同纠纷案，上海市第一中级人民法院（2014）沪一中民六（商）终字第 469 号民事判决书。

〔7〕 参见国泰租赁有限公司与山东鑫海投资有限公司、山东鑫海担保有限公司等企业借贷纠纷案，最高人民法院（2014）民二终字第 109 号民事判决书。

〔8〕 参见融众国际融资租赁有限公司与宜昌市龙人印务有限公司、宜昌同鑫玻璃有限公司企业借贷纠纷，武汉市中级人民法院（2016）鄂 01 民终 820 号民事判决书。

〔9〕 参见工银金融租赁有限公司与华纳国际（铜陵）电子材料有限公司、铜陵大江投资控股有限公司和中国建设银行股份有限公司铜陵开发区支行融资租赁合同纠纷再审案，最高人民法院（2018）最高法民再 373 号民事判决书；安徽省高级人民法院（2017）皖民终 169 号民事判决书及（2017）皖民终 174 号判决书；以及《天津法院融资租赁合同纠纷案件审理标准》第 4.1.3 条明确规定："售后回租合同的出租人明知租赁物不存在或者租赁物价值严重低值高估的，不认定为融资租赁合同关系。"

第五，出租人对租赁标的物进行了合理审查。[1]

而本案中不具备的特征有两个，一是租赁标的物价值明显低于融资金额，租金亦不符合行业规范，二是出租人南湖租赁没有合理审查，以下详细论述。

第一，在真实融资租赁中，租赁标的物的价值会与融资金额及租金相匹配。融资租赁是以融物为依托的融资，是以租赁物所有权来担保融资租赁债权的非典型担保。因此，一方面在融资租赁公司在购买租赁物的时候，会寻求合理的价格，以求其市价能足够担保自己的债权；[2]在售后回租型融资租赁中，明智的融资租赁公司更不会允许承租人（出卖人）将标的物以虚高的价格出卖给自己，获取过高的融资款。[3]另一方面融资租赁合同在计算租金债权时，通常是以租赁物的购买成本及其合理利润来确定的。[4]

而本案中，昌平重科以 5 亿元的价格将涉案设备出售给松江矿业，而南湖租赁作为专业的融资租赁公司却愿意以远高于其实际价值的 10 亿元购买该设备，显然背离买卖合同等价交换原则，背离其作为商主体在融资租赁合同中应有的利益追求，也违反行业规范。同时，其租金高达 12 亿元，并且一个季度就需要松江矿业还 3 亿元，一方面其数额远远超出融资租赁出租人应有的收益，也已违背行业规范；另一方面 5 亿元租赁物难以对高达 12 亿元租金债权起到担保作用，违背南湖租赁作为专业融资租赁机构应有的职业能力与交易理性。

第二，在真实融资租赁中，出租人对租赁标的物应进行充分审查。一方面这是部门规章的要求，[5]是南湖租赁作为专业融资租赁机构明知且熟悉的应有流程；另一方面，这虽然是对己义务，但也是南湖租赁在正常的融资租赁交易中，为了自己的利益所应该做的。

而本案中南湖租赁却从未实地查验评估相关设备，既没有查验该设备的价值，也没有考察其权属关系，南湖租赁并不像正常的融资租赁关系中那样，重视租赁物的价值对融资租赁债权的担保水平。

总之，与应有的订立融资租赁合同的状态相比，南湖租赁存在诸多不符合行业规范与商主体交易理性的行为。整个交易中，南湖租赁一方面不在意标的物的价值，另一方面提供远超出正常水平的融资款，这表明南湖租赁的真实意思并不是订立以融物为依托的融资租赁合同，而更像是提供高额贷款，其"租赁物"只是借款债权的担保之一，所以南湖租赁并不重视其价值是否能覆盖整个债权。

---

〔1〕 参见潼关县人民医院诉平安国际融资租赁有限公司融资租赁合同纠纷案，上海市第一中级人民法院（2017）沪 01 民终 6206 号民事判决书。

〔2〕《融资租赁公司监督管理暂行办法》第 18 条规定，融资租赁公司应当重视租赁物的风险缓释作用，密切监测租赁物价值对融资租赁债权的风险覆盖水平，制定有效的风险应对措施。

〔3〕《融资租赁公司监督管理暂行办法》第 17 条、《融资租赁企业监督管理办法》第 21 条亦明确规定售后回租不得低值高买。

〔4〕《民法典》第 746 条规定，租金除当事人另有约定外，应根据租赁物的大部分或者全部成本以及出租人的合理利润确定。

〔5〕 依据《融资租赁企业监督管理办法》第 20 条，融资租赁企业不应接受承租人无处分权的财产作为售后回租业务的标的物；融资租赁企业在签订售后回租协议前，应当审查租赁物发票、采购合同、登记权证、付款凭证、产权转移凭证等证明材料，以确认标的物权属关系。

b. 融资租赁不是松江矿业的真意

本案中售后回租型的融资租赁也并不是松江矿业的真意。如果是正常的盘活现有资产的售后回租型融资租赁，一方面松江矿业作为理性商主体，也会为自己争取足够合理的租金总额，而不会容忍如此高额的租金；另一方面，松江矿业会争取获得更长的融资租赁期间，使得自己能够在更长的时间里支付租金，获取应有的融资利益，而不会容忍一季度还3亿元，一年付12亿元的紧迫履行期限。在现在的融资租赁合同中，松江矿业几乎没有获得合理的融资利益，甚至背负了违背交易理性的繁重债务。

由案情，长宁投资、长宁担保以及松江矿业之所以需要融资，并不是松江矿业本身需要融资，而是长宁投资需要借助松江矿业融资10亿元后，投入到旗下小月河的项目中。所以松江矿业方真实意思并不在意是否订立融物与融资紧密结合的融资租赁合同，其在意的只是南湖租赁方一次性提供高达10亿元的融资款。这就是为什么松江矿业愿意容忍如此高额的租金，以及如此紧迫的支付期限。因为三者一方面要说服、争取南湖租赁方一次性融资10亿元，另一方面已经做好了转移资产，由松江矿业自己承担繁重债务的准备。

因此，本案中该不合理的融资租赁合同也不是松江矿业的真意。

c. 双方对此存在通谋

由案情，双方母子公司"洽谈融资事宜""商定合作框架"，应经过多轮磋商才确定了案中呈现出的交易细节，表明双方对于该合同的形式与目的都非常清楚，并且达成了一致。这也就意味着双方明知对方并不是真的希望形成融资租赁关系，但相互故意地作出订立该《融资租赁合同》的意思表示，故双方对互为虚假意思表示的行为存在通谋应无疑义。

d. 结论

订立《融资租赁合同》并不是南湖租赁与松江矿业的真意，且这是双方对此明知的情况下故意创造的合同外观，即双方的《融资租赁合同》是虚假行为。

B. 借款合同加让与担保是隐藏行为

依据《民法典》第146条第2款，以虚假的意思表示隐藏的民事法律行为的效力，依照有关法律规定处理。以下探求当事人真实的意思表示，即虚假行为下的隐藏行为。

a. 真实意思包括借款合同

如前所述，南湖租赁的真实意思是出借10亿元，以赚取高额收益；松江矿业的真实意思是一次性拿到高达10亿元的融资款，故双方在融资租赁外观下的隐藏行为是借款合同。其约定的"租金"12亿元实际是最终需偿还的本息，1万元名义留购款是特别约定下的最后一笔利息，分四期的租金支付方式实际是本息的偿还方式。

事实上，实践中因为各种原因，或许为了摆脱利率限额，[1]或许为了使债权享有一定

---

〔1〕 依据《最高人民法院关于新民间借贷司法解释适用范围问题的批复》，融资租赁公司应从事相关金融业务引发的纠纷，不适用新民间借贷司法解释，故融资租赁合同中的利率不受民间借贷规定的限制。

的担保，常有企业以融资租赁合同的形式为其实际的借贷合同做掩盖，形成一类被称为"以融资租赁合同为掩盖的借贷合同"或"名为融资租赁，实为借贷"的案型。而本案中售后回租低值高买，出租人不对标的物进行合理审查的情形，尤其是约定的租金显著高于合理租金的数倍，都属于"以融资租赁合同为掩盖的借贷合同"的重要特征。[1]因此本案属于较为典型的以融资租赁为虚假行为、以借款合同为隐藏行为的案件。

b. 真实意思包括让与担保合同

当事人的真实意思不仅包括借款合同，还包括希望就涉案设备设立让与担保。让与担保的特征为：[2]一是设立人（不一定为债务人）按法定程序将标的物所有权暂时而非终局性地转让给债权人，债权人成为形式上的所有人；二是为使设立人保持对担保标的物的使用效益，债权人往往与设立人签订标的物的借用或租赁合同，由设立人使用担保标的物；三是债务人履行债务后，债权人应返回标的物所有权；四是在债务人未偿还债务时，债权人并不是当然地取得标的物所有权，而需进行清算，要么评估折价后清算，要么拍卖变卖后清算。

而本案中的"售后回租型融资租赁合同"完全符合上述特征。首先"售后回租"使债权人南湖租赁形式上取得所有权，同时"回租"使设立人松江矿业继续使用设备；其次，按照《担保制度解释》第65条，即便是真实的融资租赁合同，其出租人收回标的物时，也需要将其价值与欠付租金等进行清算；最后，本案中合同约定债务人松江矿业清偿包括"名义款"在内的债务后，可"留购"设备，即取得设备的所有权。所以当事人的隐藏行为，包括就涉案设备设立让与担保的意思；具体而言，其同时包含订立让与担保合同，与以占有改定方式移转所有权以设立让与担保这两个层面的意思。

同时即便当事人未实地查验评估相关设备，也依旧不影响当事人让与担保意思表示的成立，让与担保的设立并不像融资租赁那样有部门规章要求对标的物进行充分审查。同时，由"2020 年 8 月 12 日，因松江矿业未能还款，南湖保理与松江矿业交涉，被告知'松江 1 号'项目全套设备为松江矿业于 2018 年 6 月 12 日从昌平重科以所有权保留之方式购买，总价 5 亿元"可知，在松江矿业未能还款时，南湖保理是希望通过涉案设备"松江 1 号"来实现债权的。所以，虽然南湖租赁、南湖保理在同松江矿业商定合作框架并签订《融资租赁协议》《保理合同》时并未实地查验评估相关设备，但是这并不意味着南湖租赁、南湖保理作为债权人一方完全不在意涉案设备。这只意味着在没有实地查验的情况下，它们对涉案设备实际价值、担保功效的在意程度，远不足以构成对标的物审查要求更严格的、紧密围绕标的物的融资租赁的意思。但是，由案情可知，它们依旧在意涉案设备的所有权归属与债权担保地位。正是因为南湖租赁、南湖保理信赖松江

---

〔1〕 参见最高人民法院民法典贯彻实施工作领导小组主编：《中华人民共和国民法典合同编理解与适用（三）》，人民法院出版社 2020 年版，第 1670 页。

〔2〕 参见最高人民法院民事审判第二庭：《最高人民法院民法典担保制度司法解释理解与适用》，人民法院出版社 2021 年版，第 75 页。

矿业享有涉案设备的所有权，并希望将其作为一定的债权担保手段，才会在松江矿业未能还款时，前去就设备进行交涉，希望用设备实现债权，而被告知真实情况。而这种在意程度足以含有让与担保的意思。

这其实正体现出融资租赁与让与担保之间的相似性及区别。融资租赁相比于单纯的借款，有其突出的非典型担保功能，对于"名为融资租赁，实为借贷"的合同关系，尤其是"售后回租型"，在借款之外，还需要承认当事人之间具有用"租赁物"所有权担保借款债权的意思，即就涉案设备设立让与担保的意思，才能最完满地反映当事人真实的意思表示。这一点似乎一直没有得到该类纠纷处理实践的重视，但逐渐有当事人开始提出"实为借款合同加让与担保"的主张，[1]且已经有部分法院认可了这样的法律结构。[2]

作为典型所有权担保的三种形式，出卖人保留所有权、融资租赁出租人所有权以及所有权让与担保，渐次反映了所有权由完全所有权向功能化或纯粹担保性所有权转换的强度；也正是基于这种强度差异，这三种形式集中反映了形式主义（所有权归属确认）与功能主义（担保功能）的冲突与协调难题。[3]实际上，在所有权保留、融资租赁和让与担保这三种非典型担保之间，之所以存在一个从完全性所有权向纯粹的功能性担保性所有权逐渐过渡的光谱，可能也正是因为三种交易与物的紧密结合程度上呈现逐渐由紧密到相对松散的样态。

所以本案中，虽然其在意程度不足以构成真正的融资租赁的意思，但依旧应当认为含有在涉案设备上约定让与担保的意思。因此，南湖租赁和松江矿业的隐藏行为还含有就涉案设备约定让与担保的内容。

c. 结论

当事人的隐藏行为即真实意思是借款加让与担保。

C. 结论

依据《民法典》第146条第1款，融资租赁合同因属于虚假行为而无效。虽然融资租赁合同可能仍存在其它效力瑕疵，但已无讨论必要。

其虚假行为下的隐藏行为是双方订立了松江矿业向南湖租赁借款10亿元的借款合同，且为担保该借款债权而约定了案涉设备的让与担保。

③ 结论

融资租赁合同无效，不存在有效的融资租赁合同。

---

〔1〕 如江苏金融租赁股份有限公司与新疆西部铁牛农业有限公司等融资租赁合同纠纷案，南京市鼓楼区人民法院（2019）苏0106民初4787号民事判决书；中山市鉴业机械抓斗制造有限公司、中山市阜港码头服务有限公司融资租赁合同纠纷案，中山市中级人民法院（2017）粤20民终3102号民事判决书。

〔2〕 如景春、张鹏飞案外人执行异议案，银川市兴庆区人民法院（2019）宁0104民初12626号民事判决书；福建省佳成顺发担保有限公司与刘小中民间借贷纠纷案，福建省长汀县人民法院（2017）闽0821民初771号民事判决书；杨凤东与陶永昌、方继勇融资租赁合同纠纷案，江苏省盱眙县人民法院（2013）盱民初字第1386号民事判决书。

〔3〕 参见张家勇：《体系视角下所有权担保的规范效果》，载《法学》2020年第8期。

（2）结论

请求权的第一个构成要件"存在有效的融资租赁合同"已不满足，后续要件无需讨论，请求权未产生。

2. 结论

南湖保理不可依《民法典》第 752 条第 1 句、第 545 条，向松江矿业请求支付融资租赁合同剩余租金。

（二）结论

南湖保理与松江矿业之间不存在有效的融资租赁合同，故南湖保理对松江矿业不享有基于融资租赁合同的请求权。

二、基于借款合同的请求权

如前所述，南湖租赁和松江矿业之间的真实意思是借款合同而非融资租赁合同，故讨论在债权移转之后，应讨论南湖保理对松江矿业可能享有何种基于借款合同的请求权。

（一）或可依《民法典》第 674 条第 1 句、第 675 条第 1 句、第 545 条，请求支付借款合同的本金及利息[1]（＋）

1. 请求权是否产生（＋）

根据《民法典》第 674 条第 1 句（借款人应按期支付利息）、第 675 条第 1 句（借款人应按期返还本金）、第 545 条（债权让与），结合案情，本案中该本息请求权产生需有：（1）南湖租赁享有债权，即南湖租赁与松江矿业之间存在有效的借款合同；（2）南湖租赁将债权有效移转于南湖保理，且对债务人生效；[2]（3）松江矿业的债务已到期。

（1）南湖租赁与松江矿业之间存在有效的借款合同（＋）

① 借款合同成立（＋）

如前"一 – （一） –1. – （1） –② – B – a"部分所述，本案《融资租赁协议》实为借款合同，由案情，双方当事人都为民事主体、客体都已明确，双方意思表示达成一致；依据《民法典》第 679 条，[3] 以出借人提供借款为特殊成立要件，而出借人南湖租赁通过指示第三人南湖保理支付的方式，已经向借款人松江矿业提供 10 亿元借款，故借款合同成立。

②借款合同生效（＋）

根据《民法典》第 146 条第 2 款、《融资租赁合同解释》第 1 条第 2 款，"名为融资租赁，实为借贷"情形本身并不影响借款合同效力。

根据《民法典》第 144 条至第 153 条规定，以及通说认可的影响法律行为效力的情形发现，该合同中存在可能影响效力的情形为欺诈与违背公序良俗。以下主要讨论欺诈以及

---

〔1〕 继续履行请求权与原给付请求权本质上没有区别，该部分只讨论原给付请求权。

〔2〕 债权让与对债务人生效的法律效果究竟是否为请求权产生的讨论详见下文该部分的论述。

〔3〕 对本案为自然人间借款，即民间借贷的论述，详见后文"二 – （一） –2. – （1） –① – A"部分。

违背公序良俗的瑕疵。

A. 因欺诈而可撤销：松江矿业隐瞒无权处分（－）

本案中松江矿业在未取得涉案设备所有权的情况下，以所有权人身份设立让与担保，使南湖租赁愿意对其借款，可能构成欺诈使南湖租赁享有撤销权。但就本案而言，借款已经提供，且返还本金与支付利息的债务都已经到期，[1]对于借款本息债权人来说，无论是否撤销，其能取得的利益都差不多。因此无论撤销权人是南湖租赁还是南湖保理，撤销权人选择撤销的可能性都很小，故以下不再讨论撤销。

B. 违背公序良俗：融资租赁公司违反贷款禁止规定（－）

本案中南湖租赁借款给松江矿业，违反了融资租赁公司的贷款禁止规定。依据《融资租赁公司监督管理暂行办法》第8条第2项，融资租赁公司不得发放或受托发放贷款。虽然这仅为银保监会颁布的部门规章，但是金融审判中出现尊重金融监管规章的趋势。如《全国法院民商事审判工作会议纪要》第31条指出："违反规章一般情况下不影响合同效力，但该规章的内容涉及金融安全、市场秩序、国家宏观政策等公序良俗的，应当认定合同无效。"因此，违反该规章虽然不属于"违反法律、法规的强制性规定"，但可能构成"违背公序良俗"而无效。

但是，一方面，单次行为违反贷款禁止规定，直接认定合同无效，法律后果过于严厉。一是从促进交易，减少合同无效的角度，应尽量认定合同有效。[2]二是若认为单次行为本身就足以达到危害金融安全、市场秩序，损害公共利益的程度，可能过于严苛，反而可能造成过度、频繁介入当事人之间的法律关系，使其利益失衡的不良效果。

另一方面，控制这种行为对金融秩序可能带来的损害，不一定需要合同无效，其它的途径也可以实现该目标。一是对融资租赁公司的行为进行行政监管，对其违规作出一定的处罚等监管措施。[3]二是即便否认其融资租赁合同关系，按照约定实际构成的合同来适用规则，依旧要受到合同规则的限制，[4]符合相应金融秩序。三是只有当这种违规贷款行为形成常态，如融资租赁公司以发放贷款为主要业务或者主要利润来源，[5]致使原有的金融秩序规则被规避、架空，以致形同虚设时，再认定其冲击金融秩序损害公共利益，否认其合同效力。实务中通常也不会直接认定借款合同无效。[6]《融资租赁合同解释》只是规定

---

[1] 如果本金返还债务没到期，撤销还可以立即请求返还本金，而无需等到债务到期。

[2] 参见最高人民法院民事审判第二庭编著：《最高人民法院关于融资租赁合同司法解释理解与适用》，人民法院出版社2016年版，第55页。

[3] 《融资租赁公司监督管理暂行办法》第48条规定，融资租赁公司违反法律法规和本办法规定，有关法律法规有处罚规定的，依照其规定给予处罚；有关法律法规未作处罚规定的，地方金融监管部门可以采取监管谈话、出具警示函、责令限期改正、通报批评等监管措施；构成犯罪的，依法追究刑事责任。

[4] 参见最高人民法院民事审判第二庭编著：《最高人民法院关于融资租赁合同司法解释理解与适用》，人民法院出版社2016年版，第55页。

[5] 参见韩耀斌：《融资租赁法律关系的认定》，载《人民司法》2019年第2期。

[6] 参见天津市市政建设开发有限责任公司与天津胜利宾馆有限公司等融资租赁合同纠纷案，最高人民法院（2020）最高法民终1154号民事判决书；江苏金融租赁股份有限公司与南通惠港造船有限公司等融资租赁合同纠纷案，最高人民法院（2019）最高法民再81号民事判决书。

按照实际构成的有名合同的权利义务关系处理。

而本案中并未出现南湖租赁以放贷为主要业务的情形，所以借款合同并不因此无效。所以依据《民法典》第 502 条，借款合同自成立时生效。

C. 结论

借款合同生效。

③ 结论

存在有效的借款合同。

（2）南湖租赁将债权有效移转于南湖保理且对债务人生效（＋）

债权转让的性质在理论上存在争议，虽然我国现行法目前没有完全承认物权行为独立性，我国也有学者认为债权让与是事实行为，[1]但我国通说依旧认为债权让与是让与人与受让人之间直接发生债权转移效果的处分行为。[2]韩世远教授将该处分行为称之为债权让与合同，区别于作为负担行为的债权让与约定，[3]以下使用上述概念体系。

关于债权让与合同（处分行为）与债权让与约定（负担行为）的关系，我国采有因原则，即原因行为无效或被撤销的场合，债权让与不生效力；原因行为被解除的场合，债权自动复归于让与人；只是对于票据债权或其他证券化债权，例外承认债权让与的无因性。[4]

故在本案中，判断债权是否有效转让且对债务人生效时，应审查：①就借款债权存在有效的债权转让约定；②就借款债权存在有效的债权让与合同；③不存在合同债权不得转让的情形；④通知债务人。

①就借款债权存在有效的债权让与约定

由案情，本案中作为负担行为的债权让与约定应存在于《保理合同》中，[5]而按照保理合同交易习惯，作为处分行为的债权让与合同一般由签订《应收账款转让申请暨确认书》来完成，《应收账款转让申请暨确认书》同样存在于《保理合同》中。[6]因此，应认为双方的确存在"将'融资租赁协议'项下全部债权转让给南湖保理"这一处分行为。因采有因原则，故在判断能发生债权变动效力的处分行为是否有效，首先应讨论包含其债

---

〔1〕 参见崔建远、韩海光：《债权让与的法律构成论》，载《法学》2003 年第 7 期；崔建远：《合同法》，北京大学出版社 2012 年版，第 223 页。

〔2〕 参见王利明、崔建远：《合同法新论·总则》，中国政法大学出版社 2000 年版，第 415 页；王利明：《合同法研究（第二卷）》，中国人民大学出版社 2003 年版，第 222 页；韩世远：《合同法总论》，法律出版社 2018 年版，第 595～597 页。

〔3〕 参见韩世远：《合同法总论》，法律出版社 2018 年版，第 595～597 页。

〔4〕 参见韩世远：《合同法总论》，法律出版社 2018 年版，第 600 页。

〔5〕 虽然依据优势学说，有追索权的保理本质上是债权的让与担保，即本案中是南湖租赁将自己对松江矿业的债权让与担保给南湖保理，以担保南湖保理对自己的 10 亿元债权。但是在保理人对债务人行使权利时，依旧要按照债权转让的规则来处理保理人的权利。优势学说内容参见最高人民法院民法典贯彻实施工作领导小组主编：《中华人民共和国民法典合同编理解与适用（三）》，人民法院出版社 2020 年版，第 1702 页。

〔6〕 依据《商业保理合同准则》（T/CATIS 003—2020）4.2.1，商业保理合同文本一般应包括合同正文与合同附件，合同正文与附件具备同等法律效力；合同附件一般包括应收账款转让申请暨确认书。

权让与约定（负担行为）的保理合同是否成立且生效。

A. 保理合同成立（＋）

保理合同成立的一般要件，包括双方当事人都为民事主体、客体已明确，双方意思表示达成一致，其中意思表示需要内容具体明确。

案情中没有呈现保理合同的内容，尤其没有呈现当事人对保理融资款的利息、还款期限以及服务报酬这几项重要内容的约定。[1] 故作出两种假设：一是当事人对此作出了约定只是案情没有体现；二是当事人对这些内容没有约定。如果是第一种情况，则已满足一般成立要件无疑义。但若为第二种情况，则需要审查这几项内容是否是保理合同的必备条款，即在没有约定这几项内容的情况下，保理合同的意思是否明确具体，保理合同是否仍能成立。

合同的必备条款除了当事人名称或者姓名、标的和数量外，还包括依法定、约定或依事物的性质额外要求的内容；如果未约定就无法依法律一般规定加以补充，就只能认定合同不成立。[2] 而关于保理融资款的利息、还款期限以及服务费用，首先，保理合同作为比较固定的交易模式，这三项内容并不是不约定就无法补充；其次，在《商业保理合同准则》（T/CATIS 003 - 2020）中，保理融资期限条款、保理融资额度条款与服务费用也仅属于"合同可约定""一般包括"事项，而非"应约定""应明确"事项。因此，这三项内容并不是保理合同的必备条款，即便没有约定，合同也成立。

所以由案情，无论何种情况，保理合同的一般成立要件都已经具备；又依据《民法典》第762条第2款，保理合同以书面形式为特殊成立要件，且本案中签订了书面《公开型有追索权国内保理合同》，故保理合同成立。

B. 保理合同生效（＋）

a. 保理合同效力是否受《融资租赁合同》效力影响

首先，此处分析的是保理合同中作为负担行为部分的效力，则与无权处分或标的物不存在不会导致买卖合同无效一样，即便应收账款债权不存在，应该也不会影响转让债权的负担行为的效力。因为当事人还可以依据合同请求违约损害赔偿，没有必要否认其效力。

其次，《融资租赁合同》并不是整个合同无效，而是其外观上呈现出的融资租赁合同属于通谋虚伪表示，在当事人之间不发生产生融资租赁合同关系的法律效力，依据《融资租赁合同解释》第1条第2款，依旧产生实际构成的法律关系，发生相应的法律效果。《融资租赁合同》中关于借款和让与担保的内容并不因此无效。

所以保理合同中的负担行为部分并不因为《融资租赁合同》存在"名为融资租赁，实为借贷加让与担保"而无效。

---

〔1〕《民法典》第762条规定的"保理合同一般内容"中，主要这几项内容本案没有呈现。

〔2〕参见韩世远：《合同法总论》，法律出版社2018年版，第115页。

b. 保理合同是否自身存在效力瑕疵

对于保理合同，本案中可能存在的效力疑义依旧是可能构成通谋虚伪表示，因为案中呈现的状态，非常接近于南湖保理直接向松江矿业借款 10 亿元，南湖租赁在签完保理合同后就在诸方关系中完全脱身。

但如果三方当事人真的想达成这样的效果，在松江矿业与南湖保理签订名为融资租赁实为借贷的合同后，南湖保理与南湖租赁之间完全可以签订无追索权的保理合同，使得南湖租赁脱身。既然双方选择了有追索权的保理合同，就意味着双方愿意用该制度来处理双方关系，没有必要干涉双方的意思自治。从商主体交易理性而言，保理公司对于选择无追索权的高风险交易本就比较审慎，有追索权在国内保理合同实践中仍为主流，[1] 而姐妹公司之间做出风险分担，不使南湖保理一人承担"合作框架"风险的交易安排也是合理的。所以哪怕在真实的操作中，可以预见南湖保理很可能最后才行使追索权，甚至可能不行使追索权，也没有必要否认当事人的利益安排，认为"有追索权是虚假意思，无追索权是真实意思"。

所以保理合同无效力瑕疵，依据《民法典》第 502 条，自成立时生效。

c. 结论

保理合同生效。

C. 保理合同的内容含让与借款债权（＋）

本案中需要解决的问题是，存在名为融资租赁实为借贷加让与担保时，认定外观上的融资租赁合同无效之后，保理合同中的债权让与中约定的让与对象到底是什么？依旧是虚假的融资租赁合同中的债权，还是当事人之间隐藏行为中的债权？

首先，虽然在现行法最终未规定"双方当事人不得以通谋虚伪表示之无效对抗善意第三人"等相应条款，但仍有裁判与学说认为通谋虚伪表示行为的法律效果应采相对无效。如最高人民法院在"中铁物资集团新疆有限公司与中国工商银行股份有限公司乌鲁木齐钢城支行、广州诚通金属公司合同纠纷案"中认为，保理银行并非基础合同的当事人，故基础合同无效并不当然导致保理业务合同无效；在基础合同因债权人和债务人双方通谋实施的虚伪意思表示而无效的情况下，保理业务合同并不当然因此而无效，即便中铁新疆公司和诚通公司之间的涉案买卖合同确系虚伪意思表示，双方亦不得以此对抗作为善意第三人的工行钢城支行。[2] 也有学者认为《民法典》第 763 条规定虚构应收账款作为转让标的，债务人不得以应收账款不存在为由对抗不知情的保理人，是在保理合同领域明确承认了"通谋虚伪表示无效不得对抗善意第三人"规则；在其他领域，必要时可以类推适用该条规定。[3]

但即便是采通谋虚伪表示的相对无效，在本案中保理人、债权受让人南湖保理参与了

---

〔1〕 参见高圣平：《民法典担保制度及其配套司法解释理解与适用（下）》，中国法制出版社 2021 年版，第 1306 页。

〔2〕 参见中铁物资集团新疆有限公司与中国工商银行股份有限公司乌鲁木齐钢城支行、广州诚通金属公司合同纠纷案，最高人民法院（2018）最高法民申 4320 号民事裁定书。

〔3〕 如杨代雄：《法律行为论》，北京大学出版社 2021 年版，第 277 页。

双方母子公司合作框架的商定，该保理合同就是合作框架的一部分，故对"名为融资租赁实为借贷加让与担保"应为知情，不属于不得对抗的善意第三人，属于《民法典》第763条中的"保理人明知虚构的除外"。所以对南湖保理来说，整个合同也应该按照借贷合同处理而不是融资租赁合同处理。

其次，如果是采通谋虚伪表示的绝对无效，那更可以直接认为债权让与能够让与的只有借贷加让与担保的债权。接下来所引发的可能就是当债权受让人属于善意第三人时，可能构成债权让与的瑕疵担保责任的问题。但本案其实也不涉及该问题，因为南湖保理对"名为融资租赁实为借贷加让与担保"知情，实际当事人之间的债权让与的意思表示其实针对的就是隐藏行为即借款加让与担保，所以并不存在转让的债权并不符合"质量要求"的情形。

因此，保理合同中的债权让与中约定的让与对象是隐藏行为即借款加让与担保中的债权，则保理合同的内容含让与借款债权。

D. 结论

双方就借款债权存在有效的债权让与约定。

②就借款债权存在有效的债权让与合同（＋）

按照保理合同交易习惯，作为处分行为的债权让与合同一般由签订《应收账款转让申请暨确认书》来完成，《应收账款转让申请暨确认书》同样存在于《保理合同》中。[1]因此，应认为双方的确存在"将'融资租赁协议'项下全部债权转让给南湖保理"这一处分行为。同时如前所述，应认为该处分行为中含转让借款债权的意思。即根据案情，借款债权存在，有效的债权让与合同成立。

债权让与合同作为处分行为可能存在的效力问题是，若转让的债权不存在，该处分行为是否无效。债权的有效存在是债权转让的前提，以无效的债权转让他人，或者以已经消灭的债权转让，显然不能发生债权变动的效力，即受让人无从取得债权。在本案中，如前所述本案中虽然《融资租赁合同》外观上呈现出的融资租赁合同无效，但是其中体现了当事人真实意思表示的借款和让与担保内容依旧有效，则相应的债权依旧存在。当事人约定将《融资租赁合同》项下全部债权转让给南湖保理，则其中有效的借款和让与担保债权依旧可以转让，这也是南湖保理和南湖租赁间真实意思所在。所以二者之间就借款债权存在有效的债权让与合同。

③ 不存在合同债权不得转让的情形（＋）

根据《民法典》第545条第1款，债权转让有三种限制的情形，即依性质不可转让、当事人约定不可转让、法律规定不可转让。本案中，南湖租赁对松江矿业的债权性质为金钱债权，并不存在转让方面的限制。

---

〔1〕 依据《商业保理合同准则》（T/CATIS 003—2020）4.2.1，商业保理合同文本一般应包括合同正文与合同附件，合同正文与附件具备同等法律效力；合同附件一般包括应收账款转让申请暨确认书。

④通知债务人以对债务人生效（＋）

A. 债权让与对债务人生效的法律效果究竟是否为请求权产生

债权让与未经通知对债务人不生效力，是请求权未发生，还是请求权已经发生但是债务人有抗辩权？这一问题可能存在疑问与探讨余地，因为一种观点是通知生效的规范目的是用来保护债务人的，那么应该让债务人决定是否援引这一保护规则，这样通知生效规则的效果更类似于抗辩权。[1] 也曾有法院认为"未经通知的，该转让对债务人不发生效力，债务人享有对抗受让人的抗辩权"。[2]

但这样的解释路径不仅可能导致"债务人不出席的情况下，法官可否依职权审查通知事实"的问题，[3] 而且还与现在的规范解释理论体系有冲突。《民法典》第 546 条第 1 款"债权人转让债权，未通知债务人的，该转让对债务人不发生效力"，明确了债权转让通知是对债务人发生效力的条件，未行通知则对于债务人而言该债权转让相当于不存在。在债务人方面，仍然认为是让与人的债权，受让人对于债务人尚不得主张权利；此处"不发生效力"的内涵，与其说是"无效"，不如说"未生效"更为贴切。[4] 那么不存在与未生效解释为债权受让人对债务人请求权未发生更为顺畅，依据现有理论话语体系很难说"未生效"是产生了请求权但有抗辩权。

且"不生效力"对债务人的保护意旨主要在于，"在受让与通知前，债务人对于原债权人（让与人）所作的清偿或其他免责行为，或让与人对于债务人为免除或抵销的，均为有效"。[5] 那么若为了该保护意旨，将其解释为享有抗辩权，则难以解释如果债务人对让与人已为清偿，又未主张抗辩权时，债务究竟是早已消灭，还是灭而复生，且进一步导致"债务人此前属误为清偿"的解释结论。那为了捍卫该保护意旨的将其解释为享有抗辩权，是否反而会悖于该保护意旨。

那么与其在认为是抗辩权的基础上寻求解决法院可否依职权审查的解释难题，不妨认为债权让与通知与解除权通知一样，只要在通知之前债务人没有使债务消灭，当事人直接以提起诉讼或者申请仲裁的方式依法主张债权的，可认为债权让与通知通过自起诉状副本或者仲裁申请书副本送达了对方，其中所附的债权转让协议等证据也属于在通知时提出了取得债权的证据。这样不仅能够保障前述对债务人保护意旨的实现，而且在通知的解释与到达问题上保持了理论体系的一致。最高人民法院在（2021）最高法民申 1575 号民事裁定书中就认为，债权受让人从出让人处受让案涉债权后，通过诉讼的方式通知债务人债权转让事宜，符合原《合同法》第 80 条第 1 款的规定，属于有效通知，

---

〔1〕 参见姚明斌教授在第二届全国鉴定式案例研习论坛会议第一单元的点评发言。

〔2〕 参见佛山市顺德区太保投资管理有限公司与广东中鼎集团有限公司债权转让合同纠纷案，最高人民法院（2004）民二终字第 212 号二审民事判决书。

〔3〕 参见姚明斌教授在第二届全国鉴定式案例研习论坛会议第一单元的点评发言。

〔4〕 参见韩世远：《合同法总论》，法律出版社 2018 年版，第 616 页。

〔5〕 韩世远：《合同法总论》，法律出版社 2018 年版，第 616 页。

受让人原告主体资格适格。[1]

所以认为债权让与对债务人生效的法律效果是受让人对债务人的请求权产生，可能更为妥帖。

B. 是否通知债务人

依据《民法典》第 769 条、第 565 条第 1 款，保理合同中的债权转让自通知债务人时对债务人发生效力。虽然债权转让中，"受让人通知债务人能否对债务人生效"存在争议；[2]但一方面学说认为可以通过目的性扩张予以填补，允许受让人也作为让与通知的主体，从而有利于灵活地解决实际中的问题；[3]另一方面，在保理合同中，依据《民法典》第 764 条，保理人可以向债务人通知，只是需要表明保理人身份并附必要凭证。

本案保理合同为公开型保理合同，且松江矿业与南湖租赁、南湖保理三方当事人不仅是在同一日签订的合同，更是在互相"商定合作框架"之后才一同签订了两份合同。因此，应当认为南湖保理或南湖租赁按照要求通知了债务人，债权转让对松江矿业发生效力，其只能向南湖保理履行。

⑤ 结论

债权有效转让且对债务人生效。

（3）松江矿业的债务已到期（＋）

请求权产生的时间，即债权人开始可以向债务人请求给付的时间，究竟为履行期限届满之时，还是履行期限届至之时，存在争议。[4]但即便认为其产生于履行期间届至之时，也因为债务人有履行期限未届满的抗辩而使请求权无法实施。因此，一方面为了和通说并未刻意区分"可请求"与"必须履行"的做法保持一致，另一方面为了行文方便、逻辑连贯，以下分析以履行期限届满之时请求权产生为理论基础，将该问题置于"请求权是否产生"中论述。

而本案中，由案情，南湖保理和松江矿业间存在有效的展期合意，债务于 2020 年 8 月 12 日到期，本案中债务已经到期。

（4）结论

请求权已产生。

---

[1] 参见郑州华晶金刚石股份有限公司、郑州经久商贸有限公司等民间借贷纠纷案，最高人民法院（2021）最高法民申 1575 号民事裁定书。采相同观点的裁判还有：周芬宜与珠海市韦柏辉土石方工程有限公司与环球建设工程集团有限公司广东分公司建设工程施工合同纠纷案，珠海市中级人民法院（2014）珠中法民三终字第 236 号民事判决书；杨学勤与王军、泗洪嘉豪生物质能发电有限公司债权转让合同纠纷案，绍兴市中级人民法院（2015）浙绍商终字第 491 号民事判决书；阳春安蒂丝纤维有限公司与诸葛益民、吴银仙债权转让合同纠纷案，阳江市中级人民法院（2015）阳中法民二终字第 139 号民事判决书；上诉人张俏与被上诉人吴淑玲、李超、李芳民间借贷纠纷案，沈阳市中级人民法院（2016）辽 01 民终 8535 号民事判决书等。

[2] 相关争议参见韩世远：《合同法总论》，法律出版社 2018 年版，第 612 页；朱广新：《合同法总则研究（下册）》，中国人民大学出版社 2018 年版，第 491 页。

[3] 参见韩世远：《合同法总论》，法律出版社 2018 年版，第 613 页；崔建远主编：《合同法》，法律出版社 2007 年版，第 216 页。

[4] 崔建远教授认为中国现行法及其理论在用语上没有刻意区分债权人得请求债务人为履行的期限与债务人必须为履行的期限，但同时认为通说是约定的履行期间届至之时起债权人有权请求履行。参见崔建远：《合同法总论（中卷）》，中国人民大学出版社 2012 年版，第 67~68 页。王利明教授与韩世远教授认为债务人在履行期限届满之前债权人不得要求债务人作出履行。参见王利明：《合同法研究（第 2 卷）》，中国人民大学出版社 2011 年版，第 27 页；韩世远：《合同法总论》，法律出版社 2018 年版，第 354 页。

2. 请求权是否未消灭（＋）

本案中可能存在的使请求权消灭的情形是《民法典》第 557 条第 1 款第 1 项规定的"债务已经履行"。通常确定借款债务是否已经按照约定履行，应依次分析已履行多少债务、分别履行了哪部分债务、其与应履行的借款债务是否符合。

本案中，当事人约定"租金总额为 12 亿元"，且原约定的租赁期限届满之日 2019 年 7 月 12 日"松江矿业尚拖欠 5 亿元租金"可知，案情的意思应为松江矿业已支付了 7 亿元。其中，"尚拖欠 5 亿元租金"应是宽泛表示，并不足以表明合同当事人之间达成了"将含逾期利息在内的未履行的债务总额确认或修改为 5 亿元"的合意，并重新出具债权凭证。

所以案情中能确定松江矿业已经履行了 7 亿元债务，但尚不足以认定分别履行了哪部分债务，其中哪部分履行利息债务、哪部分履行本金债务，以及还分别剩余多少利息债务与本金债务，这些将影响后续逾期利息债务的计算，故仍需分析以下问题。

（1）是否因履行而消灭

对于松江矿业已支付的 7 亿元，推定其依据合同约定的分期支付日期，在第一期到期日偿还 3 亿元，在第二期到期日偿还 3 亿元，在第三期到期日偿还 1 亿元，共 7 亿元。

① 按约定需要清偿的利息加本金总额是多少

本案中本金为 10 亿元，需讨论的为：其产生的利息有多少，是否受民间借贷利率限制，以及真实的利率为多少。

A. 属于民间借贷，要受民间借贷利率限制

本案为民间借贷。首先，本案中的南湖租赁推定为融资租赁公司，而非金融租赁公司，否则依据《金融租赁公司管理办法》第 2 条第 2 款，其作为金融租赁公司名称中应当标明"金融租赁"字样。因此南湖租赁适用融资租赁公司的相关规则。其次，依据现行《民间借贷规定》第 1 条第 2 款，《民法典》第 679 条所称的"自然人之间的借款合同"本质上是指非正规金融。[1] 而依据《融资租赁公司监督管理暂行办法》第 8 条第 2 项，融资租赁公司不得发放或受托发放贷款，即融资租赁公司不属于《民间借贷规定》第 1 条第 2 款所称"从事贷款业务的金融机构"。虽然融资租赁公司属于金融机构，但其贷款行为仍属于非正规金融，在企业借贷行为上与其它民间借贷法人主体没有本质区别。所以，融资租赁公司签订的借款合同在性质上属于民间借贷。[2]

B. 真实利率部分超出限额

a. 利率限制是年利率 24%、36%

依据《民法典》第 680 条第 1 款，借款的利率不得违反国家有关规定。依据《民间借贷规定》第 31 条第 2 款，本案借款合同成立于 2020 年 8 月 20 日之前，其期内利息也产

〔1〕 参见最高人民法院民事审判第一庭编著：《最高人民法院新民间借贷司法解释理解与适用》，人民法院出版社 2021 年版，第 51 页。

〔2〕 参见谢鸿飞、朱广新主编：《民法典评注·合同编·典型合同与准合同（第 3 册）》，中国法制出版社 2020 年版，第 419 页。

生于 2020 年 8 月 20 日前，应适用当时的司法解释，即 2015 年施行的《民间借贷规定》。依据 2015 年施行的《民间借贷解释》第 26 条，其利率限制是，年利率超出 24%、低于 36% 的，超出 24% 的部分不能请求支付但已支付的无须返还；年利率超出 36% 的利息约定则直接无效。

b. 真实利率约为年利率 30.86% 与 20%

就利率的计算，本案中存在当事人的约定内容与约定数字不一致的问题，即当事人可能出于错误理解或故意混淆等原因，合同中具体约定的还款方式[1]所对应的实际利率与其写明的利率数字不一致。本案中，当事人在合同中称年利率为 20%，但实际从借款 10 亿元、一季度还款 3 亿元的约定内容来看，按照该还款方式的实际年利率一定高于 20%。此时就需要充分解释当事人的意思，来确定当事人想要采用的利率计算标准。

第一，对于已经具体约定了定期还款数额的债务，应当按照具体内容来计算实际利率。即要根据其对"租金"支付数额与期限的约定内容，来反推真实利率，并用相应的利率限制规定进行检验，而不应采合同中声称的"年利率为 20%"计算。否则，计算所得的数据，将与当事人对支付数额与期限的约定相矛盾，导致债务计算的混乱；也将使得当事人可以轻易用声称的利率数据，绕过借款利率限制的规定，不受监管。

第二，对于未具体约定还款方式的债务，则应当采当事人在合同中认为的年利率 20%。因为即便根据具体约定内容能够计算出来一个精确的真实利率，当事人对于该真实利率的数值可能也完全没有意识，即当事人在订立合同时完全没有想着希望债务按照这个利率数值来支付利息。所以对于未具体约定还款方式的债务，前述计算出的精确真实利率并不是当事人的真实意思；按照当事人的意思，未具体约定还款方式的债务，就应该按照合同中约定的 20% 计算利率。同样，没有特别约定时，展期利率、逾期利率与原约定利率相同，此处的原约定利率也应该是合同写明的年利率 20%。

除此之外，针对本案约定，还存在一些其它利率计算的细节问题在计算前需要厘清：

第一，当事人虽然约定利率浮动，随基准利率等额上调，但实际上之后基准利率并未发生变动，可以不予考虑。

第二，"松江矿业付清租金等款项后，本合同项下租赁物由松江矿业按 10 000 元名义价款留购"中的 1 万元名义留购款，没有必要否认其效力，而应认为是最后一笔利息，只是当事人约定其履行期限在返还本金之后。

第三，1 万元名义留购款只占本金总额的十万分之一，在利率计算中可以忽略不计。

第四，本案中没有约定复利，即没有利息的利息，故在计算时不应将前期利息计入后期本金再计算利息，也不应该认为迟付之利息将产生逾期利息。依据《民间借贷规定》第

---

[1] 常见的还款方式有等额本息还款、等额本金还款、按期还本付息、一次性还本付息、先息后本等，不同还款方式下，产生的贷款总利息不同。

27 条，民间借贷虽然允许复利的存在，但是需要当事人明确约定，且有严格的认可规则。只有当事人明确约定逾期利息的计算基数包括了本息之和，则当事人对复利的约定才在现行《民间借贷规定》第 27 条规定的范围内有效。[1]而本案，当事人在合同中没有约定复利，故对期内利率的计算不应考虑复利，对逾期利息的计算也只应将迟付之本金作为计算基础，即只有本金才产生逾期利息。

在厘清上述前提性问题，忽略名义款、不采复利算法之后可知，应由当事人对借款期内的具体约定确定当事人的还款方式及实际期内利息。由案情，本案推定合同约定总金额 12 亿元，一个季度还 3 亿元，一年内分四期付清。因此本案借款合同采用的是等额本息还款法，即每一期的还款额是固定的，其中一部分先偿还剩余本金于该期产生的利息，剩余的部分再用于偿还本金，因此每一期随着已经偿还的本金越来越多，还款额中的本金比重逐期递增、利息比重逐期递减。

按此方式还款，设每季度将分别还 a、b、c、d 数额的本金，设季利率为 r，将有如下关系，最终用一元四次方程计算可得，[2]该合同按照等额本息还款法还款的实际年利率约为 30.86%：

第一季度：$ar + br + cr + dr + a = 3$（亿）

第二季度：$br + cr + dr + b = 3$（亿）

第三季度：$cr + dr + c = 3$（亿）

第四季度：$dr + d = 3$（亿）

所以：

$ar + a = b$，$br + b = c$，$cr + c = d$

$b = a(1+r)$，$c = a(1+r)^2$，$d = a(1+r)^3$

所以：

第一季度：$a + ar + a(1+r)r + a(1+r)^2 r + a(1+r)^3 r = a(1+r)^4 = 3$（亿）

第二季度：$b(1+r)^3 = 3$（亿）

第三季度：$c(1+r)^2 = 3$（亿）

第四季度：$d(1+r)^1 = 3$（亿）

所以：

$a + b + c + d = 3/(1+r)^4 + 3/(1+r)^3 + 3/(1+r)^2 + 3/(1+r) = 10$（亿）

解该一元四次方程得：季利率 $r \approx 0.0771385$，年利率 $4r \approx 0.3086$

---

[1] 参见最高人民法院民事审判第一庭编：《民事审判实务问答》，法律出版社 2021 年版，第 46 页。

[2] 需根据本案情况设一元四次方程，而不能直接将银行贷款的年金现值系数用于本案计算：一是因为银行贷款的等额本息还款是按月还，而非按季度还，与本案不同；二是其配套算法在计算年利率时会包含复利，而本案中不应计算复利，但本案与银行贷款的等额本息还款思路是相同的。

由前述分析可知，本案借款合同的年利率为 30.86%，并没有超过 36%，所以并未超出国家规定的限制，并不因此无效。

c. 结论

本案中的真实利率构成为：第一段，2018 年 7 月 12 日至 2019 年 7 月 12 日，根据当事人对还款方式的具体约定，其真实利率为年利率 30.86%，超过了年利率 24% 的限制，但没有超过年利率 36% 的限制；第二段，2019 年 7 月 12 日展期至 2020 年 7 月 12 日，按照当事人对于利率额的具体约定，展期利率为年利率 20%，没有超过年利率 24% 与 36% 的限制。

C. 此本息总额不含逾期利息，但含展期利息

原给付请求权只能请求当事人约定的原给付义务，在本案中即为本金和期内利息，而不包括本质为迟延履行违约损害赔偿的逾期利息。[1] 所以由案情 2020 年 7 月 12 日之后的逾期利息，不属于本请求权对应的债务，则展期前的本息总额按照约定仍为 12 亿元，但其中部分利息可能超过了年利率 24% 的利率限制而不得请求。而展期是将借款合同的借款期限延长，故展期利息依旧属于期内利息，展期后的展期利息应该放在借款合同的原给付请求权中计算，属于本请求权对应的债务。

D. 结论

按照当事人的约定，本请求权希望清偿的利息加本金总额，为展期前的 12 亿元加未付本金所生的展期利息。

对于当事人约定的展期前的 12 亿元总额，经计算可得其详细本息构成为：第一期应偿还约 0.77 亿元利息、2.23 亿元本金，共 3 亿元；第二期应偿还约 0.60 亿元利息、2.40 亿元本金，共 3 亿元；第三期应偿还约 0.41 亿元利息、2.59 亿元本金，共 3 亿元；第四期应偿还约 0.21 亿元利息、2.79 亿元本金，共 3 亿元。但若某期的利息还未支付，可能因年利率 30.86% 超出了 24% 的限额而不能完全请求。对于展期利息，如前一部分即 "二 - （一） - 2. - （1） - ① - B - b" 部分所述，应以剩余本金以年利率 20% 的展期利率计算展期利息。

以下通过分析 7 亿元可实际用来偿还上述哪部分债务，来进一步确定上述两部分可实际请求的债务有多少，以及具体清偿了多少，还剩余多少。

② 7 亿元用来偿还哪部分债务

首先，可以确定 7 亿元是用于偿还前三期债务，且推定是按约定的期限分别偿还 3 亿元、3 亿元、1 亿元，这同时也意味着 7 亿元中不会存在某部分用于偿还逾期利息。

其次，依据《民法典》第 561 条，给付不足以清偿全部债务的，当事人有约定的应从其约定，当事人无另有约定的，应认为是先偿还利息，再偿还本金。

对于前两期，按照当事人的约定本就应当分别支付 3 亿元，故前两期的给付足以清偿本期的全部债务。并且，如前 "二 - （一） - 2. - （1） - ① - B - a" 部分所述，本案借款合

---

[1] 金钱债务场合的 "逾期利息" 是一种典型的迟延赔偿。参见韩世远：《合同法总论》，法律出版社 2018 年版，第 544 页。

同的实际年利率约为 30.86%，介于 24%～36% 之间，其超出年利率 24% 的利息属于债权人不能请求、债务人可以履行但不能反悔的债务。既然债务人已经履行，那应该按照债务人履行约定的意思，认为其是在按 30.86% 的年利率支付利息。因此，第一期偿还约 0.77 亿元利息、2.23 亿元本金，共 3 亿元；第二期偿还约 0.60 亿元利息、2.40 亿元本金，共 3 亿元。对于第三期，按约定本应偿还，约 0.41 亿元利息、2.59 亿元本金。但是因为其只支付了 1 亿元，不足以清偿，则应认为先偿还利息再偿还本金。所以第三期到期时支付的 1 亿元，实际上是偿还约 0.41 亿元利息、0.59 亿元本金。

③ 剩余多少债务

如前所述，第三期还剩 2 亿元本金未还。这 2 亿元本金，在第三期到期至 2019 年 7 月 12 日期间，产生了一季度的逾期利息；自 2019 年 7 月 12 日展期至 2020 年 7 月 12 日期间，产生了一年的展期利息；自 2020 年 7 月 12 日至清偿时，继续产生该时段的逾期利息。按照当事人的意思，逾期利息与展期利息的利率应按 20% 计算，而无须按照当事人未提出的 30.86% 的利率计算。

第四期按照约定应偿还约 0.21 亿元利息、2.79 亿元本金，共 3 亿元。但其中的 0.21 亿元利息是按年利率 30.86% 计算的，超出了 24% 的限额，不能完全请求，而只能请求约 0.17 亿元利息。故第四期在 2019 年 7 月 12 日有共约 2.96 亿元本息债务可以请求清偿。其中的 2.79 亿元本金，至 2019 年 7 月 12 日仍未逾期；自 2019 年 7 月 12 日展期至 2020 年 7 月 12 日期间，产生了一年的展期利息；在 2020 年 7 月 12 日至清偿时期间内产生逾期利息。如前"二－（一）－2.－（1）－①－B－b"部分所述，0.17 亿元利息不产生复利，即不计逾期利息。具体而言，如下表格所示。

本请求部分不含逾期利息，[1] 且依据现行《民间借贷规定》第 31 条第 3 款，本案中展期利息在 2020 年 7 月 12 日前产生，不涉及一年期贷款市场报价利率（LPR）4 倍的限制，展期利率应按年利率 20% 计算。故就借款的原给付请求权而言，还有约 4.96 亿元本息，及约 4.79 亿元本金在 2019 年 7 月 12 日展期至 2020 年 7 月 12 日期间的展期利息约 0.96 亿元，即一共约 5.92 亿元本息未清偿。所以债务只是部分消灭，故请求权未因此消灭。

松江矿业借款合同债务全时段详细构成

时间	第一期	第二期	第三期		第四期	展期	展期到期后
约定债务	3 亿元	3 亿元	1 亿元	2 亿元	3 亿元 前 2 亿元本金的逾期利息	展期利息	逾期利息
是否支付	已清偿				未清偿		

---

〔1〕 逾期利息部分将在下文"二－（三）－1."中详细论述。

续表

时间	第一期	第二期	第三期	第四期	展期	展期到期后
债务构成	第一期偿还约0.77亿元利息、2.23亿元本金，共3亿元； 第二期偿还约0.60亿元利息、2.40亿元本金，共3亿元		0.41亿元利息与0.59亿元本金	全为本金	约定应还0.21亿元利息，2.79亿元本金，共3亿元 利率超过24%，只能请求0.17亿元利息	剩余4.79亿元本金未还，产生展期利息、逾期利息； 剩余0.17亿元利息未还，未约定复利，故不产生复利
利率说明	该部分本金对应的期内利息都已按时支付，期内利率为30.68% 最后的2亿元本金在展期前逾期了一季度，产生逾期利息，逾期利率为20%			期内利息未支付，期内利率只能按24%计算 展期前本金未逾期不生逾期利息	展期利率20%	逾期利率前段为20%，后段为4倍LPR

④结论

请求权未因履行而消灭。

（2）是否因解除而消灭（-）

解除合同需要当事人主张，而就本案情况而言，解除合同与如前所述撤销合同一样，对于解除权人而言没有实际意义，甚至解除之后，在解除后清偿前的时间区间内，其能请求的利息更少。因此解除权人选择解除的可能性很小，故以下不再讨论解除。

3. 请求权是否可实现（+）

本案中为金钱债务，依据《民法典》第579条、第580条，不存在履行不能，也无其它不可执行事由，所以请求权可实现。

4. 结论

请求权产生、未消灭，且由案情无不可执行情形，所以南湖保理可依《民法典》第674条第1句、第675条第1句、第545条，向松江矿业请求支付借款合同的剩余约5.92亿元本息。

（二）或可依《民法典》第577条、第545条，对未付本息请求替代履行的违约损害赔偿（+）

1. 请求权是否已产生（+）

依据《民法典》第577条（违约责任）、第545条（债权让与），该请求权产生需满足：（1）南湖保理对松江矿业享有借款合同债权；（2）松江矿业有违约；（3）南湖保理有损害；（4）有因果关系；（5）无免责事由。

如前所述，南湖保理对松江矿业享有借款合同债权，依据《民法典》第547条，从权利跟随债权一起转让，从权利包括请求承担违约责任的权利。且松江矿业存在到期未履行的违约行为。因松江矿业的违约行为及其无力清偿，致使南湖保理无法实现其借款及利息债权，受有损害，其损害即为松江矿业未清偿的欠款，即替代履行的损害赔偿，其范围及数额和前一个请求权一样，且本案中不存在免责事由，所以请求权已产生。

2. 结论

请求权产生，且无请求权消灭与不可执行事由。

因此，南湖保理可依《民法典》第 577 条、第 545 条，请求替代履行的违约损害赔偿。

（三）或可依《民法典》第 577 条、第 583 条、第 676 条、第 545 条，对迟付本息请求与履行并存的违约损害赔偿，即逾期利息（+）

1. 请求权是否已产生（+）

依据《民法典》第 577 条（违约责任）、第 583 条（与履行并存的损害赔偿）、第 676 条（逾期利率）、第 545 条（债权让与），该请求产生应需满足：（1）南湖保理对松江矿业享有借款合同债权；（2）松江矿业有违约；（3）南湖保理有损害；（4）有因果关系；（5）无免责事由。

如前所述，南湖保理对松江矿业享有借款合同债权，依据《民法典》第 547 条，从权利跟随债权一起转让，从权利包括请求承担违约责任的权利。且松江矿业存在到期迟延履行的违约行为，致使南湖保理失去其按时履行时本应享有的资金收益，即资金利息。故即便松江矿业之后清偿了本金及其期内利息，南湖保理也因其迟延履行而受有与履行并存的损害，且松江矿业无免责事由。故违约损害赔偿请求权产生。

依据《民法典》第 676 条，借款合同中违约损害赔偿体现为支付逾期利息。如前所述，2019 年 7 月 12 日后的年利率为 20%。依据现行《民间借贷规定》第 28 条第 2 款第 2 项，若无约定逾期利率都与原约定利率相同，故也为当事人约定的年利率 20%。

对于第三期未付的 2 亿元本金，至 2019 年 7 月 12 日展期前迟延履行了一季度，产生了 0.1 亿元逾期利息。对于 2020 年 7 月 12 日展期到期后，共约 4.79 亿元本金继续产生逾期利息，但该阶段利率的计算涉及《民间借贷规定》的修改。

依据现行《民间借贷规定》第 31 条第 3 款，2020 年第一次修改的《民间借贷规定》第 32 条第 2 款[1]与现行《民间借贷规定》第 31 条第 2 款不一致，应按照现行《民间借贷规定》第 31 条第 2 款的规定。而根据现行《民间借贷规定》第 31 条第 2 款，对于 2020 年 7 月 12 日之后的逾期利率的限额将分成两段：第一段，对于 2020 年 8 月 19 日及之前可请求的逾期利率不得超过年利率 24%，故仍为 20%；第二段，对于自 2020 年 8 月 20 日到借款返还之日的利息部分，年利率限制在起诉时一年期贷款市场报价利率

---

[1] 2020 年第一次修改的《民间借贷解释》第 32 条第 2 款规定："借贷行为发生在 2019 年 8 月 20 日之前的，可参照原告起诉时一年期贷款市场报价利率四倍确定受保护的利率上限。"

（LPR）4 倍即 15.4%。

故请求权迟延履行的违约损害赔偿请求权产生，可请求范围为 0.1 亿元逾期利息，与 4.79 亿元本金至清偿时产生的逾期利息。

2. 结论

请求权产生，且无请求权消灭与不可执行事由。

因此，南湖保理可依《民法典》第 577 条、第 583 条、第 676 条、第 545 条，请求 0.1 亿元逾期利息，与 4.79 亿元本金至清偿时产生的逾期利息。

（四）结论

对借款期限内本息的原给付请求权与违约损害赔偿请求权竞合，南湖保理应择一行使；对逾期利息的违约损害赔偿请求权，与前两种请求权竞合，可以同时请求。

三、基于让与担保合同的请求权

（一）或可依《民法典》第 577 条、第 545 条，请求继续履行设立义务[1]（−）

1. 请求权是否产生（−）

依据《民法典》第 577 条（违约责任）、第 545 条（债权让与），该请求是否产生应考察：（1）南湖租赁享有债权，即南湖租赁和松江矿业之间存在有效的让与担保合同；（2）南湖租赁将债权有效移转于南湖保理；（3）松江矿业的债务已到期；（4）不属于限制情形。

（1）存在有效的让与担保合同

南湖保理与松江矿业间存在有效让与担保合同，需审查以下几个要件。

①让与担保合同成立（+）

如前"一−（一）−1.−（1）−②−B−b"部分所述，本案《融资租赁协议》实为借款合同外加让与担保，即《融资租赁协议》其隐藏行为包含让与担保合意。该让与担保合同，无特别成立要件，双方当事人都为民事主体，客体都已明确，双方意思表示达成一致，南湖租赁与松江矿业间让与担保合同成立。

②让与担保合同生效（+）

依据《担保制度解释》第 68 条第 1 款第 1 句，让与担保合同内容并不因"违反物权法定"而无效，且无需完成权利变动公示才生效。且本案中让与担保合同本就是借款合同的从合同，没有其它效力瑕疵，故依据《民法典》第 502 条，南湖租赁与松江矿业让与担保合同自成立时生效。

（2）让与担保合同权利随同主合同移转（+）

如前"二−（一）−1.−（2）−①②"所述，南湖保理与南湖租赁的保理合同中

---

〔1〕 让与担保合同本身没有请求权基础规范，所以用继续性履行请求权。

约定"融资租赁合同"项下全部债权转让给南湖保理，其中就包括让与担保合同中的债权，即请求松江矿业移转涉案设备所有权以设立让与担保的权利，及其请求承担违约责任的权利。

至于南湖租赁向南湖保理移转权利时，移转的究竟是设立让与担保的原给付请求权还是次给付请求权，取决于让与担保是否不能设立，以及在何时确定不能设立，其详细论述见第（3）（4）部分。

（3）让与担保未设立（+）

对于让与担保合同，本案中可能存在的违约行为是，因债务人松江矿业无所有权而使得让与担保未能设立。依据《担保制度解释》第 68 条第 1 款，让与担保的设立需要存在有效的让与担保约定，且当事人完成财产权利变动的公示。如前（1）部分所述，有效约定已经具备。而依据学说，[1]"当事人已经完成财产权利变动的公示"是指已经完成物权变动，只是取得的所有权只具有担保功能意义。故以下分析南湖保理是否取得标的物权利。[2]因为案中涉及多次权利移转，故以下结合历史分析法对该问题进行鉴定。

①所有权的让与担保（－）

按照当事人的意思，其本欲设立的所有权的让与担保，需要南湖保理取得所有权。

A. 原所有权人为昌平重科

由案情，涉案设备的最初所有权人为昌平重科。

B. 昌平重科未将所有权移转给松江矿业

虽然昌平重科与松江矿业签订了涉案设备的买卖合同并完成了现实交付，但由于双方明确约定了所有权保留，即双方为所有权移转的物权效力附有延缓条件，昌平重科未丧失所有权，松江矿业亦未取得。只有松江矿业完全支付价金时，所有权才发生移转。

C. 松江矿业无法基于让与担保合同将所有权移转给南湖租赁

由前述分析可知，松江矿业与南湖租赁约定了让与担保，南湖租赁可能从松江矿业处取得所有权，该基于法律行为的物权变动需要的构成要件有：a. 存在有效的基础合同；b. 完成权利变动的公示；c. 转让人有处分权。

a. 存在有效的基础合同（+）

如前"三－（一）－1－（1）"所述，松江矿业和南湖租赁之间存在有效的让与担保合同。

b. 完成权利变动的公示（+）

（a）占有改定即可完成交付公示

担保标的的直接占有状态不是要件。实践中的情形往往是由债务人（设立人）保留占

---

[1] 参见［日］我妻荣：《我妻荣民法讲义Ⅲ：新订担保物权法》，申政武、封涛、郑芙蓉译，中国法制出版社 2008 年版，第 556 页。

[2] 包括所有权与期待权，详见下文分析。

有，继续使用标的物。

由案情可知，松江矿业与南湖租赁没有进行现实交付，松江矿业一直是涉案设备的直接占有人。但双方的"售后回租"约定，应认为包含占有改定的合意，即所有权已经移转给南湖租赁，松江矿业是为南湖租赁他主占有该设备。依据《民法典》第228条，占有改定的约定生效时，即含有"售后回租"约定的《融资租赁协议》生效时，双方已经完成了占有改定的交付。

（b）不需以登记作为公示

让与担保必须在设立时移转权利。日本学者我妻荣虽认为如果权利的转让不具有对抗要件则不能优先受偿，故让与担保设立契约中原则上应该包含使标的物的移转具备对抗要件的合意；但其同时认为在标的物为动产时，设立人保留占有并进行使用收益，该用益关系的设立就意味着占有改定的成立，应该认为让与担保权人取得了占有，具备了对抗要件。[1]

c. 松江矿业有处分权（－）

由案情，2018年7月12日时松江矿业还未向昌平重科支付全部租金，还未成为涉案设备的所有权人，且案中没有赋予其处分权的特别规定或约定，其无权对设备进行处分，所以松江矿业对南湖租赁的物权转让不发生物权效力。因此，南湖租赁没有依法律行为取得所有权，至此昌平重科仍没有丧失所有权。

d. 结论

所以，由于松江矿业没有处分权，而使得基于法律行为的物权变动没有完成，南湖租赁未能因此取得所有权。

D. 南湖租赁未能善意取得所有权

虽然松江矿业为无权处分，但南湖租赁可能善意取得涉案设备的所有权。

如前所述，占有改定足以在有权处分的情况下移转所有权、设立让与担保，但依据《物权编解释（一）》第17条以及通说，在无权处分的情形下，占有改定不足以善意取得所有权。本案中的占有改定不足以使无权处分人的相对人善意取得让与担保及其名义所有权。同时，因本案中多项要件不符，正常经营活动买受人规则无适用余地。

此外，需要明确的是，虽然此处当事人意欲设立的动产让与担保没有完成登记，且动产让与担保围绕着登记可能存在一系列问题，比如"是否应当登记""是否采登记对抗主义"以及"登记可对抗的第三人中是否包含真正所有权人"等问题，但本案并不涉及这些问题。因为本案中该动产让与担保的设立尚未成功，尚无须讨论对抗效力问题。

因此，南湖租赁未能善意取得所有权。

---

〔1〕 参见［日］我妻荣：《我妻荣民法讲义Ⅲ：新订担保物权法》，申政武、封涛、郑芙蓉译，中国法制出版社2008年版，第556页。

E. 南湖租赁无法向南湖保理移转所有权，南湖保理亦无从善意取得

首先应确定，南湖租赁在南湖保理移转债权的时候，双方同样存在移转所有权的合意，而不是对移转所有权毫无合意。[1]若毫无合意，则此处为从权利随同主债权移转的法定移转，即非基于法律行为的物权变动，所以不可能存在善意取得，应无疑义。但本案中，当事人应存在独立的移转所有权的合意。首先，由案情，南湖保理对整个合作框架非常了解，知道这里存在标的物所有权的担保，在签订保理合同移转"项下全部债权"时，没有理由认为南湖保理不愿取得这一担保；其次，从后续 2020 年 8 月 12 日南湖保理找松江矿业就设备交涉可以看出，南湖保理在意涉案设备并且需要对其实现担保，且松江矿业对此也有共识；最后，即便是依据案中保理合同签订时的全国商业保理行业推荐性行业规范《国内商业保理合同（示范文本）》来看，其 5.1 条展示的保理合同交易习惯都是会在合同中明确约定从权利一并转让，而其中从权利包括保留所有权的货物的所有权和取回权。所以无论是从当事人的意思，还是从保理合同中从权利包括担保性所有权的交易习惯，都应该认为此处存在移转所有权的合意。

接着对该移转所有权的合意问题就是，该合意是否具有法律意义，是否可能存在善意取得？对该问题，可能存在以下三种思考路径与观点。一是认为此处虽然存在一个独立的移转合意，但该合意只是重复了随债权法定移转的内容，即便不存在这样的合意，也会发生同样的法律效果。所以该合意在法律上没有其独立的意义与价值，依旧应按照法律规定发生权利变动，不应有超出法定移转的额外效果，从而与担保权利的从属性保持一致。二是认为合意有其独立意义，但是本案中所有权本身是功能性所有权，故其移转合意的效力应与担保物权的移转保持一致。而担保物权的转让只能随同所担保的债权一并转让，因此担保物权的善意取得一般也仅指设定时的善意取得，而不包括移转时的善意取得。[2]所以本案中所有权与担保物权一样，其移转的合意不会存在善意取得的适用。三是即便认为所有权移转的独立合意有其法律意义，有可能善意取得，在本案中也依旧会存在占有改定之后再指示交付能否善意取得的问题，涉及并存占有理论及其否定说，以及善意取得需出让人完全放弃占有的学说。虽然德国法上存在不同学说纷争，最高法院曾作出承认其善意取得的判决；[3]但我国民法学说似乎也不承认占有改定之后的指示交付可以善意取得，而是认为这种情形只有受让人取得现实交付时才能善意取得。[4]

---

〔1〕 同债权让与一样，如果坚持单独的移转所有权的行为只是事实行为，将有很多自相矛盾之处无法自洽，且不利于实际问题的分析解决。所以此处将移转所有权的合意，作为独立的处分行为进行分析，与全文的理论立场保持一致。

〔2〕 参见吴光荣：《论善意取得制度的适用范围——兼评〈中华人民共和国物权法（草案）〉相关规定》，载《法律科学（西北政法学院学报）》2006 年第 4 期。

〔3〕 涉及并存占有理论及其否定说，以及善意取得需出让人完全放弃占有等学说争议，具体参见［德］鲍尔、施蒂尔纳：《德国物权法（下册）》，申卫星、王洪亮译，法律出版社 2006 年版，第 409～411 页。

〔4〕 参见谢在全：《民法物权论（下册）》，中国政法大学出版社 2011 年版，第 279 页。崔建远和王泽鉴亦赞同。

所以无论采以上何种思考路径，仅因存在单独的所有权移转合意，就认为本案中可以发生超出法定移转的善意取得，使得南湖保理取得所有权，存在较大的理论障碍。故应认为南湖租赁无法向南湖保理移转所有权，南湖保理亦无从善意取得。

F. 结论

南湖保理未取得所有权，所有权的让与担保未设立。

②期待权的让与担保（－）

该基于法律行为的物权变动需要的构成要件有：a. 存在有效的基础合同；b. 完成权利变动的公示；c. 转让人有处分权。

德国民法学说认为，在所有权保留中买方已有确定的获得地位，使其享有"所有权的前身""与所有权实质相同的亚种"期待权；只要条件还能够满足，那么期待权就还能成立，如果通过支付价款满足了条件，则买方的期待权自动地转化为物之所有权。[1]在此期间，保留买方可以不经保留所有权人许可，类推适用所有权移转的规定将期待权转让给第三人。该做法可资借鉴。

故本案中，在不能取得所有权的情况下，若至少能取得对所有权的期待权，亦符合债权人南湖租赁、南湖保理的利益：因昌平重科向松江矿业让与所有权时附了延缓条件，松江矿业已经取得期待权，而期待权同样可以转让给第三人用于担保，只要松江矿业支付全部价款，南湖保理即可取得所有权的让与担保。类推适用所有权的物权变动规则，该期待权的转让也已经存在有效的基础合同，通过占有改定完成了权利变动的公示，且转让人具有转让期待权的权限，故期待权已转让。加之已存在有效的让与担保约定，类推适用《担保制度解释》第68条第1款，期待权的让与担保已成功设立。

有观点认为，在这种情况下，应根据效力转换规则，将让与所有权的意思转换为让与期待权的意思，因为期待权是与所有权本质相同的缩型；另外，进行效力转换亦符合双方可得推知的意思。但该观点存在问题，因为所有权的转让不是无效，而"仅仅"是未果，因此不能讲效力转换。另外，意思表示解释应优先于效力转换。双方当事人通常不知道期待权亦属于可单独转让的权利。双方的真实意思在于转让担保人的权利。若不能转让所有权，则至少可以认为双方合意中愿意退而求其次转让其亚种期待权。

但是期待权的存废依赖于债务关系，受让人需要承担这一风险。如果由于合同解除、撤销或者其他原因导致价款支付债权消灭从而无法满足该条件，则期待权随之消灭，因为客观上已经不能满足条件，已经不可能再取得所有权。[2]本案中，因为买卖合同被昌平重科解除，[3]所以期待权消灭，期待权的让与担保消灭。此时不涉及期待权的善意取得，因为善意取得是以他人已经存在的权利为前提，而不是善意取得不存在的权利。

---

〔1〕 参见［德］曼弗雷德·沃尔夫：《物权法》，吴越、李大雪译，法律出版社2004年版，第300~301页。
〔2〕 参见［德］曼弗雷德·沃尔夫：《物权法》，吴越、李大雪译，法律出版社2004年版，第301页。
〔3〕 详见下文昌平重科对松江矿业的请求权即第7部分详述。

③ 结论

综上，所有权的让与担保一直未设立，且确定无法设立；期待权的让与担保，虽然曾经设立于 2020 年 8 月 12 日，但之后因昌平重科解除合同，随期待权消灭。

（4）无限制情形（-）

由案情，松江矿业已经失去期待权，且所有权归属于昌平重科，所以构成法律上的履行不能，依据《民法典》第 580 条第 1 款第 1 项，不能请求继续履行。

2. 结论

请求权未产生，南湖保理无法依《民法典》第 577 条、第 545 条，请求松江矿业继续履行设立义务。

（二）或可依《民法典》第 577 条、第 545 条，请求违约损害赔偿（+）

1. 请求权是否产生（+）

依据《民法典》第 577 条（违约责任）、第 545 条（债权让与），判断该请求是否产生应考察：（1）存在有效让与担保合同；（2）有违约；（3）有损害；（4）有因果关系；（5）无免责事由。

如前所述，双方存在有效的让与担保合同，且松江矿业有违约行为即未设立让与担保。该违约行为致使南湖保理有损失，损失为债权不能得到顺利清偿，且本案中没有免责事由。所以请求权已产生，但其具体数额现今学说与实务也未提供定论。

2. 结论

请求权产生，且无请求权消灭与不可执行事由。

因此，南湖保理可依《民法典》第 577 条、第 545 条，请求松江矿业对未能设立让与担保进行违约损害赔偿。

（三）结论

在基于让与担保合同的请求权中，南湖保理只享有违约赔偿请求权，而不享有继续履行请求权。同时因为主债务已经到期，现在即需要裁判其履行债务，故能否请求另行提供担保已无讨论必要，在执行时若有必要则须在执行程序中解决。

第2部分：南湖保理对长宁担保

第2部分　大纲

一、基于合同的请求权

（一）或可依《民法典》第688条第2款、第545条请求长宁担保承担连带责任保证责任（＋）

1. 请求权已产生（＋）

（1）南湖租赁与长宁担保间存在有效的连带责任保证合同

① 连带责任保证合同成立（＋）

② 连带责任保证合同生效（＋）

③ 结论

（2）南湖租赁的保证债权有效移转于南湖保理，且对长宁担保生效（＋）

（3）松江矿业到期不履行债务（＋）

（4）结论

2. 请求权是否未消灭（＋）

3. 请求权是否可实现（＋）

4. 结论

（二）结论

第2部分　正文

按照顺序检索请求权后发现，南湖保理对长宁担保只可能有基于合同的请求权，其它请求权均不涉及。

一、基于合同的请求权

（一）或可依《民法典》第 688 条第 2 款、第 545 条请求长宁担保承担连带责任保证责任（＋）

1. 请求权是否已产生（＋）

依据《民法典》第 688 条第 2 款（连带保证责任）、第 545 条（债权让与），判断该请求是否产生应考察：（1）南湖租赁与长宁担保间存在有效的连带责任保证合同；（2）南湖租赁的保证债权有效转让于南湖保理；（3）债务人不履行到期债务；（4）未过保证期间。

（1）南湖租赁与长宁担保间存在有效的连带责任保证合同

① 连带责任保证合同成立（＋）

依据《民法典》第 685 条第 1 款，保证合同以书面形式为特殊成立要件。[1]依据《民法典》第 686 条，连带责任保证要明确约定。由案情，双方当事人都为民事主体，客体都已明确，双方意思表示达成一致，且签订了书面合同明确约定连带责任保证，故南湖租赁与长宁担保间连带责任保证合同成立。

② 连带责任保证合同生效（＋）

本案中保证合同作为《融资租赁合同》的从合同，需讨论其是否因为《融资租赁合同》无效而无效。

由案情，长宁担保与松江矿业同为长宁投资的子公司，其与松江矿业一起参与了两方集团合作框架的商定，足以认为长宁担保对案涉交易的真实情况完全知悉。所以，如果主合同有效，保证人对主合同的内容、权利义务关系的约定均了解，则不应因主合同的性质认定发生变化而认为保证合同无效。[2]同时，案涉合同被认定为借款合同关系，并不构成当事人对合同内容的变更，亦未加重合同项下的松江矿业对南湖租赁所应承担债务，长宁担保的担保对象并未由此发生变化。故该连带责任保证合同并不因"名为融资租赁，实为借贷"而无效。

③ 结论

南湖租赁与长宁担保间存在有效的连带责任保证合同。

（2）南湖租赁的保证债权有效移转于南湖保理，且对长宁担保生效（＋）

如前所述，《融资租赁协议》项下所有债权有效移转，依据《民法典》第 547 条第 1 款，从权利与债权随同移转，对保证人的保证债权属于主债权的从权利，故南湖保理取得对长宁担保的保证债权。

---

〔1〕 参见最高人民法院民法典贯彻实施工作领导小组主编：《中华人民共和国民法典合同编理解与适用（二）》，人民法院出版社 2020 年版，第 1306～1307 页。

〔2〕 参见最高人民法院民事审判第二庭编著：《最高人民法院关于融资租赁合同司法解释理解与适用》，人民法院出版社 2016 年版，第 59 页。

首先，本案中法律关系定性不会影响被担保债务的同一性。如有人为融资租赁的债权提供保证时，若无特别约定，保证人不能仅以法律关系另行定性为由，要求免除己方之保证责任；保证人缔约时不知道案涉法律关系性质的，除《融资租赁合同》当事人串通骗保、债务人欺诈、胁迫保证人且债权人明知该事实以及债权人欺诈、胁迫保证人外，保证人不能因此免除其责任。[1]而本案中，如前所述双方合作时进行了洽谈和商定，长宁担保参与了合作框架的商定，长宁担保知情的可能性大，更难以免除其保证责任。

其次，依据《民法典》第696条第1款，债权人转让债权未通知保证人的，该转让对保证人不发生效力。本案中，长宁担保参与了合作框架的商定，且保证合同和保理合同在同一天接续签订，故推定债权人已经通知保证人长宁担保。故南湖租赁的保证债权有效移转于南湖保理，且对长宁担保发生效力。

（3）松江矿业到期不履行债务（＋）

如前"第1部分"所述，松江矿业到期不履行债务。

（4）结论

请求权已产生。

2. 请求权是否未消灭（＋）

依据《民法典》第693条第2款，"连带责任保证的债权人未在保证期间请求保证人承担保证责任的，保证人不再承担保证责任"，债权人在保证期间内未依法行使权利的，保证责任消灭。[2]即法律效果是债权人对保证人的请求权消灭，而不是请求权未产生，应当放在"请求权未消灭"部分分析。

依据《民法典》第695条第2款，"债权人和债务人变更主债权债务合同的履行期限，未经保证人书面同意的，保证期间不受影响"，虽然南湖保理与松江矿业达成了展期合意，但是由案情未经保证人长宁担保书面同意，所以保证期间仍为原债务到期日起2年，即2021年7月12日，没有经过保证期间。

3. 请求权是否可实现（＋）

本案中该债务为金钱债务，依据《民法典》第579条、第580条，不存在履行不能，也无其它不可执行事由，所以请求权可实现。

4. 结论

请求权已产生，且无消灭或不可执行事由，所以南湖保理可依《民法典》第688条第2款、第545条请求长宁担保承担连带责任保证责任。

（二）结论

没有其它请求权，无请求权竞合问题。

---

〔1〕 参见黄薇主编：《中华人民共和国民法典合同编释义》，法律出版社2020年版，第573页。

〔2〕 参见韩世远：《合同法学》，高等教育出版社2022年版，第417页。

第3部分：南湖保理对南湖租赁

第3部分　大纲

一、基于合同的请求权

（一）或可依《民法典》第766条前半句，请求返还保理融资款本息和支付服务报酬（＋）

1. 请求权是否已产生（＋）

（1）保理合同是否成立（＋）

（2）保理合同是否生效（＋）

（3）债务到期（＋）

（4）结论

2. 结论

第3部分　正文

按照顺序检索请求权后发现，南湖保理对南湖租赁只可能有基于合同的请求权，其它请求权均不涉及。

一、基于合同的请求权

（一）或可依《民法典》第766条前半句，请求返还保理融资款本息和支付服务报酬（＋）

1. 请求权是否已产生（＋）

依据《民法典》第766条前半句（有追索权的保理），"当事人约定有追索权保理的，保理人可以向应收账款债权人主张返还保理融资款本息或者回购应收账款债权，也可以向应收账款债务人主张应收账款债权"，判断该请求权是否产生需要审查：（1）保理合同成立；（2）保理合同生效；（3）债务到期。

（1）保理合同是否成立（ + ）

如前所述，南湖租赁与南湖保理签订了《公开型有追索权国内保理合同》，一般的成立要件具备，书面的特殊成立要件具备，故合同成立。

（2）保理合同是否生效（ + ）

如前所述，本案中没有可能的效力瑕疵情形，保理合同依据《民法典》第 502 条成立时生效。

① 保理合同包含返还本息及支付服务费用的债务

由案情已知保理融资款本金是 10 亿元，主要需讨论的是保理合同包含返还本息及支付服务费用的债务。如前所述，分两种情况，第一种情况是约定了利息与服务费用，只是案情没有体现，此时有约定从约定，存在利息与服务费用债务；第二种情况是合同中没有约定，以下需要详细分析。

② 没有约定可以类推适用借款、委托的规定

本案的保理合同包括两方面内容，一是提供融资即借款，二是提供应收账款管理和催收即委托。在有追索权的保理中，无论从法律意义上的权利义务和风险配置角度，还是从经济意义上的业务实质处理角度观察，其保理融资款均具有借款的性质。[1]就债权管理和催收而言，在有追索权保理的情形，债权的利益和风险并不完全归于保理商（催收所得超出保理融资款和费用部分需返还让与人、不足部分由让与人清偿），保理商负有相当于一般委托合同受托人或信托合同受托人的义务。[2]故当事人对此无约定时，可类推适用借款、委托等最相类似有名合同的规定。

③ 借款、委托的规定民商法之争

依据《民法典》第 680 条第 2 款，即便是向金融机构借款的，虽然一般不存在对支付利息没有约定的情况，如果确实发生了没有约定支付利息的情况，根据本条的规定，视为不支付利息。依据《民法典》第 928 条第 1 款，委托应按照约定支付报酬，那么如果没有约定则应意味着无偿。但有观点指出，与民事交易不同，商事交易中若没有约定有偿，其法律补充规则也应该是有偿。[3]但第二种观点在《民法典》对这一内容有如此明确的规定之后，在解释论上似乎已难以作业，学者观点更主要还是立法论上的观点。所以解释论依旧采现行法的规定，认为本案中借款约定无息且委托合同无偿，这也更接近本案中姐妹公司的可能的真实意思。

---

〔1〕 参见李宇：《保理合同立法论》，载《法学》2019 年第 12 期。

〔2〕 参见李宇：《保理合同立法论》，载《法学》2019 年第 12 期。

〔3〕 参见张谷：《商法，这只寄居蟹——兼论商法的独立性及其特点》，载《清华法治论衡》2005 年第 2 期；蒋大兴：《论民法典（民法总则）对商行为之调整——透视法观念、法技术与商行为之特殊性》，载《比较法研究》2015 年第 4 期；周林彬：《商法入典标准与民法典的立法选择——以三类商法规范如何配置为视角》，载《现代法学》2019 年第 6 期。

（3）债务到期（+）

首先，若合同约定了保理融资期限，则在期限届满前，即南湖租赁债务未到期前，南湖保理的该请求权的该构成要件不具备。若合同没有约定，则依据《商业保理合同准则》（T/CATIS 003 – 2020）5.2.4.1，"保理融资期限可根据应收账款到期日、合理在途时间等因素综合确定"，可以认为因应收账款已到期，故此时保理融资期限也已届满，南湖租赁的债务到期。其次，依据《民法典》第 766 条前半句，保理人可以同时向债权人和主债务人主张履行债务，向债务人请求履行不影响其向债权人请求返还保理融资款本息和支付服务报酬，不需债务人无力偿还的前提。所以债务已到期。

（4）结论

请求权产生。

2. 结论

请求权已产生，且无消灭或不可执行事由，所以若为第一种情况（约定了利息与服务费用），南湖保理可依《民法典》第 766 条前半句，请求南湖租赁返还保理融资款本息和支付服务费用；若为第二种情况（没有约定利息与服务费用），南湖保理仅可依《民法典》第 766 条前半句，请求南湖租赁返还保理融资款本金。

第4部分：南湖保理对长宁投资

第4部分　大纲

一、基于合同的请求权

（一）或可依《民法典》第 681 条与第 687 条第 1 款，请求承担一般保证责任（－）

1. 请求权是否已产生（＋）

（1）存在有效的一般保证合同（＋）

① 一般保证合同成立（＋）

A.《承诺函》是否构成长宁投资意欲提供一般保证的要约

a.《承诺函》具有提供担保或债务加入的意思

b.《承诺函》应被认定为一般保证的要约

c. 结论

B. 承诺

C. 结论

② 一般保证合同生效（＋）

③ 结论

（2）松江矿业到期不履行债务（＋）

（3）结论

2. 请求权是否未消灭（－）

（1）没有过保证期间（－）

（2）结论

3. 结论

（二）或可依《民法典》第 674 条第 1 句、第 675 条第 1 句、第 545 条，《公司法（2018 修正）》第 20 条第 3 款刺破公司面纱，请求其对松江矿业的债务承担连带责任（+）

1. 请求权是否已产生（+）

（1）松江矿业负有债务（+）

（2）长宁投资滥用法人的独立资格以及股东的有限责任（+）

（3）长宁投资滥用损害了债权人的利益（+）

（4）结论

2. 结论

二、代位权（−）

第 4 部分　正文

按照顺序检索请求权后发现，南湖保理对长宁投资只可能有基于合同的请求权，其它请求权都不涉及。虽然长宁投资未经正当贷款程序就取得 10 亿元，但是通过松江矿业的给付取得的，所以对南湖保理既不构成给付型不当得利也不构成非给付型不当得利。

一、基于合同的请求权

依据案情，南湖保理对长宁投资的基于合同的请求权主要有以下几种可能。一是长宁投资对南湖保理出具的《承诺函》，有可能依据《民法典》第 685 条第 2 款构成保证合同的要约，也有可能依据《民法典》第 552 条构成债务加入协议的要约，从而与债权人南湖保理的可能存在的承诺形成保证合同或债务加入协议，也可能都不构成。其中《承诺函》若构成保证合同的要约，则既可能是一般保证合同的要约，也可能是连带责任保证合同的要约。二是本案可能存在长宁投资作为母公司，对松江矿业过度控制，致使刺破公司面纱，使长宁投资需要对于松江矿业的合同债务，对债权人南湖保理承担连带责任。

（一）或可依《民法典》第 681 条与第 687 条第 1 款，请求承担一般保证责任（−）

1. 请求权是否已产生（+）

一般保证合同主给付义务的请求权基础可能存在争议。有学者认为保证合同之主给付义务所对应的请求权（主债权人要求保证人承担保证责任的请求权），并无明文规定，请求权基础还是需要求诸具体的保证合同；其中，第 688 条第 2 款虽有"也可以请求保证人在其保证范围内承担保证责任"之表述，也仅在于说明连带保证的特征，而不能够作为请求权基础规范。[1]但出于以下几方面考虑，以下依旧将《民法典》第681条配合以第687条第1款作为一般保证责任的请求权基础规范，将《民法典》第688条第2款作为连带责任保证责任的请求权基础规范。一是我国《民法典》在起草之时，主要在延续以往的民事立法基础上进行法典化完善，而在以往的民事立法的起草过程中可能并未专门意图为各个请求权配置标准的请求权基础规范。因此，我国《民法典》中许多条文其重点可能都不在于凸显义务、规定"请求"，学者对于各条文规范意义的理解也非完全一致，请求权基础规范找寻若过于严苛可能将有诸多请求权难以找到符合要求的条文，使得不得不大量使用具体合同约定作为请求权基础，反而不能充分应用法典化的《民法典》条文。二是即便是使用具体的合同约定作为请求权基础，在进行后续规范解释适用时，也需先确定合同的类型与约定的性质，此时依旧要回归到前述具体条文中。否则，仅依赖当事人可能并不明确的约定，很可能会遗漏诸多规则适用选择中的细节问题，如特殊的要件或效力规定、债务范围、抗辩援引、诉讼时效等配套规定可能被忽视。因此，为了鉴定式分析的逻辑流畅性与严谨性，依旧尽可能采取《民法典》的具体条文作为请求权基础。一般保证因为没有同《民法典》第688条第2款般更具体直接的规定，故采第681条作为请求权基础，[2]并加之以第687条第1款强化。

依据《民法典》第681条（保证合同）与第687条第1款（一般保证），判断该请求是否产生应考察：（1）存在有效的一般责任保证合同；（2）债务人不履行到期债务。

（1）存在有效的一般保证合同（＋）

① 一般保证合同成立（＋）

本案中《承诺函》可能构成《民法典》第685条第2款所称"第三人单方以书面形式向债权人作出保证"。由《民法典》第685条第2款的解释可知，可以认为这是第三方向债务人发出的订立保证合同的要约，其到达债权人后，若债权人未提出异议，则是依据该法律明确规定以沉默的方式作出承诺，同时因具备书面形式而使保证合同成立。[3]

所以以下应分析：《承诺函》是否构成长宁投资意欲为松江矿业债务提供担保的要约；若构成，南湖保理是否作出承诺。

A. 《承诺函》是否构成长宁投资意欲提供一般保证的要约

a. 《承诺函》具有提供担保或债务加入的意思

依据《民法典》第472条，要约需要内容具体确定，且要表明经受要约人承诺即受该意思表示约束。司法实践中，第三人向债权人出具"督促解决""不让贵司蒙受损失""不让

---

　[1]　如姚明斌：《民法典违约责任规范与请求权基础》，载《法治现代化研究》2020年第5期。

　[2]　有学者采该观点。如吴香香编：《民法典请求权基础检索手册》，中国法制出版社2021年版，第100页。

　[3]　参见黄薇主编：《中华人民共和国民法典合同编解读（下册）》，中国法制出版社2020年版，第749页；最高人民法院民法典贯彻实施工作领导小组主编：《中华人民共和国民法典合同编理解与适用（二）》，人民法院出版社2020年版，第1307～1308页。

贵行在经济上蒙受损失"承诺函，但未明确表示承担保证责任或代为还款的，不被认定其行为构成保证。[1]第三人仅在《承诺函》中称"协助解决""不让贵行在经济上蒙受损失"，未对债务人债务作出代为清偿意思表示的，也不被认定为法律意义上的保证。[2]甚至，表述为"负责解决""不让贵行在经济上蒙受损失"，也属于并未明确承担保证责任或者代为还款，[3]并未明确保证当债务人不履行债务时由承诺人履行债务或承担责任的担保意愿；[4]只是负责监督或督促借款人还款，不让贷款人在经济上蒙受损失。根据"保证不能推定"原则，担保人作出保证行为必须有明确的意思表示，该承诺函的表述不足以表明出具担保。[5]

但上述裁判论述主要来自于政府出具承诺函的案件。比如就有法院认为出具承诺书一方作为政府机关其预算支出有严格限制，不具有对外担保资格，对此原告作为具有充分法律知识的大型金融机构理应知晓；因此，仅凭单一的内容、含糊的承诺函件就认定被告从化市政府已对原告作出了对外担保依据不足。[6]所以上述法院在进行法律适用时的判断倾向也可能受到承诺方的政府特殊身份的影响，使得裁判处理结果存在一定的"幸存者偏差"。

但是依据《最高人民法院关于交通银行香港分行与港云基业有限公司、云浮市人民政府等借款担保合同纠纷上诉一案〈承诺函〉是否构成担保问题的请示的复函》（〔2006〕民四他字第 27 号），"对于云浮市人民政府出具的《承诺函》是否构成我国《担保法》意义上的保证，应由你院根据云浮市人民政府出具《承诺函》的背景情况、《承诺函》的内容以及查明的其他事实情况作出认定"，《承诺函》中"将负责解决，不使银行在经济上蒙受损失"等表述，依旧可以根据"出具《承诺函》的背景情况、《承诺函》的内容以及查明的其他事实"认定为具有担保的意思。该案中的法院，除了认为"我市政府将负责解决，不使贵行在经济上蒙受损失"含有"政府负责解决""如果解决不了，政府承担责任"的意思之外，也从《承诺函》产生的背景和用途是为了变通满足融资需要，以及当事人一直将《承诺函》列为担保法律文件且向政府主张过担保权利等，倾向于认为涉案《承诺函》具有为借款提供保证担保的意思表示，构成法律意义上的担保。[7]

〔1〕 参见佛山市人民政府与交通银行香港分行担保纠纷案，最高人民法院（2004）民四终字第 5 号民事判决书。
〔2〕 参见中国银行（香港）有限公司与辽宁省人民政府、葫芦岛锌厂保证合同纠纷案，最高人民法院（2014）民四终字第 37 号民事判决书。
〔3〕 参见中国银行（香港）有限公司与台山市经济开发公司、台山市人民政府、台山市发展和改革局担保合同纠纷案，最高人民法院（2011）民申字第 1206 号民事裁定书；广州麦芽有限公司与广东活力股份有限公司、广东活力股份有限公司破产管理人等破产债权确认纠纷案，韶关市中级人民法院（2014）韶中法民二终字第 3 号民事判决书。
〔4〕 参见中国银行（香港）有限公司与广州市保科力贸易公司、广州市对外贸易经济合作局保证合同纠纷案，最高人民法院（2011）民申字第 1412 号民事裁定书。
〔5〕 澳门南通信托投资有限公司诉佛山市新辉实业发展有限公司等担保借款合同纠纷案，佛山市中级人民法院（2002）佛中法民四初字第 50 号民事判决书。
〔6〕 参见中国银行（香港）有限公司诉从化经济技术开发区开发总公司等保证合同纠纷案，广州市中级人民法院（2005）穗中法民三初字第 319 号民事判决书。
〔7〕 参见《广东省高级人民法院关于交通银行香港分行与港云基业有限公司、云浮市人民政府等借款担保合同纠纷上诉一案〈承诺函〉是否构成担保问题的请示报告》（〔2004〕粤高法民四终字第 153 号）。

在其它案件中，也同样有法院认为"本公司将负责解决，不使贵行在经济上蒙受损失"，"负责解决"应理解为代为承担民事责任，该意思表示是为债务人的债务提供保证担保的意思表示；[1] 我国法律并没有对保证担保的承诺作出要求必须有"保证"或"担保"字样的规定，在个案中，类似承诺是否构成保证担保应当根据整个案情和当事人意思表示的内容来认定。[2]

佛山市人民政府与交通银行香港分行担保纠纷案中最高人民法院在认为"负责解决""不让贵行在经济上蒙受损失"的表述并无明确的承担保证责任或代为还款的意思表示之余，也对该个案情形进行了具体分析，如"《承诺函》均在这些授信函中被列入区别于'保证'的'其他'文件项下"，"佛山市政府与香港交行之间有三次座谈会并形成会议纪要。从这三份纪要的记载来看，香港交行从未要求佛山市政府承担保证责任或代中亚公司、景山公司还款，佛山市政府也未作出过承担保证责任或代企业还款的意思表示，而双方谈到的解决途径均是政府在适当时机对企业进行资产重组，以解决原有债务"，以此来确定当事人的真实意思，说明香港交行明知《承诺函》并非保证函。中国银行（香港）有限公司诉山西省人民政府保证合同纠纷案中，山西省高级人民法院也通过中行香港分行认为山西省人民政府出具的《承诺函》和《安慰信》不符合该行的要求，要求山西省人民政府按所提供的格式重新出具函件等情形，认定案中的《承诺函》不构成自愿提供连带责任的保证。[3]

所以，本案中的《承诺函》是否具有提供担保的意思，需要依据"出具《承诺函》的背景情况、《承诺函》的内容以及查明的其他事实情况"具体认定。

本案中，长宁投资向南湖保理出具的《承诺函》，虽然在字面上没有表达出充分的、明确得足以认定为担保的意思，仅从字面上难以解释出其明确意欲为松江矿业的债务提供保证，其不履行代位清偿，并愿意受此拘束的意思。但是用语的模糊性本身就是承诺函的特征之一。结合案件的具体情况可知，一方面长宁投资作为母公司深度促成并参与了合同的订立与实际履行，深度参与了整个资金流程的调度，并且也完全有能力对债权的实现施以影响；另一方面也正是长宁投资出具了《承诺函》加之长宁投资大股东签订了《股权转让协议》，南湖保理才在松江矿业上一季度已陷迟延、具有重大难以履行风险的情况下，将债务展期了足足一年，而之前合同约定的借款期限也就只有一年。所以，应当认定南湖保理作为该《承

---

〔1〕 参见交通银行香港分行等与顺德华南空调制冷实业有限公司担保合同纠纷案，广东省高级人民法院（2004）粤高法民四终字第66号民事判决书；中国银行（香港）有限公司与广东省湛江市第二轻工业联合公司等担保合同纠纷案，广东省高级人民法院（2004）粤高法民四终字第26号民事判决书；中国银行（香港）有限公司与广东省阳江市人民政府等担保合同纠纷案，广东省高级人民法院（2004）粤高法民四终字第56号民事判决书；佛山市禅城区人民政府与交通银行香港分行借款担保合同纠纷案，广东省高级人民法院（2002）粤高法民四终字第55号民事判决书；交通银行香港分行诉勤昌发展有限公司等借款合同纠纷案，广东省佛山市中级人民法院（2001）佛中法经初字第474号民事判决书。

〔2〕 参见交通银行香港分行等与顺德华南空调制冷实业有限公司担保合同纠纷案，广东省高级人民法院（2004）粤高法民四终字第66号民事判决书。

〔3〕 参见中国银行（香港）有限公司诉山西省人民政府保证合同纠纷案，山西省高级人民法院（2001）晋经二初字第4号民事判决书。

诺函》的理性相对人，认为《承诺函》具有提供保证担保或债务加入意思。

b.《承诺函》应被认定为一般保证的要约

在确定《承诺函》具有提供保证担保或债务加入的意思之后，仍需确定其究竟为一般保证或连带责任保证的意思，还是债务加入的意思。

首先，依据《承诺函》中"愿意督促松江矿业切实履行还款义务，若最终未能按时归还本息，由本公司协助解决，不让贵司蒙受损失"的表述，"未能"尤其是"最终未能"所表达的意思应是先由松江矿业切实尽力履行还款义务，其间长宁投资只是充当督促和协助的作用，若最终实在未能履行，再由长宁投资负责解决。因此存在松江矿业先履行而长宁投资后履行的顺序。而通说认为，一般保证具有补充性，即只有在主债务人不能履行债务之时，保证人方需履行债务或者承担责任；[1]而连带责任保证与债务加入都没有补充性，故履行顺位的约定足以将一般债务与此二者区分开来。[2]因此，应当认为《承诺函》是一般保证的意思。

其次，即便认为本案中《承诺函》的表述仍不足以判断当事人的意思是保证还是债务加入的，据《担保制度解释》第 36 条第 3 款，"前两款中第三人提供的承诺文件难以确定是保证还是债务加入的，人民法院应当将其认定为保证"，本案中也应当将其推定为是保证。

最后，该《承诺函》本身的表达已然非常温和，在是否含有提供保证担保或债务加入，是否足够具有希望产生私法上效果的严肃的受拘束的意思的问题上，已经难以判断且引发较大争议。将其认定为连带保证，甚至比连带保证负担更重的债务加入，似乎在意思表示解释的道路上走得太远。承诺函本身的模糊表达，也透露出长宁投资不仅没有直接的表示担保的字眼，而且有意回避了更为具体明确的表示，这表明长宁投资不愿意承担过重的责任。所以《承诺函》应当认定为是一般保证的要约。

c. 结论

《承诺函》构成长宁投资意欲提供一般保证的要约。

B. 承诺

依据《民法典》第 685 条第 2 款，在第三人单方以书面形式向债权人作出保证的场合，债权人接收且未提出异议的即认为是作出承诺，保证合同成立。本案中南湖保理接收《承诺函》后未提出异议，应认为作出承诺。

C. 结论

长宁投资与南湖保理之间的一般保证合同成立。

②一般保证合同生效（＋）

本案中保证合同作为"融资租赁合同"的从合同，需讨论其是否因为"融资租赁合

---

〔1〕 参见高圣平：《担保法论》，法律出版社 2009 年版，第 86 页；夏昊晗：《债务加入与保证之识别——基于裁判分歧的分析和展开》，载《法学家》2019 年第 6 期。

〔2〕 参见夏昊晗：《债务加入与保证之识别——基于裁判分歧的分析和展开》，载《法学家》2019 年第 6 期。

同"无效而无效。

由案情，长宁投资作为母公司，其与松江矿业一起参与了两方集团合作框架的商定，足以认为长宁投资对案涉交易的真实情况完全知悉。所以，如果主合同有效，保证人对主合同的内容、权利义务关系的约定均了解，则不应因主合同的性质认定发生变化而认为保证合同无效。[1]同时，案涉合同被认定为借款合同关系，并不构成当事人对合同内容的变更，亦未加重合同项下的松江矿业对南湖租赁所应承担债务，长宁投资的担保对象并未由此发生变化。故该一般保证合同并不因"名为融资租赁，实为借贷"而无效。

所以，南湖租赁与长宁投资间一般保证合同生效。

③ 结论

南湖租赁与长宁投资间存在有效的一般保证合同。

（2）松江矿业到期不履行债务（＋）

如前"第1部分"所述，松江矿业到期不履行债务。

（3）结论

请求权已产生。

2. 请求权是否未消灭（－）

（1）没有过保证期间（－）

依据《民法典》第693条第1款，"一般保证的债权人未在保证期间对债务人提起诉讼或者申请仲裁的，保证人不再承担保证责任"，债权人在保证期间内未依法行使权利的，保证责任消灭。[2]即法律效果是债权人对保证人的请求权消灭，而不是请求权未产生，应当放在"请求权未消灭"部分分析。

依据《民法典》第692条第2款，"没有约定或者约定不明确的，保证期间为主债务履行期限届满之日起六个月"，由案情，长宁投资出具《承诺函》的同时，南湖保理与松江矿业达成的展期合意，结合具体情节可知，长宁投资出具《承诺函》就是为了争取南湖保理同意展期，《承诺函》中"若最终未能按时归还本息"也是建立在展期基础上的表述，即《承诺函》中本就包含了同意展期甚至是希望展期的意思。故应认为展期经过了保证人长宁投资书面同意，即主债务履行期限届满之日为2020年7月12日。依据《民法典》第692条第2款，保证期间为2020年7月12日起6个月，即至2021年1月12日。由案情，债权人第一次对债务人提起诉讼或申请仲裁时，已是本案起诉之时的2021年5月15日，超过保证期间，依据《民法典》第693条第1款，保证人不再承担保证责任。

（2）结论

请求权已消灭。

---

〔1〕 参见最高人民法院民事审判第二庭编著：《最高人民法院关于融资租赁合同司法解释理解与适用》，人民法院出版社2016年版，第59页。

〔2〕 参见韩世远：《合同法学》，高等教育出版社2022年版，第417页。

3. 结论

请求权已产生但已消灭，故无需再分析先诉抗辩权等请求权是否可实现问题，南湖保理不可依《民法典》第 681 条与第 687 条第 1 款，请求长宁投资承担一般保证责任。

（二）或可依《民法典》第 674 条第 1 句、第 675 条第 1 句、第 545 条，《公司法（2018 修正）》第 20 条第 3 款刺破公司面纱，请求其对松江矿业的债务承担连带责任（＋）

1. 请求权是否已产生（＋）

本案中可能存在长宁投资作为母公司，对松江矿业过度控制，致使刺破公司面纱，使长宁投资对其债务承担连带责任。依据《民法典》第 674 条第 1 句（借款利息支付期限）、第 675 条第 1 句（借款期限）、第 545 条（债权让与的性质）及《公司法（2018 修正）》第 20 条第 3 款（刺破公司面纱），判断该请求权是否产生应审查：（1）松江矿业是否负有债务；（2）长宁投资是否滥用法人的独立资格以及股东的有限责任；（3）长宁投资是否滥用损害了债权人的利益。

（1）松江矿业是否负有债务（＋）

如前所述，松江矿业对南湖保理负有债务。

（2）长宁投资是否滥用法人的独立资格以及股东的有限责任（＋）

长宁投资作为松江矿业的母公司，是松江矿业的股东。而本案中，不仅松江矿业向南湖租赁借钱是由长宁投资主导决定的，而且松江矿业在收到 10 亿元借款后直接转入长宁投资的银行账户，长宁投资将该笔资金转入旗下小月河地产项目。一是表明母公司长宁投资对子公司松江矿业过度支配和控制；二是表明两个公司之间财产混同，不遵守正常的贷款程序直接将 10 亿元资金从松江矿业转移到长宁投资，长宁投资作为股东无偿使用公司资金，致使公司财产与其股东财产无法区分，双方利益不清。

所以本案中存在长宁投资滥用法人的独立资格以及股东的有限责任。

（3）长宁投资是否滥用损害了债权人的利益（＋）

由案情，正是因为长宁投资利用松江矿业借款 10 亿元，使松江矿业平白为长宁投资背负 10 亿元债务，又不将其用于自身生产经营。此时松江矿业已经资不抵债，丧失清偿能力，南湖保理恐难以获得清偿，其利益受到损害。

因此，长宁投资滥用损害了债权人的利益。

（4）结论

请求权已产生。

2. 结论

请求权已产生，且无消灭或不可执行事由，所以南湖保理可依《民法典》第 674 条第 1 句、第 675 条第 1 句、第 545 条，《公司法（2018 修正）》第 20 条第 3 款刺破公司面纱，请求长宁投资对松江矿业的债务承担连带责任。

二、代位权（一）

若长宁投资作为母公司，对松江矿业过度控制，松江矿业可能对长宁投资有损害赔偿请求权，则南湖保理作为松江矿业债权人或有代位权，代位行使松江矿业对长宁投资的权利。

如前所述，长宁投资滥用法人的独立资格以及股东的有限责任，实际也构成了对松江矿业的侵权，松江矿业对其有损害赔偿请求权。也正是因为长宁投资的滥用权利，导致了松江矿业对其债权人无法清偿，所以实际上长宁投资与松江矿业构成不真正连带，即最后对债权人债务的最终承担者是长宁投资。而这个不真正连带的根源，就是长宁投资滥用法人的独立资格以及股东的有限责任，松江矿业的债权人没有必要再对长宁投资的侵权损害赔偿享有代位权。就像是其它不真正连带责任关系中，不需要因为其他债务人还可以向最终债务人代位求偿或追偿，就认为债权人还对其他债务人享有代位权，存在连带责任与代位权的追偿，这是不必要的叠屋架床。

因此松江矿业的债权人对长宁投资并不享有代位权，而可以直接请求其承担连带责任。

第 5 部分：南湖保理对金飞勇

第 5 部分　大纲

一、基于合同的请求权

（一）或可否依《民法典》第 688 条第 2 款，请求金飞勇履行连带责任保证责任，即股权回购义务（+）

1. 请求权是否已产生（+）

（1）南湖保理与金飞勇间存在有效的连带责任保证合同

① 连带责任保证合同成立（+）

A. 回购条款是约定了保证

B. 回购条款是约定了连带责任保证

C. 回购条款并非约定了形成权或债务加入

a. 回购条款并非约定了形成权

b. 回购条款并非约定了债务加入

c. 结论

D. 结论

② 一般保证合同生效（+）

③ 结论

（2）松江矿业到期不履行债务（+）

（3）结论

2. 请求权是否未消灭（－）

（1）没有过保证期间（－）

（2）结论

3. 结论

二、基于让与担保的权利

第 5 部分　正文

按照顺序检索请求权后发现，南湖保理对金飞勇只可能有基于合同的请求权，以及让与担保相关的权利，其它请求权均不涉及。

一、基于合同的请求权

南湖保理对金飞勇的合同请求权分析的重点在于，判断金飞勇与南湖保理签订的《股权转让协议》的性质，即通过对当事人意思表示的解释，厘清该协议对当事人权利义务的分配。由案情，该协议中的主要内容有三项，一是金飞勇将股权转让给南湖保理；二是若松江矿业不履行债务，金飞勇须按松江矿业的欠款数额回购股份；三是若金飞勇不履行回购义务，南湖保理有权以股权直接折抵欠款。其中，第一项内容由案情应已履行完毕，请求权消灭；第二项内容涉及"回购条款"的性质判断问题，其性质可能是保证，可能是合同义务附条件，可能是约定形成权产生条件等；第三项内容涉及股权让与担保问题。故以下对后两项内容依次分析，其中第二项内容从假设其属于连带责任保证约定分析起。

（一）或可否依《民法典》第 688 条第 2 款，请求金飞勇履行连带责任保证责任，即股权回购义务（＋）

1. 请求权是否已产生（＋）

如前所述松江矿业未履行债务，所以承担保证责任的事由出现，请求权产生。

依据《民法典》第 688 条第 2 款（连带保证责任）、第 545 条（债权让与），判断该请求是否产生应考察：（1）存在有效的连带责任保证合同；（2）债务人不履行到期债务。

（1）南湖保理与金飞勇间存在有效的连带责任保证合同

① 连带责任保证合同成立（＋）

首先需要确定南湖保理和金飞勇之间存在金飞勇为松江矿业承担连带责任保证责任的合意。本案中需判断的，就是双方在《股权转让协议》中约定的"回购条款"——"若松江矿业不履行债务，金飞勇须按欠款数额回购股份"是否是连带责任保证的约定。

A. 回购条款是约定了保证

在实践中，在多种不同的交易关系之中当事人都可能约定回购条款，如商品房买卖合同中的回购条款、融资租赁回购合同、"对赌协议"中的股权回购等。对于特定案件中的回购条款到底是何法律构造，属于何种合同类型，依旧要回到当事人的具体意思表示，判断回购条款给双方当事人设定的权利义务。

本案中回购条款应认为是约定了保证。本案中的回购条款，"若松江矿业不履行债务，金飞勇须按欠款数额回购股份"，这是金飞勇在该合同中所负的义务，且这里的

"回购义务"应解释为支付回购价款的义务，不应理解为与回购权利人订立买卖合同的义务。[1]实际上这就表明当事人双方的意思是，若松江矿业到期不履行债务，金飞勇就需要通过回购股权的方式履行该金钱债务，履行债务的方式是回购股份，但重点仍是松江矿业不履行到期债务时，债权人可以请求金飞勇履行欠款债务。依据《民法典》第681 条（保证合同），这符合保证的特征，属于保证合同，[2]以回购的方式履行不影响其属于保证的认定。[3]

B. 回购条款是约定了连带责任保证

同时依据双方的约定，只要松江矿业不履行债务，南湖保理就可以请求权金飞勇回购，而不需要等到"主合同经审判或仲裁，债务人不能履行债务时"，故双方的合意是金飞勇对债务人承担连带责任，即该合同为连带责任保证合同。

C. 回购条款并非约定了形成权或债务加入

a. 回购条款并非约定了形成权

本案中回购条款，与应被认定回购形成权的约定不同。后者所指的实践中的情形是，当事人通常在回购合同中约定，回购条件成就后，权利人可以向义务人发出要求回购的书面通知，要求其支付回购价；这时如果认为回购条件成就时，回购权利人与回购义务人之间的法律关系自动发生变化，并不符合双方当事人在订立回购合同时的真实意思；故回购条件应解释为形成权产生的条件，即在回购条件成就时，回购权利人的形成权产生，可以通过行使该形成权使法律关系进入回购阶段。[4]而本案中的回购约定不涉及权利人可以向义务人发出要求回购的书面通知，而是在条件成就后，南湖保理就可以向金飞勇直接请求履行债务。所以本案中的回购条款不是约定回购形成权。

b. 回购条款并非约定了债务加入

在个案中，若协议等未明确使用"保证"或"债务加入"的措辞，则判断第三人的行为究系债务加入抑或保证，起决定性作用的是第三人内心意欲承担的是独立的还是从属的债务：首先保证的从属性决定着保证担保的范围原则上及于违约金、损害赔偿金和实现债权的费用等，而由债务加入的相对独立性所决定，债务加入人负担债务之范围以加入之时原债务的内容为限；其次应先判断当事人的意思表示是否明确表明了债务范围的从属性，若不明确再判断第三人自身对债务之履行是否具有直接和实际的经济利益。[5]

本案中，《股权转让协议》中约定"若松江矿业不履行债务，金飞勇须按欠款数额回购股

---

〔1〕 参见王文胜：《托底型回购合同的风险转嫁机理》，载《法学研究》2020 年第 4 期。

〔2〕 不属于约定差额补足义务的典型情形，故无需适用《民法典担保制度解释》第 36 条第 1 款，"第三人向债权人提供差额补足、流动性支持等类似承诺文件作为增信措施，具有提供担保的意思表示，债权人请求第三人承担保证责任的，人民法院应当依照保证的有关规定处理"。

〔3〕 参见湖南省高速公路管理局、湖南省高速公路建设开发总公司合同纠纷案，最高人民法院（2017）最高法民终 353 号民事判决书。

〔4〕 参见王文胜：《托底型回购合同的风险转嫁机理》，载《法学研究》2020 年第 4 期。

〔5〕 参见夏昊晗：《债务加入与保证之识别——基于裁判分歧的分析和展开》，载《法学家》2019 年第 6 期。

份"，应认定为连带责任保证。一是"不履行债务"表明没有顺位，足以排除一般保证，但是不足以区分连带责任保证与债务加入。二是该协议应与后续的债务展期连同理解，应认为"若松江矿业不履行债务"中的"债务"指当事人展期之后的总债务，即金飞勇是为展期之后的不履行债务承担责任。否则松江矿业在签订时已属"不履行债务"，无须再将"若松江矿业不履行债务"作为条件。三是"欠款"应当认为是指因借款合同而生的所有债务欠款，不仅包含未归还的借款本金，还包含之前未付的利息和之后产生的利息，即不仅包含之前宽泛的尚拖欠的5亿元左右（含有本金和利息），还包含展期之后新产生的利息。其一，因为当事人间的真实意思是借款合同，不同于买卖合同等其它合同的"欠款"，借款合同中的"欠款"自然而然地包含利息，而一般用"借款"来指本金。其二，长宁投资同时出具的《承诺函》中"若最终未能按时归还本息"也明确表述为是"本息"，表明几方当事人交涉洽谈时明确知晓总债务包含本金与利息两部分，其中利息将在展期后继续产生。因此，尽管第三人金飞勇是债务人的母公司的股东，有观点可能会认为其对该债务有实际利益，但是因为其表示愿意对包含因"不履行"而持续产生的利息在内的总债务，负按欠款数额支付回购款的义务，已经充分表明了该债务对主债务的从属性，应认定为是为债务人的借款合同债务承担连带保证责任。

故本案中的回购条款，不应认为是债务加入，而应认定为是约定了连带保证责任。

c. 结论

回购条款并非约定形成权或债务加入。

D. 结论

回购条款约定了连带责任保证。依据《民法典》第685条第1款，保证合同以书面形式为特殊成立要件。[1]由案情，双方当事人都为民事主体，客体都已明确，双方意思表示达成一致，且签订了书面合同明确约定连带责任保证，故南湖租赁与金飞勇间连带责任保证合同成立。

② 连带责任保证合同生效（＋）

虽然金飞勇只是为姚晗香无偿代持涉案的49%股权，但是这并不影响金飞勇与南湖保理约定的效力，只有可能影响股权转让的效力。而就连带责任保证合同中的约定而言，股权能否移转以及股权能否回购，这个履行方式能否达成并不会影响金飞勇承担连带保证责任的约定的效力。所以连带责任保证合同无效力瑕疵，自成立时生效。

（2）松江矿业到期不履行债务（＋）

如前所述，松江矿业到期不履行对南湖保理的债务，具体而言包括"第1部分"中南湖保理可请求松江矿业履行的所有债务。

（3）结论

请求权已产生。

---

〔1〕 参见最高人民法院民法典贯彻实施工作领导小组主编：《中华人民共和国民法典合同编理解与适用（二）》，人民法院出版社2020年版，第1306～1307页。

2. 请求权是否未消灭（＋）

（1）没有过保证期间（＋）

如前所述，金飞勇实质上是通过《股权转让协议》向南湖保理提供连带责任保证。依据《民法典》第 693 条第 2 款，"连带责任保证的债权人未在保证期间请求保证人承担保证责任的，保证人不再承担保证责任"，债权人在保证期间内未依法行使权利的，保证责任消灭。即法律效果是债权人对保证人的请求权消灭，而不是请求权未产生，应当放在"请求权未消灭"部分分析。

依据《民法典》第 692 条第 2 款，"没有约定或者约定不明确的，保证期间为主债务履行期限届满之日起六个月"。由案情，与金飞勇签订《股权转让协议》的同时，南湖保理与松江矿业达成的展期合意，结合签订背景可知，金飞勇签订《股权转让协议》一定程度上就是为了争取南湖保理同意展期，《股权转让协议》中"若松江矿业不履行债务"的表述也是建立在展期基础上，即《股权转让协议》中本就包含了金飞勇同意展期甚至是希望展期的意思。故应认为展期经过了保证人金飞勇书面同意。展期后主债务履行期限届满之日为 2020 年 7 月 12 日。依据《民法典》第 692 条第 2 款，保证期间为 2020 年 7 月 12 日起 6 个月，即至 2021 年 1 月 12 日。由案情，2020 年 8 月 15 日南湖保理要求金飞勇回购股权，即是按照约定要求保证人承担保证责任，该时间未超过保证期间。

（2）结论

请求权未消灭。

3. 结论

请求权产生，无消灭事由，同时只要南湖保理先对移转股权提出履行，金飞勇就不可能有同时履行抗辩权，即请求权无不可执行事由。故南湖保理可以依《民法典》第 688 条第 2 款请求金飞勇承担保证责任，即以欠款数额履行回购义务。

二、基于让与担保的权利

如前所述，南湖保理与金飞勇的合同，首先是约定了金飞勇对松江矿业债务的连带保证责任。其次，"金飞勇将……股权转让给南湖保理，若金飞勇不履行回购义务，南湖保理有权以股权直接折抵欠款"的约定内容，则是在为前述保证责任设立了股权的让与担保。即此处的股权让与担保并不是与前述连带责任保证并列的担保，而是金飞勇用股权设立了股权让与担保，来作为对自己前述连带责任保证的担保。股权让与担保是作为连带责任保证债务的担保手段而设立的。

但股权让与担保约定中的"股权直接折抵欠款"的流押流质条款无效，只能成立清算型的让与担保，即只能将股权折价或拍卖变卖后进行多退少补。同时让与担保合同的效力也不会受代持股协议的影响。故南湖保理与金飞勇之间存在有效的股权让与担保合同。

由案情，金飞勇已将股权变更登记至南湖保理名下，且推定其完成了移转股权所需的法定程序。故股权已经在形式上有效移转至南湖保理，股权让与担保成功设立。

但是按照约定，仅当金飞勇不履行回购义务时，南湖保理才能够行使让与担保的权利，即才能够请求参照《民事诉讼法》"实现担保物权案件"的有关规定，以拍卖、变卖租赁物所得价款实现债权。

第6部分：南湖保理对昌平重科

第6部分　大纲

一、基于合同的请求权

（一）或可依《民法典》第566条、第535条第1款，依代位权请求对3亿元及利息恢复原状（＋）

1. 请求权是否已产生（＋）

（1）债权人对债务人的债权合法（＋）

（2）债务人没有履行给付（＋）

（3）债务人怠于行使对次债务人的到期债权（＋）

（4）对债权人造成损害（＋）

（5）债务人对第三方的债权不是专属于债务人自身的债权（＋）

（6）结论

2. 结论

二、基于物权的请求权

（一）或可依《民法典》第235条，对涉案设备请求原物返还（－）

1. 请求权是否已产生（－）

（1）南湖保理是以占有为权能的物权人（－）

（2）结论

2. 结论

第6部分　正文

按照顺序检索请求权后发现，就基于合同的请求权，因为昌平重科解除合同，所以南湖保理可能存在代位松江矿业请求恢复原状的权利；就基于类合同关系的请求权与无因管理上的请求权，该双方当事人间应不涉及；就物上请求权，因昌平重科现占有涉案设备，故南湖保理可能作为物权人有请求原物返还的权利；同时，若物上请求权成立，则可能同样存在有侵害物权的损害赔偿请求权，与占有标的物相关的不当得利返还请求权；若物上请求权不成立，此两种权利则无需讨论。

一、基于合同的请求权

（一）或可依《民法典》第566条、第535条第1款，依代位权请求对3亿元及利息恢复原状（＋）

1. 请求权是否已产生（＋）

依据《民法典》第566条（合同解除的效力）、第535条第1款（债权人代位权），判断该请求权是否产生的需审查：（1）债权人对债务人的债权合法；（2）债务人没有履行给付；（3）债务人怠于行使对次债务人的到期债权；（4）对债权人造成损害；（5）债务人对第三方的债权不是专属于债务人自身的债权。

（1）债权人对债务人的债权合法（＋）

如前所述，南湖保理为松江矿业的前述诸多债权存在且合法。

（2）债务人没有履行给付（＋）

如前所述，松江矿业对于南湖保理有多项债务没有履行。

（3）债务人怠于行使对次债务人的到期债权（＋）

如前所述，松江矿业对昌平重科享有合同解除后的恢复原状请求权，且应认为该债权在合同解除后即到期，可以立即请求履行。由案情，松江矿业与昌平重科的合同已解除1个多月，在这1个多月中松江矿业明知自己对南湖保理的债务已经陷入迟延且无力偿还，却没有对昌平重科行使恢复原状的债权。不仅没有提起诉讼或申请仲裁，甚至连催告主张都没有，应认定债务人松江矿业已经陷入怠于行使该权利。

（4）对债权人造成损害（＋）

松江矿业无力偿还南湖保理的4.78亿元本金及其欠款，却不向昌平重科主张其3亿元及其利息的恢复原状请求权，致使南湖保理的债权无法获得清偿，对债权人南湖保理造成了损害。

（5）债务人对第三方的债权不是专属于债务人自身的债权（＋）

该恢复原状的金钱债权不是专属于债务人自身的债权。

（6）结论

请求权产生。

2. 结论

请求权产生，南湖保理可依《民法典》第566条、第535条第1款，依代位权请求对3亿元及利息恢复原状。

二、基于物权的请求权

（一）或可依《民法典》第 235 条，对涉案设备请求原物返还（－）

1. 请求权是否已产生（－）

（1）南湖保理是以占有为权能的物权人（－）

根据《民法典》第 235 条（原物返还请求权），首先应明确的是，本案中以占有为权能的物权不仅包括所有权，还包括期待权。让与担保标的物被他人无权占有或其所有权受侵害时，担保权人为法律上之所有人，自得对该他人行使物上请求权；惟标的物系在设定人占有中被他人不法占有者，则担保权人仅得请求该他人向设定人返还。[1]

但如前所述，南湖保理既没有取得所有权也没有取得期待权，故其不是以占有为权能的物权人。

（2）结论

请求权未产生。

2. 结论

请求权未产生，南湖保理不可依《民法典》第 235 条，对涉案设备请求原物返还。

---

〔1〕 参见谢在全：《民法物权论（下册）》，中国政法大学出版社 2011 年版，第 1120 页。

第7部分：昌平重科对松江矿业

第7部分 大纲

一、基于合同的请求权

（一）或可依《民法典》第566条第1款后半句，请求恢复原状即返还使用费（＋）

1. 请求权是否已产生（＋）

（1）存在有效的买卖合同（＋）

（2）买卖合同是否被解除（＋）

① 是否存在解除权（＋）

② 是否行使解除权（＋）

③ 是否未经过除斥期间（＋）

④ 结论

（3）合同是否已履行（＋）

（4）结论

2. 请求权是否未消灭且可实现（＋）

3. 结论

（二）或可依《民法典》第577条，请求违约损害赔偿（＋）

1. 请求权是否产生（＋）

2. 结论

（三）结论

二、不当得利请求权

（一）或可依《民法典》第985条，请求不当得利返还其融资所获利益（－）

1. 请求权是否已产生（－）

（1）松江矿业受有利益（＋）

（2）松江矿业侵害应归属于昌平重科的权益（-）

（3）结论

2. 结论

（二）侵权、无因管理之请求权同理

第 7 部分　正文

按照顺序检索请求权后发现：就基于合同的请求权，可能享有解除后的恢复原状请求权与违约损害赔偿请求权；因为标的物已经取回，故无需讨论取回权问题。就基于类合同关系的请求权，双方当事人间应不涉及。就物上请求权，因为标的物已经返还，故无需讨论取回权和原物返还请求权，以及无权占有标的物的不当得利返还问题。就无因管理上的请求权、侵权损害赔偿请求权、不当得利返还请求权，主要的问题在于松江矿业处分昌平重科所有的涉案设备用于融资，是否可能构成不法管理、侵害物权与不当得利；其共同的关键问题都在于松江矿业是否有处分权，即处分标的物用于融资的权益是否归属松江矿业，这属于不当得利返还请求的独立要件。故为了行文方便，对于这三类请求权，以下首先讨论不当得利返还请求权。

一、基于合同的请求权

（一）或可依《民法典》第 566 条第 1 款后半句，请求恢复原状即返还使用费（+）

解除合同后的恢复原状请求权的内容，包括占有使用标的物所获的利益，即使用费。[1]

1. 请求权是否已产生（+）

根据《民法典》第 566 条第 1 款后半句（合同解除的效力），判断该请求权是否产生应审查以下要件：（1）存在有效的买卖合同；（2）买卖合同是否被解除；（3）合同是否已履行。

（1）存在有效的买卖合同（+）

由案情，昌平重科与松江矿业之间买卖合同，具备所有成立要件，且无任何效力瑕疵情形，买卖合同成立且生效。

（2）买卖合同是否被解除（+）

① 是否存在解除权（+）

依据《民法典》第 563 条，本案中可能存在的引发法定解除权的情形为其第 1 款第 4 项规定的"当事人违约行为致使不能实现合同目的"，即无须催告即可解除的根本违约。

---

〔1〕 参见韩世远：《合同法总论》，法律出版社 2018 年版，第 684 页。

该解除权产生，需满足以下要件：

第一，松江矿业构成违约。由案情，合同约定全套项目设备总价为5亿元，松江矿业拖欠2亿元到期价款，构成违约中的不完全履行及迟延履行。

第二，合同目的无法实现。对于昌平重科而言，买卖合同的目的是取得买受人支付的5亿元价款，而松江矿业拖欠2亿元到期价款，并由案情其已经无力还款，这表明昌平重科已经难以获得剩余的2亿元价款，即致使昌平重科取得价款的合同目的不能实现。因此，依据《民法典》第563条第1款第4项，昌平重科有法定解除权。

同时，本案中松江矿业从昌平重科以所有权保留之方式购买涉案设备，所采取的很可能是分期付款方式。依据《民法典》第634条，分期付款的买受人未支付到期价款的数额达到全部价款的1/5，经催告后在合理期限内仍未支付到期价款的，出卖人即可以解除合同。本案中，松江矿业未支付的到期价款为2亿元，达到了全部价款的1/5，且由案情应经催告后仍未支付。故昌平重科有权解除合同。

②是否行使解除权（＋）

由案情，本案中松江矿业从昌平重科以所有权保留之方式购买涉案设备，所采取的很可能是分期付款方式，此时就需要先分析解除权与取回权之间的关系。

《民法典》第634条规定了分期付款中，欠付数额达到全部价款1/5时，出卖人具有解除权。《民法典》第642条规定了所有权保留买卖中出卖人的取回权，且依据该条第1款，即使买受人迟付份额不足总额的1/5，出卖人仍可行使取回权。因此，当买受人迟付份额达到价款总额的1/5时，出卖人既可以解除合同也可以行使取回权。[1]

从法律效果上看，取回权的行使并不导致买卖合同的解除，出卖人行使取回权是为了撤回先行给付以恢复同时履行的状态，并在一定条件下就标的物清偿价款债权，即就物受偿。出卖人取回标的物的目的，不是要取消与买受人的合同关系，而是为了实现剩余的价金债权，这与取回权行使之后的诸多制度设计相契合，如买受人的回赎权以及标的物再次转卖后所得价款的处理。[2]但是本案中，昌平重科不是仅拉走全套设备，而是同时明确通知松江矿业解除合同，表明昌平重科明确表示其行使的是解除权而非取回权。

那么依据《民法典》第565条，解除权以通知对方的方式行使。本案中，昌平重科于2020年7月12日通知松江矿业解除双方买卖合同并拉走全套设备，故已按照法律规定行使解除权。

③是否未经过除斥期间（＋）

《民法典》第564条第2款规定，本案的除斥期间是自解除权人知道或者应当知道解

---

〔1〕 参见最高人民法院民法典贯彻实施工作领导小组主编：《中华人民共和国民法典合同编理解与适用（二）》，人民法院出版社2020年版，第1106～1107页。

〔2〕 参见最高人民法院民法典贯彻实施工作领导小组主编：《中华人民共和国民法典合同编理解与适用（二）》，人民法院出版社2020年版，第1100～1101页。

除事由之日起 1 年。案情中未提及，故推定没有经过除斥期间。

因此，昌平重科行使解除权没有经过除斥期间。

④ 结论

买卖合同被解除。

（3）合同是否已履行（＋）

由案情，昌平重科已经交付标的物，使松江矿业在此期间里占有使用。

（4）结论

请求权已产生。

2. **请求权是否未消灭且可实现（＋）**

由案情，解除之后的恢复原状请求权构成同时履行，松江矿业存在同时履行抗辩权。一方面，若昌平重科先提出履行，则对方同时履行抗辩权消灭，则请求权就可实现。另一方面，昌平重科对松江矿业的恢复原状的债务，与该债务同属于金钱债务，昌平重科可以主张法定抵销。虽然负有抗辩权的债权不能作为抵销的主动债权，但是在双方都享有并行使同时履行抗辩权，债务出现僵持状况时，提出抵销应认为本身就含有提出履行以打破僵持状况的意思。此时可认为已使对方的同时履行抗辩权消灭，从而满足主动债权的要求，达成单方即可完成的法定抵销。

所以该请求权可以与松江矿业的恢复原状请求权抵销，部分消灭，但剩余部分仍能请求。

3. 结论

请求权成立且未消灭，同时昌平重科可以选择抵销，对于抵销后的剩余的使用费，昌平重科仍可以依《民法典》第 566 条第 1 款后半句，请求恢复原状。

（二）或可依《民法典》第 577 条，请求违约损害赔偿（＋）

1. **请求权是否产生（＋）**

一是依据《民法典》第 566 条第 2 款（合同解除的效力），解除合同不影响对违约损害赔偿的请求；二是《民法典》第 566 条第 1 款后半句所称"赔偿损失"，就是指第 2 款"违约损害赔偿"，所以直接讨论违约损害赔偿。该请求权产生需满足：（1）存在有效的买卖合同；（2）有违约；（3）有损害；（4）有因果关系；（5）无免责事由。

如前所述，双方存在有效的买卖合同，且松江矿业有违约行为即未支付剩余 2 亿元价款。该违约行为致使昌平重科有损失，且本案中没有免责事由。损失为债权不能得到顺利清偿，其损失的具体内容为债权人按照完满履约应获得的利益与现已获得的利益的差值，在本案中体现为昌平重科本应按期获得 5 亿元价款及其利息与取回的设备现存价值 3 亿元的差值。

所以请求权已产生。

2. 结论

请求权已产生，且无消灭和不可执行事由，故昌平重科可依《民法典》第 577 条，请求违约损害赔偿，即5亿元价款及其利息与设备现存价值3亿元的差值。

（三）结论

由于以上两个请求权分别对应着"没有订立合同"与"合同完全履行"两种完全不同的利益状况，所以其利益存在重叠，且只能选择一种利益状况，而不能同时享有两种利益状况的利益总和。所以对使用费的恢复原状请求权与违约损害赔偿请求权竞合，昌平重科可以依据其具体数额自由选择。

二、不当得利请求权

（一）或可依《民法典》第985条，请求不当得利返还其融资所获利益（-）

1. 请求权是否已产生（-）

依据《民法典》第985条（不当得利请求权），判断该不当得利返还请求权（权益侵害型不当得利）是否产生应审查：（1）相对人受有利益；（2）相对人侵害应归属于他人的权益；（3）得利与权益侵害间有直接因果关系；（4）得利无法律上原因。

（1）松江矿业受有利益（+）

不当得利中的利益应具体认定，包括各种财产利益，可以是财产权的取得、占有或登记的取得、债务的消灭、劳务或使用利益的取得等。本案中松江矿业取得通过涉案设备让与担保来借款融资。松江矿业取得10亿元的融资款，该款项属于取得利益。

（2）松江矿业侵害应归属于昌平重科的权益（-）

我国《民法典》物权制度在原来形式担保观的制度体系内，引入了英美法系的实质担保观，而形式担保观与实质担保观在诸多制度中都有重大差异。而对于所有权保留制度中买方是否有权对标的物进行处分，两种制度体系也存在诸多区别。在以德国法为代表的形式担保观中，所有权保留的买方无权对标的物的所有权进行转让等处分。但如前所述，其同时通过赋予买受人期待权，并允许期待权转让的方式，赋予买方对标的物一定的处分权。在以美国法为代表的实质担保观体系中，所有权保留的卖方只享有担保权益，标的物的其它权利归属于买方，买方在合同不禁止其转让时可以对外转让标的物。[1]

首先，如前所述，德国民法学说中关于所有权保留中的期待权规则，在本案中可资借鉴；在此基础上，无论采取哪一种学说，松江矿业作为保留所有权买方都有对标的物设立让与担保以融资的权利。只是在形式担保观中，其实际上让与担保的是期待权，因为存在谎称自己享有所有权的欺诈情形，而使得南湖租赁误以为自己能取得所有权的让与担保，而给与它更高的融资额。但这仍然是松江矿业行使期待权的制度框架内的合同效力瑕疵问题，仍不影响"松江矿业享有期待权，且享有以期待权获取融资的权益"

---

[1] 参见谢鸿飞：《〈民法典〉实质担保观的规则适用与冲突化解》，载《法学》2020年第9期。

这一结论本身。而本案中无论采取哪一种制度体系，利用所有权保留的标的物进行融资，都不是归属于卖方昌平重科的权益。只是两种制度体系都承认卖方的担保权益延及处分标的物所得的利益。[1]

其次，在我国采行形式主义与功能主义混合立法中，所有权保留制度中的所有权并未完全功能化，而依旧属于完全所有权，[2]故在解释上不应采实质担保观，认为标的物处分权归属于买受人。但是在所有权保留中，若将"设立担保以获得融资"的权利归属于出卖人，也违背所有权保留的制度初衷。因保留所有权旨在担保价金债权，所以在保留所有权期间，原则上也应排除出卖人在标的物上另行设立担保物权，或者另行转让的权利。[3]这意味着"设立担保以获得融资"的利益，原则上也不应归属于出卖人。

因此，松江矿业虽然对涉案设备的所有权没有处分的权利，但是其享有以其自身的期待权获取融资的权利，其获取融资的利益归属于自己，而非昌平重科。所以，松江矿业并未侵害应归属于昌平重科的权益。

（3）结论

请求权未产生。

2. 结论

请求权未产生，昌平重科不可依《民法典》第 985 条，请求松江矿业不当得利返还其融资所获利益。

（二）侵权、无因管理之请求权同理[4]

如本部分上文所述，松江矿业享有利用涉案设备融资的权利。虽然其外观上是无权处分昌平重科的所有权，可能引发侵权损害赔偿请求权，以及不法无因管理中的相应请求权；但实际上松江矿业只是有权处分其对涉案设备的期待权，且如前所述并未使昌平重科失去涉案设备的所有权，也未使其所有权背负任何不利负担，所以松江矿业并未侵害昌平重科的所有权，也并非不法管理昌平重科的事务。所以侵权损害赔偿请求权和不法管理的相应请求权，同本部分上文不当得利请求权一样，并未产生。

---

〔1〕 参见谢鸿飞：《〈民法典〉实质担保观的规则适用与冲突化解》，载《法学》2020 年第 9 期。
〔2〕 参见张家勇：《体系视角下所有权担保的规范效果》，载《法学》2020 年第 8 期。
〔3〕 参见张家勇：《体系视角下所有权担保的规范效果》，载《法学》2020 年第 8 期。
〔4〕 以下为体系一致，采用德国法形式担保观论述。

第8部分：松江矿业对昌平重科

第8部分　大纲

一、基于合同的请求权

（一）或可依《民法典》第566条第1款后半句，请求恢复原状即返还已支付的3亿元及其利息（＋）

1. 请求权是否已产生（＋）

根据《民法典》第566条第1款后半句（合同解除的效力），判断该请求权是否产生应审查以下要件：（1）存在有效的买卖合同；（2）买卖合同是否被解除；（3）合同是否已履行。

（1）存在有效的买卖合同（＋）

（2）买卖合同是否被解除（＋）

① 是否存在解除权（＋）

② 是否行使解除权（＋）

③ 是否经过除斥期间（－）

（3）合同是否已履行（＋）

（4）结论

2. 请求权是否未消灭（＋）

3. 请求权是否可实现（－）

4. 结论

第8部分　正文

按照顺序检索请求权后发现：就基于合同的请求权，由于昌平重科解除合同，所以松江矿业可能存在恢复原状请求权。就基于类合同关系的请求权及无因管理上的请求权，松江矿业对昌平重科应不涉及。就物上请求权，虽然松江矿业曾是占有人，即便是在让与担保的场合下，松江矿业作为设定人在占有保护请求权外，亦存在原物返还请求权；[1]但本案中，如前所述，昌平重科是所有权人，且解除合同后松江矿业已沦为无权占有，同时案情中并未体现昌平重科存在侵夺行为，故松江矿业既无原物返还请求权，也无占有保护请求权，因此该部分无需讨论物上请求权。就侵权损害赔偿请求权、不当得利返还请求权，松江矿业对昌平重科应不涉及。

一、基于合同的请求权

（一）或可依《民法典》第 566 条第 1 款后半句，请求恢复原状即返还已支付的 3 亿元及其利息（＋）

解除合同后的恢复原状请求权的内容，包括已支付价金的利息。[2]

1. 请求权是否已产生（＋）

根据《民法典》第 566 条第 1 款后半句（合同解除的效力），判断该请求权是否产生应审查以下要件：（1）存在有效的买卖合同；（2）买卖合同是否被解除；（3）合同是否已履行。

（1）存在有效的买卖合同（＋）

由案情，昌平重科与松江矿业之间买卖合同，具备所有成立要件，且无任何效力瑕疵情形，买卖合同成立且生效。

（2）买卖合同是否被解除（＋）

① 是否存在解除权（＋）

依据《民法典》第 563 条，本案中可能存在的引发法定解除权的情形为其第 1 款第 4 项规定的"当事人违约行为致使不能实现合同目的"。若判断解除权是否产生，应审查以下要件：

第一，松江矿业构成违约。由案情，合同约定全套项目设备总价为 5 亿元，松江矿业拖欠 2 亿元到期价款，构成违约中的不完全履行及迟延履行。

第二，合同目的无法实现。对于昌平重科而言，买卖合同的目的是取得买受人支付的 5 亿元价款，而松江矿业拖欠 2 亿元到期价款，并由案情其已经无力还款，这表明昌平重科已经难以获得剩余的 2 亿元价款，即致使昌平重科取得价款的合同目的不能实现。因此，依据《民法典》第 563 条第 1 款第 4 项，昌平重科有法定解除权。

② 是否行使解除权（＋）

依据《民法典》第 565 条，解除权以通知对方的方式行使。本案中，昌平重科于

---

[1] 参见谢在全：《民法物权论（下册）》，中国政法大学出版社 2011 年版，第 1098 页。

[2] 参见韩世远：《合同法总论》，法律出版社 2018 年版，第 684 页。

2020 年 7 月 12 日通知松江矿业解除双方买卖合同并拉走全套设备，故已按照法律规定行使解除权。

③是否未经过除斥期间（＋）

《民法典》第 564 条第 2 款规定，本案的除斥期间是自解除权人知道或者应当知道解除事由之日起 1 年。由案情，松江矿业于 2020 年 7 月 12 日才表示无力还款致使合同目的不能实现，构成解除事由。因此，昌平重科行使解除权没有经过除斥期间。

④ 结论

买卖合同被解除。

（3）合同是否已履行（＋）

由案情，松江矿业已支付 3 亿元价金。

（4）结论

请求权已经产生。

2. 请求权是否未消灭（＋）

由案情，双方的债权都有同时履行抗辩权，所以无法抵销，无消灭事由。

3. 请求权是否可实现（－）

由案情，解除之后的恢复原状请求权构成同时履行，存在同时履行抗辩权。但若松江矿业先提出履行，则对方同时履行抗辩权消灭。

4. 结论

松江矿业暂时不可依《民法典》第 566 条第 1 款后半句，请求恢复原状即返还使用费。

第9部分：松江矿业对长宁投资

第9部分　大纲

一、侵权上请求权

（一）或可依《公司法（2018 修正)》第 20 条第 2 款，请求承担损害赔偿责任（＋）

1. 请求权是否已产生（＋）

（1）长宁投资滥用股东权利（＋）

（2）长宁投资滥用损害了公司的利益（＋）

（3）结论

2. 结论

第9部分　正文

按照顺序检索请求权后发现，松江矿业对长宁投资可能有侵权上请求权。对于基于合同的请求权与不当得利请求权等其他请求权，判断其是否成立，需要关于松江矿业怎样形成同意参与"合作框架"的公司意思，以及经何人以何程序将 10 亿元转入长宁投资的银行账户的充分案情，以下不再讨论。

长宁投资滥用股东有限责任侵害松江矿业的利益，涉及的是股东违反受信义务而产生的责任，即违信责任。而违信责任实际上是侵权责任在公司法上的特殊体现和具体运用。[1]故以下直接适用公司法相关制度讨论其侵权责任。

---

〔1〕　参见施天涛：《公司法论》，法律出版社 2018 年版，第 190 页。

一、侵权上请求权

（一）或可依《公司法（2018 修正）》第 20 条第 2 款，请求承担损害赔偿责任（＋）

《公司法（2018 修正）》第 20 条第 2 款（股东滥用权利的责任）没有明确规定公司自身是否可以针对其股东提起诉讼，但该条本身调整的是公司可能遭受的损失，因此公司应当有权起诉。

1. 请求权是否已产生（＋）

本案中可能存在长宁投资作为母公司，对松江矿业过度控制，给松江矿业造成损失的情形。依据《公司法（2018 修正）》第 20 条第 2 款，该请求权产生需满足：（1）长宁投资滥用股东权利；（2）长宁投资滥用损害了松江矿业的利益。

（1）长宁投资滥用股东权利（＋）

如前所述，长宁投资作为松江矿业的母公司，是松江矿业的股东，为了给自己旗下的小月河项目融资，而支配松江矿业向南湖租赁借款 10 亿元，且背负沉重的债务；并且不遵守正常的贷款程序，支配松江矿业将 10 亿元资金直接转移到自己账户下，存在长宁投资滥用股东权利的情形。

（2）长宁投资滥用损害了公司的利益（＋）

如前所述，长宁投资的滥用，使松江矿业为长宁投资背负 10 亿元债务，不仅没有将融资用于其自身生产经营，而且使松江矿业从自己的资产中拿出 7 亿元清偿融资债务，导致松江矿业已经资不抵债，丧失清偿能力，连保留所有权购买的项目设备都被出卖人收回。公司正常的生产经营遭受严重损害。具体而言，松江矿业向南湖租赁借款融资而产生的全部债务，以及对昌平重科的违约债务，都属于长宁投资造成的损害，应由长宁投资承担。

（3）结论

请求权已产生。

2. 结论

请求权已产生，且无消灭或不可执行事由，所以松江矿业可依《公司法（2018 修正）》第 20 条第 2 款，请求长宁投资赔偿损失。

第 10 部分：昌平重科对长宁投资

第 10 部分　大纲

一、基于合同的请求权

（一）或可依《民法典》第 674 条第 1 句、第 675 条第 1 句、第 545 条，《公司法（2018 修正）》第 20 条第 3 款刺破公司面纱，请求其对松江矿业的债务承担连带责任（＋）

1. 请求权是否已产生（＋）

（1）松江矿业负有债务（＋）

（2）长宁投资滥用法人的独立资格以及股东的有限责任（＋）

（3）长宁投资滥用损害了债权人的利益（＋）

（4）结论

2. 结论

（二）结论

第 10 部分　正文

按照顺序检索请求权后发现，因为昌平重科对长宁投资只有基于合同的请求权，即因刺破公司面纱而可请求长宁投资对松江矿业债务承担连带责任的权利。如前"第 4 部分－一－（三）"所述，松江矿业的债权人对长宁投资并不需享有依代位权请求的权利，所以无需分析代位行使侵权上请求权。

一、基于合同的请求权

（一）或可依《民法典》第 674 条第 1 句、第 675 条第 1 句、第 545 条，《公司法（2018 修正）》第 20 条第 3 款刺破公司面纱，请求其对松江矿业的债务承担连带责任（＋）

1. 请求权是否已产生（＋）

本案中可能存在长宁投资作为母公司，对松江矿业过度控制，致使刺破公司面纱，使长宁投资对其债务承担连带责任。依据《民法典》第 674 条第 1 句（借款利息支付期限）、第 675 条第 1 句（借款期限）、第 545 条（债权让与）及《公司法（2018 修正）》第 20 条第 3 款（刺破公司面纱），判断该请求权是否产生应审查：（1）松江矿业负有债务；（2）长宁投资滥用法人的独立资格以及股东的有限责任；（3）长宁投资滥用损害了债权人的利益。

（1）松江矿业负有债务（＋）

如前"第 7 部分"所述，松江矿业对昌平重科负有债务。

（2）长宁投资滥用法人的独立资格以及股东的有限责任（＋）

如前"第 4 部分 －一 －（二）－1. －（2）"所述，本案中存在长宁投资滥用法人的独立资格以及股东的有限责任。

（3）长宁投资滥用损害了债权人的利益（＋）

由案情，正是因为长宁投资利用松江矿业借款 10 亿元，使松江矿业为长宁投资背负 10 亿元债务，又未将 10 亿元用于自身生产经营，反而将应用于自身经营的 7 亿元用于偿还该借款合同，才致使松江矿业资不抵债，对昌平重科的债务无力清偿。长宁投资的滥用，使昌平重科的债权难以获得清偿，其利益受到损害。

因此，长宁投资滥用损害了债权人昌平重科的利益。

（4）结论

请求权已产生。

2. 结论

请求权已产生，且无消灭或不可执行事由，所以昌平重科可依《民法典》第 674 条第 1 句、第 675 条第 1 句、第 545 条，《公司法（2018 修正）》第 20 条第 3 款刺破公司面纱，请求长宁投资对松江矿业的债务承担连带责任。

（二）结论

昌平重科对长宁投资，有且仅有依据刺破公司面纱制度，请求长宁投资对松江矿业的债务承担连带责任的权利。

第 11 部分：姚晗香对金飞勇

第 11 部分　大纲

一、基于合同的请求权

（一）或可依《民法典》第 577 条，请求金飞勇承担违约损害赔偿责任（＋）

1. 请求权是否已产生（＋）

（1）存在有效的股权代持股协议（＋）

（2）存在违约行为（＋）

（3）因违约行为而受到损害（＋）

（4）无免责事由（＋）

（5）结论

2. 结论

（二）结论

第 11 部分　正文

按照顺序检索请求权后发现，就基于合同的请求权，可能因金飞勇违反代持股协议，而使姚晗香享有违约损害赔偿请求权；与本案中借款合同出借人类似，解除合同对于姚晗香来说意义不大，故不讨论解除后的恢复原状请求权；就基于类合同关系的请求权，该双方当事人应不涉及；就无因管理上的请求权、物上请求权、侵权上请求权及不当得利请求权，因如前所述金飞勇在法律上对股权有处分权，为有权处分，故不存在适用或类推适用这几项请求权的基础规范的可能。

一、基于合同的请求权

（一）或可依《民法典》第 577 条，请求金飞勇承担违约损害赔偿责任（＋）

1. 请求权是否已产生（＋）

根据《民法典》第 577 条（违约责任），判断该请求权是否产生，需考察以下要件：

（1）存在有效的股权代持股协议（＋）

本案中，姚晗香无偿委托金飞勇代持其所有的长宁投资的股份，双方之间存在有效的股权代持股协议。

（2）存在违约行为（＋）

金飞勇未经姚晗香同意与南湖保理签订《股权转让协议》，擅自处分股权，存在违约行为。

（3）因违约行为而受到损害（＋）

金飞勇未经姚晗香同意签订《股权让与协议》，使股权上设立了对南湖保理的股权让与担保，且南湖保理极可能实现股权让与担保，导致姚晗香彻底失去对股权的控制。除非金飞勇顺利回购股权，或南湖保理放弃实现股权让与担保，使其重新回归姚晗香的控制下，姚晗香才可能不受损害，但这两种情况的可能性很小。即便姚晗香为了收回股权而支持金飞勇向南湖保理回购股权，姚晗香也已因违约行为而受到损害，此时损害的范围为股权的回购金额，即松江矿业与金飞勇的欠付金额。在股权被拍卖变卖的情况下，损害的具体范围为股权拍卖变卖时即姚晗香失去股权控制时股权的市价。

（4）无免责事由（＋）

本案无免责事由。

（5）结论

请求权已产生。

2. 结论

请求权已产生，且无消灭或不可执行事由，所以姚晗香可依《民法典》第 577 条，请求金飞勇承担违约损害赔偿责任。

（二）结论

姚晗香对金飞勇有且只有违约损害赔偿请求权。

2021 年第二届全国鉴定式案例研习大赛获奖作品（三）

周群智

一、比赛身份：中南财经政法大学法学院 2018 级本科生。

二、目前身份：中国政法大学民商经济法学院 2022 级民事诉讼法学硕士研究生。

三、自我介绍：鉴定式案例研习方法锻炼了我利用有效规范得出妥当结论的能力，即妥适地将具体的案件事实涵摄于抽象的法律规范之下。通过训练，我充分体会到了规范意旨的精微，现实生活的变幻，以及鉴定式如何助我在其中守持住公平正当。

对于松江矿业而言，其与昌平重科之间存在所有权保留买卖合同，昌平重科单方通知解除合同并取回标的物，需检视松江矿业对昌平重科的合同请求权和物权请求权。

对于昌平重科而言，其对松江矿业的价款债权尚未得到满足，需检视其对松江矿业就标的物实现担保的物权请求权。

对于南湖保理而言，其与南湖租赁签订了《公开型有追索权国内保理合同》，南湖租赁依《融资租赁协议》对松江矿业享有的债权转让给了南湖保理，需检视南湖保理对南湖租赁和松江矿业的合同请求权；基于《融资租赁协议》，南湖租赁对设备享有的担保权益也可能随债权移转给南湖保理，而现在设备实际被昌平重科占有，故需检视南湖保理对昌平重科的物权请求权。长宁投资向南湖保理出具了《承诺函》，故需检视南湖保理对长宁投资的合同请求权；长宁投资系松江矿业母公司，可能存在滥用股东独立地位和法人有限责任损害债权人利益的情形，故需检视南湖保理对长宁投资的侵权请求权。长宁担保为担保《融资租赁协议》项下的债权，与南湖租赁签订了保证合同，保证债权可能随债权转让移转给南湖保理，故需检视南湖保理对长宁担保的合同请求权。金飞勇向南湖保理转让股权，并承诺担保松江矿业的债务，故需检视南湖保理对金飞勇的合同与物权请求权。

对于姚晗香而言，其与金飞勇之间存在无偿代持股权的委托合同，金飞勇将其让与南湖保理为他人债务作担保，故需检视姚晗香对金飞勇的合同请求权。

第 1 部分：南湖保理对南湖租赁

第 1 部分　大纲

> 一、基于合同而发生的请求权
> （一）依据《民法典》第 766 条第 1 句产生的返还本息或回购请求权（－）
> 1. 存在有效的有追索权保理合同（＋）
> 2. 保理融资款返还期限届至（－）
> 3. 结论

第 1 部分　正文

一、基于合同而发生的请求权

（一）依据《民法典》第 766 条第 1 句产生的返还本息或回购请求权（－）

南湖保理或许有权要求南湖租赁返还保理融资款本息或回购应收账款债权。依据《民法典》第 766 条第 1 句，本文认为请求权产生的要件为：（1）存在有效的有追索权保理合同；（2）保理融资款返还期限届至。

对于上述要件，或许有观点认为，保理商请求债权人偿还融资款前，应当先行请求应收账款债务人给付，由此仍未受清偿才能请求债权人偿还融资款，即应当增设"应收账款债务人经请求后未为清偿"要件。[1] 该观点实质上认为，有追索权保理的法律性质系间接给付。[2] 所谓间接给付，是指因清偿债务而为异于原定给付之给付，因债权人就新定给付之实行受

---

[1]　在实务中，此观点由最高人民法院首倡。参见最高人民法院（2017）最高法民再 164 号民事判决书。
[2]　参见最高人民法院民法典贯彻实施工作领导小组主编：《中华人民共和国民法典合同编理解与适用（三）》，人民法院出版社 2020 年版，第 1785 页。

满足，而使旧债务消灭。[1]在间接给付的场合，债权人应当先就新债务请求履行。[2]

本文认为，保理商不负有先行请求应收账款债务人给付的义务。首先，依据《民法典》第766条第1款的条文文义，保理人可以向债权人主张权利，也可以向债务人主张权利，法律并未规定权利行使顺序；其次，依据通说，有追索权保理合同在法律性质上属于标的物为债权的让与担保，[3]而让与担保并不规定债权人之权利行使顺序；最后，纵观我国交易实务和司法实践，保理商不负有先行请求应收账款债务人履行的义务。[4]

故而，在当事人没有特别约定的情况下，"应收账款债务人经请求后未为清偿"要件非为必要。

1. 存在有效的有追索权保理合同（＋）

依据《民法典》第761条，保理合同体现为"要素＋任一偶素"的独特构造。[5]其中，"要素"系指债权让与，"偶素"是指资金融通、应收账款管理、催收以及应收账款债务人付款保证等。

有追索权保理合同构成中的偶素为资金融通，即让与人负有全额返还融资款本息的义务，如果保理人就让与债权的求偿所得不足清偿融资款本息，让与人仍然应当偿还差额。因此，德国通说认为，有追索权保理合同中的资金融通属于贷款合同，[6]我国在司法实践中也常将保理合同定性为金融借款合同。[7]综上，有追索权保理合同，在法律性质上应属于借款约定与担保性债权转让约定的组合。

本案中，南湖租赁将《融资租赁合同》项下的12亿元租金债权转让给南湖保理，属于担保性债权转让约定，该约定系当事人间的真实意思表示，《民法典》第766条第2句又明确规定了保理人的清算义务，该约定也未违反禁止流押和流质的规定，属于有效。

南湖租赁与南湖保理另约定，由南湖保理将10亿元直接打入松江矿业账户。对此，应认定南湖租赁与南湖保理之间的融资款数额为10亿元，双方约定出借人南湖保理履行借款义务的方式是向第三人松江矿业履行。直接向第三人履行，较为便捷，也为《民法典》第522条第1款所认可；同时，双方交易的顺序是借款人南湖租赁先行提出担保（完成债权让与），然后南湖保理再根据担保财产价值的放款，这也符合有追索权保理在实务中的放款惯例。[8]故而，双方对于借款的约定真实有效，未违反法律和行政法规的强制性规定，属于有效。

---

[1] 参见史尚宽：《债法总论》，中国政法大学出版社2000年版，第819页。

[2] 参见史尚宽：《债法总论》，中国政法大学出版社2000年版，第821页；郑玉波：《民法债编总论》，中国政法大学出版社2004年版，第486页。

[3] 参见〔德〕鲍尔、施蒂尔纳：《德国物权法（下册）》，申卫星、王洪亮译，法律出版社2006年版，第652页。

[4] 涉及此问题的绝大多数裁判均持让与担保说。参见李宇：《保理合同立法论》，载《法学》2019年第12期。

[5] 参见李宇：《保理合同立法论》，载《法学》2019年第12期。

[6] 参见〔德〕迪特尔·梅迪库斯：《德国债法分论》，杜景林、卢谌译，法律出版社2007年版，第487～488页；〔德〕鲍尔、施蒂尔纳：《德国物权法（下册）》，申卫星、王洪亮译，法律出版社2006年版，第651～653页

[7] 参见《天津市高级人民法院关于审理保理合同纠纷案件若干问题的审判委员会纪要（一）》第11条。

[8] 担保给付完成在先而放款在后，主要是使债权人免于陷入无担保融资之风险。

2. 保理融资款返还期限届至（一）

本案中，南湖租赁与南湖保理并未直接约定保理融资款的返还期限。依据《民法典》第 675 条和第 510 条，双方对还款期限没有约定且未达成补充协议的，按照合同相关条款或者交易习惯确定；仍不能确定的，贷款人可以催告借款人在合理期限内返还。

保理融资款的还款期限通常根据应收账款的账期确定，保理融资款的还款到期日或者等同于应收账款到期日，或者约定为应收账款到期日后的某一时点。[1] 本案中，据此交易习惯，仍然无法确定保理融资款是与应收账款同时到期还是晚于保理融资款到期。因此，南湖保理有权催告南湖租赁在合理期限内返还。现南湖保理尚未催告南湖租赁，故合理期限未确定也未经过，10 亿元保理融资款返还期限并未届至。

3. 结论

南湖保理依据《民法典》第 766 条第 1 句产生的返还本息或回购请求权没有产生。

---

〔1〕 参见李宇：《保理合同立法论》，载《法学》2019 年第 12 期。

第2部分：南湖保理对松江矿业

第2部分　大纲

一、基于合同而发生的请求权

（一）依据《民法典》第766条第1句产生的请求权（＋）

1. 请求权是否产生（＋）

（1）存在有效的保理合同（＋）

（2）存在有效的债权转让（＋）

①存在有效且可确定的债权（＋）

A. 合同性质的判断

a. 判断标准

b. 合同性质为民间借贷

B. 合同效力的判断

②债权具有可转让性（＋）

（3）债权人或受让人将转让结果通知债务人（＋）

2. 请求权的内容

3. 请求权并未变更或消灭（－）

4. 请求权可以行使（＋）

5. 结论

第2部分　正文

一、基于合同而发生的请求权

（一）依据《民法典》第766条第1句产生的请求权（＋）

南湖保理或许有权向松江矿业主张5亿元租金及其利息。依据《民法典》第766条，保理人可以向应收账款债务人主张应收账款债权。请求权产生的要件为：（1）存在有效的保理合同；（2）存在有效的债权转让；（3）债权人或受让人将债权转让通知债务人。

1. 请求权是否产生（＋）

（1）存在有效的保理合同（＋）

保理合同是债权让与的原因行为。我国民法对于债权让与总体上采无因原则，在原因行为无效或被撤销的场合，债权让与不生效力；只是对于票据债权或其他证券化债权，例外承认无因性。[1]

本案中，南湖租赁与南湖保理签订了《公开型有追索权国内保理合同》，意思表示真实，内容不违反法律、行政法规的强制性规定，因而可以作为有效的债权让与的原因行为。

（2）存在有效的债权转让（＋）

债权转让是作为负担行为的保理合同的处分行为。有效债权转让的成立要件为：（1）存在有效而可确定的债权；（2）债权具有可转让性。

①存在有效且可确定的债权（＋）

本案中的债权，是南湖租赁基于《融资租赁协议》而取得的，故须对该合同的性质和效力进行判断。

A. 合同性质的判断

依据《融资租赁合同解释》第2条，承租人将自有物出卖给出租人，再通过融资租赁合同将租赁物从出租人处租回的，人民法院不应仅以承租人和出卖人系同一人为由认定不构成融资租赁法律关系。故而，本案中松江矿业既是承租人又是出卖人的事实，不影响融资租赁法律关系的认定。

"融资"兼"融物"的融资租赁特征是售后回租类合同区别于其他商业类合同的关键所在，如果双方没有基于担保的目的形式上移转租赁物所有权的真实合意，则"融资租赁合同"缺乏融物特征，应认定为以融资租赁之名行借贷之实。[2]其目的在于，规避民间借贷的行业监管，将高额利益糅入租金之中。[3]

a. 判断标准

《融资租赁合同解释》第1条规定，认定合同是否属于融资租赁合同，应当结合标的物的性质、价值、租金的构成以及当事人的合同权利和义务进行认定。通过整理法院甄别融资租赁合同与借款合同的判决，可总结出以下判断要点：（1）租赁物真实存在且能够特定化；（2）租赁物价值与租赁物转让价款即融资款相当，不能差距过大；（3）租赁物所有权必须属于承租人并由其实际移转给出租人；（4）出租人应当以合理方式履行对租赁物的审核义务；（5）债权金额一般由租赁物购买价款、费用和出租人合理利润构成，并非由

〔1〕 参见韩世远：《合同法总论》，法律出版社2018年版，第600页。

〔2〕 参见工银金融租赁有限公司、铜陵大江投资控股有限公司等融资租赁合同纠纷案，（2018）最高法民再373号民事判决书。

〔3〕 参见袁野：《隐藏型商事避法合同的裁判转向与解释路径——以售后回租合同为研究范本》，载《河北法学》2019年第11期。

本金加利息构成。[1]

具体而言，法院常常要求出租人不得低值高买，不得违背买卖合同等价交换原则；[2] 承租人必须出具增值税发票、采购合同、付款凭证等能够证明自己对租赁物享有所有权的证据；[3] 出租人必须依据《融资租赁企业监督管理办法》第 20 条对上述证据进行审查，必要时还应当实地检视。[4]

"售后回租型"租赁合同中，首先，租赁物应当发挥担保租金债权实现的功能，因此租赁物必须符合典型担保物权标的物性质，即具有可流通性、能够变现等；其次，若租金债权额过度高于租赁物的价值，也难以认定双方担保的目的；最后，依一般理性人视角，出租人基于保障租金债权实现的考虑，在缔约过程中应当格外关注租赁物的实际价值和权属状况，以确保其在承租人违约时能够及时就物受偿。因此，上述（1）（2）（4）判断要点系判断之关键。至于第（3）点，则非为判断关键，因为所有权是否归承租人所有，并不直接影响合同性质的判断，对于非为承租人所有的租赁物，双方也可以达成真实的融物合意；而所有权是否真正转移难以从双方的表面行为中判断，反而需结合上述（1）（2）（4）要点进行解释；第（5）点，在实际运作中，资金名目很容易遭到替换和掩盖，往往无法起到判断作用。不过，在运用（1）（2）（4）要点厘清当事人真实意图后，若查清债权金额的真实构成，则可以发挥补强论证的作用。

综上，应当以（1）（2）（4）为合同性质的判断标准。

b. 合同性质为民间借贷

本案中，租赁物为价值 5 亿元的"松江一号"项目全套设备，系真实存在、特定化且能够流通变现的财产。其价值虽低于 12 亿元的租金债权，但二者差距不大，不宜仅以此否定双方担保的意思。

但是，南湖租赁在与松江矿业缔约时，仅凭松江矿业出具的设备明细单即与其签订受让设备的合同，未要求松江矿业出具设备发票、采购合同、付款凭证，也未实地查验评估相关设备，松江矿业也未提出要出具这些证明。这充分说明，南湖租赁在主观上根本不关心设备实际价值如何，也不关心设备的权属状况，甚至丝毫不在意设备是否存在，概言之，南湖租赁并不关心松江矿业不能清偿租金时，这套设备能否起到担保作用。另外，双方明确约定租赁利率随人民银行调增人民币贷款基准利率增加，也能佐证双方之间并非融资租赁。

---

[1] 参见上海市第一中级人民法院（2014）沪一中民六（商）终字第 469 号判决书；江苏省高级人民法院（2015）苏商终字第 00404 号民事判决书；最高人民法院（2016）最高法民终 286 号民事判决书；最高人民法院（2016）最高法民终 480 号民事判决书；安徽省高级人民法院（2017）皖民终 174 号民事判决书；上海市第一中级人民法院（2017）沪 01 民终 6206 号民事判决书。

[2] 例如，在（2018）最高法民再 373 号案件中，设备价值为 1068 万余元，融资款为 17951 万余元，法院认为，以高于市场价值十几倍的价格购买租赁物，显然背离买卖合同等价交换原则。参见最高人民法院（2018）最高法民再 373 号民事判决书。

[3] 参见吴智永、徐劲草：《融资租赁案件中名实不符的表现形态及法律分析》，载《人民司法（应用）》2017 年第 25 期。

[4] 参见最高人民法院（2016）最高法民终 286 号民事判决书。

因而，南湖租赁与松江矿业之间并不存在以担保为目的形式上转让设备所有权的真实合意，缺乏融物意图，不存在融资租赁合同。双方之间存在本金为 10 亿元的借款合同。

B. 合同效力的判断

依据《融资租赁合同解释》第 1 条第 2 款，南湖租赁与松江矿业之间的《融资租赁协议》应当按照实际构成的借款合同处理。

南湖租赁与松江矿业之间的借款合同意思表示自愿真实，未违反法律、行政法规的强制性规定，同时，也没有证据证明南湖租赁构成《民间借贷规定》第 13 条规定的转贷牟利、以放贷为业等情形。故借款合同整体有效。

②债权具有可转让性（＋）

依据《民法典》第 545 条，本案中并不存在债权不可转让的情形。

（3）债权人或受让人将转让结果通知债务人（＋）

《民法典》第 546 条第 1 款规定，债权人转让债权，未通知债务人的，该转让对债务人不发生效力；第 764 条规定，保理人向应收账款债务人发出应收账款转让通知的，应当表明保理人身份并附有必要凭证。规范目的在于防止债务人不知有债权之让与，仍对原债权人为清偿或其他行为，从而因清偿等行为无效而遭受不测之损害。[1]

本案中，依照案件事实，无论是债权人南湖租赁，还是保理人南湖保理，均未直接向债务人松江矿业发出债权转让通知。但是，揆诸通知规定的规范目的可以得知，该规定的目的在于保护债务人免于蒙受"不测损害"，故应以债务人是否知晓债权转让事实作为认定债权转让通知法律效力的关键。[2]本案中南湖保理、南湖租赁与松江矿业在缔约前均随其母公司一同商定过整体合作框架，且在同一天先后签订了主债权债务协议和转让债权的保理合同，可以认为松江矿业知悉合作框架内的主要合同安排，即知悉债权转让的事实，故无需再特意对其进行通知。

2. 请求权的内容

《融资租赁协议》约定融资金额为 10 亿元，租金年利率为 20%，租期为 2018 年 7 月12 日至 2019 年 7 月 12 日，后展期至 2020 年 7 月 12 日。

借款合同成立于 2018 年 7 月 12 日，依据《民间借贷规定》（法释〔2020〕17 号）第31 条，该合同自成立到 2020 年 8 月 19 日的利息，应当适用当时的司法解释（法释〔2015〕18 号）确定；2020 年 8 月 20 日至借款返还之日的利息部分，适用新司法解释（法释〔2020〕17 号）的利息保护标准计算。

依据法释〔2015〕18 号第 26 条，双方约定年利率 20% 未超过 24%，利息约定有效且可诉请执行。由于 2019 年 7 月 12 日债务展期至 2020 年 7 月 12 日，故 2018 年 7 月 12 日

---

[1] 参见史尚宽：《债法总论》，中国政法大学出版社 2000 年版，第 724 页。
[2] 参见最高人民法院（2016）最高法民申 3020 号民事判决书，乌鲁木齐市中级人民法院（2018）新 01 民终 827 号民事判决书，大连市中级人民法院（2018）辽 02 民再 211 号民事判决书。

至 2020 年 7 月 12 日的利息为期内利息。其中，2018 年 7 月 12 日至 2019 年 7 月 12 日的期内利息为 2 亿元，2019 年 7 月 12 日本息合计 12 亿元。

2019 年 7 月 12 日松江矿业偿还了 7 亿元，依据《民法典》第 561 条，在双方对清偿顺序没有约定时，松江矿业偿还的 7 亿元应当先清偿 2 亿元利息，再清偿 5 亿元本金，故 2019 年 7 月 12 日时，尚余未清偿本金为 5 亿元。2019 年 7 月 12 日至 2020 年 7 月 12 日以 5 亿元为本金，20% 为期内利率，计算期内利息为 1 亿元。2020 年 7 月 12 日至 8 月 19 日的利息为逾期利息，双方未约定逾期利率，可自逾期还款之日起按照借期内的利率支付资金占用期间利息，约为 1041.0959 万元。

依据《民间借贷规定》（法释〔2020〕17 号）第 28 条，双方未约定逾期利率，逾期还款之日（2020 年 7 月 12 日）一年期贷款市场报价利率标准为 3.85%，故从 2020 年 8 月 20 日至借款返还之日的逾期利率为 3.85%。

综上，本金和期内利息共计 6.1041 亿元；逾期利息计算方法为：以 3.85% 为逾期利率，5 亿元为本金，从 2020 年 8 月 20 日计算至借款实际返还之日止。

3. 请求权是否变更或者消灭（－）

请求权并未变更或消灭。

4. 请求权是否可以行使（＋）

请求权可以行使。

5. 结论

南湖保理有权依据《民法典》第 766 条第 1 句请求松江矿业支付 6.1041 亿元以及逾期利息，逾期利息计算方法为：以 3.85% 为逾期利率，5 亿元为本金，从 2020 年 8 月 20 日计算至借款实际返还之日止。

第3部分：松江矿业对昌平重科

第3部分　大纲

一、基于合同而发生的请求权

（一）依据《民法典》第598条产生的原给付请求权（＋）

1. 请求权是否产生（＋）

（1）存在有效的所有权保留买卖合同（＋）

（2）所有权保留买卖合同未被出卖人解除（＋）

①催告解除（－）

A. 迟延履行（－）

a. 存在有效且能够履行的债务（＋）

b. 债务履行期徒过而债务人未履行（－）

②其他违约行为而导致的解除（－）

A. 违反附随义务（－）

（3）出卖人未履行交付义务或履行义务不符合约定（－）

①买受人经催告后在合理期限内仍未支付价款（－）

②买受人将标的物出卖、出质或者作出其他不当处分（－）

2. 请求权是否变更或者消灭（－）

3. 请求权是否可行使（＋）

（二）依据《民法典》第577条产生的违约损害赔偿请求权（＋）

1. 请求权是否产生（＋）

2. 请求权是否变更或消灭（－）

3. 请求权是否可行使（＋）

4. 结论

二、物权请求权

（一）依据《担保制度解释》第64条第2款产生的及时行使担保请求权（＋）

1. 请求权是否产生（＋）

（1）存在有效的所有权保留买卖合同（＋）

（2）价款债权履行期届满（＋）

（3）买受人未支付到期价款（＋）

（4）出卖人未行使变卖权利（＋）

2. 请求权的内容

3. 请求权是否变更或消灭（－）

4. 请求权是否可行使（＋）

5. 结论

第3部分　正文

一、基于合同而发生的请求权

（一）依据《民法典》第598条产生的原给付请求权（＋）

若松江矿业有权依据《民法典》第598条要求昌平重科继续履行交付设备的义务，则松江矿业可以继续对设备进行占有和使用。

1. 请求权是否产生（＋）

原给付请求权的成立要件为：（1）存在有效的所有权保留买卖合同；（2）出卖人未履行交付义务或履行交付义务不符合约定。

（1）存在有效的所有权保留买卖合同（＋）

从2018年6月12日至2020年7月11日，昌平重科与松江矿业之间存在有效的所有权保留买卖合同。

（2）所有权保留买卖合同未被出卖人解除（＋）

2020年7月12日，昌平重科通知松江矿业解除合同。若昌平重科有法定解除权，松江矿业的请求权将被阻却。

由于松江矿业拖欠剩余2亿元到期价款，且与南湖租赁签订标的物为系争设备的售后回租式融资租赁合同，故依据《民法典》第563条，本案中可能存在的法定解除事由是：（1）经催告在合理期限内仍未履行主要债务；（2）其他违约行为致使不能实现合同目的。

①催告解除（－）

因迟延履行发生的解除权，其要件为：（1）债务人构成迟延履行；（2）债权人定合理期限以为履行催告；（3）债务人在合理期限内未履行债务。

A. 迟延履行（－）

迟延履行是指债务人能够履行，却未履行债务的现象。迟延履行的构成要件为：（1）存在有效且能够履行的债务；（2）债务履行期徒过而债务人未履行；（3）债务人未履行不具有正当事由。

a. 存在有效且能够履行的债务（＋）

依据昌平重科与松江矿业之间有效的买卖合同，松江矿业负有支付 5 亿元价款的义务。松江矿业表示自己无支付能力，但该债务的标的为货币，无支付能力等经济上的困难，原则上无法构成给付不能。[1]故该债务是有效且能够履行的。

b. 债务履行期徒过而债务人未履行（－）

如果对债务的履行有确定的期限，则期限徒过，债务人未履行便当然陷入履行迟延。本案中松江矿业拖延剩余 2 亿元"到期"价款，说明该价款义务的履行有确定的期限。本案中，松江矿业仅支付了 3 亿元价款，对于剩余的 2 亿元价款履行迟延。对于债务的部分不履行，当合同内容可分时，或许可为部分解除（Teilrücktritt），但本案买卖合同标的物是设备整体，系不可分，故若欲解除，只能为全部解除（Totalrücktritt）。

在价款支付义务部分未履行（teilweise Nichtzahlung）的情况下，全部解除只有可能在分期付款买卖的情况下被允许，并且需要出卖人催告后在合理期限内仍未履行且未支付到期价款的数额达到全部价款的 1/5。[2]除此之外，合同内容虽不可分，有一部分不履行，若债权人依其余部分履行以及损害赔偿，不能实现合同目的时，也允许全部解除。[3]

对于所有权保留买卖合同，双方一般会约定分期付款。松江矿业未支付到期价款 2 亿元也超过了 1/5，但昌平重科未进行催告，故解除权不能产生。同时，松江矿业拖欠 2 亿元价款，该事实不足以说明，昌平重科依据 3 亿元的履行和向松江矿业主张损害赔偿，无法实现合同目的。

因此，松江矿业的部分不履行，尚不足以产生合同解除权。

②其他违约行为而导致的解除（－）

其他违约行为的主要类型是附随义务的违反。通常而言，附随义务与债权人的对待给付义务之间不具有牵连性，附随义务的违反一般不会产生解除权。但"不能实现合同目的"是法定解除权判断的实质性标准，故而，如果附随义务的不履行导致合同目的不能实现，则可以例外地承认解除权的发生。[4]

A. 违反附随义务（－）

附随义务主要有两种类型，一种是辅助实现债权人之给付利益的义务，另一种是避免

---

〔1〕 参见黄立：《民法债编总论》，中国政法大学出版社 2002 年版，第 350 页、第 441 页。

〔2〕 Vgl. Ernst, in: Münchener Kommentar BGB, 8, Aufl. , 2019, §323 Rn. 214. 参见《民法典》第 634 条第 1 款。

〔3〕 参见史尚宽：《债法总论》，中国政法大学出版社 2000 年版，第 539 页。

〔4〕 参见韩世远：《合同法总论》，法律出版社 2018 年版，第 663 页。

侵害债权人之固有利益的义务。[1]前者包括忠实义务（Treuepflichten），即依据诚信原则，在合理范围内对合同相对方利益的照管义务。[2]违反忠实义务的一种情形是，债务人与其所负债务有关的严重不可靠（schwere Unzuverlässigkeit）行为，导致债权人债权的实现或合同目的受到威胁。[3]

所有权保留制度的主要目的，在于担保出卖人对买受人得主张之未偿还的价金债权。[4]故所有权保留买卖的买受人对其占有的标的物，应以善良管理人之注意保管和使用，未经出卖人同意不得擅自出卖、出质或为其他处分。[5]若买受人擅自处分标的物，导致出卖人的担保权益受影响，进而威胁债权人债权的实现，则构成附随义务的违反。

本文认为，松江矿业并未违反附随义务。首先，松江矿业与南湖租赁之间的合同名为融资租赁实为民间借贷，故南湖租赁并未获得担保性所有权，也就不会导致第三人的担保权与昌平重科的担保权在设备上竞存，[6]影响昌平重科优先受偿利益的实现。其次，松江矿业与南湖租赁之间采取了占有改定的方式，没有造成标的物被擅自移动减损价值的危险，也不可能构成所有权的善意取得。最后，如果将松江矿业与南湖租赁之间的合意转换解释为期待权让与担保，也不会影响昌平重科担保利益和债权的实现，因为即使发生了期待权让与担保，对昌平重科而言，也仅仅是实际支付剩余价款的履行人和设备的最终所有权人发生了变化，不影响实际权益。

综上，松江矿业并未违反附随义务，不享有解除权，所有权保留买卖合同并未被解除。

（3）出卖人未履行交付义务或履行义务不符合约定（-）

依所有权保留买卖合同的约定，出卖人负有将标的物交付给买受人，容忍买受人对标的物占有、使用且不得随意干预的义务。2020年7月12日昌平重科将设备拉走，使得松江矿业无法再占有使用标的物，昌平重科似乎构成义务违反。但是，如果昌平重科享有取回权，则其有权为了保障债权实现，取消关于移转占有的先给付，不构成义务违反。[7]

因此问题在于，昌平重科是否享有取回权。对于取回的法律性质，通说认为是就物求偿，即取回标的物的目的在于担保价款债权的实现，取回后双方仍受原合同约束。[8]

依据《民法典》第642条第1款第1项、第3项和《买卖合同解释》第26条第1款，

---

〔1〕参见王泽鉴：《债法原理》，北京大学出版社2013年版，第82页。

〔2〕Vgl. Bachmann, in: Münchener Kommentar BGB, 8, Aufl., 2019, § 241 Rn. 101.

〔3〕Vgl. Bachmann, in: Münchener Kommentar BGB, 8, Aufl., 2019, § 241 Rn. 105.

〔4〕参见王泽鉴：《民法学说与判例研究1》，中国政法大学出版社2005年版，第120页。

〔5〕参见王泽鉴：《民法学说与判例研究1》，中国政法大学出版社2005年版，第162页。

〔6〕参见程啸、高圣平、谢鸿飞：《最高人民法院新担保司法解释理解与适用》，法律出版社2021年版，第10页。

〔7〕参见最高人民法院民法典贯彻实施工作领导小组主编：《中华人民共和国民法典合同编理解与适用（二）》，人民法院出版社2020年版，第1100页；王泽鉴：《民法学说与判例研究1》，中国政法大学出版社2005年版，第164页。

〔8〕有观点认为，取回权的行使产生合同解除的效力，但从《民法典》第643条关于买受人回赎权的规定来看，出卖人行使取回权并不以解除合同为前提，反而应当以合同未解除为前提。参见王泽鉴：《民法学说与判例研究1》，中国政法大学出版社2005年版，第169页；高圣平：《〈民法典〉视野下所有权保留交易的法律构成》，载《中州学刊》2020年第6期；曲宗洪：《债权与物权的契合：比较法视野中的所有权保留》，法律出版社2010年版，第290页。

取回权的成立要件为：（1）买受人经催告后在合理期限内仍未支付价款，或是将标的物出卖、出质或者作出其他不当处分；（2）前述行为造成出卖人损害；（3）买受人已经支付的标的物价款未达到总价款的 75%。

本文认为，其中第 2 个要件不需要进行独立判断。对于经催告仍未支付价款的行为，依据动产担保权的体系规定，[1]足以启动担保权来保障债权，不需要再额外证明出卖人受到了损害。如果额外判断，会对出卖人担保权益的实现造成无端阻碍。[2]

对于出卖、出质或者作出其他不当处分的行为，需要额外判断第 2 个要件。不当处分，包括事实上的不当处分，也包括法律上的不当处分。[3]依据动产担保权的体系解释，[4]不当处分只要足以或可能造成损害的，担保权人即有权采取相应保权措施，不需要等到损害确实发生，否则可能难以维护担保权人的担保权益。

总之，"造成出卖人损害"要件并无独立判断的必要。

① 买受人经催告后在合理期限内仍未支付价款（-）

本案中，松江矿业拖欠剩余 2 亿元到期价款，未按照约定支付价款。但案件事实表明，昌平重科并未进行催告，由此也未为松江矿业确定合理期限。因此松江矿业的行为不构成《民法典》第 642 条第 1 款第 1 项的情形。

② 买受人将标的物出卖、出质或者作出其他不当处分（-）

此处判断的关键在于，确定"其他不当处分"的含义。

"其他不当处分"可以参照其等值项"出卖""出质"进行解释；同时，出卖人享有的担保性所有权与抵押权的本质相同，均属于不具有占有权能的动产担保权，故也可以比照《民法典》第 406 条第 2 款和第 408 条进行解释。

买受人将标的物"出卖"或"出质"，难免移转其占有，而任意移动标的物，难免损坏其完整性，有碍权利之行使；[5]依据《民法典》第 406 条第 2 款和第 408 条，只有不当处分致使抵押物价值有减少之虞时，抵押权人方有权采取保全措施。至于在抵押物上再为他人设立抵押权，不需要移转占有，不会因为任意移动标的物导致抵押物价值减少，不属于不当处分。

由上可知，"其他不当处分"应包括可能导致标的物价值发生减损的不当的占有、使用以及事实上的处分等情形。本案中，松江矿业让与期待权未采取现实交付的方式，没有

---

〔1〕 依据《民法典》第 410 条第 1 款和第 436 条第 2 款，只要债务人不履行到期债务，抵押权人或质权人即有权请求实现其担保权，以保障债权的实现，不需要另外证明不履行行为给其造成损害。

〔2〕 参见李永军：《所有权保留制度的比较法研究——我国立法、司法解释和学理上的所有权保留评述》，载《法学论坛》2013 年第 6 期。

〔3〕 参见王泽鉴：《民法学说与判例研究 1》，中国政法大学出版社 2005 年版，第 170 页。

〔4〕 例如，《民法典》第 406 条第 2 款和第 408 条，抵押财产转让可能损害抵押权的，或者抵押人的行为足以使抵押财产减少的，抵押权人即有权要求抵押人提前清偿债务以及停止其行为。亦即"所谓足以使抵押物之价值减少者，系指抵押物之价值有减少之虞而言，自无须已生减少之结果"。参见谢在全：《民法物权论（下册）》，中国政法大学出版社 1999 年版，第 628 页。

〔5〕 参见王泽鉴：《民法学说与判例研究 1》，中国政法大学出版社 2005 年版，第 181 ~ 182 页。

擅自移动设备，不会对设备的价值产生减损的危险，故不构成"其他不当处分"。[1]

故而，昌平重科的取回权没有产生，其取回设备的行为仍然构成义务违反。

2. 请求权是否变更或消灭（－）

请求权并未变更或消灭。

3. 请求权是否可行使（＋）

昌平重科对松江矿业负有容忍其占有、使用标的物且不得随意干预的义务，同时，松江矿业也对昌平重科负有支付剩余到期价款的义务。因此，昌平重科或许有权主张同时履行抗辩权，拒绝松江矿业的履行请求权。依据《民法典》第525条，同时履行抗辩权的成立要件为：（1）须因同一双务合同互负债务；（2）对方的债务及自己的债务均已到期；（3）对方未履行债务或履行债务不符合约定。

（1）因同一双务合同互负债务

双方因同一双务合同互负的债务，应当具有对价性，原则上可立于对价关系的对方债务，应限于双方的主给付债务。本案中，昌平重科的设备交付义务与松江矿业的价款支付义务均为主给付义务，具有对价性。

（2）对方及自己的债务均已到期

昌平重科与松江矿业的债务均已到期。

（3）对方未履行债务或履行债务不符合约定

松江矿业支付了3亿元价款，剩余2亿元价款逾期未支付，因此问题在于，一方当事人为部分履行时，对方能否主张同时履行抗辩。对此，《民法典》第525条第2句规定，一方在对方履行债务不符合约定时，有权拒绝其相应的履行请求。由此可知，债权人仅有权拒绝自己与债务人未履行之部分相应的给付。在本案松江矿业给付不可分的情况下，其要么有权拒绝交付，要么无权拒绝交付，问题在于判断"相应"的含义。

在解释上应当认为，如果部分履行不能使得债权人的合同目的部分实现，则其有权拒绝全部的对待给付，并且该拒绝不得违背诚信原则。[2]松江矿业支付了3亿元价款，可以使得昌平重科的合同目的部分实现；同时，昌平重科实际上也存在无正当理由取回设备的违约行为，其主张同时履行抗辩也有违诚信原则。

综上，昌平重科不享有同时履行抗辩权，请求权可以行使。

4. 结论

松江矿业有权依据《民法典》第598条要求昌平重科继续履行交付设备的义务。

（二）依据《民法典》第577条产生的违约损害赔偿请求权（＋）

昌平重科违约取回设备，给松江矿业造成损失，松江矿业或许有权请求违约损害赔偿。

---

〔1〕 相同的观点，参见郭丽莎：《论所有权保留买卖中出卖人的取回权》，载《澳门法学》2015年第1期。

〔2〕 参见韩世远：《合同法总论》，法律出版社2018年版，第394页。

1. 请求权是否产生（＋）

依据《民法典》第 577 条，违约损害赔偿请求权的成立要件为：（1）存在有效的合同；（2）存在违约行为；（3）受害人受有损害；（4）违约行为与损害之间存在因果关系。本案中，（1）（2）要件显然满足。关于受害人受有损害和因果关系要件：若昌平重科依法行使取回权，则取回前需催告，催告后松江矿业在一定合理期限内仍有权使用设备，并可以针对设备在未来可能被取回的事实，对生产经营作出一定的调整。现在昌平重科未经催告，未给松江矿业提供合理期限径行取回设备，导致松江矿业无法提前调整生产经营，将造成窝工等损失。故（3）（4）要件亦满足。

2. 请求权是否变更或消灭（－）

请求权并未变更或消灭。

3. 请求权是否可以行使（＋）

请求权可以行使。

4. 结论

松江矿业有权依据《民法典》第 577 条请求昌平重科赔偿其违约取回设备造成的损失，包括因无法提前调整生产经营造成窝工等损失。

二、物权请求权

（一）依据《担保制度解释》第 64 条第 2 款产生的及时行使担保请求权（＋）

《担保制度解释》第 64 条第 2 款规定，出卖人依法行使取回权时，买受人可通过反诉或抗辩的方式主张法院拍卖、变卖标的物，并在扣除未支付的价款以及必要费用后返还剩余款项。买受人原本在出卖人行使取回权后，可以在一定期限内消除取回事由以回赎标的物，但回赎权利系保护买受人获得标的物所有权之期待的规定，若买受人存在其他经济上的考量，也可以卸除该保护，放弃标的物所有权。例如，标的物的价值超出了担保债权的价值，买受人希望获得标的物超出债权部分的价值，却陷入资金短缺无法回赎，或不希望资金因回赎被占用。此时，若出卖人行使了取回权，执意要给予买受人回赎期，迟迟不肯将标的物变现，则买受人将无法获得该利益，对买受人不公，也不能实现物尽其用。

《担保制度解释》第 64 条第 2 款承认了买受人放弃回赎权，及时行使担保的权利，那么在解释上也可以进一步认为，只要到期未支付价款，符合实现担保物权的条件，即使出卖人不满足取回的要求，买受人也可以主动选择卸除法律的保护，以提起本诉的方式要求法院就标的物变现，清偿出卖人的债权。此种安排能够高效利用物的交换价值，有利于买受人经济计划的实现，也可以使得出卖人的债权更快地得到清偿，并未损害出卖人的权益。从体系上看，《民法典》第 437 条即依据类似的规范目的，承认出质人的及时行使质权请求权；《最高人民法院关于运用〈中华人民共和国民事诉讼法〉的解释（2020 修正）》（以下简称《民诉法解释》）第 359 条也规定抵押人、出质人、财产被留置的债务人或所有权人有权请求实现担保物权。

因此，在本案中，买受人松江矿业有权主动要求法院对设备拍卖、变卖，将扣除 2 亿元款项和必要费用后的剩余款项返还给自己。

1. 请求权是否产生（＋）

依据《民法典》第 437 条第 1 款第 2 分句，及时行使担保请求权的构成要件为：（1）存在有效的所有权保留买卖合同；（2）价款债权履行期限届满；（3）买受人未支付到期价款；（4）出卖人未及时行使变卖权利。

（1）存在有效的所有权保留买卖合同（＋）

昌平重科与松江矿业之间存在有效的所有权保留买卖合同。

（2）价款债权履行期届满（＋）

5 亿元价款债权履行期限已经届满。

（3）买受人未支付到期价款（＋）

松江矿业仅支付了 3 亿元，剩余的 2 亿元到期价款未支付。

（4）出卖人未行使变卖权利（＋）

本案中，昌平重科拉走设备后，并未将其转卖给第三人，也没有请求人民法院对设备进行拍卖、变卖，未及时行使实现担保的权利。

2. 请求权的内容

及时实现担保请求权的内容，应当包括请求人民法院参照"实现担保物权案件"的有关规定，拍卖、变卖标的物，并在扣除买受人未支付的价款以及必要费用后将剩余款项返还买受人。

由于本案标的物之上不存在其他担保权，故昌平重科的债权可以获得优先受偿，将设备拍卖或变卖，扣除松江矿业未支付的价款 2 亿元以及必要费用后将剩余款项返还给松江矿业。

3. 请求权是否变更或消灭（－）

请求权并未变更或消灭。

4. 请求权是否可行使（＋）

请求权可以行使。

5. 结论

松江矿业有权依据《民法典》第 437 条第 1 款第 2 分句，请求对昌平重科占有下的设备进行拍卖、变卖，扣除松江矿业未支付的价款 2 亿元以及必要费用后将剩余款项返还给松江矿业。

第4部分：昌平重科对松江矿业

第4部分　大纲

一、基于合同而发生的请示权

（一）依据《民法典》的第626条第1句产生的原给付请求权（＋）

1. 请求权是否产生（＋）

2. 请求权是否变更或消灭（－）

3. 请求权是否可以行使（＋）

（二）依据《买卖合同解释》第18条第4款产生的逾期付款损失赔偿请求权（＋）

1. 请求权是否产生（＋）

2. 请求权是否变更或消灭（－）

3. 请求权是否可以行使（＋）

二、物权请求权

（一）依据《担保制度解释》第64条第1款产生的实现担保请求权（－）

1. 请求权是否产生（－）

第4部分　正文

一、基于合同而发生的请求权

（一）依据《民法典》第626条第1句产生的原给付请求权（＋）

1. 请求权是否产生（＋）

依据《民法典》第626条第1句，价款原给付请求权的成立要件为：（1）存在有效的买卖合同；（2）买受人未支付到期价款。松江矿业依有效的所有权保留买卖合同负有向昌平重科支付 5 亿元价款的义务，2020 年 6 月 12 日到期后，仍有 2 亿元未支付，故请求权产生。

2. 请求权是否变更或消灭 （－）

不存在权利阻却或消灭事由。

3. 请求权是否可以行使 （＋）

由上文可知，相对于松江矿业的剩余价款支付义务，昌平重科同时负有设备交付义务，故松江矿业或许有权主张同时履行抗辩权，拒绝履行剩余价款的支付义务。

松江矿业的剩余价款支付义务与昌平重科的设备交付义务系具有对价性的主给付义务，且均已到期，昌平重科未履行设备交付义务，似符合同时履行抗辩权的要件。但是，基于诚信原则的要求，行使同时履行抗辩者自己须遵守合同，准备提出给付，若无理由拒绝履行或迟延履行，即不得主张同时履行抗辩权。[1]

本案中，松江矿业自己已经陷入迟延履行，无权主张同时履行抗辩权，故昌平重科的请求权可以行使。

4. 结论

昌平重科有权依据《民法典》第 626 条第 1 句请求松江矿业支付剩余 2 亿元价款。

（二）依据《买卖合同解释》第 18 条第 4 款产生的逾期付款损失赔偿请求权 （＋）

1. 请求权是否产生 （＋）

逾期付款损失赔偿请求权的成立要件为：（1）存在有效的合同；（2）买受人逾期未支付价款。本案中松江矿业已经逾期支付有效买卖合同项下的价款 2 亿元，请求权产生。

2. 请求权的内容

依据《买卖合同解释》第 18 条第 4 款，松江矿业和昌平重科没有约定逾约付款违约金的计算方法，松江矿业的违约行为系发生在 2019 年 8 月 20 日之后，故可以违约行为发生时中国人民银行授权全国银行间同业拆借中心公布的一年期贷款市场报价利率（LPR）标准为基础，加计 30%~50% 计算逾期付款损失。

3. 请求权是否变更或消灭 （－）

请求权并未变更或消灭。

4. 请求是否可以行使 （＋）

请求权可以行使。

5. 结论

昌平重科有权依据《买卖合同解释》第 18 条第 4 款请求松江矿业支付逾约损失赔偿金，计算方法为：以违约行为发生时 LPR 标准为基础，加计 30%~50%。

---

〔1〕 参见王洪亮：《债法总论》，北京大学出版社 2016 年版，第 123 页。

二、物权请求权

（一）依据《担保制度解释》第 64 条第 1 款产生的实现担保请求权（－）

1. 请求权是否产生（－）

依据《担保制度解释》第 64 条第 1 款，出卖人请求参照《民事诉讼法》"实现担保物权案件"的有关规定，拍卖、变卖标的物，以实现其债权的条件是：（1）出卖人依法享有取回权；（2）就取回标的物出卖人与买受人协商不成。

由上文可知，昌平重科未催告给予松江矿业合理期限清偿剩余款项，松江矿业也没有对设备作出危害昌平重科债权实现的不当处分，昌平重科不享有取回权。

因而请求权没有产生。

2. 结论

昌平重科无权依据《担保制度解释》第 64 条第 1 款请求实现担保。

第5部分：南湖保理对昌平重科

第5部分　大纲

一、物权请求权

（一）依据《民法典》第460条前半句产生的返还请求权（＋）

1. 请求权是否产生（＋）

（1）请求权人是所有权人（＋）

①无效所有权让与转换解释为有效期待权让与（＋）

A. 存在无效的法律行为（＋）

B. 无效法律行为具备使得其他法律行为有效的要件（＋）

C. "若知其无效，即欲为其他"（＋）

②期待权随债权转让而转移（＋）

③行使期待权的条件实现（＋）

④期待权受让人向出卖人清偿价款（＋）

（2）相对人是现时占有人（＋）

（3）相对人无占有本权（＋）

2. 请求权是否变更或消灭（－）

3. 请求权是否可行使（＋）

4. 结论

第5部分　正文

一、物权请求权

（一）依据《民法典》第460条前半句产生的返还请求权（＋）

第460条前半句规定了物权人对无权占有人的返还请求权。该请求权成立的前提是，请求权人享有以占有为权能的物权。虽然南湖租赁与松江矿业之间的所有权让与没有发生效力，但如果通过解释，能够认定双方之间存在期待权让与担保的意思，则南湖租赁或许能够取得期待权；债权转让给南湖保理后，南湖保理或许能够通过移转取得该期待权，从而有权通过向昌平重科支付剩余价款的方式直接获得设备所有权，进而请求昌平重科返还设备。

1. 请求权是否产生（＋）

依据《民法典》第 460 条前半句，所有物返还请求权的成立要件为：（1）请求权人是所有权人；（2）相对人是现时占有人；（3）相对人无占有本权。

（1）请求权人是所有权人（＋）

通过上文的解释，松江矿业与南湖租赁之间并不存在担保性所有权让与的真实合意，故双方关于设备所有权转让的约定不能发生相应的效力。此处的问题在于，能否将双方原本无效的意思表示转换认定为发生其他效力的意思表示。

① 无效所有权让与转换解释为有效期待权让与

此种转换认定，属于解释上的转换，即根据《民法典》第 142 条第 1 款，结合行为目的以及诚信原则，依当事人所欲实现的经济目的以及可认知的利益衡量认定其意思表示的含义。具体转换解释的要件为：（1）须有无效的法律行为；（2）该无效法律行为具备使得其他法律行为有效的要件；（3）当事人若知其无效，即欲为其他法律行为。[1]

A. 存在无效的法律行为（＋）

松江矿业与南湖租赁之间存在无效的所有权转让。

B. 无效法律行为具备使得其他法律行为有效的要件（＋）

若所有权转让中具备能够使得期待权转让有效的要件，则存在转换解释的前提。关于期待权之法律性质，学说聚讼已久，但能够达成的基本共识是，买受人在所有权保留买卖合同成立后，即获得了一个向所有权人过渡的法律地位，即在付清价款后取得标的物所有权；该法律地位具备一定的经济价值，并且随着保留买主需清偿的剩余价金的减少，经济价值会逐步增加。[2]

此种法律地位具备一定的财产价值，可以认定其属于《民法典》第 126 条规定的"其他民事权利"。同时，期待权可以成为法律交易的客体，原因在于，买受人可以通过处分该权利获得新的融资；而对于出卖人而言，条件成就时，由何人获得标的物所有权，一般而言并无利害关系，因为出卖人只要获得价款的足额清偿，其交易目的也就完全实现了。[3]

故而，保留买方可以通过让与担保的方式转让期待权。由于期待权一般被视为"小一

---

〔1〕 参见王泽鉴：《民法总则》，北京大学出版社 2009 年版，第 468～469 页。

〔2〕 参见［德］鲍尔、施蒂尔纳：《德国物权法（下册）》，申卫星、王洪亮译，法律出版社 2006 年版，第 665 页、第 686 页。

〔3〕 参见王泽鉴：《民法学说与判例研究 1》，中国政法大学出版社 2005 年版，第 135 页。

号"（ein weniger）的所有权，故期待权的让与担保方式通常类推适用动产所有权让与的规则，即现实交付或观念交付。松江矿业与南湖租赁约定，设备所有权转让给南湖租赁，然后松江矿业回租该设备，可知其采取了占有改定的方式。该方式可以使得期待权让与发生法律效力。

C. "若知其无效，即欲为其他"（＋）

若在松江矿业与南湖租赁之间成立期待权让与，符合双方经济目的且能够实现利益均衡，即若松江矿业与南湖租赁知道担保性所有权让与无效，会同意期待权让与担保有效，则可以进行转换解释。期待权让与后，南湖租赁可以视松江矿业清偿价款的情况，选择合适的时机主张期待权，以获得最大的利益，来保障自己对松江矿业债权的实现；对于松江矿业而言，其总是要以自己的责任财产承担对南湖租赁的债务，期待权的让与担保，对其利益状况而言，并无任何影响。

综上，可以认为若松江矿业与南湖租赁知道担保性所有权让与无效，会同意期待权让与担保有效。

② 期待权随债权转让而移转（＋）

南湖租赁对松江矿业的债权转让给了南湖保理，因此，如果期待权也随债权转让一并移转给南湖保理，则南湖保理有权主张该权利。

依据《民法典》第547条第1款，债权人转让债权的，受让人取得与债权有关的从权利，但是该从权利专属于债权人自身的除外。因此，担保性期待权能否随债权移转，关键在于判断其是否为专属于债权人自身的从权利。

担保性期待权与担保性所有权在性质上相近，故可以参照担保性所有权的移转规则。德国通说认为，担保性所有权不属于从权利（Nebenrecht），不具有附随性（Akzessorietät），如果被担保人让与了债权，那么担保性所有权（Sicherungseigentum）并不自动地随债权移转给受让人。[1]其原因在于，担保性所有权让与构成自益型担保信托（eigennützige sicherungstreuhand），[2]债权人拥有"受信托关系拘束的、广泛的权利"（例如债权清偿后担保信托可以转化为管理信托等）。[3]换言之，此时担保性所有权并不附属于某个债权，而是附属于债务人对债权人的人身信赖。因此债权让与后，担保性所有权不能随之移转。

但我国《信托法》第43条第3款规定，受托人不得是同一信托的唯一受益人。因此在我国现行法下，如同本案，仅用于担保债权人某项债权的担保性期待权让与，只有债权

---

[1] Vgl. Hans Schulte-Nölke in: Münchener Kommentar BGB, 8, Aufl., 2020, §930, Rn. 14. 参见［德］鲍尔、施蒂尔纳：《德国物权法（下册）》，申卫星、王洪亮译，法律出版社2006年版，第606页；［德］迪尔克·罗歇尔德斯：《德国债法总论》，沈小军、张金海译，中国人民大学出版社2014年版，第397页。

[2] Vgl. Berger: in Jauernig, Bürgerliches Gesetzbuch 18. Auflage 2021, §930, Rn. 21.

[3] 参见［德］迪特尔·梅迪库斯：《德国债法总论》，杜景林、卢谌译，法律出版社2004年版，第552页。

人从中受益，并无构成信托的可能；[1]另外，该项担保性期待权的设立，也并非附属于松江矿业对南湖租赁的人身信赖，而仅仅是为了担保借款债权。因此，在本案中，应肯定其对债权的附随性。

综上，南湖租赁的期待权可以通过债权转让的方式移转给南湖保理。

③ 行使期待权的条件实现（＋）

期待权的功能是担保南湖保理对松江矿业的债权，因此南湖保理行使期待权，需满足实现担保物权的条件。参照《民法典》第 394 条，在松江矿业不履行到期债务时，南湖保理有权实现期待权。本案中松江矿业未完全清偿到期借款本息，故南湖保理行使期待权的条件已经实现。

④ 期待权受让人向出卖人清偿价款（＋）

期待权受让人通过向出卖人支付全部价金，可以使得所有权保留买卖合同所附条件成就，受让人可以直接取得所有权，无须经过出卖人同意。[2]并且，依据《民法典》第 524 条第 1 款，债务人不履行债务，第三人对履行该债务具有合法利益的，债权人必须受领该第三人的履行。第三人因标的物的强制执行而有丧失标的物上权利或占有的危险时，即存在该合法利益。[3]

本案中，松江矿业不履行债务，则松江矿业和其债权人昌平重科均有权申请对设备进行强制执行以清偿债务，一旦强制执行，设备所有权将因为拍卖或变卖而移转给其他人，南湖保理的期待权将丧失。因此，南湖保理有权直接向昌平重科清偿剩余的 2 亿元价款，昌平重科不得拒绝。清偿后，南湖保理即获得设备所有权。

（2）相对人是现时占有人（＋）

设备现时由昌平重科占有。

（3）相对人无占有本权（＋）

南湖保理清偿 2 亿元价款后，昌平重科即丧失所有权，其相对于南湖保理，也不存在其他占有本权。

2. 请求权是否变更或消灭（－）

请求权并未变更或消灭。

3. 请求权是否可行使（＋）

请求权可以行使。

4. 结论

南湖保理在向昌平重科清偿 2 亿元价款后，即可取得设备所有权，从而向昌平重科主张所有物返还请求权，昌平重科不得拒绝清偿。另外，若松江矿业已经向人民法院申

---

〔1〕 参见赖源河、王志诚：《现代信托法论》，中国政法大学出版社 2002 年版，第 42～43 页。

〔2〕 参见［德］鲍尔、施蒂尔纳：《德国物权法（下册）》，申卫星、王洪亮译，法律出版社 2006 年版，第 688 页。

〔3〕 参见王洪亮：《债法总论》，北京大学出版社 2016 年版，第 105 页。

请强制执行，则南湖保理可以参照《最高人民法院关于人民法院办理执行异议和复议案件若干问题的规定（2020 修正）》（以下简称《执行异议和复议规定》）第 28 条关于不动产买受人执行异议的规定，将设备剩余价款按照法院的要求交付执行，排除对设备的强制执行。

第6部分：南湖保理对长宁投资

第6部分　大纲

一、基于合同而产生的请求权

（一）依据《民法典》第688条第2款产生的请求权（－）

1. 存在有效的主债权债务合同（＋）

2. 存在书面形式有效的连带责任保证合同（－）

（1）合同的书面形式（＋）

（2）合同的内容（－）

（二）依据《民法典》第584条产生的次级损害赔偿请求权（＋）

1. 请求权是否产生（＋）

（1）存在有效的合同（＋）

（2）履行合同义务不符合约定（＋）

（3）违约行为造成对方损失（＋）

（4）通过公司章程规定的对外担保决议程序（＋）

2. 请求权是否变更或消灭（－）

3. 请求权是否可以行使（＋）

4. 结论

二、基于侵权而产生的请求权

（一）依据《公司法（2018修正)》第20条第3款而产生的要求长宁投资为松江矿业债务承担连带责任的请求权（＋）

1. 请求权是否产生（＋）

（1）股东实施滥用行为（＋）

①人格混同（＋）

②过度支配和控制（＋）

（2）滥用行为严重损害债权人利益（＋）

2. 请求权是否变更或消灭（－）

3. 请求权是否可行使（＋）

4. 结论

第6部分　正文

一、基于合同而产生的请求权

（一）依据《民法典》第688条第2款产生的请求权（－）

1. 请求权是否产生（＋）

南湖保理或许有权依据《民法典》第688条第2款请求长宁投资对松江矿业的债务承担连带责任。依据《民法典》第688条第2款和《公司法（2018修正）》第16条第1款，履行连带保证责任请求权成立要件为：（1）存在有效的主债权债务合同；（2）存在书面形式有效的连带责任保证合同；（3）债务人不履行到期债务或者发生当事人约定的情形；（4）债务人的债务属于保证人的保证范围内；（5）对外担保通过公司决议程序。

（1）存在有效的主债权债务合同（＋）

南湖保理对松江矿业享有5亿元本金及其利息的有效债权。

（2）存在书面形式有效的连带责任保证合同（－）

《民法典》第685条第2款规定，第三人单方以书面形式向债权人作出保证，债权人接收且未提出异议的，保证合同成立。第681条和第688条第1款规定，连带责任保证合同是为保障债权的实现，保证人和债权人约定，当债务人不履行到期债务或者发生当事人约定的情形时，债权人可以请求保证人在其保证范围内对债务承担连带责任。

① 合同的书面形式（＋）

长宁投资向南湖保理出具了书面《承诺函》，南湖保理基于先前的磋商接受了该《承诺函》，故双方约定满足保证合同的要式规定。

② 合同的内容（－）

《担保制度解释》第36条第1款规定，第三人向债权人提供差额补足、流动性支持等类似承诺文件作为增信措施，具有提供担保的意思表示，债权人请求第三人承担保证责任的，人民法院应当依照保证的有关规定处理。

增信措施是指第三方提供的能够增加债务人信用和保障债权人债权实现的方式和措施。[1]

---

[1]　参见刘保玉、梁远高：《"增信措施"的担保定性及公司对外担保规则的适用》，载《法学论坛》2021年第2期。

判断第三方增信文件是否构成保证，首先要判断债权人是否依据增信文件享有直接针对第三方的支付请求权（direkter Zahlungsanspruch），这是保证、债务承担（Schuldüber-nahme）和损害担保契约（Garantievertrag）区别于安慰函（Patronatserklärung）的本质特征。[1]关于这种事实的判断标准，我国司法实务中通行的观点是，第三人应当在承诺函中明确作出"承担保证责任"或"代为还款"的意思表示，"保证不得推定"。[2]"保证应当明示"，在比较法上也有一定的依据。[3]

本文认为，不必苛求承诺函中出现"保证责任"字样，只要能够确定出具者具有以自己财产偿还欠款的意思表示即可。[4]在本案的《承诺函》中，长宁投资仅提出"督促还款""协助解决""不让贵司蒙受损失"等允诺，而"协助解决"和"不让贵司蒙受损失"有多种方式，长宁投资并未说明以自己偿还欠款的方式来协助解决或弥补损失。故依据《承诺函》，南湖保理并不能直接享有对长宁投资的支付请求权，双方约定不能构成保证。

因此，请求权没有产生。

2. 结论

南湖保理无权依据《民法典》第 688 条第 2 款请求长宁投资对松江矿业的债务承担连带责任。

（二）依据《民法典》第 584 条产生的次级损害赔偿请求权（＋）

《担保制度司法解释》第 36 条第 4 款规定，第三人向债权人提供的承诺文件不属于保证或债务加入的，债权人可以依据承诺文件请求第三人履行约定的义务或者承担相应的民事责任。故而，在第三人履行承诺函下之义务不符合约定时，债权人有权请求其承担违约损害赔偿责任。[5]依据《民法典》第 584 条和《公司法（2018 修正）》第 16 条，请求权的成立要件为：（1）存在有效的合同；（2）履行合同义务不符合约定；（3）违约行为造成对方损失；（4）对外出具承诺函通过公司章程规定的对外担保决议程序

1. 请求权是否产生（＋）

（1）存在有效的合同（＋）

由第 6 部分第（一）点可知，《承诺函》不属于保证或债务加入，而是安慰函。在德国，理论和实务界将安慰函分为"硬安慰函"（harte Patronatserklärung）和"软安慰函"（weiche

---

[1] Vgl. Dr. Peter Limmer, „ Harte " und „ weiche " Patronatserklärungen in der Konzernpraxis, DSTR（1993）1750, S. 1751.

[2] 参见最高人民法院（2004）民四终字第 5 号民事判决书，最高人民法院（2011）民申字第 1412 号民事判决书，最高人民法院（2011）民申字第 1206 号民事判决书，最高人民法院（2014）民四终字第 37 号民事判决书；广州市中级人民法院（2005）穗中法民三初字第 319 号民事判决书；佛山市中级人民法院（2002）佛中法民四初字第 50 号民事判决书。

[3] 如《意大利民法典》第 1937 条，《法国民法典》第 2015 条，《智利民法典》第 2347 条。

[4] 参见最高人民法院（2005）民二终字第 12 号民事判决书。

[5] 此为德国通说，即安慰函下义务为原级义务（primäre leistungspflicht），在子公司不按期还款的事实发生时，该第一性义务就会因为母公司的不履行（Nichterfüllung）转化为次级损害赔偿义务（Sekundäranspruch auf Schadensersatz）。Vgl. BGHZ 117, 127ff. 另外，最高人民法院也曾指出，农行玉门支行对债权人承诺负将康庄公司 550 万元借款收回，虽然不构成保证，但其违反了承诺义务，给债务人造成了损失，应当承担赔偿责任，最终判决农行玉门信用社对 60% 的借款承担赔偿责任。参见最高人民法院（2005）民二终字第 12 号民事判决书。

Patronatserklärung），在母公司为子公司出具安慰函的场合，前者指母公司承诺为子公司提供资金（Kapitalausstattung）或流动性（Liquidität），以协助其清偿对债权人的欠款；后者不涉及资金和流动性，而是母公司承诺在总体上（im allgemeinen）对子公司采取商业措施（Geschäftspolitik）。[1]其中，"硬安慰函"均具有法律效力，债权人享有履行请求权以及违约损害赔偿请求权；"软安慰函"是否具有受法律约束的意思，需进行个案判断。其义务内容越具体（konkret）和确定（bestimmt），受法律约束的意思（Rechtsbindungswille）就越强。[2]

本案中，长宁投资承诺将督促松江矿业按期还款，是母公司对子公司还款行为的把控（Kontrolle），属于商业措施，可以构成所谓的"软安慰函"，一般不具有受约束的意思。此外，长宁投资还承诺，若松江矿业最终未按时归还本息，长宁投资应协助解决，不让南湖保理蒙受损失。此项承诺虽然未规定给付行为（协助解决）的具体内容，但对给付结果有具体规定（避免损失），可以认为有受约束的意思。

故而，在《承诺函》下长宁投资负有一项具有法律约束力的义务：在松江矿业不履行还款义务时，采取措施避免南湖保理蒙受损失。

（2）履行合同义务不符合约定（＋）

对于承诺函中约定的义务，依据其内容的不同可以分为"方法之债"和"结果之债"。对于前者，第三人只有在未尽到应尽的勤勉义务时才构成债务不履行；对于后者，只要债务人不履行到期债务的结果发生，第三人即构成债务不履行。[3]

在区分二者时，一般以第三人的措辞为判断指标；债务人对第三人有经济上的依赖，或者第三人对债务人所获得的对待给付有直接的利益，是结果之债的重要外在表征。[4]

"不让贵司蒙受损失"是一种客观的目的，是一种给付结果，属于结果之债。现松江矿业拖欠本息长达1个月，给南湖保理造成了损失，故长宁投资存在债务不履行。此外，松江矿业系长宁投资的子公司，其对长宁投资在经济上有一定依赖，且松江矿业随后将获得的融资款全部转入长宁投资的银行账户，长宁投资在其中有直接的利益，这可以作为长宁公司负结果之债的重要表征。

（3）违约行为造成对方损失（＋）

依据《民法典》第584条，损害赔偿的数额为可预见的因违约造成的损失。本案中，南湖保理作为债权人，受到的损失包括未偿还的本金、期内利息以及逾期利息，均在可预见的范围内。

〔1〕 Vgl. Dr. Peter Limmer, Harte und weiche Patronatserklärungen in der Konzernpraxis, DSTR（1993）1750, S. 1751 f.

〔2〕 例如，母公司承诺对子公司的还款行为（Tilgungsverhalten）进行持续的掌控（ständige Kontrolle），或者在公司法允许的范围内对子公司的商业经营（Geschäftsführung）施加可能的影响（Einflußmöglichkeiten），或者对子公司的整体财务状况（das gesamte Finanzgeschehen）进行监控（Überwachung）。与此相反，不具有法律约束意思的适例为，母公司一直将子公司所负债务看得像自己的债务一样重要（Die Muttergesellschaft sieht Verbindlichkeiten der Tochter immer als eigene an.）。Vgl. Dr. Peter Limmer, Harte und weiche Patronatserklärungen in der Konzernpraxis, DSTR（1993）1750, S. 1752.

〔3〕 参见李世刚：《安慰函制度的法国经验及其启示》，载《法学杂志》2012年第9期。

〔4〕 参见李世刚：《安慰函制度的法国经验及其启示》，载《法学杂志》2012年第9期。

（4）通过公司章程规定的对外担保决议程序（＋）

依据《公司法（2018 修正）》第 16 条第 1 款，公司对外担保，需通过公司章程规定的对外担保决议程序。公司对外作出有法律效力、可能使公司承担财产责任的承诺函，也应当属于此处的"对外担保"，基于保护公司和股东利益的考量，需按公司章程规定通过决议程序。[1]

但《担保制度解释》第 8 条规定公司为其全资子公司开展经营活动提供担保，无须经过上述程序。据此，长宁投资系为其控制下的子公司松江矿业向其债权人南湖保理提供担保，无须公司机关决议。

2. 请求权是否变更或消灭（－）

请求权并未变更或消灭。

3. 请求权是否可以行使（＋）

请求权可以行使。

4. 结论

南湖保理有权依据《民法典》第 584 条请求长宁投资赔偿损失，数额为松江矿业所欠南湖保理的债务总额。

二、基于侵权而产生的请求权

（一）依据《公司法（2018 修正）》第 20 条第 3 款而产生的要求长宁投资为松江矿业债务承担连带责任的请求权（＋）

依据《公司法（2018 修正）》第 20 条第 3 款，公司股东对公司债务承担连带责任的要件是：（1）股东滥用公司法人独立地位和股东有限责任；（2）滥用行为严重损害公司债权人利益。

1. 请求权是否产生（＋）

（1）股东实施滥用行为（＋）

依据《九民纪要》第 10、11 条列举的滥用行为类型，本案中可能存在的滥用行为是母子公司之间的人格混同以及母公司对子公司的过度支配和控制。

①人格混同（＋）

依据《九民纪要》第 10 条，人格混同最根本的判断标准是公司是否具有独立意思和独立财产，最主要的表现是公司财产是否与股东财产混同且无法区分。

在实践中，法院一般认为，在基础关系不明的情况下，母公司将子公司的大量资金直接划转至母公司账户，动摇子公司财产基础，导致子公司丧失独立偿债能力的，构成财产混同。[2]反之，股东使用少量资金未实质性动摇公司财产基础，不等同于财产

〔1〕 参见刘保玉、梁远高：《"增信措施"的担保定性及公司对外担保规则的适用》，载《法学论坛》2021 年第 2 期。
〔2〕 例如，母公司将子公司楼房销售款、动迁款和租金等资金收益共计 1766 余万元汇入自己的账户。参见最高人民法院（2020）最高法民申 2302 号民事裁定书。

混同。[1]

长宁投资在松江矿业对外负有 17 亿元债务的情况下，要求松江矿业将取得的 10 亿元融资款汇入自己的账户用于房地产项目开发，其与松江矿业之间转款的基础法律关系不明且资金数额巨大；同时考虑到松江矿业对外负有巨额债务，此汇款行为在一定程度上动摇了松江矿业的财产基础，可认定为财产混同。

②过度支配和控制（＋）

在实践和学理中认为，子公司以自己名义对外签订合同，履行合同义务，成为明面上的合同履行主体，但交易所得利益实际上归由母公司享有的，构成过度控制。[2]

虽然松江矿业是融资租赁合同的承租人，但其通过合同取得的利益（10 亿元融资款）实际上由长宁投资享有，其只承担合同带来的义务和风险（12 亿元债务）。松江矿业成为了长宁投资规避债务和获取利益的工具，构成过度控制。

（2）滥用行为严重损害债权人利益（＋）

实践中认为，股东滥用公司独立人格的行为必须致使债权无法实现。如果公司以自有财产能够偿付债权，则没有否认法人人格的必要。[3]本案中长宁投资从松江矿业处转走巨额款项导致其无力偿还南湖保理和昌平重科的债权，符合本要件。

2. 请求权是否变更或消灭（－）

请求权并未变更或消灭。

3. 请求权是否可行使（＋）

请求权可行使。

4. 结论

南湖保理有权依据《公司法（2018 修正）》第 20 条第 3 款要求长宁担保对松江矿业的债务承担连带责任。

---

〔1〕 例如，股东使用资金约 67 万元。参见最高人民法院（2014）民申字第 268 号民事裁定书。

〔2〕 参见钱黄：《母子公司间揭开公司面纱的裁判标准》，载微信公众号"高杉 LEGAL"，2019 年 10 月 8 日；刘连煜：《公司法理论与判决研究》，法律出版社 2002 年版，第 51 页。

〔3〕 参见湖北省高级人民法院（2013）鄂监二抗再终字第 00067 号民事判决书。

第 7 部分：南湖保理对长宁担保

第 7 部分　大纲

一、基于合同产生的请求权

（一）依据《民法典》第 688 条第 2 款产生的请求权（＋）

1. 请求权是否产生（＋）

（1）存在有效的主债权债务合同（＋）

（2）存在有效的连带责任保证合同（＋）

①合同的书面形式（＋）

②合同的内容（＋）

③合同的效力（＋）

（3）债务人不履行到期债务（＋）

（4）债务人债务履行保证人保证范围内（＋）

（5）公司章程规定的对外担保决议程序（＋）

（6）保证合同未因欺诈或重大误解而撤销（＋）

2. 请求权是否变更或消灭（－）

3. 请求权是否行使（＋）

4. 结论

第 7 部分　正文

一、基于合同产生的请求权

（一）依据《民法典》第 688 条第 2 款产生的请求权（＋）

南湖保理或许有权依据《民法典》第 688 条第 2 款请求长宁担保对松江矿业的 5 亿元债

务、1亿元利息、逾期利息以及实现债权的费用承担连带责任。依据《民法典》第688条第2款和《公司法（2018修正）》第16条，履行连带保证责任请求权成立要件为：（1）存在有效的主债权债务合同；（2）存在书面形式有效的连带责任保证合同；（3）债务人不履行到期债务或者发生当事人约定的情形；（4）债务人的债务属于保证人的保证范围内；（5）通过公司章程规定的对外担保决议程序。

1. 请求权是否产生（＋）

（1）存在有效的主债权债务合同（＋）

《保证合同》所担保的原债权是南湖租赁对松江矿业的债权，后该债权被南湖租赁转让给南湖保理，现南湖保理对松江矿业享有有效的债权。依据《民法典》第547条第1款，保证债权作为从权利原则上与主债权同时转让，故对长宁担保而言仍存在有效的主债权债务合同。但《民法典》第696条规定，债权人转让债权需通知保证人，该转让对保证人才能发挥效力。

第696条与第546条（债权转让通知债务人）规范目的相同，在于保护保证人，防止保证人不知债权转让，仍向原债权人承担保证责任。故债权转让对保证人发生效力的关键在于，保证人对债权转让的事实知晓。本案中，虽然债权转让时南湖租赁和南湖保理均未采取通知的方式，但南湖保理、南湖租赁与松江矿业、长宁担保在缔约前均随其母公司一同商定过整体合作框架，且在同一天先后签订了主债权债务协议和转让债权的保理合同，可以认为长宁担保知悉合作框架内的主要合同安排，即知悉债权转让的事实，故无需再特意对其进行通知。

因此，对长宁担保而言，仍存在有效的主债权债务合同。

（2）存在有效的连带责任保证合同（＋）

依据《民法典》第685条第1款规定，保证合同可以是单独订立的书面合同。第681条和第688条第1款规定，连带责任保证合同是为保障债权的实现，保证人和债权人约定，当债务人不履行到期债务或者发生当事人约定的情形时，债权人可以请求保证人在其保证范围内对债务承担连带责任。

① 合同的书面形式（＋）

本案中保证合同系单独签订的书面合同，符合法定要式。

②合同的内容（＋）

合同的内容系为松江矿业在《融资租赁合同》项下所负全部债务承担连带保证责任，保证期间为2年。

③合同的效力（＋）

该合同成立后未违反法律、行政法规的强制性规定，故而有效。

（3）债务人不履行到期债务（＋）

松江矿业还款日期为2020年7月12日，直至8月12日其仍未还款，构成不履行到期债务的情形。

（4）债务人债务属于保证人保证范围内（＋）

依据《保证合同》的约定，长宁担保对松江矿业在《融资租赁合同》项下的全部债务承担保证责任，故未偿还的本金、利息和逾期利息均属于长宁担保的保证范围内。

依据《民法典》第 695 条第 1 款，债权人和债务人未经保证人书面同意，协商变更主债权债务合同内容，加重债务的，保证人对加重的部分不承担责任。本案中，南湖保理将主债权债务合同展期到 2020 年 7 月 12 日，未经保证人长宁担保书面同意，故对于展期一年（2019 年 7 月 12 日至 2020 年 7 月 12 日）的期内利息，长宁担保不再承担保证责任。

（5）公司章程规定的对外担保决议程序（＋）

依据《担保制度解释》第 8 条第 1 款第 1 项，担保公司提供担保，不需要经过公司对外担保决议程序。本案长宁担保系担保公司，故不需要经过该决议程序。

（6）保证合同未因欺诈或重大误解而撤销（＋）

在主合同被法院转性认定为借款合同后，长宁担保是否继续承担保证责任，存在疑问。对此，应当明确的是，合同的转性认定，并非合同无效，也非合同成立生效后的变更或更改，而是依据当事人之间的真实意思表示对已经成立的法律关系性质的确定。[1] 因此，法院依据事实认定主合同真实性质，对于第三人提供之担保效力的影响，取决于担保人的真实意思表示是否限于为名义上的主合同提供担保。具体而言，若在签订担保合同时，担保人对主合同的真实性质明知或应知，则担保意思应当涵盖被转性认定后的主合同债权，担保责任不受影响。[2]

故应当先判断长宁担保对主合同真实性质是否明知或应知，若得出肯定答案，则担保责任不受影响；若得出否定答案，则进一步判断是否构成欺诈或重大误解，长宁担保是否有权撤销保证合同。

法院据以判断担保人认识状态的因素，主要包括担保合同的内容、主合同内容与担保人注意义务以及担保人在交易中的地位和角色等。

本案中《保证合同》内容并未提示主合同的真实性质，但是，若长宁担保尽到作为担保公司的谨慎注意义务，则其依据主合同内容，应当对名义上的融资租赁合同产生质疑。因为长宁担保作为主营对外担保业务的担保公司，应当就担保这类风险显著的重大交易尽到专业水准的高度注意义务，不能违背一般交易常识和理性行事。主合同《融资租赁协议》的主要文本中约定租金年利率随银行贷款基准利率浮动，具有借贷的特色，即提示长宁担保注意合同性质；主合同附件仅包括一份设备明细单，无法证明租赁物实际存在，更无法证明租赁物的权属状态和实际价值是否与主合同约定相符，这足以使得长宁担保认识

---

〔1〕 参见吴智永、徐劲草：《融资租赁案件中名实不符的表现形态及法律分析》，载《人民司法（应用）》2017 年第 25 期。

〔2〕 参见郑杰：《主合同被转性认定时的担保人责任》，载微信公众号"天同诉讼圈"，2016 年 7 月 5 日。

到《融资租赁协议》存在名实不符的高度可能性。

另外，长宁担保与被保证人松江矿业均为长宁投资的子公司，具有关联关系，在订立《融资租赁合同》和《保证合同》前，长宁担保、松江矿业与南湖租赁、南湖保理曾共同商定合作框架。据此，至少可以认为，长宁担保在磋商过程中应当对真实状况有所知悉。

总之，至少可以认为，长宁担保应当知道《融资租赁协议》的真实性质为借款合同，故其无法主张依据欺诈或重大误解撤销保证合同，仍需承担保证责任。

2. 请求权是否变更或消灭（−）

依据《民法典》第 693 条第 2 款，连带责任保证的债权人未在保证期间请求保证人承担保证责任的，保证人不再承担保证责任。第 695 条第 2 款规定，债权人和债务人变更主债权债务合同的履行期限，未经保证人书面同意的，保证期间不受影响。

本案中，南湖保理将主债权债务合同展期到 2020 年 7 月 12 日，未经保证人长宁担保书面同意，故保证期间的起算点，仍按照原还款期限，即 2019 年 7 月 12 日计算。《保证合同》中约定的保证期间为 2 年，故南湖保理应当在 2021 年 7 月 12 日前请求长宁担保承担责任。故保证期间尚未经过，保证债权未消灭。

3. 请求权是否可行使（＋）

请求权可以行使。

4. 结论

南湖保理有权依据《民法典》第 688 条第 2 款请求长宁担保对松江矿业的债务（不包括 1 亿元的期内利息）承担连带责任。

第 8 部分：南湖保理对金飞勇

第 8 部分　大纲

```
一、基于合同产生的请求权
（一）依据《民法典》第552条产生的请求权（＋）
1. 请求权是否产生（＋）
（1）存在有效的原债务（＋）
（2）第三人向债权人作出加入债务的有效意思表示（＋）
（3）债权人未在合理期限内明确表示拒绝（＋）
2. 请求权是否变更或消灭（－）
3. 请求权是否可行使（＋）
4. 结论
二、基于物权而产生的请求权
（一）依据《民法典》第410条第2款产生的实现担保物权请求权（＋）
1. 存在有效的主债权（＋）
2. 存在有效的担保合同（＋）
3. 债权人取得担保物权（＋）
4. 完成财产变动的公示（＋）
5. 债务人不履行债务或者出现其他约定的实现担保物权的情形（＋）
6. 结论
```

第 8 部分　正文

一、基于合同而产生的请求权

（一）依据《民法典》第 552 条产生的请求权（＋）

依据《民法典》第552条，第三人向债权人表示愿意加入债务，债权人未在合理期限内明确拒绝的，债权人可以请求第三人在其愿意承担的债务范围内和债务人承担连带责任。请求权成立的要件为：（1）存在有效的原债务；（2）第三人向债权人作出加入债务的有效意思表示；（3）债权人未在合理期限内明确表示拒绝。[1]

1. 请求权是否产生（+）

（1）存在有效的原债务（+）

松江矿业对南湖保理负有有效的本金和利息债务。

（2）第三人向债权人作出加入债务的有效意思表示（+）

债务加入系指第三人以担保的目的，对于其加入时有同一内容之债务，与债务人各自向债权人负担全部给付责任。[2]在实践中，债务加入与连带责任保证往往难以区分。债务加入与连带责任保证的本质区别是：债务加入仅仅在成立上对原债务具有从属性，加入后则与原债务各自独立发展（eigenständig entwickeln）而异其命运。[3]另外，第三人自身对债务履行是否具有直接的经济利益，虽然并非认定债务加入的必要或充分条件，但可成为其重要表征。[4]最后，在难以判断从属性时，应当依据《担保制度解释》第36条第3款认定为连带责任保证。[5]

本案中，金飞勇与南湖保理在《股权转让协议》中约定：金飞勇将其所持有的长宁投资49%的股权转让给南湖保理，若松江矿业不履行债务，金飞勇须按欠款数额回购股份，若金飞勇不履行回购义务，南湖保理有权以股权直接折抵欠款。约定第三方回购的，因其意思表示的不同可能被认定为不同责任类型的人的担保，[6]而该担保债务之上，也不妨再负有其他物或者人的担保。[7]因此，该约定可以分为两部分，其一是金飞勇对松江矿业债务的担保，当松江矿业不履行债务时，金飞勇按松江矿业欠款数额承担债务；其二是金飞勇将股权转让给南湖保理作为自己前述担保债务的担保，若金飞勇不承担债务，则南湖保理有权直接将股权折抵欠款受偿。关于后者，由于担保条款的效力和性质原则上并不影响主债权债务条款，故此处暂且不论。关键在于解读前者，即金飞勇承担债务的性质。

"松江矿业不履行债务"在合同签订时系未来的不确定性事件，可以理解为金飞勇承担债务所附的条件，就此点尚不能判断金飞勇所承担债务是否对松江矿业的原债务具有从

[1] 参见史尚宽：《债法总论》，中国政法大学出版社2000年版，第752页。
[2] 参见史尚宽：《债法总论》，中国政法大学出版社2000年版，第750页；黄立：《民法债编总论》，中国政法大学出版社2002年版，第636页。
[3] 当然，新成立的债务与原债务之间存在连带关系，是故诸如《民法典》第520条规定的清偿、抵销、提存等虽发生在原债务人处但具有总括效力的事项，仍得对新成立的债务产生影响。Vgl. Heinemeyer, in: Münchener Kommentar BGB, 8, Aufl., 2019, §414 Rn. 21. 参见史尚宽：《债法总论》，中国政法大学出版社2000年版，第752~753页；黄立《民法债编总论》，中国政法大学出版社2002年版，第637页；程啸：《保证合同研究》，法律出版社2006年版，第370页。
[4] 参见夏昊晗：《债务加入与保证之识别——基于裁判分歧的分析和展开》，载《法学家》2019年第6期。
[5] 也有论者认为，应当对民事行为和商事行为分别判断。在难以判断从属性时，对于商事行为应当认定为债务加入，对一般民事行为应当认定为保证。参见朱奕奕：《并存的债务承担之认定——以其与保证之区分为讨论核心》，载《东方法学》2016年第3期。
[6] 参见马乐呈：《回购交易的法律面纱，怎样揭开?》，载微信公众号"高杉LEGAL"，2021年3月18日。
[7] 参见史尚宽：《债法总论》，中国政法大学出版社2000年版，第753页。

属性。本文认为判断之关键点在于金飞勇按松江矿业的"欠款数额"承担债务，"欠款数额"指向的是履行期届至时松江矿业所欠的本金和期内利息，而不包括 2020 年 7 月 12 日之后产生的逾期利息和实现债权的费用。[1]故而，金飞勇承担的债务内容以松江矿业构成债务不履行时的债务内容为限，属于债务加入。

同时，松江矿业已经构成债务不履行，条件已经成就。

（3）债权人未在合理期限内明确表示拒绝（＋）

本案中，债权人南湖保理与金飞勇就债务加入签订了合同，显然达成了合意。

2. 请求权是否变更或者消灭（－）

请求权并未变更或消灭。

3. 请求权是否可行使（＋）

请求权可以行使。

4. 结论

南湖保理有权依据《民法典》第 552 条请求金飞勇对松江矿业所负债务承担连带清偿责任。

二、基于物权而产生的请求权

依据《担保制度解释》第 68 条第 2 款，在让与担保的情形下，债务人与债权人约定债务人不履行到期债务，财产归债权人所有的，约定无效；但当事人关于提供担保的意思表示的效力不受影响，并且在当事人已经完成财产权利变动的公示后，债权人有权请求参照《民法典》关于担保物权的规定对财产折价或者以拍卖、变卖该财产所得的价款优先受偿。

本案中，南湖保理与金飞勇约定，金飞勇不履行回购义务，南湖保理有权以股权直接折抵欠款，该约定未包含南湖保理的清算义务，故应属无效。但依据上述第 68 条第 2 款，南湖保理与金飞勇关于股权让与担保约定的效力不受影响，且该股权已经完成变更登记，南湖保理或有权请求参照《民法典》第 410 条第 2 款的规定请求实现担保物权。

（一）依据《民法典》第 410 条第 2 款产生的实现担保物权请求权（＋）

依据《民法典》第 410 条第 2 款和《担保制度解释》第 68 条第 2 款，实现担保物权的要件为：（1）存在有效的主债权；（2）存在有效的担保合同；（3）债权人取得担保物权；（4）完成财产变动的公示；（5）债务人不履行债务或者出现其他约定的实现担保物权的情形。

1. 存在有效的主债权（＋）

由上文所知，南湖保理有权请求金飞勇对松江矿业所负的本金和期内利息承担连带清

---

［1］ 与此不同的是，长宁担保对松江矿业所负全部债务承担连带责任，长宁担保的债务在内容上对原债务具有从属性。

偿责任，存在有效的主债权。

2. 存在有效的担保合同（+）

南湖保理与金飞勇约定，金飞勇将其持有的长宁投资49%的股权转让给南湖保理担保金飞勇的债务，若金飞勇不履行债务，南湖保理有权以股权直接折抵欠款。

依据《担保制度解释》第68条第2款，债权人与债务人约定债务人不履行到期债务，财产归债权人所有的，人民法院应当认定该约定无效，但是不影响当事人有关提供担保的意思表示的效力。南湖保理与金飞勇约定若金飞勇不履行债务，南湖保理有权以股权直接折抵欠款，应认定为无效，但是双方的约定仍可以转换解释为金飞勇向南湖保理提供清算型让与担保，故为有效。

3. 债权人取得担保物权（+）

讨论该要件的原因在于，金飞勇系作为名义出资人登记为长宁投资的股东，实际出资人系姚晗香，对于名义出资人将登记于其名下的股权转让、质押或者以其他方式处分，债权人能否取得担保物权，《公司法规定（三）》第25条规定，应当参照《民法典》第311条的规定处理。

《民法典》第311条的参照效果应受到限定，即针对个案而言，被准用法律规范的适用有时只能部分适用。[1]"准用非全部照样适用，如其事件有差异时，于性质许可之限度，应基于其差异，加以取舍变更，以变通适用，此点与适用应完全适用者不同。"[2]

《民法典》第311条规整的案件事实是"无权转让财产"，其中包含"无处分权"和"转让"两个事实要素。而本案中，名义出资人金飞勇系股东名册和股权登记中所记载的股东，对此通说认为，基于"成员身份与成员权分离禁止"原则，名义出资人的股东资格真实有效，其处分股权的任何行为，均应是有权处分行为。[3]此外，本案是金飞勇在股权上为他人设立担保物权，而非转让股权。

因此，本案事实与《民法典》第311条规整的案件事实存在较大差异，因此善意取得之构成要件，自然无法适用。首先，善意要件是基于权利表象思想而设置的，[4]而名义出资人系有权处分，不存在权利表象，故善意要件无适用余地；其次，"合理对价"是基于有偿转让所有权的善意取得要件，这与担保本身的无偿性存在冲突，无法径直适用。最后，"完成权利变更公示"要件，在本案中是债权人取得优先受偿权的要件，并非担保物权成立的要件，亦无须适用。

---

〔1〕 参见张弓长：《〈民法典〉中的"参照适用"》，载《清华法学》2020年第4期。

〔2〕 参见史尚宽：《民法总论》，中国政法大学出版社2000年版，第52页。

〔3〕 此外，学者多认为，实际出资人既然选择隐名出资的方式，即应承担其风险，这一风险不能通过赋予股权受让人调查义务的方式，转嫁于外部。参见张双根：《论隐名出资——对〈公司法解释（三）〉相关规定的批判与发展》，载《法学家》2014年第2期；张笑滔：《股权善意取得之修正——以〈公司法〉司法解释（三）为例》，载《政法论坛》2013年第6期；郭富青：《论股权善意取得的依据与法律适用》，载《甘肃政法学院学报》2013年第4期；施天涛：《公司法论》，法律出版社2018年版，第246页。

〔4〕 ［德］鲍尔、施蒂尔纳：《德国物权法（上册）》，张双根译，法律出版社2004年版，第500页。

综上，在本案中，基于事实的差异，无法参照《民法典》第 311 条的规定。担保合同生效后，南湖保理即享有担保物权。

4. 完成财产变动的公示（＋）

南湖保理与金飞勇办理了股权变更登记，完成了财产变动的公示。

5. 债务人不履行债务或者出现其他约定的实现担保物权的情形（＋）

松江矿业不履行债务后，金飞勇并未按照欠款数额回购股权，构成债务不履行。

6. 结论

南湖保理有权请求参照《民法典》第 410 条第 2 款的规定，对股权折价、变卖或拍卖，以优先受偿。

第 9 部分：姚晗香对金飞勇

第 9 部分　大纲

一、基于合同而产生的请求权

（一）依据《民法典》第 929 条第 1 款第 2 句产生的请求权（＋）

1. 请求权是否产生（＋）

（1）存在有效的无偿委托合同（＋）

（2）受托人实施违约行为（＋）

（3）违约行为造成委托人损失（＋）

（4）受托人存在故意或重大过失（＋）

2. 请求权是否变更或消灭（－）

3. 请求权是否可以行使（＋）

4. 结论

第 9 部分　正文

一、基于合同而产生的请求权

（一）依据《民法典》第 929 条第 1 款第 2 句产生的请求权（＋）

依据《民法典》第 929 条第 1 款第 2 句，无偿的委托合同，因受托人的故意或者重大过失造成委托人损失的，受委托人可以请求赔偿损失。损失赔偿请求权的成立要件为：（1）存在有效的委托合同；（2）受托人实施违约行为；（3）违约行为造成委托人损失；（4）受托人存在故意或重大过失。

1. 请求权是否产生（＋）

（1）存在有效的无偿委托合同（＋）

依据《民法典》第 919 条，委托合同是委托人和受托人约定，由受托人处理委托人事务的合同。事务处理是委托合同的目的，也是委托合同与其他非委托型劳务合同类型区别的依据。[1]

与生活有关之事项而得为债之标的者，均得成为本条所称之事务；处理，与单纯的劳务给付不同，须尊重受托人之知识、技能、经验上的意见，受托人有报告事务进行状况及其本末的义务，也有自由裁量权限。[2]

本案中，实际出资人为姚晗香，金飞勇为姚晗香的利益与计算，参与公司持有股权，收益原则上全部归属于姚晗香，金飞勇不收取报酬。姚晗香通过金飞勇对长宁投资间接参股，金飞勇须具备一定知识、技能和经验才能实际参与公司经营，且其在参与过程中，有一定的自由裁量权限。故姚晗香与金飞勇之间成立无偿委托合同。

该无偿委托合同意思表示真实，未违反法律和行政法规的强制性规定，应属有效。

（2）受托人实施违约行为（＋）

就代持股权委托合同的性质而言，受托人应当维护委托人的投资利益，不得实施损害委托人利益的行为。受托人对股权进行转让或设置权利负担时，属于对股权的处分行为，会从根本上影响到委托人的投资收益，在委托合同没有另行约定的情况下，受托人应当就相关情形报告委托人，取得委托人同意后方能为处分行为。本案中，金飞勇未就相关情形告知姚晗香，径直为南湖保理设置股权让与担保，严重损害了姚晗香投资利益的完整性，构成违约。

（3）违约行为造成委托人损失（＋）

虽然案涉股权尚未被法院查封拍卖，但债权人南湖保理已经开始就案涉股权主张其担保物权。且由前述可知，其担保物权系合法有效设立，债务人松江矿业已经构成债务不履行，担保物权的实现极可能得到法院支持，故姚晗香的损害必然会发生。另外，从减少当事人诉累的角度，股权处置所经过的司法程序较多、周期较长，如要求当事人等到案涉股权被司法拍卖情况再行起诉请求赔偿损失，将导致重复诉讼，亦将产生实体上的不公。[3]

因此，此处应当认定金飞勇的行为已经造成姚晗香损失。

（4）受托人存在故意或重大过失（＋）

故意，是指受托人明知或者应知损害可能发生，但却促使或纵容该损害发生。金飞勇明知在股权上为他人设立担保会损害姚晗香的投资利益，却主动与南湖保理签订担保合同，并协助其办理登记，属于促使损害发生，构成故意。

2. 请求权是否变更或消灭（－）

请求权并未变更或消灭。

---

[1] 参见邱聪智：《新订债法各论（中）》，中国人民大学出版社 2006 年版，第 137 页。

[2] 参见邱聪智：《新订债法各论（中）》，中国人民大学出版社 2006 年版，第 137、138 页。

[3] 参见广东省深圳市中级人民法院（2018）粤 03 民终 13735 号民事判决书。

3. 请求权是否可以行使 （＋）

请求权可以行使。

4. 结论

姚晗香有权依据《民法典》第 929 条第 1 款第 2 句请求金飞勇赔偿其擅自处分股权所造成的损失。

第 10 部分：结论

一、南湖保理享有的请求权

1. 依据《民法典》第 766 条第 1 句，南湖保理有权请求松江矿业支付 6.1041 亿元以及逾期利息，逾期利息计算方法为：以为 3.85% 为逾期利率，5 亿元为基数，从 2020 年 8 月 20 日计算至借款实际返还之日止。

2. 南湖保理对设备享有期待权，依据《民法典》第 641 条第 1 款和 524 条第 1 款，南湖保理有权向昌平重科直接清偿剩余的 1 亿元价款，昌平重科必须受领；清偿后，南湖保理取得设备所有权，有权依据《民法典》第 460 条前半句请求昌平重科返还设备。

3. 依据《民法典》第 584 条，南湖保理有权请求长宁投资赔偿损失，数额为松江矿业所欠债务总额。

4. 依据《公司法（2018 修正）》第 20 条第 3 款，南湖保理有权请求长宁投资对松江矿业所欠债务承担连带责任。

5. 依据《民法典》第 688 条第 2 款，南湖保理有权请求长宁担保对松江矿业的债务（不包括 1 亿元的期内利息）承担连带责任。

6. 依据《民法典》第 552 条，南湖保理有权请求金飞勇对松江矿业所负债务承担连带清偿责任。

7. 参照《民法典》第 410 条第 2 款，金飞勇不履行连带清偿责任时，南湖保理有权请求对登记在其名下的股权折价、变卖或拍卖，以优先受偿。

南湖保理依上述 2－7 项请求权所得的总清偿额，不得超过松江矿业所欠债务总额。

二、松江矿业享有的请求权

1. 依据《民法典》第 598 条，松江矿业有权请求昌平重科返还设备。

2. 依据《民法典》第 577 条，松江矿业有权请求昌平重科赔偿其违约取回设备造成的损失，包括无法提前调整生产经营，造成的窝工等损失。

3. 依据《民法典》第 437 条第 1 款第 2 分句，松江矿业有权请求对昌平重科占有下的设备进行拍卖、变卖，扣除松江矿业未支付的价款 2 亿元以及必要费用后将剩余款项返还给松江矿业。若选择该请求权，则视为放弃设备返还请求权；同时，南湖保理可以参照《执行异议和复议规定》第 28 条关于不动产买受人执行异议的规定，将设备剩余价款按照法院的要求交付执行，排除松江矿业对设备的强制执行，此时该请求权将无法行使。

三、昌平重科享有的请求权

1. 依据《民法典》第 626 条第 1 句，昌平重科有权请求松江矿业支付剩余 2 亿元价款。

2. 依据《买卖合同解释》第 18 条第 4 款，昌平重科有权请求松江矿业支付逾约损失赔偿金，计算方法为：以违约行为发生时 LPR 标准为基础，加计 30% ~ 50% 。

四、姚晗香享有的请求权

依据《民法典》第 929 条第 1 款第 2 句，姚晗香有权请求金飞勇赔偿其擅自处分股权所造成的损失。

2021 年第二届全国鉴定式案例研习大赛获奖作品 (四)

李祥伟

一、比赛身份： 中国政法大学国际法学院 2017 级本科生。

　　二、目前身份： 中国政法大学民商经济法学院 2021 级民商法学硕士研究生。

　　三、自我介绍： 我觉得鉴定式案例教学对于培养学生的自学能力非常重要。大三上案例课时，我第一次尝试面对法律问题独立查阅参考资料，组织论证思路，质疑学说观点。"三层四步"的审查结构可以帮助初学者建立清晰简洁、高效率的分析思路。现在有一些观点质疑请求权基础方法，我认为这一方法的确不可能使学生的水平有"质"的飞跃，还需结合实体法的学习以及个人的思辨能力。但是在将课堂所学知识转化为分析问题的能力，甚至进一步倒逼学生自主学习上，请求权基础方法功莫大焉。

第1部分：南湖租赁对昌平重科

第1部分 大纲

> 一、请求权基础预选
>
> 二、南湖租赁能否基于《民法典》第235条请求昌平重科返还"松江1号"的占有？（-）
>
> （一）请求权是否已产生（-）
>
> 1. 成立要件（-）
>
> （1）请求人为具有占有权能的物权人（-）
>
> ① 松江矿业是否为有权处分（-）
>
> ② 南湖租赁能否善意取得"松江1号"的所有权（-）
>
> A. 售后回租中占有改定能否善意取得（+）
>
> B. 受让人是否善意（-）

第1部分 正文

一、请求权基础预选

2018年6月12日，昌平重科与松江矿业成立所有权保留买卖合同。2018年7月12日，松江矿业与南湖租赁签订《融资租赁协议》，松江矿业将"松江1号"所有权移转给南湖租赁，但"松江1号"仍由松江矿业继续占有。2020年7月12日，昌平重科通知松江矿业解除买卖合同并拉走全套设备。[1]

---

[1] 本案中"松江1号"担保两组融资关系，即昌平重科与松江矿业的购置款融资（所有权保留）以及南湖租赁与松江矿业的非购置款融资（回租型租赁、让与担保）。购置款担保和非购置款担保的结合在各国司法实践中都很常见。在德国，动产质权几乎没有实践意义，真正盛行的是担保购置款融资的所有权保留以及担保非购置款融资的让与担保。这两种融资担保形式交织在一起，买受人占

"松江 1 号"项目设备的所有权归属是本案的核心问题，影响各个主体可得主张的请求权内容。通过检索南湖租赁对昌平重科主张返还"松江 1 号"占有的请求权基础，厘清"松江 1 号"的所有权归属。

昌平重科与南湖租赁之间并无合同关系，也没有无权代理、缔约过失等类合同关系。可审查的请求权为物权请求权。

《民法典》一定程度上采纳了实质担保观，使得本案问题变得更加复杂。《民法典》第 641 条第 2 款和第 745 条规定所有权保留中出卖人对标的物保留的所有权和融资租赁中出租人对租赁物享有的所有权，未经登记，不得对抗善意第三人。这影响出卖人和出租人的所有权的定性。

保留出卖人昌平重科所享有的权利是所有权还是担保物权？松江矿业再处分"松江 1 号"是有权处分还是无权处分？如果南湖租赁并没有取得"松江 1 号"的所有权，则南湖租赁对昌平重科的物权请求权不成立。昌平重科仍是"松江 1 号"的所有权人，没有检索不当得利、侵权请求权的必要。

如果南湖租赁基于有权处分或是基于《民法典》第 311 条善意取得"松江 1 号"的所有权，昌平重科相对于南湖租赁无权占有"松江 1 号"，则南湖租赁有权基于《民法典》第 235 条请求昌平重科返还"松江 1 号"的占有。但如果出租人南湖租赁对租赁物"松江 1 号"的所有权本质上是一种担保物权，其成立并不移转标的物的占有，南湖租赁不得向昌平重科主张原物返还请求权，只得向所有权人松江矿业主张返还原物之占有。[1]南湖租赁与昌平重科皆为担保物权人，此处应适用担保物权的实现规则，进一步讨论昌平重科解除合同的行为是否有效，能否就"松江 1 号"拍卖变卖所得价款参照适用《民法典》第 414 条第 1 款的动产抵押权的清偿顺序规则。

如欲解答这些问题，应首先审查南湖租赁基于《民法典》第 235 条向昌平重科主张返还"松江 1 号"占有的原物返还请求权。

二、南湖租赁基于《民法典》第 235 条请求昌平重科返还"松江 1 号"的占有（一）

南湖租赁或可基于《民法典》第 235 条"无权占有不动产或者动产的，权利人可以请

有使用出卖人保留所有权的标的物之后，为了充分利用其交换价值，往往会在其上设立（期待权）让与担保以获得二次融资。这是推动德国动产担保学说与判例发展的核心案型，颇具德国特色的期待权理论主要不是为了处理所有权保留出卖人与买受人的内部关系，而是为了使保留买受人的法律地位成为让与担保的客体。甚至德国动产法其他论题也是基于该案型展开，例如间接占有与善意取得在德国法中所显现出的问题，几乎完全是与所有权保留买卖和所有权让与担保的设定转让伴随而生。德国法上缺少公示的所有权保留与让与担保，在和美国统一商法典中采取"声明登记制"的"担保权益"的竞争中处于劣势地位。Vgl. Eva-Maria Kieninger, Die Zukunft des deutschen und europäischen Mobiliarkreditsicherungsrechts, Archiv für die civilistische Praxis, Juni 2008, 208. 我国《民法典》在形式主义的框架下，吸收了功能主义担保观，意图实现两大法系担保法制的有机统一。本案正是检验两种担保观的绝佳素材。

〔1〕参见孙宪忠、朱广新主编：《民法典评注：物权编1》，中国法制出版社 2020 年版，第 220 页。

求返还原物"，向昌平重科主张返还"松江 1 号"的占有。

（一）请求权是否已产生（－）

1. 成立要件（－）

《民法典》第 235 条的构成要件是：①请求人为具有占有权能的物权人；②被请求人是物的占有人；③被请求人无占有本权。第 3 项为成立抗辩，无需在此处审查。

（1）请求人为具有占有权能的物权人（－）

此处需审查南湖租赁是否取得了"松江 1 号"的物权，须运用"历史方法"根据动产所有权的变动规则考察"松江 1 号"的所有权归属。

① 松江矿业是否为有权处分（－）

2018 年 6 月 12 日，昌平重科与松江矿业成立所有权保留买卖合同，并移转"松江 1 号"的占有。关键问题是保留出卖人昌平重科所享有的权利是所有权还是担保物权，这间接影响保留买受人松江矿业再处分是有权处分还是无权处分。

《民法典》第 388 条第 1 款规定"担保合同包括抵押合同、质押合同和其他具有担保功能的合同"。该条扩大了担保合同的范围，明确融资租赁、保理、所有权保留等非典型担保合同的担保功能。[1]有学者认为，在《民法典》将所有权保留交易中出卖人对标的物的所有权、融资租赁交易中出租人对租赁物的所有权"功能化"之后，所有权的权利内涵已经更接近于动产抵押权这一限制物权。所有权保留交易中，出卖人的所有权与第三人的抵押权之间的竞存得准用《民法典》第 414 条第 1 款的规定。[2]《民法典》第 641 条第 2 款规定："出卖人对标的物保留的所有权，未经登记，不得对抗善意第三人。"[3]《民法典》第 414 条第 2 款规定："其他可以登记的担保物权，清偿顺序参照适用前款规定。"保留出卖人的所有权也就重构为"可以登记的担保物权"。[4]

笔者认为这一观点值得商榷。诚然，《民法典》中的所有权保留有迈向功能主义的趋势，但是通过体系解释，仍然不能认为保留出卖人的所有权已经成为一种担保物权。美国《统一商法典》第 2-401 条第（a）款规定，卖方在货物已经发运给或交付给买方后保留的对货物的（财产权）效力上只相当于保留担保权益。我国《民法典》并未明文规定保留出卖人的所有权为担保物权。《民法典》第 641 条第 1 款规定"当事人可以在买卖合同中约定买受人未履行支付价款或者其他义务的，标的物的所有权属于出卖人。"根据《民法典》第 642 条第 1 款第 3 项的规定，当保留买受人将标的物出卖、出质或者作出其他不

---

〔1〕 参见王晨：《关于〈中华人民共和国民法典（草案）〉的说明》，载《人民日报》2020 年 5 月 23 日，第 6 版。

〔2〕 参见高圣平：《民法典动产担保权优先顺位规则的解释论》，载《清华法学》2020 年第 3 期；王洪亮：《所有权保留制度定性与体系定位——以统一动产担保为背景》，载《法学杂志》2021 年第 4 期。

〔3〕 有学者认为这一条已经实现了所有权保留的抵押权化。参见孙宪忠、朱广新主编：《民法典评注：物权编4》，中国法制出版社 2020 年版，第 224 页。

〔4〕 参见孙宪忠、朱广新主编：《民法典评注：物权编4》，中国法制出版社 2020 年版，第 224 页；最高人民法院民法典贯彻实施工作领导小组主编：《中华人民共和国民法典物权编理解与适用［下］》，人民法院出版社 2020 年版，第 1126～1127 页；黄薇主编：《中华人民共和国民法典合同编解读（上册）》，中国法制出版社 2020 年版，第 618 页。

当处分，造成出卖人损害的，出卖人可行使取回权。"其他不当处分"包括在标的物上设立动产抵押权。[1]因此，保留买受人实际上并不享有对标的物的处分权。保留买受人为第三人转移所有权或设立担保物权时，出卖人可行使取回权，第三人并不能基于保留买受人的有权处分取得所有权或担保物权，只能依《民法典》第311条善意取得所有权或者担保物权。[2]

《破产法规定二》第2条规定，债务人在所有权保留买卖中尚未取得所有权的财产不应认定为债务人的财产，其中第34条至38条有关所有权保留的规定未作实质修改，[3]而这些规定都是建立在保留出卖人是真正所有权人的理论前提之上。当保留买受人破产时，破产管理人可以选择继续履行或解除合同。破产管理人如选择解除合同或有其他不当行为，出卖人可主张破产取回权；如选择继续履行，该债务可作为共益债务清偿。

不论是最高人民法院还是全国人大常委会法制工作委员会的相关释义书，一方面，认为保留买受人再处分为无权处分，应考虑善意取得的适用；另一方面，又认为保留出卖人的所有权与保留买受人为第三人设立的抵押权可准用《民法典》第414条的抵押权竞存规则。[4]前者是暗示保留出卖人为所有权人，后者暗示保留买受人为所有权人，存在内部矛盾。

如果认为保留出卖人的所有权为担保物权，保留买受人再处分为有权处分；所有权登记的功能是与其他担保物权争夺优先顺位；第三人的担保物权的取得或竞存都不需考虑第三人善意与否，[5]这就与《买卖合同解释》第26条第2款产生冲突。

如果认为保留出卖人是真正的所有权人，那么第三人只能善意取得所有权或担保物权。在善意取得担保物权的情形，依据《欧洲示范民法典草案》（以下简称DCFR）第Ⅸ-3：101条第3款和第Ⅸ-4：101条第5款的规定，善意取得的担保物权，不经登记也可对抗保留出卖人。原因在于，善意第三人既然信赖保留买受人享有完全的所有权，这种信赖应受法律保护。不论第三人是否进行登记，也不论保留出卖人是否在第三人善意取得担保物权后进行登记，保留出卖人的所有权相对于善意第三人来说并不存在，恒劣后于善意第三人的担保物权。[6]如果保留出卖人先行登记，那么负有查询登记簿义务的第三人不可能善

---

〔1〕 参见最高人民法院民法典贯彻实施工作领导小组主编：《中华人民共和国民法典合同编理解与适用［二］》，人民法院出版社2020年版，第1102页。

〔2〕《买卖合同解释》第26条第2款："在民法典第六百四十二条第一款第三项情形下，第三人依据民法典第三百一十一条的规定已经善意取得标的物所有权或者其他物权，出卖人主张取回标的物的，人民法院不予支持。"

〔3〕 仅顺应《民法典》的变化，将出卖人取回权对应的条文序号由"合同法第一百三十四条"变更为"民法典第六百四十一条"。

〔4〕 参见最高人民法院民法典贯彻实施工作领导小组主编：《中华人民共和国民法典物权编理解与适用［下］》，人民法院出版社2020年版，第1126～1127页；最高人民法院民法典贯彻实施工作领导小组主编：《中华人民共和国民法典合同编理解与适用［二］》，人民法院出版社2020年版，第1094页；黄薇主编：《中华人民共和国民法典合同编解读（上册）》，中国法制出版社2020年版，第618、622页。

〔5〕 "就未登记动产担保权可得对抗的第三人的主观范围而言，凡是否定此前动产担保权存在的第三人而言，主观上必须善意；并不否定此前动产担保权存在的第三人，主观上无需善意。"参见高圣平：《民法典动产担保权登记对抗规则的解释论》，载《中外法学》2020年第4期。

〔6〕 参见［德］克莱夫·巴尔主编：《欧洲私法的原则、定义与示范规则：欧洲示范民法典草案（第9卷、第10卷）》，徐强胜译，法律出版社2014年版，第80、144、145页。

意取得担保物权。如果认为保留出卖人为真正所有权人，保留出卖人的所有权与第三人的担保物权之间并非是争夺优先顺位，而是你死我活的关系。简而言之，所有权登记的功能并非是与其他担保物权争夺优先顺位，而是根本阻却第三人善意取得担保物权。登记虽非动产所有权的公示手段，但要求动产所有权登记不能直接推导出所有权已重构为担保物权，并不与保留出卖人是真正所有权人冲突。因此，宜将保留出卖人的所有权排除在《民法典》第 414 条的"其他可以登记的担保物权"之外。[1]

在保留买受人转让标的物所有权的情形，司法解释似乎规定了两条路径：一是依据《买卖合同解释》第 26 条第 2 款，应考虑善意取得规则的适用。二是依据《担保制度解释》第 67 条，保留出卖人的所有权未经登记不得对抗的"善意第三人"的范围及其效力参照该解释第 54 条的规定处理。第 54 条第 1 项规定："抵押人转让抵押财产，受让人占有抵押财产后，抵押权人向受让人请求行使抵押权的，人民法院不予支持，但是抵押权人能够举证证明受让人知道或者应当知道已经订立抵押合同的除外。"后一路径似将《民法典》第 641 条第 2 款"出卖人对标的物保留的所有权，未经登记，不得对抗善意第三人"与第 403 条"以动产抵押的，抵押权自抵押合同生效时设立；未经登记，不得对抗善意第三人"作相同理解。

后一路径并不可取。结合《买卖合同解释》第 26 条第 2 款、《民法典》第 641 条第 2 款影响的法律效果是，保留买受人再处分时，第三买受人究竟能否取得标的物所有权。而第 403 条和《担保制度解释》第 54 条所影响的法律效果是，抵押人再处分抵押物时，第三买受人所取得的所有权之上有无抵押权的负担。登记影响第三人的善意，但发挥的功能是不同的。前者是完全阻却第三人取得任何物权，后者只是影响第三人取得的所有权是否有权利负担。第 641 条第 2 款的"登记"不能发挥动产抵押权中的"完善"功能，只是为了防止第三人善意取得。[2]因此，《担保制度解释》第 54 条第 1 项不在该司法解释第 67 条的参照范围内。

从根本上说，是否有必要将所有权保留完全构造为担保物权？美国《统一商法典》采取了这种做法，但却是以无视当事人交易的真实目的和法效意思为代价。[3]虽然可以通过相关的规则平衡当事人的利益，充分发挥担保物的交换价值，但是这也损害了当事人的意思自治。《民法典》承认了所有权保留独立的制度价值，没有像美国《统一商法典》第 2–401 条一样明确规定卖方保留的所有权在效力上只相当于担保权益，缺乏限制意思自治的正当理由。

---

〔1〕 直租型融资租赁中出租人的所有权应与保留出卖人的所有权同等处理（DCFR 第 IX–1；103 条），因为其担保购置款融资。售后回租型融资租赁中出租人的所有权应与担保物权同等处理（DCFR 第 IX–1；102 条），因为其担保非购置款融资。

〔2〕 在缺少所有权保留登记制度时，买受人无权处分标的物，善意第三人本可依善意取得制度获得保护。而创设所有权保留登记制度，目的之一正是为了使出卖人获得对抗善意第三人的效力（强化对出卖人的保护）。参见李宇：《民法典分则草案修改建议》，载《法治研究》2019 年第 4 期。

〔3〕 参见谢鸿飞：《〈民法典〉实质担保观的规则适用与冲突化解》，载《法学》2020 年第 9 期；庄加园：《超越所有权保留的名实之争——选择性救济路径之证成》，载《法学研究》2023 年第 1 期。

采取功能主义的立场不代表要将保留的所有权重构为担保物权。承认所有权保留和融资租赁交易具有担保功能是一回事，界定债权人的权利是否为担保权益是完全不同的另一回事。[1]同采功能主义的立场，DCFR 和美国《统一商法典》的规定却大有不同。DCFR 并没有将出卖人保留的所有权定性为担保物权。[2]固然所有权保留适用动产担保物权的设立、登记、优先顺位、违约前的救济、实行、消灭等规则，[3]但仍有关于所有权保留的特殊规定。DCFR 认为只有买方付清全部货款停止条件才能成就，买方取得货物的所有权。保留买受人向第三人处分货物为无权处分，第三人只有依据善意取得的规则取得货物的所有权或担保物权。[4]我国《民法典》中的所有权保留规则更加接近 DCFR 的构造。[5]李宇教授认为我国《民法典》虽然在一定程度上引入了功能主义担保法的观念，但对于所有权保留和融资租赁仍然采取了所有权构造，只是在登记、所有权保留中标的物取回程序等有限的方面吸收了功能主义担保法的元素。[6]笔者从之。

综上，保留出卖人仍然是真正的所有权人，保留买受人为无权处分，应继续审查南湖租赁是否基于善意取得规则取得标的物的所有权。

② 南湖租赁能否善意取得"松江 1 号"的所有权（-）

动产善意取得的构成要件为出卖人无权处分、出卖人具有占有标的物的权利外观、动产已经交付、以合理价格转让和买受人善意。本案中，南湖租赁与松江矿业并非进行现实交付，而是以占有改定方式替代交付。因此此部分主要审查两个要件：1. 售后回租中占有改定是否影响善意取得；2. 受让人南湖租赁是否善意。

A. 售后回租中占有改定能否善意取得（+）

通说认为，占有改定不成立善意取得。《物权编解释（一）》第 17 条仅规定了简易交付与返还请求权让与两种交付替代方式的善意取得，不允许占有改定成立善意取得，法理

---

〔1〕 如今所有改革其担保交易制度的国家都面临着实质是否胜于形式以及在何种程度上胜于形式的问题。政策决定本身与其说是采取功能主义进路，不如说是找到将功能主义施于不同法律形式的最佳框架。See Macdonald, Transnational Secured Transactions Reform: Book IX of the Draft Common Frame of Reference in Perspective, ZEuP 2009, 757. 各国或国际性文件在继受统一商法典第九编时都会有所保留，争议主要集中在购置款担保领域。引入声明登记制作为所有权保留的公示手段是普遍共识，应否平等对待出卖人和提供信贷以使买受人得以获取有形资产的出贷人，却有待深入讨论。

〔2〕 国内文献大多认为 DCFR 将出卖人保留的所有权定性为担保物权，这或许是受到中译本的影响。DCFR 第九卷的卷名为 "Proprietary Security in Movable Assets"，意为"动产物权性担保"，并不等同于担保物权（限制物权）。第 IX-1：101 条规定物权性担保包括担保物权（security right）和所有权保留。担保物权被第 IX-1：102 条定性为限制物权。中译本没有区分 proprietary security 和 security right，将两者都翻译成"担保物权"，易使人误以为所有权保留也是担保物权或限制物权。参见欧洲民法典研究组、欧盟现行私法研究组编著：《欧洲示范民法典草案：欧洲私法的原则、定义和示范规则》，高圣平译，中国人民大学出版社 2012 年版，第 355 页；[德]克莱夫·巴尔主编：《欧洲私法的原则、定义与示范规则：欧洲示范民法典草案（第 9 卷、第 10 卷）》，徐强胜译，法律出版社 2014 年版，目录第 1 页。

〔3〕 参见高圣平：《民法典动产担保权优先顺位规则的解释论》，载《清华法学》2020 年第 3 期。

〔4〕 参见[德]克莱夫·巴尔主编：《欧洲私法的原则、定义与示范规则：欧洲示范民法典草案（第 9 卷、第 10 卷）》，徐强胜译，法律出版社 2014 年版，第 14 页、第 36 页。

〔5〕 DCFR 为购置款融资担保提供了两种模式，出卖人可以保留所有权或者在标的物上设置担保物权。根据第 IX-7：301 条，买受人违约后，保留所有权的出卖人可以解除合同，被担保的债权消灭，出卖人可以凭借所有权人身份取回标的物，不需要"多退少补"，与我国《民法典》第 643 条的规定不同。我国法下出卖人能否行使取回之外的合同解除权有待深入讨论。

〔6〕 参见李宇：《对民法典担保司法解释稿的修改建议》，载微信公众号"华政民商"2020 年 11 月 12 日。

思想是取得人对于物的占有必须是纯粹的，而转让人手中不得再留有任何一点占有的残余。[1]学说上不乏对这种观点的质疑，单就售后回租这种特殊的交易形态而言，占有改定不成立善意取得是大有可疑的。

售后回租中，几乎都是以占有改定方式替代交付，租赁期届满后承租人无需或仅需支付象征性价款，所有权便归属于承租人。大多数交易情况下，出租人在租赁期内都不会取得租赁物的占有，出租人于租赁期届满后才可能取得占有。争议纠纷大多发生于租赁期内。租赁物的权属发生争议时，如果否认占有改定成立善意取得，等于彻底否定售后回租中出租人可以善意取得租赁物，出租人将处于完全被动的状态，相当于强迫当事人为无实际意义的移转租赁物占有的脱法行为，徒增运输、仓储和管理成本，无益于任何一方当事人，不符合售后回租的交易实践。[2]

在有关部门规章[3]和实务书籍中，有意淡化占有改定并不成立善意取得的问题，甚至有判决明文肯定售后回租中，占有改定可成立善意取得。[4]因此，将裁判的重心转移到"善意的判断"上更为妥当。如果先手的出卖人与承租人成立所有权保留买卖，出租人负有审查买卖合同的义务，应当知道承租人无权处分，构成恶意。如果承租人伪造买卖合同、发票和付款凭证等产权证明，出租人尽到相应的审查义务的，应认定其为善意，可以成立善意取得。

另外，《民法典》第 745 条增加了融资租赁中出租人所有权登记规则。无论对售后回租出租人所有权如何定性，出租人善意取得所有权（担保物权）并不以登记为要件，只要认为所有权（担保物权）是善意取得而非依有权处分取得，那么出租人的登记只对其后手的行为人有意义。如果认为出租人享有真正所有权，登记的意义是阻却后手行为人善意取得担保物权或所有权。如认为出租人享有的是担保物权，登记的意义是公示与其他担保物权竞存时的优先顺位[5]或阻却后手行为人善意取得无负担的所有权。

B. 受让人是否善意（-）

在 2020 年之前并不存在动产融资统一登记公示系统，第三人无法通过审查登记簿来

---

〔1〕 参见［德］鲍尔、施蒂尔纳：《德国物权法（下册）》，申卫星、王洪亮译，法律出版社 2006 年版，第 402 页。

〔2〕 这一点上，DCFR 的逻辑比较恰当。DCFR 将售后回租型融资租赁中出租人的所有权构造为纯粹的担保物权（第 IX－1：102 条），依第 IX－2：108 条和第 IX－3：101 条，动产担保物权的善意取得并不以交付或登记为要件。动产抵押权人不需要像所有权人、质权人一样控制标的物，交付要件在动产抵押权的善意取得中是无关紧要的，售后回租不在"占有改定能否成立善意取得"命题的议程之内。但在我国法上，售后回租中出租人的所有权能否构造为纯粹的担保物权以及动产抵押权善意取得的构成要件，都有进一步商榷空间。

〔3〕 《融资租赁企业监督管理办法》第 20 条："融资租赁企业不应接受承租人无处分权的、已经设立抵押的、已经被司法机关查封扣押的或所有权存在其他瑕疵的财产作为售后回租业务的标的物。融资租赁企业在签订售后回租协议前，应当审查租赁物发票、采购合同、登记权证、付款凭证、产权转移凭证等证明材料，以确认标的物权属关系。"如果占有改定不成立善意取得，那么出租人尽到审查义务也无济于事。虽然《融资租赁公司监督管理暂行办法》（银保监发〔2020〕22 号）未保留前述第 2 款的规定，但赋予出租人审查义务是长期的交易习惯和裁判规则。

〔4〕 参见江苏省苏州市中级人民法院（2017）苏 05 民终 6055 号民事判决书。当然，亦有判决认为售后回租中的占有改定不成立善意取得，参见上海市黄浦区人民法院（2013）黄浦民五（商）初字第 6265 号民事判决书。

〔5〕 租赁物的所有权登记既不创设权利，亦非权利变动的要件，其作用在于公示权利竞存时的优先顺位。参见刘保玉、张炬东：《论动产融资租赁物的所有权登记及其对抗效力》，载《中州学刊》2020 年第 6 期。

确认租赁物的所有权归属。《融资租赁企业监督管理办法》第 20 条第 2 款规定："融资租赁企业在签订售后回租协议前，应当审查租赁物发票、采购合同、登记权证、付款凭证、产权转移凭证等证明材料，以确认标的物权属关系。"

融资租赁公司负有比一般民事活动中的民事主体更高的交易注意义务，尤其是在售后回租中，承租人无权处分租赁物的风险很大，租赁公司对此风险并非不可预知、不能避免。《金融租赁公司管理办法》《融资租赁企业监督管理办法》《融资租赁公司监督管理暂行办法》均对租赁公司的严格审核义务提出了明确的要求。[1]融资租赁交易涉及的金额一般较大，谨慎的出租人一般都会现场勘验租赁物，不勘验租赁物不符合交易习惯。[2]勘验租赁物，并非仅仅勘验承租人是否占有租赁物，还应当审查租赁物发票、采购合同、登记权证、付款凭证、产权移转凭证等证明材料，以确认标的物权属关系。[3]

本案中，南湖租赁未实地查验评估相关设备，具有重大过失，不构成善意。南湖租赁无法善意取得标的物"松江 1 号"的所有权或担保物权。

因此，南湖租赁不得依据《民法典》第 235 条向昌平重科主张返还标的物的占有。昌平重科为"松江 1 号"的所有权人，南湖租赁亦不得主张不当得利请求权或侵权请求权。

综上，南湖租赁对昌平重科无请求权。

---

〔1〕 参见李阿侠：《融资租赁案件裁判精要》，法律出版社 2018 年版，第 568～569 页。相关判例可见广州市中级人民法院（2015）穗中法金民终字第 635 号民事判决书，该案一审法院以承租人占有机器，持有发票以及机器未依法办理权属登记，显著位置无权属情况标识为由认定承租人为善意；二审法院推翻了一审判决，认为出租人未尽到审查机器的买卖合同及发票等有关权属的证明材料的合理注意义务，不构成善意。另见浙江省金华市中级人民法院（2016）浙 07 民终 5303 号民事判决书。
〔2〕 参见韩耀斌：《融资租赁司法实务与办案指引》，人民法院出版社 2020 年版，第 31 页。
〔3〕 《动产和权利担保统一登记办法》第 2 条将所有权保留和融资租赁纳入统一登记范围。以后的司法实践中或许可以简化出租人的审查义务，出卖人可以仅审查登记簿确认标的物之上是否存在保留的所有权。

第 2 部分：松江矿业对昌平重科

第 2 部分　大纲

一、请求权基础预选

二、松江矿业基于买卖合同请求昌平重科交付"松江 1 号"（－）

（一）请求权是否已产生（＋）

1. 成立要件

2. 权利阻却抗辩

（二）请求权是否未消灭（－）

1. 解除

三、基于《民法典》第 566 条第 1 款第 2 分句请求返还已支付的价款 3 亿元及其利息（＋）

（一）请求权是否已产生（＋）

1. 成立要件

（1）买卖合同解除

（2）买受人已经支付一定价款

2. 权利阻却抗辩

（二）请求权是否未消灭（＋）

1. 抵销：2 亿元的价值补偿

（三）请求权是否可行使（＋）

松江矿业可主张价款 1 亿元以及 3 亿元价款所产生的利息

第 2 部分　正文

一、请求权基础预选

这一部分检索松江矿业可对昌平重科主张的请求权。昌平重科虽取回设备，但其利益状况可能并未完全满足。昌平重科得对松江矿业主张的请求权与本部分审查的内容密不可分，难以独立审查。本文拟在权利消灭抗辩或权利阻止抗辩部分一并检索昌平重科得对松江矿业主张的请求权。

昌平重科虽于 2020 年 7 月 12 日通知松江矿业解除买卖合同，并取回案涉"松江 1 号"项目全套设备。但是昌平重科是否享有解除权？买卖合同是否已被解除？如未被解除，松江矿业仍可基于买卖合同要求昌平重科交付标的物"松江 1 号"。此外，如合同已被解除，松江矿业似可要求昌平重科返还已支付的价款。本部分主要审查这两项请求权：

1. 松江矿业能否请求昌平重科交付"松江 1 号"？由第 1 部分可知，松江矿业和南湖租赁皆非"松江 1 号"的所有权人。此处的请求权基础仅需审查双方之间的买卖合同，重点在于审查解除行为是否有效，为审查松江矿业的价款返还请求权奠定基础。

2. 松江矿业能否请求昌平重科返还已支付的价款？本文采解除效果之折中说，解除的法律效果并非使合同溯及既往地消灭，而是使合同进入返还清算关系，原合同的基础仍然存在，债的同一性不受影响。因此恢复原状并非不当得利或返还原物问题，应在解除部分的规定寻找请求权基础。[1]《民法典》第 566、567 条是关于解除法律效果的规定。就本案而言，松江矿业本身为违约方，自然不得向守约方昌平重科请求赔偿损失、承担违约责任，双方之间并无担保合同（所有权保留为内嵌式担保，会因合同解除受到影响）、结算和清理条款，仅需考虑《民法典》第 566 条的适用。请求权基础为《民法典》第 566 条第 1 款第 2 分句"已经履行的，根据履行情况和合同性质，当事人可以请求恢复原状或者采取其他补救措施"，在本案中返还的内容为 3 亿元的价款及其利息。[2]

二、松江矿业基于买卖合同请求昌平重科交付"松江 1 号"（－）

（一）请求权是否已产生（＋）

1. 成立要件

2018 年 6 月 12 日，昌平重科与松江矿业成立买卖合同，松江矿业自可基于买卖合同请求昌平重科交付"松江 1 号"。

2. 权利阻却抗辩

该买卖合同无意思表示瑕疵，违反法律、行政法规的强制性规定或违背公序良俗的事由。

---

〔1〕 参见朱虎：《解除权的行使和行使效果》，载《比较法研究》2020 年第 5 期；陆青：《合同解除效果与违约责任——以请求权基础为视角之检讨》，载《北方法学》2012 年第 6 期；〔德〕迪特尔·梅迪库斯：《德国债法总论》，杜景林、卢谌译，法律出版社 2004 年版，第 399 页。

〔2〕 广义的恢复原状义务包括实物形态的恢复原状和价值形态的恢复原状，受领标的物为金钱时的恢复原状指后者，对应本条中"采取其他补救措施"。履行的内容是支付金钱的，所收到的金额即为应返还的数额，财产返还的义务及于该财产取得的天然孳息和法定孳息。参见朱虎：《解除权的行使和行使效果》，载《比较法研究》2020 年第 5 期。

（二）请求权是否未消灭（－）

无需审查清偿、提存、免除、抵销、免除等权利消灭抗辩，只要审查解除。《民法典》第 557 条第 2 款规定："合同解除的，该合同的权利义务关系终止。"昌平重科于 2020 年 7 月 12 日通知松江矿业解除买卖合同，行使了解除权。此处只需审查昌平重科是否享有解除权。

1. 合同是否已解除

《民法典》第 642 条就所有权保留买卖合同特别规定了出卖人的取回权，但并未因此排除出卖人的解除权。[1] 实际上，取回权与解除权是并行不悖的两项制度，各自有独立的构成要件和法律效果。即便买卖合同中没有附加所有权保留条款，在合同目的不能实现时，出卖人仍可以解除合同。举重以明轻，附加所有权保留条款以优待出卖人时，更无必要限制出卖人的解除权。《民法典》第 634 条规定了分期付款买卖合同的解除权。分期付款买卖并不必然与所有权保留同时发生，分期付款买卖合同的解除权反而是为了保护买受人的利益，是对出卖人解除权的特殊限制。本案中既不存在特殊约定，也无限制出卖人解除权的正当理由，应当适用合同解除的一般规则。

《民法典》第 563 条第 1 款规定："有下列情形之一的，当事人可以解除合同：（一）因不可抗力致使不能实现合同目的；（二）在履行期限届满前，当事人一方明确表示或者以自己的行为表明不履行主要债务；（三）当事人一方迟延履行主要债务，经催告后在合理期限内仍未履行；（四）当事人一方迟延履行债务或者有其他违约行为致使不能实现合同目的；（五）法律规定的其他情形。"

本案中，松江矿业迟延履行 2 万元的到期债务，但并未提及昌平重科有无催告松江矿业履行债务。在金钱给付的场合，不宜将迟延付款直接认定为债权人的合同目的不能实现，而应作为逾期履行适用上述第 3 项的规定，解决系争合同的基础问题。[2] 但是松江矿业拖欠价款数额较大，占总价款的 2/5，并且松江矿业已无还债能力，满足上述第 4 项不能实现合同目的要件，昌平重科享有解除权。

解除行为有效，合同已解除，松江矿业对昌平重科的交付"松江 1 号"的原给付请求权消灭。

综上，松江矿业不能基于买卖合同请求昌平重科交付"松江 1 号"。

三、基于《民法典》第 566 条第 1 款第 2 分句请求返还已支付的价款 3 亿元及其利息（＋）

（一）请求权是否已产生（＋）

1. 成立要件

成立要件为：（1）买卖合同解除；（2）买受人已经支付一定价款。

---

〔1〕 参见庄加园：《超越所有权保留的名实之争——选择性救济路径之证成》，载《法学研究》2023 年第 1 期。

〔2〕 参见朱广新、谢鸿飞主编：《民法典评注：合同编通则2》，中国法制出版社 2020 年版，第 176 页。

合同于 2020 年 7 月 12 日被解除。松江矿业已支付 3 亿元价款。

昌平重科负有返还 3 亿元价款及其利息（自昌平重科受领此价款时起算）的义务。

2. 权利阻却抗辩

无。

（二）请求权是否未消灭（＋）

此处主要审查抵销的问题。

1. 抵销

《民法典》第 557 条第 1 款第 2 项规定，有债务相互抵销情形的，债权债务终止。抵销的构成要件是：（1）须二人互负有效存在的债务；（2）双方债务的给付种类及品质相同；（3）须主动债权已届清偿期；（4）双方债务均为适于抵销的债务。

（1）双方互负债务

昌平重科是否对松江矿业享有请求权？

根据《民法典》第 566 条第 1 款第 2 分句"已经履行的，根据履行情况和合同性质，当事人可以请求恢复原状或者采取其他补救措施"，虽然昌平重科已经取回了"松江 1 号"，但是"松江 1 号"的价值由 5 亿元下降至 3 亿元，昌平重科得向松江矿业主张 2 亿元的价值补偿义务。

（2）双方债务的给付种类及品质相同

均为金钱债务。

（3）须主动债权已届清偿期

双方债务均自解除行为生效时产生，无履行期的限制。

（4）双方债务均为适于抵销的债务

满足。

综上，松江矿业可主张价款 1 亿元以及 3 亿元价款所产生的利息。

（三）请求权是否可行使（＋）

无权利阻止抗辩。

综上，松江矿业可基于《民法典》第 566 条第 1 款第 2 分句"已经履行的，根据履行情况和合同性质，当事人可以请求恢复原状或者采取其他补救措施"，向昌平重科主张已支付的 1 亿元价款及 3 亿元价款所产生的利息（自昌平重科受领 3 亿元价款时起算）。

第3部分：南湖保理对松江矿业

第3部分　大纲

一、请求权基础预选

二、南湖保理能否基于《民法典》第766条第1句后段请求松江矿业支付5亿元的租金及迟延利息（＋）

（一）请求权是否已产生（＋）

1. 成立要件

（1）应收账款债权人南湖租赁取得了对松江矿业的应收账款

①《融资租赁协议》的定性

A. 出租人受让的租赁物是否真实存在且特定化

B. 租赁物与合同约定是否一致

C. 租赁物的价值与租金构成是否存在较大差异

D. 是否存在低值高估

E. 所有权移转手续是否符合法律规定

（2）南湖租赁与南湖保理之间的担保性债权让与行为有效

2. 权利阻却抗辩

（二）请求权是否未消灭（＋）

（三）请求权是否可行使（＋）

第3部分　正文

一、请求权基础预选

南湖保理似可向松江矿业请求支付5亿元的租金及其迟延利息。

依第 1 部分，南湖租赁并没有善意取得对"松江 1 号"的所有权或担保物权，这可能影响南湖租赁与松江矿业之间《融资租赁协议》的性质。南湖租赁是否取得了对松江矿业的债权，债权的性质如何，皆可能影响南湖保理对松江矿业的请求权。本部分尝试在审查该请求权的同时对上述问题作出回答。

2018 年 7 月 12 日，南湖租赁与南湖保理签订《公开型有追索权国内保理合同》，将《融资租赁合同》项下对松江矿业全部债权转让给南湖保理。依据《民法典》第 761 条，保理合同是负担行为，只是使应收账款债权人负有将现有的或者将有的应收账款转让给保理人的义务，并不能直接发生债权的移转。应收账款的具体信息往往不在保理合同中载明，保理合同不具有处分效果，无法被认作处分行为。让与人与保理人在签订保理合同之外，通常另行签署应收账款让与书。应收账款让与文书载明标的债权的数额、期限、基础合同、对应发票号、债务人等事项，系处分行为，[1] 保理人依此处分行为取得应收账款债权。作为负担行为的保理合同的效力与作为处分行为的债权让与的效力是两个层次的问题，不能混淆。

本部分审查的请求权基础是《民法典》第 766 条"当事人约定有追索权保理的，保理人……也可以向应收账款债务人主张应收账款债权"。此项请求权并非是基于保理合同产生，而是基于基础交易合同（本案中为《融资租赁协议》）和担保性债权让与行为。保理合同并不使应收账款债务人负担债务，南湖保理无法基于其与南湖租赁之间的保理合同向松江矿业主张应收账款债权。债权让与系处分行为，依无因性原理，并不会受保理合同的效力影响，但会受到基础交易合同（据以产生保理合同标的物应收账款的合同）的影响。基础交易合同如无效，南湖租赁不能取得应收账款债权，其与南湖保理间的债权让与的处分行为自然无效。

因此，本部分主要审查《融资租赁协议》的效力以及担保性债权让与行为的效力（而非保理合同的效力）。

二、南湖保理基于《民法典》第 766 条第 1 句后段请求松江矿业支付 5 亿元的租金及迟延利息（＋）

（一）请求权是否已产生（＋）

1. 成立要件

成立要件有二：1. 应收账款债权人南湖租赁取得了对松江矿业的应收账款；2. 南湖租赁与南湖保理之间的担保性债权让与行为有效。

（1）应收账款债权人南湖租赁取得了对松江矿业的应收账款

具体契约内容之界定恒优先于契约内容之定性。从案情可知，双方签订了《融资租赁合同》，但是合同的性质是什么？合同是否有效？必须首先进行意思表示的解释。

---

[1] 参见李宇：《保理合同立法论》，载《法学》2019 年第 12 期。

①《融资租赁协议》的定性

《融资租赁协议》的内容是：松江矿业将"松江 1 号"项目全套设备转让给南湖租赁，然后回租该设备，融资金额 10 亿元，租赁年利率 20%，租金总额为 12 亿元，分四期付清，租赁期限自 2018 年 7 月 12 日起至 2019 年 7 月 12 日止；租赁期内，若遇基准利率上调，南湖租赁将对租赁利率作出等额上调；松江矿业付清租金等款项后，本合同项下租赁物由松江矿业按 10000 元名义价款留购。

《融资租赁合同解释》第 2 条规定："承租人将其自有物出卖给出租人，再通过融资租赁合同将租赁物从出租人处租回的，人民法院不应仅以承租人和出卖人系同一人为由认定不构成融资租赁法律关系。"该条是关于售后回租型融资租赁合同的规定。第 2 条只是从反面规定不应仅以承租人和出卖人系同一人为由认定不构成融资租赁法律关系，但并不表明采取这种交易构造就一定构成融资租赁法律关系。该解释第 1 条第 1 款规定："人民法院应当根据民法典第七百三十五条的规定，结合标的物的性质、价值、租金的构成以及当事人的合同权利和义务，对是否构成融资租赁法律关系作出认定。"应对融资租赁采实质判断标准。售后回租合同需具备融资与融物的双重特征，才符合融资租赁合同的性质，区别于借款合同。

判断融资租赁法律关系是否成立，应当充分考虑出租人受让的租赁物是否真实存在且特定化、租赁物与合同约定是否一致、租赁物的价值与租金构成是否存在较大差异、所有权移转手续是否符合法律规定等因素。对于名为融资租赁合同但实际上不构成融资租赁法律关系的，应当对实际构成的法律关系进行审查，依法认定合同效力以及当事人的权利义务。[1] 除此之外，租赁物是否存在低值高估，也会对售后回租合同的定性产生影响。本部分主要审查这 5 个要件。

A. 出租人受让的租赁物是否真实存在且特定化

本案中，"松江 1 号"真实存在且为特定物，在签订《融资租赁协议》期间由松江矿业占有，仍具有使用价值，为适格租赁物。同时，松江矿业出具了一份设备明细单作为《融资租赁协议》附件，可佐证租赁物已特定化。

B. 租赁物与合同约定是否一致

本案中，租赁物"松江 1 号"与合同约定的一致。

C. 租赁物的价值与租金构成是否存在较大差异

融资租赁合同中的租金并非是租赁物使用价值的对价，而是融资款的对价。《民法典》第 746 条规定："融资租赁合同的租金，除当事人另有约定外，应当根据购买租赁物的大部分或者全部成本以及出租人的合理利润确定。"在"售后回租"融资租赁关系中，租金由出租人购买租赁标的物的全部成本及合理利润构成。如果融资租赁合同约定的租金显著高于前

---

〔1〕 参见《天津市高级人民法院关于审理融资租赁合同纠纷案件若干问题的审判委员会纪要（一）》（津高法〔2019〕335 号）。

述计算方式的数倍甚至数十倍，实际上也是以融资租赁合同掩盖真实的借贷合同。本案中，出租人南湖租赁购买"松江1号"的价款为10亿元，租金为12亿元，年利率为20%。租金过高一般是为了规避法律法规对借款的规制，年利率20%的借款合同一般也是合理的。

因此，租金是合理的。

D. 是否存在低值高估

《融资租赁公司监督管理暂行办法》第17条规定："融资租赁公司应当建立健全租赁物价值评估和定价体系，根据租赁物的价值、其他成本和合理利润等确定租金水平。售后回租业务中，融资租赁公司对租赁物的买入价格应当有合理的、不违反会计准则的定价依据作为参考，不得低值高买。"标的物的估值是否公允，也是认定融资租赁合同关系的关键。

融资租赁法律关系的判断之所以要考查租赁物的价值，主要针对的是租赁物价值较交易价格明显偏低或租赁物不存在的情形。该情形下，租赁物不足以或不具备保障出租人债权实现的担保功能，仅有融资之实，而无融物之实，不构成融资租赁法律关系，[1] 仅构成借贷关系。即使由出租人享有所有权，但该租赁物并不足以作为出租人的物权保障，本质上是规避信贷监管，以融资租赁合同的方式进行变相贷款。融资与融物两者缺一不可。[2]

实际上，低值高估的标准较为模糊，相关释义书中所举的也是估值额与实际价值相差数十倍的极端案例。难点在于，设备的价值并非真实的购买价格，而是评估值，往往弹性较大，设备价值与设备的使用情况以及企业整体的技术水平、产品质量和品牌等有很大关系。有观点认为，要结合项目、企业和设备的具体情况来判断，如果要量化的话，租赁物购买价款超过租赁物账面现值的150%~200%，甚至更高的，可以认定为过高。[3]

本案中，签订《融资租赁协议》时，租赁物的市场价值为5亿元，但是出租人的购买价格为10亿元，购买价款达到租赁物账面现值的200%，有构成低值高估的可能。

E. 所有权移转手续是否符合法律规定

《融资租赁公司监督管理暂行办法》第14条规定："融资租赁公司应当合法取得租赁物的所有权。"在售后回租模式中，租赁物所有权未从承租人转移至出租人，缺少融物属性，出租人无法获得物权保障，仅有资金空转，系以融资租赁之名行借贷之实，合同并非当然无效，若不违反法律禁止性规定，应认定为借款合同。[4]

根据第1部分的检索内容，南湖租赁未实地查验评估相关设备，没有取得案涉"松江1号"的所有权。

《融资租赁合同解释》第1条第2款规定："对名为融资租赁合同，但实际不构成融资

〔1〕 参见最高人民法院（2021）最高法民终44号民事判决书。
〔2〕 参见谢鸿飞、朱广新主编：《民法典评注：合同编 典型合同与准合同2》，中国法制出版社2020年版，第390页。
〔3〕 参见张竟一：《融资租赁法律原理与案例评析》，中国法制出版社2019年版，第14~15页。
〔4〕 参见最高人民法院民事审判第二庭编著：《最高人民法院关于融资租赁合同司法解释理解与适用》，人民法院出版社2016年版，第66页。

租赁法律关系的，人民法院应按照其实际构成的法律关系处理。"虽然南湖租赁与松江矿业之间的合同并非融资租赁合同，但并不意味着合同无效。一是出租人作为融资租赁企业，虽未取得发放贷款的资质，但没有证据证明其以发放贷款为主要业务或主要利润来源。二是尽管承租人的意思系从出租人处获得借款，但没有证据证明出租人与承租人合谋以合法形式掩盖非法目的，即该借款合同不违反法律、行政法规的强制性禁止规定。故出租人与承租人之间的借款合同有效，双方仍应当依约履行各自义务。因此，双方之间成立本金为 10 亿元，年利率为 20%，借款期限为 1 年的借款合同。

借款合同有效，南湖租赁取得对松江矿业的应收账款债权。

（2）南湖租赁与南湖保理之间的担保性债权让与行为有效

债权让与系处分行为，依无因性原理，并不会受保理合同的效力影响，但会受到基础交易合同的效力影响。

本案中，南湖租赁与南湖保理之间存在让与对松江矿业应收账款债权的处分行为，南湖租赁有应收账款债权的处分权。有疑问的是基础交易合同并非是融资租赁合同，而是借款合同。有观点认为融资租赁法律关系被否定，并不影响保理合同的效力，因为应收账款仍然存在，只不过由融资租赁的应收账款转变为借款的应收账款或真实租赁的租金应收款，但其应收账款的实质并未发生改变，仅仅是应收账款的名称变化，不应对保理合同的效力发生影响。[1]这一观点混淆了作为负担行为的保理合同的效力与作为处分行为的债权让与的效力。依《民法典》第 763 条规定，即使根本不存在应收账款，除非保理人明知虚构，应收账款债务人不得以应收账款不存在为由对抗保理人。基础交易合同不会影响保理合同的效力，应收账款债权不存在一般不会导致保理合同无效，只会产生违约责任的问题。严谨的表述应该是，应收账款的名称变化而实质不变，不会对债权让与的效力产生影响。因此，南湖租赁与南湖保理的债权让与行为有效。

债权让与不通知债务人，则对其不生效力。保理合同中赋予了保理人通知权（《民法典》第 764 条）。本案中，由南湖集团携子公司南湖租赁、南湖保理与长宁投资及其子公司松江矿业、长宁担保商定合作框架，松江矿业将该笔资金转入长宁投资的银行账户，交易都是在同一日达成，松江矿业对债权让与是知情的。

南湖保理取得了对松江矿业的债权。

2. 权利阻却抗辩

无。

（二）请求权是否未消灭（＋）

无权利消灭抗辩，请求权未消灭。

---

〔1〕 参见张竟一：《融资租赁法律原理与案例评析》，中国法制出版社 2019 年版，第 119 页。

（三）请求权是否可行使（+）

无权利阻止抗辩。

综上，南湖保理可基于《民法典》第766条第1句向松江矿业请求支付5亿元的应收账款及迟延利息。

第4部分：南湖保理对金飞勇

第4部分　大纲

一、请求权基础预选

二、基于股权让与担保合同请求金飞勇履行回购义务（－）

（一）请求权是否已产生（＋）

1. 成立要件

2. 权利阻却抗辩

（二）请求权是否未消灭（－）

1. 代物清偿

（1）存在代物清偿合意

（2）债权人现实受领他种给付

第4部分　正文

一、请求权基础预选

2019年7月12日，长宁投资的股东金飞勇与南湖保理签订《股权转让协议》，约定金飞勇将其持有的长宁投资49%的股权转让给南湖保理，若松江矿业不履行债务，金飞勇须按欠款数额回购股份；若金飞勇不履行回购义务，南湖保理有权以股权直接折抵欠款。南湖保理将债务展期至2020年7月12日。事后，金飞勇协助办理完毕股权变更登记，该协议本质上是一种股权让与担保合同。此处仅检索一项请求权：南湖保理能否请求金飞勇履行回购义务？请求权基础是双方之间的股权让与担保合同。

二、基于股权让与担保合同请求金飞勇履行回购义务（－）

（一）请求权是否已产生（＋）

1. 成立要件

双方签订了《股权转让协议》。在负担行为层面上，金飞勇实际负有两项义务：一是负有移转长宁投资49%的股权给南湖保理的义务，用来担保南湖保理对松江矿业的债权；二是当松江矿业不能按期还款时，负有回购股权的义务，即与南湖保理成立以股权为标的物的买卖合同。

2. 权利阻却抗辩

无。

（二）请求权是否未消灭（－）

《股权转让协议》约定若松江矿业不履行债务且金飞勇不履行回购义务，南湖保理有权以股权直接折抵欠款。南湖保理享有以股权折抵欠款的权利而非义务，如南湖保理选择以股权直接折抵欠款，构成清偿之特殊样态——代物清偿。[1] 此种约定本质上是一种代物清偿预约。此种约定是否有效？根据《九民纪要》第71条第1款规定，合同如果约定债务人到期没有清偿债务，财产归债权人所有的，人民法院应当认定该部分约定无效，但不影响合同其他部分的效力。流担保禁止不仅及于《民法典》第401条的抵押合同和第428条的质押合同，更贯彻到其他非典型担保。但是，这并非是彻底否定此种合意的效力，只是赋予债权人清算义务。南湖保理的债权会因股权清算所得价款受清偿而消灭，其债权未获清偿部分继续存在，如股权清算所得价款高于松江矿业所欠租金及迟延利息，南湖保理负有返还多余部分的义务。

1. 代物清偿

金飞勇如不愿履行回购义务，可抗辩该债务已因代物清偿而消灭，构成要件为存在代物清偿合意，债权人现实受领他种给付。此处需具备两个要件：一是存在代物清偿合意；二是债权人现实受领他种给付，即金飞勇的股权让与行为有效。

值得注意的是，如果股权让与行为有效，回购义务可能因代物清偿而消灭。如果股权让与行为无效，那么金飞勇无从回购股权，回购义务则会因事实上不能履行而消灭（《民法典》第580条第1款第1项）。前已述及，在股权让与担保的负担行为层面上，金飞勇除回购义务外，仍负有移转长宁投资49%的股权给南湖保理作为担保的义务。股权让与的处分行为如无效，自然会产生负担行为上的债务不履行的损害赔偿责任。因此，如果股权让与的处分行为无效，则有进一步审查南湖保理对金飞勇的损害赔偿请求权的必要：（1）存在代物清偿合意；（2）债权人现实受领他种给付。

债权人现实受领他种给付，是指南湖保理已经取得了长宁投资49%的股权。2019年7月12日，长宁投资的股东金飞勇与南湖保理签订《股权转让协议》。事后，金飞勇协助办理完毕股

---

〔1〕 参见谢在全：《民法物权论（下册）》，中国政法大学出版社2011年版，第1001页。

权变更登记。金飞勇转让之股权是姚晗香无偿委托其代持，姚晗香事先不知情，并拒绝承认《股权转让协议》。此处应审查的问题是，金飞勇是否有权处分股权，股权转让行为是否有效。

有观点认为，从《公司法规定三》第 24 条来看，名义股东实际享有股东权利、承担股东义务。该条第 1、2 款赋予实际出资人的投资利益是基于实际出资人与名义股东之间的合同关系而非实际出资人的股东资格。实际出资人要想取得股东资格，必须经得公司其他股东半数以上同意，享有股东资格的仅是记载于股东名册中的名义股东，而实际投资人并非公司的股东，只能依据合同来处理其与名义股东间的关系。如依照此种观点，名义股东处分股权为有权处分。

商事实践中，股权让与担保首先要满足股权转让的条件：一是当事人签订股权转让合同；二是履行法定程序。担保人召开股东会，通过同意股权转让的股东会决议，其他股东做出同意转让、放弃优先购买权的决定等，并办理工商登记变更。[1][2]本案中，南湖保理与松江矿业之间存在股权转让合同，也进行了变更登记。本案中并没有提及担保人是否召开股东会，通过同意股权转让的股东会决议，其他股东做出同意转让、放弃优先购买权的决定等。但是应注意《股权转让协议》是在南湖保理与长宁投资磋商的过程中达成的，公司的意思已经介入股权转让过程，公司认可股权变动事实，此时不能基于组织法内部的限制否定股权转让的效力。因此，应当认为南湖保理已经取得了股权。

另有观点认为，根据《公司法规定三》第 25 条的规定，名义股东再处分股权应考虑善意取得制度的适用，这意味着名义股东处分股权为无权处分。当且仅当公司和其他股东对隐名股东的存在完全不知情，并且其他股东半数以上不同意隐名股东作为股东的，代持股权归属于名义股东；反之，则归属于隐名股东。[3]虽然本案并未提及公司和其他股东是否知道隐名股东姚晗香的存在，但是南湖保理并不知道隐名股东的存在，其对股东名册以及目标公司的善意信赖应受法律保护。即使名义股东无权处分，南湖保理亦可依《公司法规定三》第 25 条善意取得股权。

综上，南湖保理享有以股权折抵欠款的权利而非义务。如果南湖保理选择以股权折抵欠款，则南湖保理对金飞勇的回购请求权因代物清偿而（部分）消灭，南湖保理应当对股权进行变价清算。南湖保理的债权未获清偿部分继续存在，但不得继续向金飞勇主张，金飞勇仅在其提供担保物的范围内承担责任。如果股权清算所得价款高于松江矿业所欠借款及迟延利息，南湖保理负有返还多余部分的义务；如果南湖保理没有选择以股权折抵欠款，则其可以继续向松江矿业主张所欠借款及迟延利息。

---

〔1〕 本案亦没有说明"股权变更登记"是指股东名册变更登记还是工商变更登记。股权让与担保的设立，除了书面协议外，还要同时变更这两项登记。本案默认为这两项登记都已变更，因为工商登记变更并不进行实质审查，仅仅变更工商登记起到的担保作用是微弱的。

〔2〕 参见蔡立东：《股权让与担保纠纷裁判逻辑的实证研究》，载《中国法学》2018 年第 6 期。

〔3〕 参见王毓莹：《股权代持的权利架构——股权归属与处分效力的追问》，载《比较法研究》2020 年第 3 期。

第5部分：南湖保理对长宁担保

第5部分 大纲

一、请求权基础预选

二、基于保证合同＋债权让与＋《民法典》第547条第1款请求长宁担保承担连带保证责任（＋）

（一）请求权是否已产生（＋）

1. 成立要件

（1）南湖租赁与长宁担保之间成立保证合同

（2）债权让与

（3）债务人不履行到期债务

2. 权利阻却抗辩

（1）融资租赁借贷化

（二）请求权是否未消灭（＋）

1. 保证期间是否经过

2. 主债权是否消灭

（三）请求权是否可行使（＋）

第5部分 正文

一、请求权基础预选

2018年7月12日，南湖租赁与长宁担保签订《保证合同》，约定长宁担保就松江矿业在《融资租赁合同》项下对南湖租赁所负全部债务提供连带责任保证，保证期间为主债务到期日起2年。本部分检索南湖保理能否基于保证合同请求长宁担保承担连带保证责任，请求权基础是保证合同＋债权让与＋《民法典》第 547 条第 1 款。

二、基于保证合同＋债权让与＋《民法典》第 547 条第 1 款请求长宁担保承担连带保证责任（＋）

（一）请求权是否已产生（＋）

1. 成立要件

（1）南湖租赁与长宁担保之间成立保证合同，担保南湖租赁对松江矿业的债权

（2）债权让与

南湖租赁将其对松江矿业的债权转让给南湖保理，依《民法典》第 547 条第 1 款，南湖保理取得对长宁担保的从权利。

《民法典》第 696 条第 1 款规定："债权人转让全部或者部分债权，未通知保证人的，该转让对保证人不发生效力。"2018 年 7 月，长宁投资与南湖集团洽谈融资事宜，南湖集团携子公司南湖租赁、南湖保理与长宁投资及其子公司松江矿业、长宁担保商定合作框架，有理由认为 2018 年 7 月 12 日达成的一系列交易安排是事先拟定的，长宁担保对此应该是知情的。

（3）债务人不履行到期债务

南湖保理将债务展期至 2020 年 7 月 12 日。2020 年 8 月 12 日，松江矿业仍未还款。

2. 权利阻却抗辩

对原合同请求权而言，可能的权利阻却抗辩包括欠缺行为能力、意思表示瑕疵、形式瑕疵和内容瑕疵等。此外，保证合同具有从属性，主合同无效，担保合同亦无效。换言之，主合同无效系基于保证合同产生的原合同请求权之特殊权利阻却抗辩。本案中，保证合同本身无效力瑕疵，其主合同（借款合同）亦无效力瑕疵。有疑问的是，长宁担保与南湖租赁成立保证合同时，以融资租赁合同为主债权合同，但是松江矿业与南湖租赁之间的《融资租赁合同》实为借款合同，是否会对保证合同的效力产生影响？保证人签订《保证合同》的真实意思表示是为有效的融资租赁合同而非借款合同提供保证，保证合同是否因缺乏真实意思表示而无效？

融资租赁借贷化，只改变法律关系，并不涉及主合同的法律效力，亦未改变主合同担保人所应负担的债的同一性。担保人以对变更后的法律关系不知情进行抗辩的，并不影响债的同一性。[1] 如果主合同有效，保证人对主合同的内容、权利义务关系的约定均了解，保证合同无法定无效情形的，则保证责任不应因主合同的性质认定发生变化而必然导致保证合同的无效。[2] 出租人因融资租赁借贷化丧失了债权实现的物权保障，保证合同如果又因此而无效，出租人无疑将面临双重不利。另外，案涉长宁担保系专业的担保公司，在签

---

[1] 参见杜长明、李怡：《融资租赁借贷化的法律后果与法律风险》，载微信公众号"汇商金律"，2021 年 4 月 11 日。

[2] 参见最高人民法院民事审判第二庭编著：《最高人民法院关于融资租赁合同司法解释理解与适用》，人民法院出版社 2016 年版，第 59 页。有疑义的是，在司法裁判中似乎要求保证人知道承租人没有租赁物所有权的事实。

订《保证合同》时应当知道案涉融资租赁实为借贷的实际性质，因此保证合同是长宁担保的真实意思表示。[1]

（二）请求权是否未消灭（＋）

结合合同请求权的一般权利消灭抗辩以及保证责任请求权之特殊性，本案中长宁担保可能主张的权利消灭抗辩有二：1. 若保证期间经过，则保证责任消灭（《民法典》第 693条第 2 款）；2. 主债权是否消灭。

1. 保证期间是否经过

2018 年 7 月 12 日保证合同成立，保证期间为主债务到期日起 2 年，主债务到期日为2019 年 7 月 12 日。2019 年 7 月 12 日，南湖保理将债务展期至 2020 年 7 月 12 日。《民法典》第 695 条第 2 款规定："债权人和债务人变更主债权债务合同的履行期限，未经保证人书面同意的，保证期间不受影响。"长宁担保并未介入南湖保理与松江矿业、长宁投资的磋商过程，不能因为长宁担保与松江矿业为长宁投资的子公司，而认为长宁担保默示同意债务展期。因此保证期间仍为 2019 年 7 月 12 日至 2021 年 7 月 12 日。

保证期间未经过。

2. 主债权是否消灭

如果南湖保理将其持有的股权进行清算使其对松江矿业的债权得到满足，则长宁担保的保证责任消灭。如果南湖保理的债权并未得到满足，南湖保理仍可就其债权未能清偿的部分向长宁担保主张连带保证责任。

（三）请求权是否可行使（＋）

无权利阻止抗辩。

综上，南湖保理可就其债权未能清偿的部分向长宁担保主张连带保证责任。

---

〔1〕 类似判决可见国泰租赁有限公司与山东鑫海投资有限公司、山东鑫海担保有限公司等企业借贷纠纷案，最高人民法院(2014) 民二终字第 109 号民事判决书。

第6部分：南湖保理对长宁投资

第6部分 大纲

一、请求权基础预选

二、南湖保理能否基于《民法典》第509条第1款及《承诺函》的约定向长宁投资主张责任（＋）

（一）请求权是否已产生（＋）

1. 成立要件

（1）成立保证合同

（2）债务人不履行到期债务

（二）请求权是否已消灭（＋）

（三）请求权是否可行使（＋）

三、南湖保理能否基于《民法典》第83条第2款向长宁投资主张对松江矿业不能清偿的债务承担连带责任（＋）

（一）请求权是否已产生（＋）

1. 成立要件

（1）主体要件

（2）行为要件

（3）主观上为故意

（4）结果要件

（5）因果关系

2. 权利阻却抗辩

（二）请求权是否未消灭（＋）

（三）请求权是否可行使（＋）

第6部分 正文

一、请求权基础预选

2019 年 7 月 12 日，长宁投资向南湖保理出具《承诺函》，该《承诺函》的法律性质是什么？南湖保理能否基于该法律行为向长宁投资主张替代松江矿业清偿剩余债务？

松江矿业将《融资租赁协议》所得价款转入长宁投资的银行账户，间接影响其不能届期清偿债务。长宁投资作为松江矿业的母公司，是否构成滥用公司法人独立地位和股东有限责任？

本部分主要检索两项请求权：一是南湖保理能否基于《民法典》第 509 条第 1 款及《承诺函》的约定向长宁投资主张责任；二是南湖保理能否基于《民法典》第 83 条第 2 款向长宁投资主张对松江矿业不能清偿的债务连带责任。

二、基于《民法典》第 509 条第 1 款及《承诺函》的约定向长宁投资主张责任（＋）

（一）请求权是否已产生（＋）

长宁投资在《承诺函》中承诺"愿意督促松江矿业切实履行还款义务，若最终未能按时归还本息，由本公司协助解决，不让贵司蒙受损失"。

首先对《承诺函》的内容进行意思表示解释。"不让贵司蒙受损失"表明长宁投资的义务并非仅限于"督促松江矿业切实履行还款义务"，应包括为保障南湖保理债权的实现，当松江矿业不履行到期债务时，由长宁投资承担还款责任。需注意，依文本内容，长宁投资的督促义务在松江矿业不履行到期债务之前已产生，这说明"协助解决"当然包括督促义务之外的代为履行义务。该《承诺函》中明确了长宁投资承担责任的顺位（松江矿业最终未按时归还本息之后），排除债务加入。《民法典》第 681 条规定："保证合同是为保障债权的实现，保证人和债权人约定，当债务人不履行到期债务或者发生当事人约定的情形时，保证人履行债务或者承担责任的合同。"《承诺函》与此契合，其法律性质为保证合同。

《担保制度解释》第 25 条规定："当事人在保证合同中约定了保证人在债务人不能履行债务或者无力偿还债务时才承担保证责任等类似内容，具有债务人应当先承担责任的意思表示的，人民法院应当将其认定为一般保证。当事人在保证合同中约定了保证人在债务人不履行债务或者未偿还债务时即承担保证责任、无条件承担保证责任等类似内容，不具有债务人应当先承担责任的意思表示的，人民法院应当将其认定为连带责任保证。"保证合同中如约定，主债务人届期不履行债务，则由保证人代为履行，强调的是主债务人"不履行"债务这种事实状态，而非"不能履行债务"这种能力，保证人并无先诉抗辩权，与连带责任保证的特征相符合，此时可认定为连带责任保证。[1]

《承诺函》中约定长宁投资承担责任的前提是松江矿业未按时归还本息，而非债务人松江矿业最终不能履行债务或无力偿还债务时。因此，案涉《承诺函》应认定为连带责任保证。保证合同的当事人长宁担保和南湖保理皆为专业的担保、租赁公司，是商事主体，认定为连带责任保证亦不违背商事习惯。

1. 成立要件

双方成立有效的保证合同，主债务人松江矿业未按时履行到期义务。认定为连带责任保证之后，检索内容与第 5 部分南湖保理对长宁担保的请求权部分内容相似，本文不再赘述。

（二）请求权是否未消灭（＋）

此处审查保证期间。没有约定或者约定不明确的，保证期间为主债务履行期限届满之日起 6 个月（《民法典》第 692 条）。主债务履行期限届满之日为 2020 年 7 月 12 日，保证期间并未经过。

（三）请求权是否可行使（＋）

不存在权利阻止抗辩。

南湖保理可就其债权未能清偿的部分向长宁担保主张连带保证责任。如果南湖保理将其持有的股权进行清算使其对松江矿业的债权得到满足，则长宁投资的保证责任消灭。如果南湖保理的债权并未得到满足，南湖保理仍可就其债权未能清偿的部分向长宁投资主张连带保证责任。

三、南湖保理能否基于《民法典》第 83 条第 2 款向长宁投资主张对松江矿业不能清偿的债务承担连带责任（＋）

（一）请求权是否已产生（＋）

1. 成立要件

《民法典》第 83 条第 2 款规定："营利法人的出资人不得滥用法人独立地位和出资人有限责任损害法人债权人的利益；滥用法人独立地位和出资人有限责任，逃避债务，严重损害法人债权人的利益的，应当对法人债务承担连带责任。"

成立要件[2]为：（1）主体要件：原告是公司的债权人，被告是公司的股东。（2）行为要件：必须存在出资人滥用法人人格的事实和行为，主要包括营利法人资本显著不足、滥用公司人格回避法律义务或者合同义务、公司法人人格的形骸化等情形，《九民

---

〔1〕 参见高圣平、曹明哲、范佳慧：《中国担保法裁判综述与规范解释（上册）》，人民法院出版社 2019 年版，第 61 页。

〔2〕 参见最高人民法院民事审判第二庭编著：《〈全国法院民商事审判工作会议纪要〉理解与适用》，人民法院出版社 2019 年版，第 146 页；陈甦主编：《民法总则评注（上册）》，法律出版社 2017 年版，第 584 页。

纪要》第10~12条对此有细致的规定。（3）主观上为故意。（4）结果要件：股东实施的"滥用"公司法人独立地位和股东有限责任的行为，受到的损害必须达到"严重"程度，才有必要否定公司人格，让股东对公司债务承担连带责任。（5）因果关系要件：债权人的债权受到"严重"损害，是因为股东"滥用"公司法人独立地位和股东有限责任行为造成的。

（1）主体要件

南湖保理是公司的债权人，长宁投资是松江矿业的母公司。

（2）行为要件

《九民纪要》第10~12条列举了人格混同、过度支配与控制、资本显著不足三种情形。本案中，松江矿业将该笔资金转入长宁投资的银行账户，长宁投资后将该笔资金投入旗下小月河地产项目。不遵守正常的贷款程序将资金从一公司转移到另一公司，构成过度支配与控制。[1]本质上是母子公司之间输送利益，即母公司与其全资子公司或者控股公司之间的利益输送没有合同依据，使得子公司不具有独立意思和独立财产，将使得公司丧失独立性，沦为控制股东的工具或躯壳。公司一旦被某一股东滥用控制权，就不再具有独立意思和独立财产，其独立人格就沦为工具，如仍然恪守公司独立人格，就会严重损害公司债权人利益。

（3）主观上为故意

松江矿业将该笔资金转入长宁投资的银行账户，长宁投资对此是知情的，并将该笔资金投入旗下小月河地产项目。从社会一般人视角，松江矿业的行为是受到长宁投资控制的。

（4）结果要件

松江矿业应有的10亿元融资款被转移到长宁投资，导致松江矿业无力偿还对南湖保理的5亿元借款及利息，债权人南湖保理的利益遭受严重损害。

（5）因果关系

如果10亿元融资款没有被转移，松江矿业有充足的资金支付欠款，满足因果关系的要件。

2. 权利阻却抗辩

无权利阻却抗辩。

（二）请求权是否已消灭（＋）

请求权在南湖保理对松江矿业的债权已受满足的范围内消灭。

（三）请求权是否可行使（＋）

无权利阻止抗辩。

---

〔1〕 参见施天涛：《公司法论》，法律出版社2018年版，第40页。

因此，南湖保理可依《民法典》第 83 条第 2 款请求长宁投资就松江矿业不能清偿的部分承担连带责任。

南湖保理对松江矿业的两项请求权内容相同，构成请求权竞合，南湖保理只能择一行使。

第7部分：南湖保理对南湖租赁

第7部分　大纲

一、请求权基础预选

二、南湖保理基于《民法典》第766条第1句第1、2小句请求南湖租赁返还保理融资款本息或者回购应收账款债权（＋）

（一）请求权是否已产生（＋）

（二）请求权是否未消灭（＋）

（三）请求权是否可行使（＋）

第7部分　正文

一、请求权基础预选

2018年7月12日，南湖租赁与南湖保理签订《公开型有追索权国内保理合同》，将《融资租赁合同》项下全部债权转让给南湖保理，由南湖保理直接将10亿元打入松江矿业账户。有追索权保理是指保理商不承担为债务人核定信用额度和提供坏账担保的义务，仅提供包括融资在内的其他金融服务。无论应收账款因何种原因不能收回，保理商都有权向债权人追索已付融资款项并拒付尚未收回的差额款项，或者要求债权人回购应收账款。[1]有追索权的保理，让与人负有全额返还融资款本息的义务，如债权清偿所得不足以归还融资款本息，让与人仍应偿还差额，风险由让与人承担。故此项融资款具有借款的性质，它的履行行为性质为担保性债权让与。非真正保理被视为担保行为。[2]南湖保理或可向南湖

---

〔1〕　参见《天津市高级人民法院关于审理保理合同纠纷案件若干问题的审判委员会纪要（一）》（津高法〔2014〕251号）第10条；黄薇主编：《中华人民共和国民法典合同编解读（下册）》，中国法制出版社2020年版，第922页。

〔2〕　参见李宇：《保理合同立法论》，载《法学》2019年第12期。

租赁主张返还保理融资款本息或者回购应收账款债权，请求权基础是《民法典》第 766 条第 1 句第 1、2 小句"当事人约定有追索权保理的，保理人可以向应收账款债权人主张返还保理融资款本息或者回购应收账款债权"。

二、基于《民法典》第 766 条第 1 句第 1、2 小句请求返还保理融资款本息或者回购应收账款债权（＋）

（一）请求权是否已产生（＋）

构成要件为存在有效的保理合同。

1. 成立要件

2018 年 7 月 12 日，南湖租赁与南湖保理签订《公开型有追索权国内保理合同》。

2. 权利阻却抗辩

无。

（二）请求权是否未消灭（＋）

松江矿业的总租金为 12 亿元，2019 年 7 月 12 日，已偿还 7 亿元。10 亿元的本息是多少？利率应如何计算？笔者认为在保理交易中，保理商计算保理融资款时，会扣除相关费用，使得融资款低于应收账款债权。应使返还融资款和回购应收账款债权两项请求权内容相同，南湖保理可得主张的数额为 5 亿元及其迟延利息（自 2020 年 7 月 12 日起算）。

如果南湖保理已从其他担保人实现部分债权，其对南湖租赁的请求权亦在相应部分内消灭。

（三）请求权是否可行使（＋）

此处涉及有追索权保理的定性，应采让与担保说还是间接给付说？两说的主要区别在于保理人向应收账款债权人和债务人主张权利的顺序。如采间接给付说，应由应收账款债务人就其所负债务承担第一顺位的清偿责任，对其不能清偿的部分，由应收账款债权人承担补充赔偿责任。[1]如采让与担保说，保理人没有先行请求应收账款债务人履行或以其他方式将应收账款变价的义务，可择一行使对应收账款债权人或债务人的权利。[2]

本文采让与担保说。南湖保理向南湖租赁主张偿还融资款本息或回购应收账款债权并不以南湖保理对松江矿业的请求权不能实现为前提。不存在权利阻止抗辩。

综上，南湖保理可向南湖租赁主张 5 亿元价款及其迟延利息（自 2020 年 7 月 12 日起算）。

当然，这只是说明南湖保理向南湖租赁主张请求权的可行性。本案中，南湖租赁与南湖保理同为南湖集团的子公司，南湖保理更有可能向松江租赁及其他担保人主张责任。

---

〔1〕 参见最高人民法院民法典贯彻实施工作领导小组主编：《中华人民共和国民法典合同编理解与适用［三］》，人民法院出版社 2020 年版，第 1785 页。

〔2〕 参见李宇：《保理合同立法论》，载《法学》2019 年第 12 期；李宇：《保理法的再体系化》，载《法学研究》2022 年第 6 期。

第8部分：姚晗香对金飞勇

第8部分　大纲

一、请求权基础预选

二、基于《民法典》第929条第2款向金飞勇主张损害赔偿（＋）

（一）请求权是否已产生（＋）

1. 成立要件

（1）双方存在委托合同

（2）受托人超越权限

（3）造成委托人损失

（4）因果关系

（二）请求权是否未消灭（＋）

（三）请求权是否可行使（＋）

第8部分　正文

一、请求权基础预选

在公司与交易相对人皆不知情的情况下，名义股东实际享有股东权利。姚晗香无偿委托金飞勇代持股权，但金飞勇将代持股权让与给南湖保理以担保松江矿业的租金支付义务，使得姚晗香丧失了投资权益，姚晗香或可向金飞勇主张损害赔偿。姚晗香与金飞勇之间存在无偿的委托合同，此处主要检索契约上的请求权基础。

《民法典》第929条规定："有偿的委托合同，因受托人的过错造成委托人损失的，委托人可以请求赔偿损失。无偿的委托合同，因受托人的故意或者重大过失造成委托人损失的，委托人可以请求赔偿损失。受托人超越权限造成委托人损失的，应当赔偿损失。"

第 929 条第 1 款是关于受托人处理事务有过失的损害赔偿责任，属于过错责任，因有偿委托和无偿委托而有所不同；第 2 款规定的是受托人超越权限的损害赔偿责任，属于无过错责任。在受托人超越权限造成委托人损害时，无论委托合同有偿还是无偿，受托人是否有过错，受托人均应承担无过错的损害赔偿责任。[1]

本案中，委托合同赋予受托人金飞勇的义务是代替姚晗香持有股权，金飞勇隐瞒实际出资人姚晗香处分股权，显然符合受托人超越权限的要件。《公司法规定（三）》第 25 条第 2 款规定："名义股东处分股权造成实际出资人损失，实际出资人请求名义股东承担赔偿责任的，人民法院应予支持。"该款未要求名义股东的主观过错要件，可以视为《民法典》第 929 条第 2 款的具体规定。因此，可以适用《民法典》第 929 条第 2 款的无过错责任。

二、基于《民法典》第 929 条第 2 款向金飞勇主张损害赔偿（＋）

（一）请求权是否已产生（＋）

1. 成立要件

《民法典》第 929 条第 2 款规定："受托人超越权限造成委托人损失的，应当赔偿损失。"

（1）双方存在委托合同

（2）受托人超越权限

《民法典》第 920 条规定："委托人可以特别委托受托人处理一项或者数项事务，也可以概括委托受托人处理一切事务。"本案中，受托人的权限是代为持有股权。受托人金飞勇未经委托人同意处分股权，显然已经超越权限。

（3）造成委托人损失

委托人姚晗香丧失了股权的投资利益。

（4）因果关系

南湖保理取得股权，姚晗香基于委托合同要求金飞勇给付投资利益的请求权因给付不能而消灭，金飞勇超越权限处分股权与姚晗香遭受损失有因果关系。

2. 权利阻却抗辩

无。

（二）请求权是否未消灭（＋）

无权利消灭抗辩，请求权未消灭。

---

[1] 参见谢鸿飞、朱广新主编：《民法典评注：合同编 典型合同与准合同4》，中国法制出版社 2020 年版，第 249～250 页。

（三）请求权是否可行使 （＋）

无权利阻止抗辩。

综上，姚晗香可基于《民法典》第 929 条第 2 款向金飞勇主张损害赔偿，赔偿内容为松江矿业 49% 股份的市值。

第9部分：南湖租赁、长宁担保、长宁投资与金飞勇之间的追偿问题

松江矿业已无力还款，南湖保理即使向昌平重科行使代位权仍不能使债权完全满足，因此本文第4、5、6、7部分分别检索了南湖保理对金飞勇、长宁担保、长宁投资和南湖租赁的请求权。南湖保理可主张的债权总额是固定的，不可各向四者主张全部权利，向一方主张权利后，其可得向另一方主张的权利在相应数额内消灭，相对方可主张权利消灭抗辩。清偿债务的一方虽可向主债务人松江矿业行使追偿权（请求权基础是《民法典》第392条），但显然是难以实现的。问题的关键是，金飞勇、长宁担保、长宁投资和松江矿业之间可否行使追偿权？

首先，应将南湖租赁与其他三者区分开来，南湖租赁负担债务的原因与其他三者并不相同。《民法典》第766条规定的应收账款债权人南湖租赁负担的义务是返还保理融资款本息或者回购应收账款债权，有追索权保理在构造上类似于借款合同加上债权让与担保。本案中，由南湖保理直接将10亿元打入松江矿业账户，此为缩短给付，如借助逻辑一秒钟思维，在此跨角关系中，应视为南湖保理先向南湖租赁给付了10亿元的保理融资款，南湖租赁再向松江矿业给付了10亿元借款。南湖租赁让与应收账款债权是为了担保10亿元的保理融资款，是担保自己所负的债务；而其余三者担保的是应收账款债权本身，是担保松江矿业所负担的债务。质言之，南湖租赁与金飞勇、长宁担保、长宁投资担保的主债务并不相同。

《担保制度解释》第14条规定："同一债务有两个以上第三人提供担保，担保人受让债权的，人民法院应当认定该行为系承担担保责任。受让债权的担保人作为债权人请求其他担保人承担担保责任的，人民法院不予支持；该担保人请求其他担保人分担相应份额的，依照本解释第十三条的规定处理。"即使承认该条的正当性，亦不得否认南湖租赁可向金飞勇、长宁担保和长宁投资主张担保责任，因为他们担保的并非同一债务。南湖租赁本就可向长宁担保主张保证责任，其向长宁投资主张保证责任也是以债权的展期为代价。南湖租赁与其他三者承担的债务并不处于同一层次，并不分担追偿份额。南湖租赁可向金飞勇、长宁担保与长宁投资追偿其承担的全部债务，后三者如承担债务不可向南湖租赁追偿。

问题就简化为金飞勇、长宁担保与长宁投资三者之间的追偿问题。金飞勇（股权让与担保）、长宁担保（连带责任保证）和长宁投资（连带责任保证）之间可能构成混合共同担保关系。混合共同担保人之间能否相互追偿无疑是近些年来最具争议的民法问题。[1]在讨论混合共同担保的法律效果之前，需先审查是否满足混合共同担保的构成要件。

三者皆是担保松江矿业所负担债务的实现，向同一债务人负担债务，向债权人负担的是"同一给付"；每个债务人都负有义务实现全部的给付，债权人只能有权获得一次给付。此外，各个债务人的债务仍需具有"同一层次性"。[2]有疑问的是，是否满足后一要件？

就本案而言，长宁投资不仅应承担连带保证责任，而且因其滥用公司法人独立地位和股东有限责任对公司债务承担连带责任。因法人人格否认而产生的债务与主债务人的债务处于同一层次，与担保人的债务不处于同一层次。松江矿业已无力还款，长宁投资实际上是最终的责任人。长宁担保、金飞勇承担担保责任，属于有合法利益的第三人清偿，发生债权的法定移转（《民法典》第 524 条）。法人人格否认责任不属于《担保制度解释》第 14 条"受让债权的担保人作为债权人请求其他担保人承担担保责任"中的"担保责任"，不影响长宁担保或金飞勇向长宁投资主张法人人格否认责任。混合共同担保的追偿权问题对本案裁判已无实质影响，无需画蛇添足进行讨论。回顾本案事实，长宁担保是长宁投资的子公司，只允许长宁担保和金飞勇向长宁投资单向追偿，使长宁投资成为最终责任人，并无不公。

请求权基础已如前述。无权利阻却抗辩。本案中，债务人未提供自物保，各担保人承担责任无顺序限制。不存在债权人怠于行使权利，影响担保人的追偿权情形。不存在权利消灭抗辩和权利阻止抗辩。

综上，根据本文第 4、5、6、7 部分，南湖保理可在 5 亿元借款和迟延利息范围内任意行使对金飞勇、长宁担保、长宁投资和南湖租赁的请求权。

如果南湖租赁履行返还融资款本息和回购应收账款债权的义务，可在其承担责任的范围内，基于保证合同向长宁担保、长宁投资或基于股权让与担保合同向金飞勇追偿其承担的部分。

如果金飞勇承担担保责任，可基于《民法典》第 524 条以及第 83 条第 2 款向长宁投资追偿其承担的部分。

如果长宁担保承担保证责任，可基于《民法典》第 524 条以及第 83 条第 2 款向长宁投资追偿其承担的部分。

如果长宁投资承担责任，不得向金飞勇、长宁担保或南湖租赁追偿。

---

〔1〕 此处仅列举最新文献。否认说可见崔建远：《补论混合共同担保人相互间不享有追偿权》，载《清华法学》2021 年第 1 期；肯定说可见贺剑：《担保人内部追偿权之向死而生一个法律和经济分析》，载《中外法学》2021 年第 1 期。

〔2〕 参见程啸：《混合共同担保中担保人的追偿权与代位权——对〈物权法〉第 176 条的理解》，载《政治与法律》2014 年第 6 期；[德] 扬·费利克斯·霍夫曼：《区分性连带债务理论体系中的共同担保》，孙新强译，载王洪亮等主编：《中德私法研究⑯》，北京大学出版社 2018 年版，第 100 页。这是连带债务的成立要件，亦符合混合共同担保的成立要件。至于混合共同担保能否适用连带债务的法律效果，是学说之间最主要的分歧。

2021 年第二届全国鉴定式案例研习

大赛获奖作品（五）

石　笑

一、**比赛身份：**青岛大学法学院 2018 级本科生。

二、**目前身份：**青岛大学法学院 2024 级民商法学硕士研究生。

三、**自我介绍：**所谓鉴定式研习，就是一种法学思维方式，其核心在于寻找"请求权基础——即当事人得以支撑其主张的法律规范"。进行鉴定式研习给我们提供了解决法律问题的思路，然后结合法律规范以及学理进行论证；基于此，更有助于研习者熟悉并体系化地了解法律中的实证法规定，增进研习者的"输入"与"输出"能力。盼有一天能再与师友们共同钻研鉴定式研习方法，共同徜徉于民法之海洋，沉醉于鉴定式案例分析思维之中，斯为美。

本文按照以下顺序检索请求权基础：基于合同而产生的请求权（其可分为原初的给付请求权以及次生的救济性请求权）、基于类似合同而产生的请求权、基于无因管理而产生的请求权、基于物权或占有而产生的请求权、基于侵权行为而产生的请求权以及基于不当得利而产生的请求权。在检视各项请求权时，应满足三个要件，即请求权已产生、请求权未消灭与请求权可执行。

在分析案例前，需对案例中所涉及非典型担保的定性问题进行简要陈述，同时在此基础之上对所涉合同的实质样态进行分析，以确定其是否为真正的"非典型担保"合同。

一、案例中非典型担保的定位。

依《担保制度解释》第 63 条规定："债权人与担保人订立担保合同，约定以法律、行政法规尚未规定可以担保的财产权利设立担保，当事人主张合同无效的，人民法院不予支持。当事人未在法定的登记机构依法进行登记，主张该担保具有物权效力的，人民法院不予支持。"表明法律上规定的非典型担保类型并不具有封闭性，当事人自可在这些典型担保类型之外创设新的非典型担保。只要不存在《民法典》上规定的法律行为无效的事由，非典型担保合同不因违反物权法定原则而无效。[1]在肯定了非典型担保的合同效力之后，需要进一步讨论其是否具有担保物权效力，笔者认为，采物权缓和主义的情况下，应当在非典型担保完成公示时赋予其物权效力，以缓和绝对的物权主义过于僵化，难以适应现时社会经济之发展[2]的窘境。

同时，在认可"非典型担保"具有担保物权效力的基础上，《民法典》却未对其具体的适用规则作出相应的规定，使得《民法典》存在采功能化的担保物权观念的同时，仍然

---

〔1〕 高圣平：《担保法前沿问题与判解研究（第五卷）》，人民法院出版社 2021 年版，第 458 页。

〔2〕 参见郑玉波：《民法物权》，三民书局 2012 年版，第 28 页。

坚持交易类型化上的形式主义。[1]因"非典型担保"都具有此特点，笔者仅以"所有权保留"进行分析，以此类推适用其他"非典型担保"。在所有权保留中，"所有权"在相当程度上已偏离"完全所有权"的固有效果，其并非真正意义上的所有权，而是"担保性"所有权。[2]但同时规定，在所有权保留交易中，买受人清偿全部价款或成就其他特定条件后，标的物所有权自出卖人移转给买受人；承租人经催告后在合理期限内仍不支付租金的，出租人可以解除合同，并收回租赁物等。这表明，《民法典》虽赋予保留所有权以担保功能，但并未否认其完全所有权的法律地位。

综上所述，《民法典》对"非典型担保"的态度系将功能主义和形式主义相结合，在所有权保留中，功能分析凸显了保留所有权的担保功能，在效果上将其与典型担保尤其是动产抵押实现一体化；形式分析则凸显了所有权保留的归属确认功能，通过合同效果实现向完全所有权的回归，确立其与纯粹担保性所有权的区隔。[3]此种立法规定，一方面可以发挥功能主义的优势，满足现代动产担保交易的需求；另一方面也避免了完全功能主义造成的与传统的割裂。[4]融资租赁、保理等非典型担保亦体现功能主义与形式主义的结合，具体论述与所有权保留的分析类似，不再赘述。

笔者在分析此案例时，主张将功能主义和形式主义相结合，同时优先适用非典型担保的担保功能，仅在法律有相关具体规定时，回归原本效能。

二、案例所涉合同的实质样态。

（一）南湖租赁与松江矿业签订的《融资租赁协议》。

首先，根据《融资租赁协议》（售后回租）约定，租赁物为"松江1号"项目设备本身，合同约定价格为10亿元，远高于松江矿业以5亿元向昌平重科购买的设备价值。众所周知，设备价值随着使用年限的增加，成新率随之降低，南湖租赁作为从事融资经营的市场主体，在合同签订后并未实地查验评估相关设备，说明其并不关注设备本身的实际价值，导致售后回租的融资金额显著脱离租赁标的物的客观价值，双方签订的售后回租合同不符合融资租赁合同有关融资与融物一致性的基本要求。[5]其次，融资租赁中，承租人支付的租金包括出租人购买租赁物的成本和收取的利润，因而租赁标准远高于一般租赁，[6]而南湖租赁以基准利率为准，并规定其租金利率随着基准利率变化而变化，不符合一般融资租赁交易的规则。以上充分说明松江矿业与南湖租赁签订的《融资租赁协议》（售后回租）并非意在建立真实的融资租赁合同关系。

---

〔1〕 参见高圣平：《〈民法典〉视野下所有权保留交易的法律构成》，载《中州学刊》2020年第6期。

〔2〕 参见张家勇：《体系视角下所有权担保的规范效果》，载《法学》2020年第8期。

〔3〕 参见张家勇：《体系视角下所有权担保的规范效果》，载《法学》2020年第8期。

〔4〕 参见高圣平：《动产担保交易的功能主义与形式主义——中国〈民法典〉的处理模式及其影响》，载《国外社会科学》2020年第4期。

〔5〕 参见四川省成都市中级人民法院（2019）川01民终2590号民事判决书。

〔6〕 参见刘保玉、张炟东：《论动产融资租赁物的所有权登记及其对抗效力》，载《中州学刊》2020年第6期。

根据《融资租赁合同解释》第 1 条规定："人民法院应当根据民法典第七百三十五条的规定，结合标的物的性质、价值、租金的构成以及当事人的合同权利和义务，对是否构成融资租赁法律关系作出认定。对名为融资租赁合同，但实际不构成融资租赁法律关系的，人民法院应按照其实际构成的法律关系处理。"《民法典》第 146 条规定："行为人与相对人以虚假的意思表示实施的民事法律行为无效。以虚假的意思表示隐藏的民事法律行为的效力，依照有关法律规定处理。"同时，根据《民间借贷规定》第 10 条规定，（非金融机构的）法人、非法人组织之间为生产、经营需要订立的民间借贷合同，除存在《民法典》第 146 条、第 153 条、第 154 条以及《民间借贷规定》第 13 条规定的情形外，民间借贷合同有效。

本案中，松江矿业与南湖租赁签订的《融资租赁协议》虽名为融资租赁协议，其实质样态是借款合同，该借款行为没有效力瑕疵，借贷合同有效，南湖租赁对松江矿业仅享有债权，并非非典型担保的担保权人。

（二）南湖租赁与长宁担保签订的《保证合同》。

保证合同是为保障债权的实现，保证人和债权人约定，当债务人不履行到期债务或第三人约定的情形时，保证人履行债务和承担责任的合同（《民法典》第 681 条）。同时，根据《民法典》第 685 条规定，保证合同除满足一般合同成立要件的规定之外，合同形式应采书面形式，债权人接受且未提出异议的，保证合同成立。

本案中，南湖租赁与长宁担保签订的《保证合同》符合成立要件，属于担保合同，其实质样态系典型担保。

（三）南湖租赁与南湖保理签订的《公开型有追索权国内保理合同》。

在有追索权保理合同中，保理人不承担为债务人核定信用额度和提供坏账担保的义务，仅提供包括融资在内的其他金融服务。有追索权保理在应收账款到期无法从债务人处收回时，保理人可以向债权人反转让应收账款，或要求债权人回购应收账款或归还融资。

有追索权的融资型保理具有担保功能，其效果与担保性债权让与效果相同，故亦属"具有担保功能的合同"。[1]在《民法典》对非典型担保存在功能主义和形式主义相交织的情况下，将该保理合同认定为担保合同，优先发挥其担保功能为宜。

（四）长宁投资向南湖保理出具的《承诺函》。

对于具有担保功能但无担保之名的增信措施是否适用公司对外担保的限制问题，现有制度付之阙如，理论与实践争议颇大。《担保制度解释》第 12 条对于公司加入他人债务的效力问题，明确了准用公司对外担保的规则。[2]同时，通过对《公司法（2018 修正）》第 16 条的文义、目的解释，公司对外提供的担保及各类增信措施，均在该条规范的射程之

---

〔1〕 参见张家勇：《体系视角下所有权担保的规范效果》，载《法学》2020 年第 8 期。

〔2〕 参见刘保玉、梁远高：《"增信措施"的担保定性及公司对外担保规则的适用》，载《法学论坛》2021 年第 2 期；李伟平：《公司对外担保规则对公司债权加入的参照适用》，载《荆楚法学》2023 年第 2 期。

内。〔1〕因此，公司对外提供增信措施可以适用公司对外担保规则是必要且允当的选择。

本案中，从体系定位的角度来看，上述承诺文件既有可能被认定为保证合同，也有可能被认定为债务加入合同。〔2〕笔者认为，案涉《承诺函》认定为保证合同更适宜。

首先，承诺债务若具有或然性更可能被认定为保证。〔3〕案涉《承诺函》的核心条款是"若最终未能按时归还本息，由本公司协助解决"，预示着松江矿业所负债务存在能清偿和未能清偿两种情形，一正一反，预示着当事人对于松江矿业未能按时归还本息的未来判断与路径安排。长宁投资的付款责任是松江矿业未按时清偿债务时才产生，表明其承担的债务只是一种或然债务，并非实然债务，符合保证债务的补充性特点。其次，保证债务具有顺位性。长宁投资的付款责任的适用情形是松江矿业未能归还本息，换言之，其偿还债务的时间是在松江矿业偿还债务之后，具有明显的顺位性，符合保证债务的特点。最后，由于保证责任相较于债务加入的连带责任而言属于较轻的或然性、补充性责任，故不同于对债务加入的严格把握，司法实践中对于新型担保形式采取较为宽松的态度。借贷关系中的代偿承诺旨在保障债务人履行付款义务或保障债务人具有付款能力，从实质上看，其虽未使用"保证"术语，但明显起到担保债权实现的功能。〔4〕

综上所述，笔者认为，长宁投资出具的《承诺函》应认定为保证，同时根据《民法典》第686条第2款规定，该保证应当认定为一般保证，其实质样态系具有担保功能的合同。

（五）金飞勇与南湖保理签订的《股权转让协议》。

实践中，让与担保的表现多样，其中包括当事人约定将财产转移至债权人名下，在一定期间后再由债务人或者其指定的第三人以交易本金加上溢价款回购的行使，司法实践中法院基本认可此类回购合同的让与担保的性质。本案中，金飞勇转移股权的所有权并不是订立协议时的真实意思表示，双方签订《股权转让协议》旨在为债权提供担保，以满足债权的实现。故金飞勇与南湖保理的行为应当认定为非典型的担保方式。

结合前文所述，该《股权转让协议》的实质样态应当是非典型担保合同，南湖保理享有的股权是"担保性股权"，仅具有担保效果，南湖保理并非真正的股东。只要满足公示要件，办理了股权过户手续，股权让与担保的物权效力应得到承认，同时需要注意的是，当债务人届期未清偿债务或者发生当事人约定的实现担保权的情形时，债权人可请求参照《民法典》关于担保物权的规定对财产折价或者以拍卖、变卖该财产所得的价款优先受偿，而不能直接折抵欠款。

（六）昌平重科与松江矿业签订的《所有权保留合同》。

〔1〕 参见刘保玉、梁远高：《"增信措施"的担保定性及公司对外担保规则的适用》，载《法学论坛》2021 年第 2 期。
〔2〕 参见高圣平：《担保法前沿问题与判解研究（第五卷）》，人民法院出版社 2021 年版，第 253 页。
〔3〕 参见江苏省高级人民法院（2017）苏民再 350 号民事判决书。
〔4〕 参见高圣平：《担保法前沿问题与判解研究（第五卷）》，人民法院出版社 2021 年版，第 257 页。

　　所有权保留交易是伴随着信用经济的兴起而产生和发展的一项非典型担保制度。《民法典》第 641 条第 1 款规定："当事人可以在买卖合同中约定买受人未履行支付价款或者其他义务的，标的物的所有权属于出卖人。"所有权保留交易制度据此得以确立。

　　本案中，昌平重科为了保证自己的价款债权得以实现，与松江矿业进行所有权保留买卖交易，在松江矿业未偿还价款之前仍保留所有权，符合所有权保留成立要件，应当将《所有权保留合同》的实质样态认定为非典型担保。

　　同时，昌平重科所保留的所有权已经不是《民法典》物权编所有权分编中的"所有权"，并不具有所有权分编规定的所有权的完整权能。相反，出卖人所保留的所有权仅具有担保功能，其权利内容同于担保物权，此时的所有权是"担保性所有权"，在适用过程中，应当优先发挥其功能性。

第1部分：昌平重科对松江矿业的请求权

第1部分　大纲

一、基于合同而产生的请求权

（一）可否基于《民法典》第566条第2款对松江矿业主张违约损害赔偿请求权（−）

1. 请求权是否产生（＋）

（1）合同是否因违约而被解除（＋）

（2）是否存在法定或约定的免责事由（−）

（3）是否有权利阻却事由（−）

（4）补论因违约导致合同解除的损失赔偿额的确定

（5）中间结论（＋）

2. 请求权是否消灭（−）

3. 请求权可否执行（−）

（二）可否基于《民法典》第634条第2款对松江矿业主张标的物使用费返还请求权（−）

1. 该请求权是否产生（＋）

（1）合同是否已被解除（＋）

（2）是否无法律规定或者约定免责事由（＋）

（3）是否有权利阻却事由（−）

（4）中间结论（＋）

2. 请求权是否消灭（−）

3. 请求权可否执行（−）

二、结论：请求权竞合

第 1 部分　正文

基于合同产生的请求权分为原生的给付请求权以及次生的救济性请求权。就昌平重科而言，其与松江矿业之间存在所有权保留买卖合同，应当检视基于合同产生的请求权。南湖租赁基于《融资租赁协议》（实质为借款合同），与基于融资租赁产生担保权相比，南湖租赁无法就"松江 1 号"设备享有物权，仅存在债权。经过南湖租赁的债权让与，南湖保理亦仅享有债权，无法对抗昌平重科的所有权（此时，昌平重科是真正的所有权人），即昌平重科所取回的标的物，并不存在实质性的权利负担，不会因松江矿业在所有权交易期间的行为受损，无需检视基于侵权行为而产生的请求权。

一、基于合同而产生的请求权

（一）可否基于《民法典》第 566 条第 2 款对松江矿业主张违约损害赔偿请求权（－）

1. 请求权是否产生（＋）

违约责任，亦称为违反合同的民事责任，是指合同当事人因违反合同义务所承担的责任。关于违约解除与违约责任之间的关系，根据《民法典》第 566 条规定可知，合同因违约解除的，除当事人另有约定外，合同中关于违约责任的约定并不因合同解除而失效，解除权人可以要求违约方承担《民法典》第 577 条规定的违约责任。[1]该请求权产生需要满足以下构成要件：（1）合同因违约被解除；（2）不存在法定或约定的免责事由；（3）无权利阻却事由。

（1）合同是否因违约而被解除（＋）

民法原理上，合同债务人的违约行为包括：期前拒绝履行、履行不能、履行迟延、瑕疵履行、拒绝履行、加害履行，以及附随义务（保护义务）违反。本案中，松江矿业表示自己无力还款，是一种拒绝履行的行为，昌平重科因松江矿业根本违约而行使解除权解除合同，该构成要件满足。

（2）是否存在法定或约定的免责事由（－）

我国合同立法一直坚持合同严守原则，在违约责任方面原则上采纳了严格责任原则，即在一方违约的情形下，另一方只要能够证明对方的行为构成违约，且不存在法定或者约定的免责事由，就可以请求对方承担违约责任。现行法规定的免责事由，主要有不可抗力、货物本身的自然性质、货物的合理损耗、债权人的过错等，[2]而约定的免责事由主要是免责条款。本案中，松江矿业显然不在法定或约定的免责事由，该构成要件满足。

---

〔1〕　参见最高人民法院民法典贯彻实施工作领导小组主编：《中华人民共和国民法典合同编理解与适用〔四〕》，人民法院出版社 2020 年版，第 662 页。

〔2〕　参见崔建远主编：《合同法》，法律出版社 2021 年版，第 225 页。

（3）是否有权利阻却事由（－）

本案中不存在权利阻却事由。

（4）补论因违约导致合同解除的损失赔偿额的确定

关于合同解除后赔偿损失的范围，理论界和实务界一直存在争议，有赔偿信赖利益说和赔偿履行利益说两种观点。前者认为，合同解除后有溯及力的场合，当事人之间的合同关系归于消灭，合同当事人之间恢复到缔约前的状态，可得利益只有在合同被完全履行后才能实现；守约方选择合同解除，意味着其不愿继续履行合同，因此合同解除后违约方的赔偿范围应当为信赖利益和返还利益。[1]后者认为，解除合同虽然可使合同溯及地归于消灭，但在赔偿问题上仍按履行利益损失进行赔偿，在赔偿履行利益之后，当事人的定约费用、履行准备费用等信赖利益只能当成交易成本从得利益中获得补偿。[2]

本文认为，应当区分情况而定。如果是因根本违约而解除合同的，其赔偿范围应为履行利益的损失，但应当不得超过违约一方订立合同时预见到或者应当预见到的因违约可能造成的损失。除此之外，在任意解除的场合发生的损失赔偿范围应当限于信赖利益的赔偿。[3]

本案中，昌平重科系因松江矿业的根本违约行为而解除的合同，其损害赔偿范围应为履行利益的损失，其他信赖利益只能当成交易成本从可得利益中获得补偿。

（5）中间结论（＋）

昌平重科基于《民法典》566 条第 2 款对松江矿业违约损害赔偿责任的请求权产生。

2. 请求权是否消灭（－）

本案中不存在请求权消灭的事由。

3. 请求权可否执行（－）

本案中，松江矿业亦或对昌平重科享有债权请求权（基于体系安排考虑，对此问题在下一部分进行详细论述），此时，若松江矿业主张债务抵销，则昌平重科被抵销的部分遭遇执行障碍，从而不可执行。

（二）可否基于《民法典》第 634 条第 2 款对松江矿业主张标的物使用费返还请求权（－）

1. 该请求权是否产生（＋）

本案中，松江矿业与昌平重科所采取的交易方式是所有权保留买卖，同时采分期付款买卖交易形式，其是一种特殊的买卖形式。分期付款买卖合同解除后，出卖人有权获得利益补偿，请求买受人支付标的物的使用费，是民法中公平原则和诚实信用原则的体现。根

---

〔1〕 参见王利明：《合同法研究（第二卷）》，中国人民大学出版社 2003 年版，第 307 页。

〔2〕 参见谢怀栻：《合同法原理》，法律出版社 2000 年版，第 253 页；王利明：《合同法研究（第三卷）》，中国人民大学出版社 2003 年版，第 307 页。

〔3〕 参见最高人民法院民法典贯彻实施工作领导小组主编：《中华人民共和国民法典合同编理解与适用〔四〕》，人民法院出版社 2020 年版，第 662～663 页。

据《民法典》第 634 条第 2 款规定，出卖人解除合同的，可以向买受人请求支付该标的物的使用费。据此，若产生该请求权，需要满足：（1）合同已被解除；（2）无法定或者约定免责事由；（3）无权利阻却事由。

（1）合同是否已被解除（＋）

合同解除，是指合同有效成立以后，当具备合同解除条件时，因当事人一方或双方的意思表示而使合同关系自始消灭或向将来消灭的一种行为。本案中，昌平重科已经于 2020 年 7 月 12 日通知松江矿业解除合同，即该合同已经解除，符合此构成要件。

（2）是否无法律规定或者约定免责事由（＋）

本案中，并不存在法律规定或者当事人约定的免责事由。

（3）是否有权利阻却事由（－）

不存在权利阻却事由。

（4）中间结论（＋）

昌平重科可以基于《民法典》第 634 条第 2 款对松江矿业主张标的物使用费请求权，即该请求权产生。

2. 请求权是否消灭（－）

本案中不存在请求权消灭的情形。

3. 请求权可否执行（－）

如前文所述，若松江矿业亦对昌平重科享有债权请求权并主张债务抵销，该请求权存在执行障碍，就被抵销的部分无法执行。

二、结论：请求权竞合

从权利人（受害人）的角度来看，因不法行为人行为的多样性，使其具有因多种性质的违法行为而产生多重请求权，此种现象称为请求权竞合，当事人可以选择一项请求权行使。[1]

昌平重科可基于《民法典》第 566 条第 2 款主张违约责任请求权，或者基于《民法典》第 634 条第 2 款主张标的物使用费返还请求权（若仅主张违约损害赔偿责任难以覆盖使用费时，应当允许两种请求权同时存在），但若松江矿业主张债务抵销，则存在部分请求权无法执行的问题。

---

〔1〕 参见王泽鉴：《民法思维》，北京大学出版社 2009 年版，第 131 页。

第 2 部分：松江矿业对昌平重科的请求权

第 2 部分　大纲

一、基于合同（次生的救济性请求权）产生的请求权

（一）可否基于《民法典》第 566 条第 1 款对昌平重科主张恢复原状请求权（－）

1. 请求权是否产生（＋）

（1）合同是否已经解除（＋）

（2）合同解除是否具有溯及力（＋）

（3）合同是否已经全部或者部分履行（＋）

（4）是否无权利阻却事由（＋）

（5）中间结论（＋）

2. 请求权是否消灭（－）

3. 请求权可否执行（－）

（1）昌平重科是否享有抵销权（＋）

（2）昌平重科行使抵销权是否需要松江矿业同意（－）

（3）结论（－）

（二）小结（－）

二、基于不当得利产生的请求权

（一）可否基于《民法典》第 985 条对昌平重科主张不当得利返还请求权（－）

1. 请求权是否产生（＋）

（1）昌平重科是否取得利益（＋）

（2）昌平重科取得利益是否有法律根据（－）

（3）是否致使松江矿业受有损失（是否具有因果关系）（＋）

（4）是否无权利阻却事由（＋）

（5）中间结论（＋）

2. 请求权是否消灭（－）

3. 请求权可否执行（－）

（二）小结（－）

三、结论：请求权竞合

第2部分 正文

就松江矿业而言，与昌平重科存在所有权保留买卖交易，并签订所有权保留合同，须检视松江矿业可否基于合同对昌平重科主张请求权；同时，本案中，昌平重科解除了合同，而昌平重科已经受有部分价款，现法律基础消失，或需要检视松江矿业能否基于此对昌平重科主张不当得利返还请求权。

一、基于合同（次生的救济性请求权）产生的请求权

（一）可否基于《民法典》第566条第1款对昌平重科主张恢复原状请求权（－）

1. 请求权是否产生（＋）

《民法典》第566条第1款规定："合同解除后，尚未履行的，终止履行；已经履行的，根据履行情况和合同性质，当事人可以请求恢复原状或者采取其他补救措施，并有权请求赔偿损失。"根据该规定，一般情况下，合同解除具有溯及力，即合同解除后有溯及既往的效果，当事人的财产可以恢复到合同订立之前的状态，即恢复原状。由于合同自始失去效力，当事人受领的给付失去法律依据，应该返还给及给付人。[1]若产生此请求权，需要满足以下构成要件：（1）合同已经解除；（2）合同解除具有溯及力；（3）合同已经部分或者全部履行；（4）无权利阻却事由。

（1）合同是否已经解除（＋）

昌平重科于2020年7月12日通知松江矿业解除合同。

（2）合同解除是否具有溯及力（＋）

我国现行法上的合同解除是否有溯及力，学界存在直接效果说、间接效果说、折中说等。[2]本文采直接效果说。

笔者认为，违约解除有无溯及力，应具体分析，非继续性合同的解除原则上有溯及力，继续性合同的解除原则上无溯及力。[3]本案中的所有权保留合同，即使是采分期付款

---

〔1〕 参见崔建远主编：《合同法》，法律出版社2021年版，第185页。

〔2〕 参见韩世远：《合同法总论》，法律出版社2004年版，第617～629页。

〔3〕 参见崔建远：《合同法总论（中卷）》，中国人民大学出版社2012年版，第685页。

方式进行交易，也应认定其为一时性合同。之所以把分期付款给付合同关系界定为一时性之债，是因为它是单一的债；总给付自始确定，时间要素对给付的内容和范围并无影响。[1]

换言之，案涉所有权保留合同性质上属于一时性合同（非继续性合同），在合同解除时有溯及力。

（3）合同是否已经全部或者部分履行（+）

在合同尚未履行时，解除具有溯及力，基于合同产生的债权债务关系全部溯及既往地消灭，当事人之间不存在发生恢复原状义务的可能，因此恢复原状义务仅发生于合同部分或全部履行的情况下。

本案中，松江矿业已经支付了 3 亿元价款，已经部分履行合同，符合此构成要件。

（4）是否无权利阻却事由（+）

本案无权利阻却事由。

（5）中间结论（+）

松江矿业基于《民法典》第 566 条第 1 款对昌平重科主张的恢复原状请求权产生。

2. 请求权是否消灭（－）

本案不存在权利消灭事由。

3. 请求权可否执行（－）

若昌平重科主张抵销部分债务，则松江矿业的部分债权因被抵销而不可执行。以下对此展开论述。

（1）昌平重科是否享有抵销权（+）

根据《民法典》第 568 条的规定，抵销必须具备以下要件才能行使：

① 双方当事人互负债务、互享债权（债权的相互性）

抵销以在对等额内使对方债权消灭为目的，故以双方互享债权为必要前提。抵销权的产生，在于当事人既负有债务，同时又享有债权。本案中，前文已述，昌平重科享有基于《民法典》第 634 条第 2 款对松江矿业的标的物使用费请求权以及违约赔偿请求权；松江矿业享有基于《民法典》第 566 条第 1 款对昌平重科的恢复原状请求权，满足此构成要件。

②双方的债权均有效存在

抵销足以使对立的债权在相当数额的范围内归于消灭，故以各该债权均有效为前提。本案中，双方所享有的债权均存在，没有消灭事由，满足此构成要件。

③标的物的种类、品质相同（同种类性）

双方互负债务，必须标的物种类、品质相同，才可抵销。如果标的物种类、品质不同，一是债务各有其不同的经济目的，抵销很有可能使之落空；二是债务互异其经济价值，抵销难以公平。

---

[1] 参见崔建远主编：《合同法》，法律出版社 2021 年版，第 23 页。

本案中，昌平重科与松江矿业享有的债权标的物均为金钱，具有同种类性，符合该构成要件。

④自动债权已届清偿期

因债权人通常仅在清偿期届至时，才可以现实地请求清偿，若未届清偿期，也允许抵销的话，就等于在清偿期前强制债务人清偿，牺牲其期限利益，显属不合理。所以，自动债权已届清偿期才允许抵销。同时，应注意另一方面的问题：债权即使已届清偿期，但当事人约定不得抵销的，人民法院可以认定该约定有效（《民法典》第568条第1款后一句）。

本案中，昌平重科和松江矿业互负的债务，均已届清偿期，可以主张实现其债权，因此，该构成要件满足。

⑤抵销的消极要件

根据《民法典》第568条第1款的规定，虽然允许抵销，"但是，根据债务性质、按照当事人约定或者依照法律规定不得抵销的除外"。这相较于原《合同法》第99条第1款规定的"但依照法律规定或者按照合同性质不得抵销的除外"，更为全面、合理。[1]根据本案事实易得，不存在抵销的消极要件情形。

（2）昌平重科行使抵销权是否需要松江矿业同意（－）

法定抵销由法律规定其构成要件，当要件具备时，依当事人一方的意思表示即可发生抵销的效力。依当事人一方的意思表示即可发生抵销效力的权利，称为抵销权，属于形成权。昌平重科所享有的抵销权即是形成权，其行使不需要松江矿业的同意。

（3）结论（－）

若昌平重科行使其抵销权，则松江矿业基于《民法典》第566第1款对昌平重科享有的恢复原状请求权，在被抵销的范围内不可执行。

（二）小结（－）

松江矿业基于《民法典》第566条第1款可对昌平重科主张恢复原状请求权，但仅在不被抵销的范围内执行。

二、基于不当得利产生的请求权

（一）可否基于《民法典》第985条对昌平重科主张不当得利返还请求权（－）

1. 请求权是否产生（＋）

民法原理上将不当得利区分为给付型不当得利和非给付型不当得利，但我国民法实证法上并不对此作明显的区分。《民法典》第122条和第985条均规定：没有法律根据，取得不当利益，受损失的人可以请求得利人返还不当利益。据此，若松江矿业享有不当得利

---

〔1〕 参见崔建远、陈进：《债法总论》，法律出版社2021年版，第307页。

请求权，其构成要件包括：（1）一方取得利益；（2）取得利益没有法律根据；（3）致使他人受有损失；（4）无权利阻却事由。下文将对其构成要件逐一进行分析。

（1）昌平重科是否取得利益（＋）

不当得利法上的利益应具体认定，包括各种财产利益，可以是财产权的取得、占有或登记的取得、债务的消灭、劳务或使用利益的取得等。

本案中昌平重科可能取得的利益是占有松江矿业已经支付的 3 亿元货款及其法定孳息。松江矿业基于所有权保留买卖交易，向昌平重科支付货款，现合同已经解除，且如前文所述，合同解除的效力溯及既往到合同订立时，对于昌平重科而言，属于取得利益。

（2）昌平重科取得利益是否有法律根据（－）

无法律上之原因，为不当得利之要件，非就权利取得或财产取得，谓无为其直接原因之法律要件，乃谓无受利益之法律上原因。[1]昌平重科基于《所有权保留合同》享有的 3 亿元货款及其孳息，因合同被解除，自始不发生效力，而丧失法律依据。

（3）是否致使松江矿业受有损失（是否具有因果关系）（＋）

①松江矿业是否受有损失

松江矿业丧失 3 亿元及其法定孳息，松江矿业受有损失。

②松江矿业的损失与昌平重科获利益是否有因果关系

需注意，此处的受损害，并不以实际上受有损害为必要，因为不当得利的目的并非在于填补损害，而是在消除无法律上原因所取得的利益。例如，利用他人屋顶放置广告招牌，他人是否有使用屋顶的计划，是否存在不能使用收益的损害，在所不问。[2]

昌平重科取得该货款的原因是基于松江矿业的给付，二者具有直接的关联性，满足该构成要件。

（4）是否无权利阻却事由（＋）

本案无权利阻却事由。

（5）中间结论（＋）

松江矿业基于《民法典》第 985 条对昌平重科主张不当得利返还请求权。

2. 请求权是否消灭（－）

本案不存在权利消灭事由。

3. 请求权可否执行（－）

参照上文所述论证过程，得出结论：若昌平重科行使抵销权，则松江矿业基于《民法典》第 985 条对昌平重科的不当得利返还请求权产生，但仅在未被抵销的范围内可执行。

---

〔1〕 参见史尚宽：《债法总论》，中国政法大学出版社 2000 年版，第 76 页。

〔2〕 参见朱晓喆：《保理合同、债权转让通知与不当得利》，载微信公众号"燕大元照法学教室"，2021 年 4 月 9 日。

（二）小结（一）

松江矿业可对昌平重科主张不当得利返还请求权，但仅在未被执行的范围内可执行。

三、结论：请求权竞合

综上所述，松江矿业可以基于《民法典》第985条对昌平重科主张不当得利返还请求权，也可以基于《民法典》第566条第1款对昌平重科主张恢复原状请求权。因二者在请求标的的范围内发生重合，基于填平损失的原则，松江矿业可择一请求权行使。若昌平重科主张债务抵销，则请求权仅可在未被抵销的范围内执行。

第 3 部分：姚晗香对金飞勇的请求权

第 3 部分　大纲

一、基于合同产生的请求权

（一）可否基于《民法典》第 929 条对金飞勇主张违约损害赔偿请求权（＋）

1. 该请求权是否产生（＋）

（1）受托人是否超越权限（＋）

（2）是否存在法定或者约定的免责事由（－）

（3）是否无权利阻却事由（＋）

（4）中间结论（＋）

2. 该请求权是否消灭（－）

3. 该请求权可否执行（＋）

（二）小结（＋）

二、基于侵权产生的请求权

（一）可否基于《民法典》第 1165 条结合《公司法规定（三）》第 25 条第 2 款对金飞勇主张侵权损害赔偿请求权（＋）

1. 该请求权是否产生（＋）

（1）客观要件（＋）

（2）主观要件（＋）

（3）金飞勇是否是名义股东（＋）

（4）是否无权利阻却事由（＋）

（5）中间结论（＋）

2. 该请求权是否消灭（－）

3. 该请求权可否执行（＋）

（二）小结（＋）

三、结论：请求权竞合

第 3 部分　正文

本案中，姚晗香与金飞勇之间存在委托代持协议，其基础关系为委托合同关系，受托人金飞勇应遵守合同约定，不得随意处置委托人姚晗香的股权，金飞勇将所代持的股权与南湖保理签订《股权转让协议》（实质为股权让与担保，系属于非典型担保），存在违约行为，因此需要检视基于合同产生的请求权。与南湖保理签订的《股权转让协议》实质样态为股权让与担保，经过公示，产生担保物权效力，则会使隐名股东姚晗香的权益受到侵害，故还需检视是否存在基于侵权产生的请求权。

一、基于合同产生的请求权

（一）可否基于《民法典》第 929 条对金飞勇主张违约损害赔偿请求权（＋）

1. 该请求权是否产生（＋）

《民法典》第 929 条是委托合同中受托人向委托人承担赔偿责任的一般性规定。本条第 2 款规定，不管受托人对其超越权限是否有过错，也不论委托合同是否有偿，受托人均应对委托人负赔偿责任。[1]同时，本案中，金飞勇处分股权的行为的主观意愿显然为故意，对姚晗香的实质权利造成损害，应承担其违约责任。若姚晗香享有该请求权，需要满足以下构成要件：（1）受托人超越权限，违反合同约定；（2）不存在法定或者约定的免责事由；（3）无权利阻却事由。

（1）受托人是否超越权限（＋）

受托人基于委托合同应当尽合理的谨慎义务，遵守合同的约定，维护委托人的利益，而不得超越委托权限，损害委托人的合法权益。根据案情描述，姚晗香对于《股权让与协议》的签订并不知情，事后得知，拒绝承认。由此可知，受托人金飞勇处分其股权超出了委托人的预期，超越了其权限。

（2）是否存在法定或者约定的免责事由（－）

如前文所述，我国合同立法在违约责任方面原则上采纳了严格责任原则，即在一方违约的情形下，另一方只要能够证明对方的行为构成违约，且不存在法定或者约定的免责事由，就可以请求对方承担违约责任。本案中，金飞勇不存在法定或者约定的免责事由，符合该构成要件。

（3）是否无权利阻却事由（＋）

本案不存在权利阻却事由。

---

〔1〕 参见最高人民法院民法典贯彻实施工作领导小组主编：《中华人民共和国民法典合同编理解与适用〔四〕》，人民法院出版社 2020 年版，第 500 页。

（4）中间结论（+）

姚晗香基于《民法典》第 929 条对金飞勇主张的违约损害赔偿请求权产生。

2. 该请求权是否消灭（－）

本案中不存在请求权消灭的事由。

3. 该请求权可否执行（+）

本案中不存在请求权阻却的抗辩事由。

（二）小结（+）

姚晗香可以基于《民法典》第 929 条对金飞勇主张违约损害赔偿请求权。

二、基于侵权产生的请求权

（一）可否基于《民法典》第 1165 条结合《公司法规定（三）》第 25 条第 2 款对金飞勇主张侵权损害赔偿请求权（+）

1. 该请求权是否产生

《公司法规定（三）》第 25 条第 2 款系对于名义股东承担责任的特殊规定，"名义股东处分股权造成实际出资人损失，实际出资人请求名义股东承担赔偿责任的，人民法院应予支持。"同时，《民法典》第 1165 条系侵权责任的一般规定，从该条款的规定来看，一般侵权行为的构成要件可以分为：其一，客观要件，即行为、损害后果、因果关系（加害行为与民事权益被侵害的因果关系）；其二，主观要件，即行为人存在过错，包括故意和过失。[1] 同时，若主张该请求权还需要无权利阻却事由以及金飞勇为公司的名义股东。下文将对各个构成要件逐一分析。

（1）客观要件（+）

① 是否存在加害行为（+）

作为侵权责任构成要件的行为，是指侵害他人民事权益的受意志支配的人之活动。[2] 金飞勇未经姚晗香同意将其股权进行处分，并且进行股权变更登记，其满足了公示要件，便具有了物权效力。因此，不难认定金飞勇实施了加害行为。

② 是否有损害产生（+）

如前所述，《股权转让协议》的实质样态是非典型担保，在已经完成公示的情况下，股权受让人可以行使其"担保性所有权"，对股权进行拍卖变卖等，并就所得价款享有优先受偿的权利。这实质性地对姚晗香的股权造成可能被转让的危险，即有损害产生。

③ 加害行为与损害发生之间是否存在因果关系（+）

我国民法上因果关系的判断标准有必然因果说和相当因果关系说，其中后者逐渐被司

---

[1] 参见程啸：《侵权责任法》，法律出版社 2021 年版，第 215 页。

[2] 参见程啸：《侵权责任法》，法律出版社 2021 年版，第 217 页。

法实践所接受。相较于必然因果说，相当因果关系说有其优点。[1]

根据相当因果关系说，姚晗香受到的损害系由金飞勇的处分行为所致，同时，依照一般社会观念，该加害行为通常会导致这样的损害，具有相当性。这说明金飞勇的加害行为与姚晗香的损害发生之间存在因果关系。

（2）主观要件（+）

故意，是行为人预见自己行为的结果，仍然希望它发生或者听任它发生的主观心理状态。金飞勇明知自己的行为会造成姚晗香的利益受损，仍作出不当处分，主观上是故意的。

（3）金飞勇是否是名义股东（+）

隐名出资是指实际出资人与名义出资人约定，登记名义人为有限责任公司的股东，记载于股东名册、出资证明书、登记账簿上，被称为"名义股东"；而由实际出资人承担出资义务、享有"投资权益"，被称为"隐名股东"。本案中，金飞勇基于姚晗香的授权委托，签订股权代持协议，仅对外具有公示效力，系名义股东。

（4）是否无权利阻却事由（+）

本案中不存在权利阻却事由。

（5）中间结论（+）

姚晗香基于《民法典》第1165条结合《公司法规定（三）》第25条第2款对金飞勇的侵权损害赔偿请求权产生。

2. 该请求权是否消灭（-）

本案中不存在请求权消灭的事由。

3. 该请求权可否执行（+）

本案中不存在请求权阻却的抗辩事由。

（二）小结（+）

姚晗香可以基于《民法典》第1165条结合《公司法规定（三）》第25条第2款对金飞勇主张侵权损害赔偿请求权。

三、结论：请求权竞合

姚晗香对金飞勇的请求权，存在违约责任和侵权责任的竞合，可基于《民法典》第929条对金飞勇主张违约损害赔偿请求权，或者基于《民法典》第1165条结合《公司法规定（三）》第25条第2款而产生的侵权损害赔偿请求权。

---

[1] 参见王利明：《侵权责任法研究（上卷）》，中国人民大学出版社2010年版，第386～386页。

第4部分：南湖保理对松江矿业的请求权

第4部分　大纲

一、基于合同产生的请求权

（一）可否基于《民法典》第667条对松江矿业主张返还借款并支付利息（＋）

1. 请求权是否产生（＋）

（1）是否存在返还借款与支付利息的请求权（＋）

（2）南湖保理是否可以对松江矿业主张返还借款与支付利息的请求权（＋）

（3）是否无权利阻却事由（＋）

（4）中间结论（＋）

2. 请求权是否消灭（－）

3. 请求权可否执行（＋）

（1）松江矿业可否主张因未收到债权转让的通知而对受让人南湖保理的抗辩（－）

（2）南湖保理享有的利息返还的请求权是否因利率违反法律规定而无法全部执行（－）

（3）小结（＋）

（二）可否基于《民法典》第676条对松江矿业主张支付逾期利息（＋）

1. 请求权是否产生（＋）

（1）借款人是否未按照约定的期限返还借款（＋）

（2）南湖保理是否享有支付逾期利息请求权（＋）

（3）是否无权利阻却事由（＋）

（4）中间结论（＋）

2. 请求权是否消灭（－）

3. 请求权可否执行（＋）

（三）可否基于《民法典》第577条对松江矿业主张违约损害赔偿请求权（＋）

1. 请求权是否产生（＋）

（1）是否存在违约行为（＋）

（2）是否受有损失（＋）

（3）违约行为与损失之间是否存在因果关系（＋）

（4）是否无权利阻却事由（＋）

（5）中间结论（＋）

2. 请求权是否消灭（－）

3. 请求权可否执行（＋）

二、结论：请求权竞合

第4部分　正文

本案中，南湖保理本来并不享有对松江矿业的请求权，但是因南湖租赁将《融资租赁协议》（其实质样态为借款合同）下的债权全部转让给了南湖保理，南湖保理或享有对松江矿业的请求权，又松江矿业与原债权人之间的法律关系基础是合同，因此若考虑南湖保理对松江矿业是否享有请求权，应当检视基于合同产生的请求权。

一、基于合同产生的请求权

（一）可否基于《民法典》第667条对松江矿业主张返还借款并支付利息（＋）

1. 请求权是否产生（＋）

上文已述，南湖租赁与松江矿业所签订的《融资租赁协议》的实质样态为借款合同，根据《民法典》第667条的规定，借款人到期应当返还借款并支付利息。

南湖保理或基于受让南湖租赁对松江矿业的债权，而可享有对其主张返还借款并支付利息的权利。经分析，若南湖保理享有该请求权，需要满足以下构成要件：（1）存在返还借款与支付利息的请求权；（2）南湖保理对松江矿业主张返还借款与支付利息的请求权；（3）无权利阻却事由。笔者将对其进行逐个阐述。

（1）是否存在返还借款与支付利息的请求权（＋）

借款合同系借款人向贷款人借款，到期返还借款并支付利息的合同，即借款人负有到期清偿利益与本金的义务。

前文已述，南湖租赁与松江矿业签订的《融资租赁协议》（实为借款合同）并无效力瑕疵，符合合同生效的构成要件，对合同双方产生法律拘束力，南湖租赁作为债权人可对松江矿业主张返还借款与支付利息，即存在返还借款与支付利息的请求权。

（2）南湖保理是否可以对松江矿业主张返还借款与支付利息的请求权（＋）

根据《民法典》第 545 条规定，债权人可以将债权的全部或者部分转让给第三人。同时，基于《民法典》第 547 条第 1 款规定："债权人转让债权的，受让人取得与债权有关的从权利，但是该从权利专属于债权人自身的除外。"本款所称从权利，包括担保物权、保证债权、定金债权、利息债权、违约金债权和损害赔偿请求权等。[1]

本案中，南湖保理若主张松江矿业返还借款与支付利息，则应当存在债权让与事实。在我国的民法上，债权让与系事实行为，是债权让与合同生效的结果，它完全是债权让与合同这个"债权合同"的效力表现。[2]因此，笔者将仅对债权让与合同的构成要件逐一分析。

① 是否存在有效的债权（＋）

依《民法典》第 545 的规定，可知债权让与需要让与人拥有有效的债权，具有处分该债权的权限。前文已述，南湖租赁所转让的债权系基于与松江矿业签订的《融资租赁协议》而享有的，该债权系有效的。

② 被让与的债权是否具有可让与性（＋）

债权让与，系债权从让与人处转移到受让人之手的过程，更是一种结果。这个结果要成为现实，债权具有让与性是必要条件。《民法典》第 545 条明确规定三类债权不得转让：根据债权性质不得转让的债权、按照当事人约定不得转让的债权、依照法律规定不得转让的债权。

本案中，南湖租赁所转让的债权，是基于"借款关系"产生金钱债权，并且并没有约定不得让与，不属于《民法典》545 条规定的三种消极债权行列。因此案涉债权具有可让与性。

③ 让与人和受让人是否就债权的转让意思表示一致（＋）

根据《民法典》对合同的订立的固定，债权让与合同的成立，必须要求让与人和受让人就债权的转让意思表示一致。本案中，南湖租赁与南湖保理签订《公开型有追索权国内保理合同》，可以推定双方就债权的转让达成意思表示一致。

④ 小结（＋）

综上所述，南湖保理基于南湖租赁的债权让与行为可对松江矿业主张返还借款与支付利息的请求权。

（3）是否无权利阻却事由（＋）

本案没有权利阻却事由。

（4）中间结论（＋）

南湖保理基于《民法典》667 条对松江矿业主张返还借款与支付利息的请求权。

2. 请求权是否消灭（－）

本案中，不存在请求权消灭的事由。

---

〔1〕 参见崔建远、陈进：《债法总论》，法律出版社 2021 年版，第 262 页。
〔2〕 参见崔建远主编：《合同法》，法律出版社 2021 年版，第 151 页。

3. 请求权可否执行（＋）

对于南湖保理对松江矿业主张返还借款与支付利息的请求权的执行问题，笔者认为需要考虑以下两个方面：（1）松江矿业可否主张因未收到债权转让的通知而对受让人南湖保理的抗辩；（2）南湖保理享有的利息返还的请求权是否因利率违反法律规定而无法全部执行。笔者将对这两个方面分别进行分析。

（1）松江矿业可否主张因未收到债权转让的通知而对受让人南湖保理的抗辩（－）

《民法典》第546条第1款规定，债权人转让债权，未通知债务人的，该转让对债务人不发生效力。本案中松江矿业是否享有因未收到债权转让的通知而对受让人产生抗辩的问题，仅需说明债权让与的通知是否到达债务人即可。

① 让与通知是否到达债务人（＋）

本案中，南湖租赁以签订《公开型有追索权国内保理合同》进行债权转让，该合同的类型系公开型的保理合同，根据其性质，本案让与通知已经到达债务人。

② 小结（－）

综上，南湖租赁和南湖保理的债权转让通知到达了债务人，对债务人亦产生了效力，松江矿业不享有基于《民法典》第546条第1款规定而享有的抗辩权。

（2）南湖保理享有的利息返还的请求权是否因利率违反法律规定而无法全部执行（－）

根据《民间借贷规定》第31条第1款、第2款规定："本规定施行后，人民法院新受理的一审民间借贷纠纷案件，适用本规定。2020年8月20日之后新受理的一审民间借贷案件，借贷合同成立于2020年8月20日之前，当事人请求适用当时的司法解释计算自合同成立到2020年8月19日的利息部分的，人民法院应予支持；对于自2020年8月20日到借款返还之日的利息部分，适用起诉时本规定的利率保护标准计算。"以2020年8月20日为分界，已经受理的案件原则上继续适用原规定，新受理的案件适用新规定。

本案中，案涉借款合同成立于2018年7月12日，经展期至2020年7月12日。按照新规的规定，可以适用当时的司法解释计算方法计算利息，即约定的年利率不得超过24％，案涉约定的利率符合当时的司法解释规定。

（3）小结（＋）

上述两种权利阻却事由均不产生，该请求权是存在且可执行的。

（二）可否基于《民法典》第676条对松江矿业主张支付逾期利息（＋）

1. 请求权是否产生（＋）

《民法典》第676条规定，"借款人未按照约定的期限返还借款的，应当按照约定或者国家有关规定支付逾期利息。"

若该请求权成立，则需要满足以下构成要件：（1）借款人未按照约定的期限返还借款；（2）南湖保理有权要求支付逾期利息；（3）无权利阻却事由。现对其进行分析。

（1）借款人是否未按照约定的期限返还借款（＋）

借款人松江矿业在还款期限到期时，仍然有5亿元借款未偿还，满足此构成要件。

（2）南湖保理是否享有支付逾期利息请求权（＋）

南湖保理享有支付逾期利息的请求权，具体的分析过程可以参照"南湖保理享有借款与利息返还请求权"部分。

（3）是否无权利阻却事由（＋）

本案中，不存在权利阻却事由。

（4）中间结论（＋）

南湖保理基于《民法典》第676条对松江矿业主张支付逾期利息的请求权。

2. 请求权是否消灭（－）

本案不存在请求权消灭的事由。

3. 请求权可否执行（＋）

根据《民间借贷规定》第31条规定，该逾期利息利率的计算方法应当分为两个时间段分别计算——2020年7月12日至2020年8月20日，以及2020年8月20日至南湖保理起诉之日。

前一时间段适用法释〔2015〕18号第29条的规定，出借人可以主张借款人自逾期还款之日起按照借期内的利率支付资金占用期间利息，即以约定的20％利率作为逾期利息计算标准，该部分符合法律规定可以得到执行。

后一时间段适用《民间借贷规定》第28条规定，以起诉时的一年期贷款市场报价利率4倍为限，约定利率超过部分无效，不可执行。

（三）可否基于《民法典》第577条对松江矿业主张违约损害赔偿请求权（＋）

1. 请求权是否产生（＋）

根据上文所述，南湖保理基于南湖租赁的债权让与行为，享有南湖租赁对松江矿业的请求权。因此，可以直接讨论南湖租赁对松江矿业是否存在违约损害赔偿请求权，进而基于债权让与效果，南湖保理继受该请求权。

根据《民法典》第577条规定，当事人一方不履行合同义务或者履行合同义务不符合约定的，应当承担继续履行、采取补救措施或者赔偿损失等违约责任。因此，若基于此条款的违约损害赔偿请求权产生，需讨论以下构成要件：（1）存在违约行为；（2）受有损失；（3）违约行为与损失之间存在因果关系；（4）无权利阻却事由。

（1）是否存在违约行为（＋）

违约行为，指债务人不履行合同义务的行为。我国《民法典》采用了"当事人一方不履行合同义务或者履行合同义务不符合约定"的表述来阐述违约行为的概念。在学理上，违约行为也被称为不履行合同债务的行为。根据《民法典》第667条，借款人松江矿业负有到期返还借款并支付利息的义务。还款期届满时，松江矿业表示自己无力偿还债务，存在严重的违约行为，即满足此构成要件。

（2）是否受有损失（+）

违约行为是对相对权即合同债权的侵害，由于债权是以请求权为核心的，债权的实现有赖于债务人切实履行其合同义务，债务人违反合同义务必然会使债权人依据合同所享有的债权不能实现。所以，任何违约行为都导致了对债权人的债权的侵害。[1]

南湖租赁因松江矿业的违约行为而造成其债权受到损害。同时，南湖租赁的履行利益亦因松江矿业债务不履行而发生损失。例如，若松江矿业到期偿还债务，则南湖租赁即可进行投资等金融活动从而获得收益。因此，该构成要件亦满足。

（3）违约行为与损失之间是否存在因果关系（+）

根据《民法典》第584条的规定，损害赔偿不得超过违反合同一方订立合同时预见或者应当预见的损失，即只有当违约造成损害时违约方在订约时可以预见的情况下，才能认为损害结果与违约行为之间具有因果关系，违约方才应对这些损害负赔偿责任。

因果关系的确定，是对违约方是否承担违约责任的基础性要求，某一事实仅于现实情形发生某种结果，尚不能认为有因果关系，必须在一般情形，依社会的一般观察，亦认为能发生同一结果的时候，才能认为有因果关系。本案中，南湖租赁的债权受损以及履行利益受损，依据社会的一般观察，系由于松江矿业的违约行为所导致的，二者之间存在因果关系。

（4）是否无权利阻却事由（+）

本案中，不存在权利阻却事由。

（5）中间结论（+）

南湖租赁基于《民法典》577条对松江矿业主张违约损害赔偿的请求权。同时，南湖保理基于南湖租赁的债权让与可以对松江矿业主张违约损害赔偿。

2. 请求权是否消灭（-）

本案中不存在请求权消灭事由。

3. 请求权可否执行（+）

本案中不存在权利抗辩事由。

二、结论：请求权竞合

经过对合同请求权的检视，南湖租赁享有的请求权有：南湖保理享有基于《民法典》第667条主张返还借款与支付利息的请求权、基于《民法典》第676条对松江矿业主张逾期利息返还的请求权以及基于《民法典》第577条对松江矿业主张违约损害赔偿的请求权。由此，发生竞合的情况下，南湖保理可以选择最有利的请求权对松江矿业主张。同时需要注意，主张支付2020年8月20日之后的逾期利息时，可能会面临超过法定利率上限而不可执行的问题。

---

[1] 参见王利明、杨立新等：《民法学（下册）》，法律出版社2020年版，第740页。

第 5 部分：南湖保理对南湖租赁的请求权

第 5 部分　大纲

一、基于合同产生的请求权

（一）可否基于《民法典》第 766 条对南湖租赁主张返还保理融资款本息（＋）

1. 该请求权是否产生（＋）

（1）是否存在有效的保理合同（＋）

（2）应收账款是否到期（＋）

（3）是否无权利阻却事由（＋）

（4）中间结论（＋）

2. 该请求权是否消灭（－）

3. 该请求权可否执行（＋）

（二）可否基于《民法典》第 766 条对南湖租赁主张回购应收账款债权请求权（＋）

1. 该请求权是否产生（＋）

（1）是否存在有效的有追索权保理合同（＋）

（2）南湖保理是否受让对松江矿业的应收账款债权（＋）

（3）应收账款是否到期（＋）

（4）是否无权利阻却事由（＋）

（5）中间结论（＋）

2. 该请求权是否消灭（－）

3. 该请求权可否执行（＋）

二、结论：请求权竞合

第5部分　正文

本案中，南湖保理与南湖租赁之间存在《公开型有追索权国内保理合同》，即存在合同关系，则需要检视南湖保理基于合同关系能否对南湖租赁主张请求权。经过笔者的简要分析，并不具有存在其他请求权的可能性，因此下文仅就基于合同产生的请求权进行检视。

一、基于合同产生的请求权

（一）可否基于《民法典》第766条对南湖租赁主张返还保理融资款本息（＋）

1. 该请求权是否产生（＋）

《民法典》第766条规定："当事人约定有追索权保理的，保理人可以向应收账款债权人主张返还保理融资款本息……"前文已述，若债权人和保理人约定的保理合同类型为追索型保理合同，则保理人对债权人享有基于该保理合同产生的请求权。本案中，若南湖保理享有该请求权，需要满足以下构成要件：（1）存在有效的保理合同；（2）应收账款到期；（3）无权利阻却事由。本文对此进行分别论述。

（1）是否存在有效的保理合同（＋）

前文已述，案涉保理合同并没有效力瑕疵事由，系有效合同。同时，就合同的具体类型应当是保理合同，其实质样态为非典型担保。

（2）应收账款是否到期（＋）

应收账款的还款日为2020年7月12日，显然已经到期。

（3）是否无权利阻却事由（＋）

本案中没有权利阻却事由。

（4）中间结论（＋）

基于《民法典》第766条对南湖租赁主张返还保理融资款本息的请求权。

2. 该请求权是否消灭（－）

本案中没有请求权消灭事由。

3. 该请求权可否执行（＋）

本案中无权利阻却抗辩事由，南湖保理享有基于《民法典》第766条对南湖租赁主张返还保理融资款本息的请求权且可执行。

（二）可否基于《民法典》第766条对南湖租赁主张回购应收账款债权请求权（＋）

1. 该请求权是否产生（＋）

《民法典》第766条规定："当事人约定有追索权保理的，保理人可以向应收账款债权人主张……回购应收账款债权……"有追索权保理又称为回购型保理，目的是担保保理人的债权实现，其实质样态亦是非典型的担保方式。若南湖保理享有此请求权，需要满足以下构成要件：（1）存在有效的有追索权保理合同；（2）南湖保理受让对松江矿业的应收账款债权；（3）应收账款到期；（4）无权利阻却事由。本文对此进行分别论述。

（1）是否存在有效的有追索权保理合同（＋）

因案涉保理合同并没有效力瑕疵事由，应当认定为有效合同。同时，就合同的具体类型应当是保理合同，其实质样态为非典型担保。

（2）南湖保理是否受让对松江矿业的应收账款债权（＋）

前文已述，南湖保理与南湖租赁存在有效的债权让与事实，基于《民法典》第 547 条第 1 款的规定，南湖租赁对松江矿业的应收账款债权亦存在于南湖保理所受让权利的射程之内，即南湖保理事实上受让对松江矿业的应收账款债权。

（3）应收账款是否到期（＋）

本案中，应收账款的还款日为 2020 年 7 月 12 日，显然已经到期。

（4）是否无权利阻却事由（＋）

本案中没有权利阻却事由。

（5）中间结论（＋）

基于《民法典》第 766 条对南湖租赁主张回购应收账款的请求权。

2. 该请求权是否消灭（－）

本案中没有请求权消灭事由。

3. 该请求权可否执行（＋）

本案中无权利阻却抗辩事由，南湖保理享有基于《民法典》第 766 条对南湖租赁主张回购应收账款的请求权且可执行。

二、结论：请求权竞合

南湖保理享有对南湖租赁返还保理融资款本息的请求权以及回购应收账款的请求权，其保理形式为有追偿权保理的，保理人不承担应收账款不能收回的风险，同时，根据《民法典》第 766 条的表述以及立法目的，为防止保理人获取不当得利，仅可对上述两项请求权择一行使。

第6部分：南湖保理对长宁投资的请求权

第6部分　大纲

一、基于合同产生的请求权

（一）可否基于《民法典》第681条、第687条对长宁投资主张保证责任（－）

1. 该请求权是否产生（＋）

（1）该《承诺函》是否是有效的（＋）

（2）债务是否已届清偿期（＋）

（3）是否无权利阻却事由（＋）

（4）中间结论（＋）

2. 该请求权是否消灭（－）

3. 该请求权可否执行（－）

（二）小结（－）

二、结论

第6部分　正文

本案中，长宁投资向南湖保理出具的《承诺函》的实质样态为一般保证合同，即南湖保理和长宁投资之间存在合同关系，应当检视二者之间是否存在着基于合同产生的请求权基础。

一、基于合同产生的请求权

（一）可否基于《民法典》第681条、第687条对长宁投资主张保证责任（－）

1. 该请求权是否产生（＋）

《民法典》第687条系一般保证责任的规定，债务人不能履行债务时，保证人承担保证责任。前文已述，长宁投资向南湖保理出具的《承诺函》符合《民法典》第 681 条对保证合同的规定，其实质样态系一般保证合同。

若南湖保理对长宁投资主张保证责任，则需要满足以下构成要件：（1）该《承诺函》系有效；（2）债务已届清偿期；（3）无权利阻却事由。现本文分别对其进行阐述。

（1）该《承诺函》是否有效（＋）

合同的生效，指已经成立的法律行为因符合法定的生效要件，按照意思表示解释规则所确定的内容产生相应的法律效果，对当事人产生实质拘束力，原则上，合同自成立时生效。根据《民法典》第 143 条的规定，合同若满足以下构成要件则有效：①行为人具有相应的民事行为能力；②意思表示真实、自由；③不违反法律、行政法规的效力性强制规定，不违背公序良俗。

本案中，南湖保理和长宁投资均具有相应的民事行为能力，其意思表示也是真实、自由的，同时并不违反法律、行政法规的效力性强制性规定，不违背公序良俗。因此，该《承诺函》是有效的。

（2）债务是否已届清偿期（＋）

主债务的履行期限为 2020 年 7 月 12 日，显然已届清偿期。

（3）是否无权利阻却事由（＋）

本案中没有权利阻却事由。

（4）中间结论（＋）

基于《民法典》第 681 条、第 687 条对长宁投资主张的保证责任履行请求权。

2. 该请求权是否消灭（－）

本案中，不存在权利消灭事由。

3. 该请求权可否执行（－）

若考虑该请求权是否执行，需要检视是否存在权利抗辩。根据《民法典》第 687 条，基于保证人的地位而特有的抗辩权——先诉抗辩权，一般保证的保证人享有此权利。[1]

《民法典》第 687 条第 2 款规定："一般保证的保证人在主合同纠纷未经审判或者仲裁，并就债务人财产依法强制执行仍不能履行债务前，有权拒绝向债权人承担保证责任，但是有下列情形之一的除外：（一）债务人下落不明，且无财产可供执行；（二）人民法院已经受理债务人破产案件；（三）债权人有证据证明债务人的财产不足以履行全部债务或者丧失履行债务能力；（四）保证人书面表示放弃本款规定的权利。"

若存在符合《民法典》第 687 条第 2 款规定的四项情形，则排除债务人的先诉抗辩权。本案中，松江矿业并非下落不明；松江矿业亦未宣告破产、进入人民法院受理破产程序；保证人长宁投资尚未书面表示放弃先诉抗辩权；需要进一步考虑是否符合"债权人有

---

〔1〕 参见崔建远、陈进：《债法总论》，法律出版社 2021 年版，第 222 页。

证据证明债务人的财产不足以履行全部债务或者丧失履行债务能力"。

一般保证的保证人享有先诉抗辩的权利，原理是债务人是第一债务人，保证人是第二债务人。在第一债务人还有财产履行主合同义务的情况下，应当要求第一债务人履行债务或者承担责任。[1]本案中，虽松江矿业作为第一债务人表示自己无力还款，但是尚不存在其他有力证据推定债务人的财产不足以履行债务或者丧失履行能力，债权人仍不能直接越过债务人向保证人主张其承担保证责任。

综上所述，一般保证人长宁投资仍享有先诉抗辩权，该请求权不可执行。

（二）小结（一）

南湖保理可对长宁投资主张保证责任，但若长宁投资主张先诉抗辩权而该请求权不可执行。

二、结论

经过检视，南湖保理可以基于《民法典》第 681 条、第 687 条对长宁投资主张一般保证责任，同时因为长宁投资事实上享有先诉抗辩权，在长宁投资主张的情况下，不可执行该请求权。

---

[1] 参见最高人民法院民法典贯彻实施工作领导小组主编：《中华人民共和国民法典合同编理解与适用〔四〕》，人民法院出版社 2020 年版，第 1315 页。

第7部分：南湖保理对长宁担保的请求权

第7部分　大纲

一、基于合同产生的请求权

（一）可否基于《民法典》第688条结合《民法典》第547条对长宁担保主张连带责任保证（＋）

1. 该请求权是否产生（＋）

（1）是否存在连带保证责任履行请求权（＋）

（2）南湖保理是否受让南湖租赁对长宁担保的担保权（＋）

（3）是否无权利阻却事由（＋）

（4）中间结论（＋）

2. 该请求权是否消灭（－）

3. 该请求权可否执行（＋）

（二）小结（＋）

二、结论

第7部分　正文

本案中，因南湖租赁将《融资租赁协议》下的债权全部转让给了南湖保理，南湖保理或享有对长宁担保的请求权，又因长宁担保与原债权人之间的法律关系基础是合同，因此若考虑南湖保理对长宁担保是否享有请求权，应当检视基于合同产生的请求权。

一、基于合同产生的请求权

（一）可否基于《民法典》第688条结合《民法典》第547条对长宁担保主张连带责任保证（＋）

1. 该请求权是否产生（＋）

《民法典》第688条第2款规定，"连带责任保证的债务人不履行到期债务或者发生当事人约定的情形时，债权人可以请求债务人履行债务，也可以请求保证人在其保证范围内承担保证责任。"本案中，南湖租赁和长宁担保签订《保证合同》，保证形式为连带责任保证。南湖租赁将长宁担保的债权转让给南湖保理，基于保证在转移上的附从性，或可请求长宁担保承担连带责任保证。

因此，若南湖保理可对长宁担保主张连带责任保证，则需要满足以下构成要件：（1）存在连带责任保证；（2）南湖保理受让南湖租赁对长宁担保的担保权；（3）债务人不履行到期债务或者发生当事人约定的情形；（4）无权利阻却事由。现本文对其逐个阐述。

（1）是否存在连带保证责任履行请求权（＋）

根据《民法典》第 688 条第 1 款的规定，本案中，南湖租赁基于与长宁担保的约定，而享有连带责任保证履行请求权，即本案存在连带责任保证履行请求权。

（2）南湖保理是否受让南湖租赁对长宁担保的担保权（＋）

前文已述，基于《民法典》第 547 条第 1 款的规定，受让人基于债权让与事实而取得与债权有关的从权利，该从权利亦包括担保权，且南湖保理事实上受让对长宁担保的担保权。

（3）是否无权利阻却事由（＋）

本案中不存在权利阻却事由。

（4）中间结论

南湖保理基于《民法典》第 688 条对长宁担保连带责任保证的请求权产生。

2. 该请求权是否消灭（－）

南湖保理所享有的系连带责任保证履行请求权，基于其特性，需要讨论保证期间。债权人未于保证期间内请求保证人承担保证责任的，保证责任免除，保证人不再承担保证责任。[1]

本案中，长宁担保约定的保证期间为主债务到期日起 2 年，起算时间从债务到期日（2019 年 7 月 12 日）起计算，根据《民法典》第 695 条第 2 款的规定，即主债权债务合同履行期限作了变更，未经保证人"书面同意"的，保证期间不受影响，截止日期仍为2021 年 7 月 12 日。

保证期间尚未经过，该消灭事由不成立，该请求权并未消灭。

3. 该请求权可否执行（＋）

据《民法典》第 696 条第 1 款规定，债权人转让全部或者部分债权，未通知保证人的，该转让对保证人不发生效力。本条规定实际上是对《民法典》第 546 条第 1 款的进一步细化，即债权转让如果要对债务人发生效力，必须通知债务人，而在保证法律关系中，

---

[1] 参见崔建远：《论保证规则的变化》，载《中州学刊》2021 年第 1 期。

保证人相当于次债务人，故债权人也应履行通知义务。

本案中，南湖保理与南湖租赁签订《公开型有追索权国内保理合同》，所谓公开型保理，又称"明保理"，是指签订保理合同或在保理合同每单发票项下的应收账款转让时立即将债权转让事实通知债务人，通知到达债务人时，应收账款转让即对债务人发生效力的保理。笔者认为，保证人系次债务人，在约定公开型保理形式时，其"债权转让"的通知亦应当到达保证人，即该债权转让的行为对保证人发生效力。因此，该请求权可执行。

（二）小结（＋）

南湖保理可对长宁担保主张连带责任保证，并且该请求权可执行。

二、结论

南湖保理可以基于《民法典》第 688 条结合《民法典》第 547 条对长宁担保主张连带责任保证，因债权转让的通知到达保证人，对其发生效力，可执行。

第8部分：南湖保理对金飞勇的请求权

第8部分 大纲

一、基于合同产生的请求权

（一）可否基于《担保制度解释》第68条对金飞勇主张对股权清算优先受偿请求权（+）

1. 请求权是否产生（+）

（1）是否存在有效的让与担保合同（+）

（2）股权让与担保是否已经完成公示（+）

（3）债务人是否到期未偿还债务（+）

（4）是否无权利阻却事由（+）

（5）中间结论（+）

2. 请求权是否消灭（－）

3. 请求权可否执行（+）

（二）可否基于《民法典》第509条对金飞勇主张回购股权请求权（+）

1. 请求权是否产生（+）

（1）是否存在有效的合同（+）

（2）南湖保理是否受让股权（+）

（3）债务人是否到期未偿还债务（+）

（4）是否无权利阻却事由（+）

（5）中间结论（+）

2. 请求权是否消灭（－）

3. 请求权可否执行（+）

二、基于类合同产生的请求权

（一）可否基于《民法典》第 500 条对金飞勇主张缔约过失责任赔偿请求权（-）

1. 请求权是否产生 （-）

（1）金飞勇是否违反先合同义务 （+）

（2）南湖保理是否受有损失 （-）

（3）违反先合同义务与该损失之间是否有因果联系 （-）

（4）金飞勇是否有过错 （-）

（5）中间结论 （-）

2. 请求权是否消灭 （-）

3. 请求权可否执行 （-）

（二）小结 （-）

三、结论

第 8 部分　正文

南湖保理与金飞勇之间存在《股权转让协议》，需要检视基于此合同而可能产生的请求权；同时，金飞勇与南湖保理订立合同的过程中故意隐瞒其所持股权系姚晗香委托其代持的事实，或存在缔约过失责任，由此需要检视类似合同请求权。

一、基于合同产生的请求权

（一）可否基于《担保制度解释》第 68 条对金飞勇主张对股权清算优先受偿请求权（+）

1. 请求权是否产生 （+）

前文已述，南湖保理与金飞勇签订的《股权让与协议》的实质样态是股权让与担保，经公示后仍可产生担保物权效力，债权人可请求就标的物优先受偿。

经分析，若南湖保理基于《担保制度解释》第 68 条对金飞勇主张股权清算优先受偿请求权，需要满足以下构成要件：（1）存在有效的让与担保合同；（2）股权让与担保已经完成公示；（3）债务人到期不履行债务；（4）无权利阻却事由。现下文对各个构成要件进行分别阐述。

（1）是否存在有效的让与担保合同 （+）

前文已述，让与担保合同不会仅因违反物权法定原则而被认定无效，只要让与担保是当事人之间的真实意思表示，如无其他导致合同无效的事由出现，该让与担保合同应属有效。[1]

本案中，《股权让与协议》的实质样态是让与担保合同，且其并不存在其他的效力瑕疵，应当认定其为有效的让与担保合同。

（2）股权让与担保是否已经完成公示（+）

根据《担保制度解释》第68条第1款的规定，若让与担保完成公示即可产生对抗效力，让与担保权人可以参照担保物权的有关规定享有优先受偿权。因此，是否完成公示具有重要意义。

本案中，金飞勇协助南湖保理完成了登记，进行了公示，符合此构成要件。

（3）债务人是否到期未偿还债务（+）

让与担保权人行使担保权，请求债务人清偿的前置条件是债务人的债务履行期届满未偿还债务。本案中，作为债务人——松江矿业在约定的债务履行期限届满时，仍未清偿债务，满足此构成要件。

（4）是否无权利阻却事由（+）

本案中不存在权利阻却事由。

（5）中间结论（+）

南湖保理基于《担保制度解释》第68条对金飞勇主张对股权清算优先受偿的请求权。

2. 请求权是否消灭（-）

本案中不存在请求权消灭的事由。

3. 请求权可否执行（+）

本案中不存在权利抗辩事由，南湖保理享有基于《担保制度解释》第68条对金飞勇主张对股权清算优先受偿的请求权且可执行。

（二）可否基于《民法典》第509条对金飞勇主张回购股权请求权（+）

1. 请求权是否产生（+）

本案中，金飞勇与南湖保理约定"松江矿业不履行债务，金飞勇须按欠款数额回购股份"，根据《民法典》第509条的规定，合同签订之后，当事人就应当按照合同的约定全面履行义务，正当行使合同权利。其目的在于保障相对人的期待利益，保障整个社会经济和生活秩序的顺利进行。[2]因此，若发生双方约定的情形，金飞勇应当全面履行合同，回购转让给南湖保理的股权。

经分析，若南湖保理享有基于《民法典》第509条对金飞勇主张回购股权的请求权，需满足以下构成要件：（1）存在有效的合同；（2）南湖保理受让股权；（3）债务人到期不履行债务；（4）无权利阻却事由。现笔者将对各个构成要件进行分别阐述。

---

[1] 参见高圣平：《担保法前沿问题与判解研究（第五卷）》，人民法院出版社2021年版，第506页。
[2] 参见李永军：《合同法》，中国人民大学出版社2020年版，第204页。

（1）是否存在有效的合同（＋）

合同有效，即已经具备《民法典》第143条规定的有效要件，因而有别于尚不具备有效要件的合同。同时，若合同有效，则法律赋予依法成立的合同具有拘束当事人各方乃至第三人的强制力。[1]

本案中，南湖保理与金飞勇签订协议时皆具有相应的民事行为能力，同时双方签订协议时意思表示真实，不违反法律、行政法规的强制性规定，不违背公序良俗，应当认定其签订的《股权让与协议》系有效的合同。

（2）南湖保理是否受让股权（＋）

南湖保理请求金飞勇回购股权的前置条件应当是南湖保理实际受让股权。本案中，金飞勇协助办理完毕股权变更登记，即存在回购股权的基础条件，符合此构成要件。

（3）债务人是否到期未偿还债务（＋）

根据《股权转让协议》的内容，南湖保理请求金飞勇回购股权的条件是，松江矿业到期未偿还债务。本案中，作为债务人——松江矿业在债务约定期限届满时，仍未清偿债务，满足此构成要件。

（4）是否无权利阻却事由（＋）

本案中不存在权利阻却事由。

（5）中间结论（＋）

南湖保理基于《民法典》第509条对金飞勇主张回购股权的请求权。

2. 请求权是否消灭（－）

本案中不存在请求权消灭的事由。

3. 请求权可否执行（＋）

本案中不存在权利抗辩事由，南湖保理享有基于《民法典》第509条对金飞勇主张回购股权的请求权且可执行。

二、基于类合同产生的请求权

（一）可否基于《民法典》第500条对金飞勇主张缔约过失责任赔偿请求权（－）

1. 请求权是否产生（－）

缔约过失责任是指在缔结契约过程中（在契约缔结或者磋商之际），一方当事人过失地违反因诚实信用原则而生的相互保护、通知协力等义务，致使他方遭受损害时，过失者应负的赔偿责任。[2]缔约过失责任的产生需要符合以下构成要件：（1）缔约人一方违反先合同义务；（2）对方当事人受有损失；（3）违反先合同义务与该损失之间有因果联系；

---

[1] 参见崔建远：《合同法总论（上卷）》，中国人民大学出版社2011年版，第253～257页。

[2] 参见王泽鉴：《民法学说与判例研究（第1册）》，中国政法大学出版社1998年版，第97页。

（4）违反先合同义务者有过错。

（1）金飞勇是否违反先合同义务（+）

所谓先合同义务，是自缔约双方为签订合同而互相接触磋商开始逐渐产生的注意义务，而非合同有效成立而产生的给付义务，包括互相协助、互相照顾、互相保护、互相通知、诚实信用等义务。本案中，金飞勇隐瞒了其股权系基于姚晗香的委托代持协议享有的事实，违反了先合同义务。

（2）南湖保理是否受有损失（-）

该损失仅为财产损失，不包括精神损害；该损失为信赖利益的损失，而非履行利益的损失。本案中，因《股权让与协议》实质样态系股权让与担保，只要满足公示要件，办理了股权过户手续，股权让与担保的物权效力也得到承认。

依《公司法规定（三）》第25条第1款的规定："名义股东将登记于其名下的股权转让、质押或者以其他方式处分，实际出资人以其对于股权享有实际权利为由，请求认定处分股权行为无效的，人民法院可以参照民法典第三百一十一条的规定处理。"金飞勇将登记于其名下的股权以"让与担保"的方式转让给南湖保理，南湖保理自可参照《民法典》第311条的规定善意取得该"股权让与担保"，产生物权效力，对其并未造成损害。

（3）违反先合同义务与该损失之间是否有因果联系（-）

因南湖保理不存在损失，故不需要讨论此构成要件。

（4）金飞勇是否有过错（-）

因南湖保理不存在损失，客观要件不满足，故不需要讨论主观要件。

（5）中间结论（-）

基于《民法典》第500条对金飞勇主张缔约过失责任赔偿的请求权不产生。

2. 请求权是否消灭（-）

因该请求权自始不产生，因此不需要考虑是否消灭。

3. 请求权可否执行（-）

因该请求权自始不产生，因此不需要考虑可否执行。

（二）小结（-）

南湖保理不可对金飞勇主张缔约过失责任赔偿。

三、结论

如上所述，南湖保理对金飞勇享有的请求权有：基于《担保制度解释》第68条对股权清算优先受偿的请求权，以及基于《民法典》第509条享有的回购股权请求权。上述两个请求权存在竞合，在逻辑上二者互斥，并不能同时主张，南湖保理仅可择一请求权对金飞勇主张。

第二部分

2021 年第二届全国鉴定式案例研习
论坛会议实录

开幕式暨颁奖仪式

2021 年 7 月 10 日

徐涤宇（中南财经政法大学校长助理、法学院院长，教授）：首先，我代表中南财经政法大学法学院对莅临本次会议的各位嘉宾、同学们表示热烈欢迎。出席今天的会议的领导和嘉宾有：中南财经政法大学党委常委、副校长姚莉教授；湖北省高级人民法院副院长周佳念教授，由于最高人民法院环资庭在湖北省进行工作检查，周佳念教授临时受命陪同前往十堰丹江口视察工作，所以他今天特别委托湖北省高级人民法院王赫副庭长来参加会议，我们表示欢迎。同时，出席会议的领导和嘉宾还有中国政法大学民商经济法学院院长于飞教授，华东政法大学法律学院院长金可可教授，中南财经政法大学法学院副院长李俊副教授；中南财经政法大学法学院副院长张家勇教授，他是中国案例法研究会的副会长，也是努力推进鉴定式案例研习在全国蓬勃发展的重要人物。此外还有南京大学法学院朱庆育教授，对于他，想必不用太多介绍，他仅凭一本《民法总论》，就足以横扫江湖，笑傲江湖。接下来是北京航空航天大学法学院李昊教授，也是鉴定式案例教学的大力推动者；南京大学法学院副院长刘勇副教授，西北政法大学民商法学院副院长百晓峰副教授，湖南大学法学院王文胜教授，江西理工大学法学院法律系副主任马龙老师，还有中南财经政法大学法学院的各位教师、教授以及来自武汉大学、北京大学、华东师范大学、北京师范大学、吉林大学、西南政法大学、北京化工大学、首都经贸大学等诸多高校的专家代表，欢迎你们的到来。接下来，有请中南财经政法大学党委常委、副校长姚莉教授致辞。

姚莉（中南财经政法大学党委常委、副校长，教授）：尊敬的各位同仁，亲爱的各位同学，大家上午好！今天，我们相聚在武汉，共同探讨鉴定式案例教学，其意深远，其乐融融。作为东道主，我谨代表中南财经政法大学向前来参加论坛的各位嘉宾表示热烈的欢迎。

我校前身为1948年邓小平、陈毅等老一辈无产阶级革命家创办的中原大学，在70多年的办学历程中几经调整；2000年，同根同源的中南政法学院和中南财经大学合并组建为中南财经政法大学。经过多年的发展，学校形成了以经、法、管为主干，多学科交叉融合、协调互动的学科发展态势。

2017 年 9 月，中南财经政法大学入选"世界一流大学"和"一流学科"（简称"双一流"）建设高校和建设学科名单。当然，在此之前，我们学校也在 2005 年"211 工程高校"的序列中，2011 年又进入了"985 创新学科"的平台。目前，我校在校生规模近 3 万人，有首义和南湖两个校区，占地 3000 多亩。在人才培养方面，我们注重融通性、实践性和创新型的培养特色，开办了"卓越法律人才"实验班、会计学拔尖创新实验班、金融学实验班等，着力培养具有国际视野、符合中国国情的经济、管理和法律精英人才。

目前，我校法学学科拥有 1 个法学一级学科博士点，12 个法学二级学科博士点，1 个法学博士后流动站，且拥有 1 个法学一级学科硕士点、14 个法学二级学科硕士点和 2 个法律硕士专业学位授予权，已建成教育部人文社科重点研究基地 1 个、教育部创新团队 1 个、国家级实验教学示范中心 1 个、卓越法律人才培养基地 3 个。2017 年，在意大利共和国现任总统塞尔吉奥·马塔雷拉先生的见证下，成立"中意法学研究中心"；同年，在意方教育部长的见证下，我们在罗马一大还建成了（可能是）欧洲最大的中国法律图书馆，践行习近平总书记"讲好中国故事、传播好中国声音"的要求。2018 年，我校又喜获"111 引智计划"，建设新时代科技革命与知识产权学科创新引智基地。法学科目前主要分布在法学院、刑事司法学院、知识产权学院、法硕中心和《法商研究》5 个单位。其中，法学院可能是亚洲办学规模最大的法学院，现有教职工 200 余名，学生 5000 余名。多年来，学校以及法学学科与美洲、欧洲、亚洲、大洋洲的二十几个国家和地区的 100 余所高校和科研机构建立了广泛的国际合作研究和国际学术交流关系，多次邀请境外专家学者来校讲学，多次举办国际学术会议。

改革开放 40 年来，中国特色社会主义法治建设取得了巨大成就，中国的法学教育也在恢复中迅速发展，特别是步入新时代后，在习近平新时代中国特色社会主义思想、习近平法治思想的引领下，中国的法学教育作为一项基础性工程，在法律人才培养、法学理论创新、法学学科建设、法律文化传播以及推动国家法治建设等诸多方面取得了令人瞩目的成就，对依法治国、社会主义市场经济体制建设及和谐社会构建起了至关重要的作用。然而，就目前国家社会急需的人才而言，法学教育还不能够充分满足，仍然存在着许多层次上、结构上的矛盾和迫切需要解决的实际问题。教育部和中央政法委员会早在 2011 年就联合发布了《关于实施卓越法律人才教育培养计划的若干意见》，指出我国高等法学教育存在的一个主要问题是"培养模式相对单一、学生实践能力不强"，认为应强化学生法律实务技能的培养，提高学生解决实际法律问题的能力。习近平总书记多次强调，法学学科是实践性很强的学科，法学教育要处理好知识教学和实践教学的关系。我校于 2016 年创办"卓越法律人才"实验班，其最大的特色在于增设了与主干课程相配套的案例研习课程，并采用全新的鉴定式案例教学法。这是国内法学院成建制推行鉴定式案例教学的首次尝试，实践证明，这样的课程设计是行之有效的，我们的人才培养工作取得了令人瞩目的良好效果。一花独放不是春，万紫千红春满园。自 2017 年起，我们连续 3 年举办全国鉴定式案例研习暑期班，意在进一步推广鉴定式案例教学法，惠及更多的法科学子，进而在更大范围产生影响，推动法学教育的革新。暑期班受到国内众多法科生的热捧，其效果有目共睹。我校将进一步在本科课堂中推广鉴定式案例教学法，继续举办全国鉴定式案例研习暑期班，打造鉴定式案例教学的全国中心。

今天各位相聚于此，共同探讨鉴定式案例教学，总结经验教训，分享技能心得，必将碰撞出更多的思想火花，凝聚更多的志同道合者，达成更多的共识，为鉴定式案例教学的进一步推进提供丰富的知识支持。最后，再次对与会的各位嘉宾表示衷心的感谢！预祝本次研讨会取得圆满成功！谢谢大家！

徐涤宇（中南财经政法大学校长助理、法学院院长，教授）：谢谢姚莉副校长！接下来，由湖北省高级人民法院审监庭副庭长王赫法官代表湖北省高级人民法院周佳念副院长致辞，大家欢迎。

王赫（湖北省高级人民法院审判监督第二庭副庭长）：尊敬的姚校长，徐院长、于院长、金院长，李院长，以及在座的各位学者嘉宾，亲爱的同学们，大家上午好！徐院长刚才已经介绍了我们湖北省高级人民法院副院长周佳念教授因无法预见、不可克服、不能避免的原因，遗憾地缺席了今天的开幕仪式。他委托我代表他进行致辞，由此形成了"委托人遗憾，受托人荣幸"的间接隐名代理关系，我既然受托于周院长，就必须要尽到勤勉尽力的受托义务。周院长希望由我代他表达三个核心意思，我简明扼要地跟大家汇报一下。

首先是祝贺，对本次全国鉴定式案例研习论坛的召开表示最诚挚的祝贺。本次论坛的主办单位及协办单位将此次盛会置于武汉，不仅意义重大，而且可喜可贺，必定能取得丰硕的成果。

其次是感谢。我们都是法学学生，在母校曾经都接受过老师、教授的案例教学，这种教学方法不仅对我们个人成长、法律逻辑思维的形成具有巨大促进作用，同时也对湖北法院系统的审判工作质效提升也有巨大推进作用。这种促进作用至少应该包括三个方面：一是这种教学方法为我们法院系统源源不断地培养法学职业法官后备军以及高素质的协同者，他们既有法学精神，又有实践视角，兼具扎实功底与独立人格。二是案例教学的方法使我们在审判实践中发现有指导意义、有巨大实践价值的优秀案例，是指导实践最主要的方式。据不完全统计，2021 年 1 月 23 日，仅在中国裁判文书网上公布的案例就已经达到1.14 万亿个，这是一个海量数据库。我们案例教学所使用的案例全部都是经老师、同学精心挑选、细心打磨的优秀典型案例。可以毫不讳言地说，案例教学方法之于我们审判实践，具有巨大发掘作用和开拓作用。三是凭借案例教学，通过教者和受者两个不同的视角，借批判式的思维方法，可以不断放大我们实践中裁判案件的底层逻辑，由它所反映的社情民情，裁判要素，无疑会使我们所有的好法官、好案例闪亮出位。所以，案例教学方法对我们司法实践的巨大促进作用是不可替代的。

最后是期待。有学者提出，案例是法律的生命体现，是法治建设的推动力量，是法治文化的精神载体和永恒题材。胡运腾大法官在他《中国案例研究》一书当中也提到，案例之树常青。所以，我们希望这个案例教学像这七月的流火一样，红遍祖国大江南北的法学校园，希望法治中国的参天大树常绿常新。最后，祝愿在座的各位专家学者、各位同学们事业顺利，生活幸福。

徐涤宇（中南财经政法大学校长助理、法学院院长，教授）：谢谢王赫庭长。王赫庭长的致辞十分精彩地诠释了他与周佳念院长是一种委托代理的关系，而不仅仅是意思传达者的关系，因为他是以周佳念院长乃至自己的名义独立实施的意思表示。接下来有请首届全国鉴定式案例研习论坛的主办方，也是给我们留下了十分宝贵经验的中国政法大学民商经济法学院院长于飞教授致辞。

于飞（中国政法大学民商经济法学院院长，教授）：尊敬的姚校长、王庭长、徐涤宇

院长、金可可院长，各位老师，各位同学，大家早上好。首先，热烈祝贺第二届全国鉴定式案例研习论坛成功召开！一般来说接下来就要感谢主办方，但鉴于中国政法大学民商经济法学院也是主办方之一，对主办方的感谢就免了。不过，要衷心感谢组织操办这次比赛的老师和同学们，谢谢你们辛苦的付出！我想在这里简单地谈三点。

第一点，鉴定式案例研习的发展，在第一届全国鉴定式案例研习比赛之后，中国政法大学的雷磊教授就说现在已经到了"无鉴定，不案例"的地步。如果谈到案例教学而没有谈鉴定式的话，就显得脱离了主流，我想，他的话是有道理的。前不久，中国政法大学的法学院举办了行政法的鉴定式案例大赛。我们看到，现在越来越多的学校接受了鉴定式课程，越来越多的老师有了鉴定式的思维和技能，越来越多的同学接受了这方面的训练，并且因为这种训练而发展进步和崭露头角。我想，这都是鉴定式案例研习在我国这块土地上蓬勃发展的具体证明，而所有这些成绩都是大家共同努力的结果，都是参加鉴定式教学的师生们共同努力的结果。这是我要说的第一点。

第二点，鉴定式有什么意义呢？首先，我非常同意刚才王庭长所说的，鉴定式可以填平教义学学习与司法实践之间的鸿沟，法学院的教义学学习和未来的司法实践之间是有巨大差距的，关键在于怎么跨过去。我至今记得，2004年我刚在中国政法大学教书的时候，非常受学生欢迎，当年就被评上了"中国政法大学最受本科生欢迎的十位教师"。可是，我教的第一届学生毕业以后，给我打电话说："于老师你的课讲得非常好，但是你讲的东西在实践当中用上的实际不到5%。"这句话深深触动了我，让我至今记忆犹新。后来，我到德国接触了鉴定式案例教学和研究方法，我觉得这是一个好的方式和桥梁，能够把法学院之所学和未来职业之所用统一起来。所以，我也在我们学校大力推广这种鉴定式的案例教学方式，它可以使学生学习如何展开自己的法律论证，如何组织各种说服力资源，使自己的法律论证有法可依、有章可循，从而平滑顺遂地跨越鸿沟。

第三点，鉴定式有利于我们法律职业共同体的形成。法律职业共同体要求什么？要求法律人要有共同的知识背景、共同的方法、共同的思维方式与思维架构，以及共同的确信和信仰。鉴定式案例研习能够加强这种共同的知识背景，能够强化这种共同的方法和思维方式，能够帮助法律人形成共同的确信。这种确信，用张家勇教授的话说，就是从有效的规范出发，经由全面周密的论证达致妥当的结论。综上，鉴定式可以推动法律职业共同体的形成。所以，我的最后一句话就是：愿鉴定式之花在全国遍地开放，愿我们共同钟情的依法治国事业早日达成，谢谢大家！

徐涤宇（中南财经政法大学校长助理、法学院院长，教授）：谢谢于飞教授。于飞教授是我们全国鉴定式案例研习大赛和论坛的首创者。在此之前，我们三院联合主办全国民商法博士论坛，于飞教授于去年就颇有远见地提出举办全国鉴定式案例研习大赛和论坛的构想。果然，一经开局，影响极大，王泽鉴老师对此也表达了充分肯定。今天，他的发言依然是像他在中国政法大学授课的影响力一样，具有方向性的引导作用。接下来，有请三个主办单位之一的华东政法大学法律学院的院长金可可教授致辞。

金可可（华东政法大学法律学院院长，教授）：尊敬的姚莉校长，尊敬的各位老师、同学，大家上午好。前面各位领导的致辞所讲的意思很全面，我非常赞同，这里就不重复了。但有两点，属于不可代理的事项，要在此专门另作表示。

第一是感谢，代表主办方之一华东政法大学法律学院感谢为这次活动付出大量辛勤劳动的评委老师，感谢各位远道而来的学界同仁，感谢踊跃参与的各位同学，更感谢中南财经政法大学姚莉校长等校领导以及法学院各位老师、各位同学。

第二是这一活动明年将在华东政法大学举办，我们一定会努力把活动办好。我们举办鉴定式案例大赛的初心，就像姚莉校长所说的，是希望把鉴定式案例教学的方法推广到全国，在法学教育中真正落地、生根、开花、结果。只要是对这个目标有利的事情，我们都要努力去做。所以，在这里向各位参加活动的老师同学提一个请求，如果觉得我们的比赛有需要进一步改进的地方，有更好的意见和建议，拜托一定要向我们多提，以利于我们将来把这个活动办得更好。在此也预先邀请大家，欢迎在座的各位，明年一定要来到华东政法大学。也请大家继续支持我们的活动，继续支持鉴定式案例教学在我国进一步推广，期待我们这个活动越办越好。最后预祝本次论坛成功，谢谢大家。

徐涤宇（中南财经政法大学校长助理、法学院院长，教授）：谢谢金可可教授！众所周知，金可可教授的教学、研究实力不仅影响着华东政法大学，在整个学界也举足轻重。接下来将进入激动人心的时刻，也是本次鉴定式案例研习大赛论坛非常重要的环节——有请中南财经政法大学法学院副院长李俊副教授介绍评审流程，并宣布获奖名单。

李俊（中南财经政法大学法学院副院长，副教授）：尊敬的各位老师，各位同学，大家早上好。本次大赛以"疯狂的担保"为主题，要求参赛者运用请求权基础方法以鉴定式体裁解题，以《民法典》及现行其他法律规范为解题的法条依据。本次比赛的参赛对象以

全国高等院校在校本科生为主。大赛的评审专家分别来自举办本次大赛的三所高校，每所高校的评审老师各 3 位，共计 9 位。本次大赛的评审程序分书面评审和口头答辩两个阶段。其中，书面评审阶段采匿名评审制，包括初审和复审两个环节。评审专家根据书面成绩排名，评出前 15 名参赛者参加口头答辩，最终根据参赛者的书面评审结果和口头答辩成绩，以 7:3 的分数比例综合确定获奖名单。根据大赛最初的奖项设计，一等奖获奖者 2 名，二等奖获奖者 3 名，三等奖获奖者 5 名。但评审组本着宁缺毋滥的原则，确定了 118 名参赛者参加书面评审的初审环节，选取了 32 名参赛者参加书面评审的复评环节，邀请了其中的 10 名参赛者参加口头答辩，最终根据参赛者的综合成绩仅确定了 5 位参赛者获奖。本次大赛一等奖空缺，一方面旨在督促同学们进一步强化案例研习能力，另一方面希望同学们在明年华东政法大学的鉴定式案例大赛中有更好的表现。

二等奖获得者 1 位同学，是来自中国政法大学 2017 级的本科生江美茹同学。

三等奖获得者共 4 位，分别来自湖南大学 2016 级本科生许楚涵同学、中南财经政法大学 2018 级本科生周群智同学、中国政法大学 2017 级本科生李祥伟同学、青岛大学 2018

级本科生石笑同学。

　　徐涤宇（中南财经政法大学校长助理、法学院院长，教授）：经过几个月艰辛，获奖同学终于获得了充分的肯定。我们的颁奖仪式到此结束。

第一单元：获奖作品展示

2021 年 7 月 10 日

李承亮（武汉大学法学院副教授）：大家上午好！现在我们开始第一个单元。根据会议安排，由我来主持这个环节。首先，我们有请本次全国鉴定式案例研习大赛第一名的获得者、中国政法大学 2017 级本科生江美茹同学来做主报告。

江美茹：各位老师和同学，大家上午好！我是中国政法大学 2017 级本科生江美茹，我的案例报告将分为以下两大模块，模块一是对相关请求权基础的概述，模块二是对争议较大的请求权基础及问题进行部分展开。

模块一，根据案情我们可以发现，南湖保理牵涉的当事人最广，法律关系最为复杂，因此，我以南湖保理作为分析的起点。首先，南湖保理和南湖租赁之间存在有追索权的保理合同，在负担行为层面，南湖保理可以向南湖租赁主张 10 亿元本息以及回购应收账款债权。双方之间达成了债权让与担保的合意：南湖租赁将其对松江矿业的债权让与给南湖保理以担保 10 亿元的融资额。由于债权让与行为有效，南湖保理成功取得对松江矿业的请求权。其次，需要讨论请求权的内容究竟是什么，即融资租赁合意实际是什么。在融资租赁协议中，租赁物的价值远远低于融资额，而且南湖租赁并未实地查验，也没有实际取得所有权。再加上合同中有关利率的表述，我们可以发现，双方当事人的真意是借款合同加所有权让与担保。由于所有权让与担保的担保权属性在《担保制度解释》第 68 条中得到了承认，因此，基于其从属性得以和长宁担保的连带保证一并移转给南湖保理。另外，南湖保理和长宁投资之间可以基于承诺函主张合同请求权，我认为，承诺函仅为无名合同，长宁投资负有协助解决和督促还款的义务。另外，南湖保理可以基于《公司法（2018 修正）》第 20 条第 3 款的法人人格否认规则，请求长宁投资承担连带责任，该责任具有垫后性。最后，关于股权变动的模式，我认为应该是意思主义。如此一来，无论是根据法律行为亦或是善意取得，南湖保理都能成功获得股权，可以基于股权转让协议向金飞勇主张回购义务，或是直接以股权折抵欠款。

接下来需要讨论的是"松江一号"的权利归属，因为这关系到物权请求权应该由谁来享有。首先，昌平重科以所有权保留的方式将"松江一号"出卖给松江矿业，这里需要讨论的是所有权保留的性质，接下来我会展开。这里可以得出一个结论，松江矿业作为保留买主，是不具有处分权的。那么，南湖租赁因为没有尽到实地查验的义务，也不具备善意要件，所以南湖租赁并未善意取得任何权利。因此，"松江一号"的所有权人仍是昌平重科。在负担行为层面，昌平重科行使了合同的解除权，解除合同之后，松江矿业可以主张价款的返还，而昌平重科可以主张 2018 年 6 月 12 日到 2020 年 7 月 12 日期间使用利益的返还。另外松江矿业和南湖租赁之间由于没有成功设立所有权让与担保，松江矿业应该对其进行违约损害赔偿。

模块二是对南湖保理对松江矿业的请求权的部分展开。首先，南湖保理通过受让债权成功取得了对松江矿业的债权，但是仍需要详述的是，该债权的内容究竟是什么？也就是松江矿业和南湖租赁之间的真实合意是什么？合同上写的是融资租赁协议，但是有别于单纯的借贷合同，融资租赁协议的核心在于融物加融资，融物也就是买卖之意，而且融物和融资之间还需要有关联性。这一点，《民法典》第 746 条认为，租金金额应该根据租赁物的成本或大部分成本以及出卖人的合理利润进行确定，这体现了融物和融资之间的关联性。虽然当事人可以另有约定，但是不能突破这一关联性。最高人民法院在裁判中也明确说明，标的物的价值明显低于融资金额的，无法起到对债权的担保作用，此时的融资租赁合同实为借贷合同。那么，什么是"明显"？又如何判断呢？根据司法裁判的检索，我发现，认定标准最低的一个裁判，它的标的物价值是 400 多万元，融资金额为 600 多万元，也有学者的观点认为，租赁物购买价款超过租赁物账面现值的 150%～200%，则可认定明显超过。本案中，融资租赁协议的租金总额为 12 亿元，远远超过设备实际价值的 2 倍，甚至是 4 倍，因此，可以认定为"明显低于"。当租金和租赁物价值之间不再具备关联性，纵有担保之意，也不再是融资租赁合同。

关于双方当事人的合意实际是借贷合同加所有权让与担保，还有其他的论据。一是根据相关规定，从事售后回租业务的金融租赁公司应该真实地取得所有权，如果是无须登记的财产，则需要采取适当的保障措施。而本案中，南湖租赁既没有真实地取得所有权或其他权利，也没有实地查验；因此，可以推知南湖租赁的真意并非融资租赁。二是合同中"融资利率随基准利率上调"的表述也可以佐证双方当事人的合意实为借贷加所有权让与担保。

如果南湖保理想要基于《融资租赁协议》《公开型有追索权国内保理合同》以及《担保制度解释》第 68 条向松江矿业主张对"松江一号"的优先受偿权，则需要满足以下要件：一是债权让与有效；二是承认让与担保的从属性，还有南湖租赁本身要享有这样的一个优先受偿权。这个问题可以分成两个层次，第一个层次是，南湖租赁是否根据《融资租赁协议》成功从松江矿业处依法律行为取得了"松江一号"的所有权或其他权利。这里关涉的是，松江矿业是否为无权处分，也即所有权保留的性质究竟是什么？第二个层次是，如果是无权处分，南湖租赁是否善意取得了相关权利？这里，我仅讨论第一个层次。首先，所有权保留的构造模式可以分为两大方向，第一个方向是基于《民法典》第 388 条、第 641 条第 2 款、第 643 条第 2 款，将所有权保留认定为非典型担保合同，此时，保留卖主享有的所有权实为担保权，保留买主的处分为有权处分，这是通过类推适用《民法典》第 406 条第 1 款得出的结论；第二个方向则认为，保留卖主此时享有的就是真正的所有权，保留买主的处分为无权处分，第三人需要适用善意取得规则来判断是否取得相关权利。本文更赞同第二种说法。因为根据《民法典》第 641 条第 1 款和 642 条第 1 款第 3 项，可以发现，保留买主不能对标的物进行不当处分，若进行了不当处分，保留卖主可以行使取回权，此时的不当处分包括设立动产抵押权。另外，根据修订后的《破产法规定二》第 2 条、第 34 条和第 38 条，保留买主破产后，破产管理人如果解除合同或者有其他不当行为，保留卖主可以未经登记即取回标的物。这些规定都是通过所有权构造这一理论基础来建立的，此时，保留卖主就为真正的所有权人。还有一个解释障碍是《民法典》第 641 条第 2 款，未经登记不得对抗善意第三人。它有以下三种解释可能。第一种解释认为，保留卖主享有的所有权实际是担保权，而保留买主再处分为有权处分，此时可以准用《民法典》第 414 条的竞存规则，但是这里的障碍是竞存规则的影响因素仅为是否登记以及时间先后，第三人善意与否并不影响，所以这样的解释和文义不符，也不符合《买卖合同解释》第 26 条的规定。第二种解释认为保留卖主享有的是担保权，只不过，保留买主的地位与抵押人相类似，他处分标的物时第三人取得的所有权是否有抵押权的负担，则要看《民法典》第 403 条的规定，根据第三人是否善意来进行判断。这个解释和《担保制度解释》第 67 条相符，但是这种解释的问题在于即使通过正常经营买受人规则和 PMSI 规则进行平衡，也会牺牲当事人的意思自治，而且我国法律并未明文规定保留卖主享有的所有权就是担保权，如此限制意思自治就失去了正当理由。第三种解释也是本文赞同的解释，即保留买主再处分标的物为无权处分，此时适用善意取得的规定，未经登记的保留所有权，不得对抗善意第三人根据善意取得的权利，而此时的善意第三人是指第三人受让时不知道、也不应当知道保留所有权的存在。本文赞同该观点的原因是，所有权保留本身就具有双重属性，一方面，它相较于单纯的买卖合同在处分行为上附停止条件，这一条件是为了担保价款的偿还，所以，它具有不完全功能化担保的特点；另一方面，它也保有所有权归属确认的功能，因为它随时可以通过合同机制向完全的所有权进行转化。因此，在规则解释的时候，我们应该注重兼备这两个功能，也就是在设定规则时有别于纯粹的借款合同和所有权让与担保来达至双方当事人的利益平衡。具体到本案，应该认为买受人不具有处分权，第三人只能根据善意取得而取得相应的权利，而担保属性只需要通过《民法典》第 642 条第 2 款的取回程序等有限的方面得到体现即可，因此本案中松江矿业为无权处分。

以上是我报告的内容。最后，我想谈一下我参赛的一些小体会，我从大二上学期在一个线上兴趣班接触鉴定式案例开始，先后参与了中南财经政法大学的暑期班和吴香香老师的鉴定式案例课程，后来又陆续担任吴老师、葛老师、柯老师的助教。可以说，大学四年我跟鉴定式案例都特别有缘，也收获了很多，非常感谢各位老师的教导！参加这个比赛为我的本科四年画上了一个圆满的句号，同时也是下一段旅程更好的起点，谢谢大家！

李承亮（武汉大学法学院副教授）：谢谢江美茹同学的报告。下面请湖南大学 2016 级本科生许楚涵来做协同报告。

许楚涵：各位老师、同学上午好，我是来自湖南大学的许楚涵，我们之前的主报告已经非常精彩充分，所以我的协同报告只做一点微小的补充。

其实，我对这个案子一直有个困惑，那就是它到底有没有原型。因为它精巧到我很难想象它是假设的，它有着很多让人感觉只有商人的实践智慧才能构造出的精致结构，而且涉及诸多非典型担保的实践问题。但当我处理这些实践难题时，我发现，它们的解决可能最终仍要归结于一个理论问题：《民法典》在原有的形式主义当中引入了一定的功能主义、实质主义之后，对原有的制度及其中的"所有权"应该如何解释和理解？这个问题我们的主报告已经做了比较详细的分析，我们思路和观点在很大程度上是一致的，我最后采用的观点是，在所有权保留、融资租赁和让与担保之间存在一个从完全性所有权向纯粹的功能性担保性所有权逐渐过渡的光谱，这就导致这三个非典型担保在制度适用中有一些细微的区别。这在我的报告中主要体现为以下几个问题。

第一个就是我们需要否认融资租赁合同，而否认融租赁合同有两种思路。第一种是我们认为当事人连标的物都没有审查，这是否意味着他们其实根本不在意标的物，所以其实并没有移转所有权的意思，他们真实的意思仅仅是借款而不是融资租赁。第二种思路是我们依旧承认当事人有移转所有权以寻求担保的意思，但是我们认为这可能不足以构成融资租赁，而只能构成对物与交易的结合程度要求更低的让与担保。第二种观点的特点在于，承认这两种非典型担保之间存在一定的相似性，而区别它们的关键就在于交易与物的紧密结合程度不同。实际上三种非典型担保之所以存在所有权过渡光谱，可能也正是因为三种交易与物的紧密结合程度是逐渐过渡的。正是因为物在所有权保留交易中处于核心地位，所以，赋予出卖人一个更加完全性的所有权可能更符合当事人的意思自治和利益平衡。

于是第二个问题就是，在所有权保留当中，买受人究竟有没有处分权？如果认为所有权保留中的所有权是更加完全性的，那就意味着买受人更完整地保有所有权的处分权，而不是单纯保有所有权的担保功能，所以买受人依旧没有处分权。这时候需要解决的问题就是，《民法典》引入功能主义是否会对这个案子产生影响。实际上是有的，它至少在很大程度上减少了我们赋予买受人一定处分权的解释负担。因为我们知道，以德国为代表的形式主义也依旧认为应当承认买受人享有期待权，从而赋予其一定的处分权。既然形式主义都如此，那么引入了功能主义的《民法典》也至少应该承认买受人有处分自己期待权以获得融资的权利。所以在本案中，松江矿业以设备进行融资并不构成不当得利。

涉及无权处分还有一点小问题，即如果我们认为南湖租赁和南湖保理之间存有设备所有权移转合意，而不是整个所有权随同债权法定转移，那么这里便存在一个先占有改定再指示交付的结构，而这个结构能否发生善意取得，可能存有诸多争议。最后我的观点是，我国现行法优势学说可能和日本等的优势学说一样，认为这里需要现实交付才能够构成善意取得。所以，我认为本案中存在一个所有权的转移合意，但是并不足以构成善意取得。

最后有一些感激的话想要说。我是被王文胜老师的案例课领进案例分析的大门，并有幸参加了第二届中南大暑期班，这是我们所有参与者绕不开、一定会感激的宝贵的人生经历。同时感激主办方举办了这样高规格的大赛，让我们能有机会和资格参与这样的鉴定式盛会。

老师们力顶压力一点点攒起的鉴定式星星之火，现在正燎向中国法学教育的每一个原野。再次感谢所有老师为鉴定式推广、为法学教育的付出，我们也衷心地祝愿老师的所有付出会有好的结果。

李承亮（武汉大学法学院副教授）：谢谢许同学。下面请中南财经政法大学 2018 级本科生周群智同学做报告。

周群智：各位老师、同学们上午好，我是来自中南财经政法大学的周群智，前面两位同学已经从一些比较普适的角度来讲了一下这个案件中的学术争议问题，而我认为我的报告可能更加具有一些个人化的色彩。我主要是想讲的是我在答辩的过程中陷入的思维误区，以及带来的警示作用。

首先是南湖租赁对系争设备的权利问题，也就是南湖租赁作为融资租赁合同的出租人，能否从所有权保留买卖合同的买受人松江矿业那里得到针对设备的担保权利。在这里我选取了许楚涵同学所说的第一种观点，也就是说在探讨实质和形式两种担保有关的争议之前，我们应当弄清楚一个前提问题，就是南湖租赁与松江矿业之间对 10 亿元债权是否达成了提供担保的合意。如果我们通过解释认为，债权人南湖租赁根本就不在意这些涉案设备，那么双方之间也就不存在提供担保的意思，也就没有必要再去探讨实质和形式这两种担保有关的学说争议。在修改稿中，我通过南湖租赁未实地查验评估相关设备的事实，认为南湖租赁与松江矿业之间并不存在担保合意，后来我通过无效法律行为转换的方式，又认为当事人之间存在担保合意，但是这种解释是前后矛盾的。之所以会陷入这种错误的解释误区，是因为我盲目借鉴了一些观点。文献上的观点认为，买受人通过占有改定的方式来转让标的物所有权，出租人不能善意取得所有权，但是可以通过转化解释为出租人能够取得期待权，而在借鉴过程中，我忽视了文献的论者进行转化解释的前提是当事人之间存在担保合意，而如果我的前提中已经认为当事人之间不存在担保合意，那么，转化解释便无从谈起，如果强行解释也只是无中生有。

其次是长宁投资出具的担保承诺函能否解释为担保或者是债务加入？我认为需要结合出具承诺函的目的以及整个交易的利益状况来认定，承诺函的出具使得债务得以展期，使得债权人承担了更大的债权不能实现的风险，解释为担保或者债务加入，此时对于双方利益状况比较均衡，因为只有提供保障力度和安全力度比较大的这种增信措施，债权人才可能同意如此长时间的延期。

最后我想谈一下这次比赛的意义。我认为，对我来说最大的意义仍然是警醒作用，在写作和答辩的过程中，我发现自己仍然存在案件事实分析不够细致以及请求权基础选择考虑不周全等问题，甚至是构成要件拆分缺乏逻辑性等错误，也正是这些错误，使我的报告中出现了理论脱离事实和解释结论不符合当事人之间合同安排等问题。我仍然要认真地对待每一个事实、每一条规范和每一个过程要件，只有先写出一份符合事实、逻辑融贯和论证规范的合格报告，才能进一步追求创新。以上就是我报告的全部内容，最后，再次感谢各位老师对比赛的付出，谢谢大家。

李承亮（武汉大学法学院副教授）： 谢谢周群智同学的协同报告，下面进入点评环节。我先介绍一下三位点评老师，分别是中国政法大学民商经济法学院的缪宇老师、华东政法大学法律学院的姚明斌老师以及中南财经政法大学法学院的陈大创老师，有请三位老师依次点评。

缪宇（中国政法大学民商经济法学院副教授）： 谢谢李老师！让我做点评，我有点诚

惶诚恐。我就针对同学们的答卷，简单地谈一下自己的感受。

很多同学在讨论这个案件的时候，都会讨论股权让与担保，并且在请求权基础的分析框架中讨论优先受偿权。在答辩的环节，几乎每一位老师都会询问答辩同学如何处理优先受偿权，为什么要在请求权分析框架中讨论优先受偿权。因为我们都知道，让与担保是一种担保权利，优先受偿权是担保权利的效力。就担保物权而言，优先受偿是担保物权作为绝对权的效力，不是请求权。在这一背景下，在请求权分析框架中直接讨论优先受偿，可能会存在一定的障碍。

对于这个问题，德国法是怎么处理的呢？就抵押权而言，《德国民法典》第1147条规定抵押权的实行必须要通过强制执行程序，所以在这种情况下，抵押人负有一个容忍义务。与容忍义务相对的，是抵押权人的请求权，也就是请求抵押人容忍强制执行的请求权。因此，就抵押权的实现而言，在请求权分析框架内，首先应当讨论抵押权人针对抵押人容忍强制执行请求权是否成立。如果该请求权已成立，那么，接下来需要讨论请求权未消灭、请求权可实行，从而讨论抗辩、抗辩权。具体来说，这两个阶段需要讨论针对抵押权的抗辩（权），在从属性原则下讨论针对债权的抗辩（权）。与此相对，在德国法上，质权是允许自力实行的，跟抵押权完全不一样。抵押权原则上只能够通过国家的权力运作来实行，但质权可以根据《德国民法典》第1220条、1221条、1228条以及1233条以下等规定由质权人自行拍卖变卖的。在这种情况下，在请求权分析框架中讨论质权人的优先受偿可能会遇到一定困难。

需要注意的是，上面的介绍实际上都解决的是担保权利人和担保人之间的关系。那么，在我国《民法典》中，如何在请求权分析框架中讨论优先受偿呢？

以《民法典》第410条为例，它是关于抵押权实行的规定。第410条第1款第1句规定的是，抵押权人和抵押人通过协议来折价、变卖以及拍卖抵押物；第410条第2款规定的是，在无法达成协议的情况下，抵押权人可以申请法院拍卖抵押物；第 410 条第 3 款则是要求参照市场价格。

对此，我的初步思考是，优先受偿包括两个层次，即优先和受偿。优先，针对的是抵押权人和其他债权人的关系；受偿针对的是抵押权人和抵押人之间的关系。优先的意义在于，在其他债权人主张就抵押物拍卖所得价款受偿时，抵押权人可以对抗其他债权人。

就受偿而言，需要根据不同的受偿方式来讨论抵押权人的请求权。至少就《民法典》第 410 条第 2 款的法院拍卖而言，可以考虑借鉴德国法的立场，引入抵押权人针对抵押人的容忍请求权。

问题在于，《民法典》第 410 条第 1 款规定了抵押权人和抵押人通过协议来折价、变卖、拍卖。因此，就受偿这一层次而言，抵押权人对抵押人的请求权可能无法脱离双方的协议。具体来说，可能涉及协议变卖、拍卖之后的价款请求偿还。如果根据协议，变卖、拍卖的价款要给抵押人，那么，抵押权人就必须请求抵押人支付价款。

就折价而言，问题可能更为复杂。变动抵押物所有权的折价协议，属于物权合同、处分行为。在此基础上，双方当事人是否需要引入一个折价的负担行为，可能取决于当事人的预定。进而，折价与以物抵债、代物清偿的关系，可能需要搞清楚。

姚明斌（华东政法大学法律学院副教授）：非常感谢我们中南财经政法大学法学院的老师和同学的费心付出。正如李俊老师介绍的，我们基于奖项公信力的考虑，还是实事求是地把一等奖空缺出来。另外，我个人认为，这一次案件的设计是非常精彩的，在这里要向我们的"编剧"陈大创老师致敬。在鉴定式案例设计方面，他可能是我国最好的编剧，没有之一。

回到今天的评议。三位同学的报告在此前答辩环节我已有拜读过，昨天深夜又重新回顾了一下。今天我想分两个部分谈。第一个部分是跟三位同学的现场报告比较密切相关的三个话题：第一个话题是本案涉及一个借款合同，借款合同总的价款是 10 亿元本金加 2 亿元的利息，利率大概是 20%，但当事人在合同中又约定这 12 亿元是一年分 4 次付清，等于一个季度付一次，每个季度付 3 亿元。这就涉及合同实际利率是多少的问题。我们会直观地认为，10 亿元本金 2 亿元的利息应该是 20%。但如果 12 亿元的总债务是分 4 期来偿还，每一期每一个季度到底是还了多少本金，还了多少利息呢？第一个季度还完了，剩下三个季度，每个季度留多少本金、留多少利息呢？这里涉及当事人约定的认定问题。对此，许楚涵同学提供了一个非常精巧的构造思路，使用了银行交易中的等额本息还款法，然后做了一个一元四次方程，最后算出来的利率是 30%。30% 其实是一个非常敏感的数字，因为这个合同签订的时间，刚好是旧的民间借贷解释有效的时候，而旧的民间借贷解释的利率限制是 24% 和 36% 的两线三区规则。所以，如果将利率认定为 30%，直接涉及已经给的可以不退，但是没给的不能按 30% 来。前者按旧的司法解释处理比较好；但后者也就是第四个季度欠的尚未支付的部分利息，如果还是可以按 30% 要求支付的话，其实是有点问题的。当然，另外一个解释可能是大多数同学的解释，也就是将利率认定为 20%。至于哪种解释会更好，其实要考虑不同的计算公式是服务于不同的功能的，这里可能需要结合利息限制规则的法律规范的目的来判断。

第二个话题是周群智同学的报告中提到的一个问题，就是当一个公司在订立担保合同的时候，还要涉及对外担保的一个程序和决议的问题。这本身没有问题，因为公司法有明确规定，有问题的是要件怎么摆放。"有效的合同"和"完成了公司对外担保的程序"，这两个要件应该分立出来吗？还是说后者本身就是合同有效的一个特别要件？这恰恰是在做鉴定式的时候必须要去交代清楚的。

第三个话题是本案涉及回购条款，回购条款在这里到底是称之为"回购义务"，还是一个回购的形成权。这里涉及选择权的分配，而选择权的分配又涉及当事人意思表示的解释。这个问题是这次比赛的报告中，普遍分析得比较薄弱的一个部分。以上是关于现场报告本身的部分。

第二个部分，我想谈一下在这次评阅过程中遇到的几个问题点。第一个非常重要的点就是担保物权的效力，担保物权的权能应该如何在请求权基础方法的框架中呈现，就是缪宇老师提到的，他非常清楚地界分了变价、清偿、优先。我同意他的分析，包括关于第三个方面"优先性"问题的观点。我觉得担保物权的优先性似乎可以作为对抗其他债权人的防御规范的角色。

第二个点是大部分同学没有说太清楚的一个话题，即债权让与未经通知对债务人不生效力，那么当受让人完成了债权让与合意后，他对于债务人的请求权到底发生了没有？在没有通知的情况下，是请求权未发生，还是请求权已经发生但是债务人有抗辩权（即"请求权不可实行"）？这涉及我们对通知生效规则的理解，也涉及诉讼结构的问题。事实上，我琢磨了一下，不管是"请求权未发生"，还是"请求权不可实行"，其实都有再探讨的余地。如果认为没有通知的情况下，请求权根本不发生，可能突破了通知生效规则的规范目的。因为它本来就是用来保护债务人的，应该让债务人决定是否援引这一保护规则。如果从尊重债务人援引自由的立场来看，通知生效规则的效果更类似于抗辩权，在没有通知的情况下，债务人享有抗辩权。可是，如果按这种立场，在受让人受让债权后起诉债务人，而债务人不出席的情况下，法官可否依职权审查，认定本案有没有发生过通知的事实？因为抗辩权人都没来，所以要不要依职权审查通知与否，也是一个问题。

第三个点是履行期限的届期。履行期限届期的问题，到底是一个请求权不发生的问题，还是请求权已发生，但是对方有届期抗辩权的问题。对于这个问题，多份报告中都没有处理好。因为相当多的同学把它放在请求权已发生的部分，但没有作太多的论证。

最后一点，关于具体请求权基础规范的选择问题。涉及某一个纠纷，我们到底选哪个请求权基础？对于大多数的请求权基础，我们都有共识，但就一些零星规则，还是有一些不同的看法，同学之间的观点可能更加不一样。例如，这次案件涉及一个所有权人要求无权占有人返还原物的请求权基础是哪一个？如果做现场民意调查的话，大家可能马上意识到《民法典》第235条（即原《物权法》第34条）。但也会有观点主张，按照现在《民法典》第460条第1句（相当于原《物权法》第243条第1句），可以要求返还原物及其孳息。这是鉴定式方法在接下来推行的过程中可能需要重视的一个问题。

陈大创（中南财经政法大学法学院讲师）：很感谢三位同学精彩的报告。这个案例的编撰是一个集体的成果，前期张家勇老师、夏昊晗老师提供了很多案例和思路，后期评委组的老师特别是姚明斌老师提出了很多宝贵的修改意见。刚才姚明斌老师和缪宇老师从具体知识点方面进行了精彩点评，我想从命题人的角度谈一下我对参赛选手的期待。

首先，案例主要是想考察参赛选手掌握基础知识的扎实程度。这个案例似乎想把所有担保问题一网打尽，似乎在追求高难度。但实际上，案例涉及的都是基础知识，而非刁钻难题，只不过把这些知识点隐藏在一个看似复杂的案例中。例如，意思表示解释的知识点贯穿整个案例，南湖租赁和松江矿业约定《融资租赁协议》的性质是什么？这就需要对意思表示进行解释。假如在前面已经认定《融资租赁协议》无效，当事人约定债权让与的对象是什么？南湖保理和长宁投资之间的《承诺函》中"不让贵司蒙受损失"的表达与一般安慰函的表述存在差异，此处当事人双方的真实意思表示为何？很多同学对设置的问题点缺乏敏感性，考虑问题不全面，与基础知识掌握的全面程度和牢固程度有关。案例分析和基础知识的学习不能脱节，做案例时要检讨自己的基础知识掌握得扎不扎实，案例分析也可以倒逼选手对自己的知识体系的漏洞进行补漏。

其次，我们不追求唯一正确的答案，而更看重作为一个法律人所应当具有的法律论证能力。相较于自然科学，法学问题很多时候是价值判断，很难说有一个唯一的正确答案。我们期待学生在案例分析时展示法律论证能力。论证也要找到正确的论证依据。例如，一般保证情形下的请求权基础是《民法典》第681条这个立法定义条款吗？有同学在融资租赁部分引用《金融租赁公司管理办法》，是否考虑到其适用对象是银监会批准的金融租赁公司，其名单可以查询，似乎没有包括南湖租赁。在讨论《民间借贷规定》能否适用于融资租赁公司时，是否要考虑最高人民法院对广东省高级人民法院的批复？另外，涉及对法律条文的理解时，需要展示结合各种解释方法对法条进行解释的能力，比如，《民法典》中所有权保留买受人是否取得所有权，须结合条文体系、立法材料、立法背景等进行解释。有时，仅凭法条无法进行有效论证时，要参考司法实践形成的规则或者学理，结合起来做充分论证。

最后，在形式方面，虽然不追求形式上的完美性，但是合理的形式能够体现分析者思维的逻辑性和体系性，在安排行文结构时，要注意符合构成要件的逻辑体系。在讨论问题时，要明确应当放在哪个构成要件下讨论。

李承亮（武汉大学法学院副教授）：好的，谢谢陈老师的点评，谢谢大家。

第二单元：鉴定式案例教学的本土发展

2021 年 7 月 10 日

金可可（华东政法大学法律学院院长，教授）：我们第二单元是"鉴定式案例教学的本土发展"。报告人分别是于飞教授、朱庆育教授、李昊教授、刘勇教授和严城老师。下面，我们热烈欢迎于飞教授第一个做报告，题目是《进一步推进鉴定式案例教学的若干思考》。

于飞（中国政法大学民商经济法学院院长，教授）：谢谢主持人，谢谢大家。以下就鉴定式案例教学在中国政法大学的开展以及在全国的发展，提出一些个人不成熟的思考，供大家参考。下面就先从比较具体的、跟中国政法大学有关的情况谈起，然后渐次向较为抽象的、与大家共同相关的问题探讨。

第一点是讲授课与鉴定式案例课的配合。目前中国政法大学鉴定式案例教学的团队由吴香香、葛平亮、金晶、缪宇、于程远、谢远扬、柯勇敏等青年教师组成，我主要给他们提供后勤保障。这些教师都是具有深厚留德背景的教师，除了葛平亮是商法专业以外，其他都是民法专业。目前鉴定式教学团队的组成，造成讲授课的教师是一拨人，而鉴定式案

例课的教师又是另一拨人的现象。两套人马在实质知识点和教义学的讲解上有很大分离，从而导致鉴定式案例课的教师在上课的时候，不知道是以鉴定式方法讲述和训练为主，还是以案例所涉及的教义学知识点为主。因为在鉴定式案例课的案例分析中，所依赖的教义学知识要么讲授课的老师们没讲过，要么讲得非常不一样；鉴定式案例课教师需要重新再讲一遍或者纠正一遍，这便导致鉴定式课的整体重心发生了偏离。试想，鉴定式教师能够把讲授课的内容再讲一遍吗？不可能。即使可能，那岂不是意味着学生之前的课都白学了吗？这就涉及讲授课跟鉴定式课的配合问题。最理想的解决方案当然是把讲授课和鉴定式课的教师完全统一起来，讲授课的教师同时也讲鉴定式课，这样教师就会主动把两类课程的内容相互配合起来，但这一点是很难做到的。因为一些讲大课的教师很资深很年长，他们的教学习惯和教学内容很难做大的调整。当下可以做的，一个是使讲授课的教师具有一定的鉴定式思维，在课堂上能够围绕知识点融入一些小案例，并尝试用鉴定式的形式和请求权基础的方法提供简要思路。鉴定式教师在上讲授课的时候首先要做到这一点。另一个是对有可能讲鉴定式的教师进行进一步的组织动员和培训，使他们能够进入鉴定式课程。实际上，如果真的能把鉴定式课上好，对教师来说首先就是一个很大的提升。通过鉴定式案例研习，可以帮助教师把自己所教内容当中的请求权基础和规范性质进行细致地梳理和区分，并且按照严谨的鉴定式思维展开分析；通过这些训练，教师自己的制定法适用水平、组织各种说服力资源的水平、说理水平都会得到很大提升。这样，鉴定式案例研习课程既培养了学生，也提高了师资水平。

第二点思考是初阶课和高阶课的区分。因为中国政法大学目前并没有区分初阶课和高阶课，鉴定式案例研习课程仅在本科三年级开设，研究生阶段没有。在这一点上，我与其他很多经验丰富的老师感受是相同的，我们应当区分初阶和高阶。初阶课程应在一年级开设，培养、建立学生的思维习惯和思维框架，以法律规范的检索、请求权基础的识别、请求权基础分析框架和鉴定式框架的搭建等为主要内容。经过反复练习，将"经由有效规范得出妥当的结论"（张家勇教授语）、"在要件下说理"（金可可教授语）的思维刻入骨髓、变成信仰。高阶课可以在合同法、物权法学完之后再行开设，设置综合性的案例，把实体法和程序法结合起来，甚至可以把民商、行政、刑法结合起来，提升学生综合运用各部门法专业知识的能力。研究生阶段适于直接开设高阶课，毕竟研究生当中很多人在本科就未曾接受过鉴定式的教育。

第三点是案例教学体系的整合。在中国政法大学的课程体系里面，本来就有一套案例课、实务课，有些学科另行开设法律诊所课，且有模拟法庭教学和相关比赛，现在又增加了鉴定式案例课。以上课程的设置目的都旨在填平教义学教学和司法实践之间的鸿沟，但这些事物相互之间有交叉重合，故而需要整合。填平教义学教学与司法实践之间的鸿沟分成两步：第一步是运用在讲授课上所学的教义学内容进行案例分析，这仍然是课堂教学的一部分；第二步是走到真实世界当中，面对当事人、法官、律师这些法律角色，学习纠纷解决的实操技能，这是实践教学的内容。我个人认为，实践教学的内容主要由实习实践来完成，实习原本就是本科教育必须完成的。因为有较长的固定期限的实习，其他直接面对当事人和纠纷的相关内容就可以适当删减，学生一辈子都会从事实践，并不缺乏这点起始性经验。所以，由那些具有实践经验的教师开设的或邀请法官律师介绍实务经验的实务课，都可以尽量压缩，腾出本来就紧缺的课堂教学容量。第二步就集中在实习实践上，其他内容就相应地减少。而第一步用教义学知识进行案例训练，就应当聚焦在鉴定式方法上，以鉴定式为基础把它们全都统一起来，在民法案例课当中贯彻请求权基础方法，为其他的学科案例课打下样板。其他学科难以用请求权基础方式分析，但仍然可以用鉴定式的形式去解案例，模拟法庭之类的内容也全都要求运用鉴定式方式。如此一来，教义学学习迈向司法实践的两步，第一步就是以鉴定式方法为中心的案例教学，第二步是以实习为中心的实践教学，整个教学体系就清晰了起来。

第四点是如何扩大教学规模。一是鉴定式案例教学的核心在于大量练习，只听不练等于没学。但练习既是对学生的消耗，也是对教师的消耗，这就决定了鉴定式教学只能进行小班教学，规模受限。但是，任何一种教学方法或教学内容如果是有益有利的，就应当扩大规模，让学生都有机会受益。解决方法就是扩大鉴定式教学团队。我们不应当强调鉴定式的德国背景，鉴定式作为一种全面检索、逼迫法律言说者暴露自己全部思维过程的形式化工具，与国别无关。任何一个有责任心的、有一定教义学功底的教师都能教授。把鉴定式德国化，就是把鉴定式封闭化、孤立化，并不可取。二是要进行鉴定式的师资培训，师资培训是点上火种，一粒火种可以燃烧一大片领域。在这方面，启动早的学校应当承担责任。三是更好地组织鉴定式课堂，尤其是利用好助教。我到华东政法大学现场学习过可可教授的课堂，他1个人带10个助教开100人的鉴定式大课，如果能不降低教学质量，完全可以对课堂的组织方法再进行充分探索。

第五点是如何提升教师的获得感。鉴定式教学对教师的要求高、消耗大，不能只强调奉献。我个人的做法是先向学校申请每年固定的鉴定式课程建设经费，这样教师至少不用自己给助教开劳务费，也可以弥补一些消耗。我们应当帮助鉴定式的教师去申请获得各种教学奖励，比如教学名师、教学团队、精品课程、教学项目，校级省级国家级一步步推上去，把他们打造成名师。这就是通过吸收公共资源来培养我们的团队，壮大我们的项目。另外，还应当考虑如何把这件事纳入到评价体系中，包括把鉴定式教学纳入到本校的职称用作导师评定中，以及打造全国性的鉴定式奖项，并且把它纳入到评价体系里面；既评价学生，也评价教师，从而使鉴定式教学能够更好地助推教师和学生的发展。

第六点是多学科发展。鉴定式教学应该向多学科发展，应该把行政法、刑法、诉讼法这些学科都拿下来，使鉴定式教学向更多的学科推广，从而建立以鉴定式为中心的整体性的法学案例教学体系。师资培训也可以向多学科开展，学科大赛也可以设置其他学科的题目，要么分学科出题，要么出一个充分综合性的题，这样可以吸收其他学科的研究生参与大赛。通过比赛，使各个学科的同学更加了解、掌握、接受鉴定式的方法，也通过比赛得到更大的锻炼和提高。

还有一些其他想法，比如在校际合作上，鉴定式案例教学的师资要充分交流，共同培养学生，哪怕一个学期只请外校的优秀教师来上一周课，也能给本校的师生带来很大启发。我们可以开发共享的线上课程，让更多教师有学习机会，让更多学生受惠。教材建设是非常重要的，它可以使那些未开设鉴定式课程的学校更容易地开展这项工作，也可以使教学内容、教学质量得到整体性的提升和统一。对于暂未开展鉴定式教学的学校，可以先派学生到中南财经政法大学进行暑期学习，派教师积极参与师资培训，请成熟的鉴定式教师到本校做讲座，引起学生的兴趣，播下火种，然后开一个小班试行鉴定式课程。只要好好准备，一定会有好的效果，也一定能吸引更多资源。

最后说一点，撬动鉴定式案例研习发展的根本性机制，是国家统一法律职业资格考试。德国国家考试用鉴定式命题，所以学校里的训练全都是鉴定式化的。国家考试传来了命令，法学教育必须遵循，也借此统一了法学教育与法学实践。我们为什么不能这样？我们应该努力地去影响行政机关、影响命题人、影响指定教材的编写者。我们应当请司法部相关的部门领导参加我们的会议，让他们了解、接受和欣赏鉴定式方法，并建议他们把鉴定式融入国家法律考试。我们应当影响命题人的命题方式，先从建议用鉴定式方式答题开始，发展到要求用鉴定式体裁答题。如果能够把鉴定式纳入国家法律考试的考察范围，那我们一切的推广工作都省了，国家就替我们推广了，那时候鉴定式真正的大发展时代就到来了，这是最具根本性的撬动机制。

金可可（华东政法大学法律学院院长，教授）： 下面，我们有请第二位报告人朱庆育教授，他的报告题目是《案例分析与法学新知》。

朱庆育（南京大学法学院教授）： 于飞给我们指了一个非常激动人心的方向，大家按

这个方向走就好。我来一个没那么激动人心的。征峰跟我说，咱们这次研讨会的主题是案例教学的经验与反思，经验我是没有的，就只好反思一下了。

我的题目是《案例分析与法学新知》。这个反思就是：案例分析、案例教学在法学知识体系、法学教育体系中处于什么位置？它能不能帮助我们获得法律新知识？

这需要从"法学是什么"这个问题开始说起。法学是什么？在谈经济学的学科属性的时候，张五常教授有一个不准确但比较通俗的观点。他说，在科学的范畴，问来问去只有一条，就问为什么；如果问怎么办，这是工程学的问题，是技术的问题；如果问好不好，就是伦理学的问题。经济学是科学，所以他基本上只问为什么。法学看起来三者皆有，问为什么，也问怎么办，也问好不好。

案例分析直接问的是怎么办。案例分析结束后，对于结果，我们可能会问好不好。基于这个好不好的追问，我们可能会反过去问为什么。所以，在案例分析中，可能这三个问题都会涉及。换句话说，案例分析有可能会涉及我们法律知识的全部。可是，涉及法律知识的全部，是不是意味着案例分析能给我们带来法学新知识？未必。

在以制定法为特点的案例分析过程中，无论是鉴定式还是非鉴定式，最终都是用司法三段论。司法三段论是一种演绎的法律推理，它的特点是不创造知识，而是运用知识，因为它的结论包含在大小前提中。所以，从这个角度看，案例分析只是对既有知识的运用，根据被给定的大前提以及发现的事实得出结论，并不能带来什么知识。演绎逻辑的这个特点，也是归纳逻辑兴起的原因，因为归纳能带来新知识，而演绎不能带来新知识。培根所说的"新工具"，就是这个意思。

假如我们的案例分析以一种司法三段论的方式展开，虽然会涉及这三个追问，可是它看起来不会带来新知识，如此，案例分析在我们的法律知识体系中，在我们的法律教育体系中，重要性何在？或者也可以这样问：案例分析是不是真的不能带来新知识？在形成法律新知识方面，案例分析扮演什么样的角色？

对科学来说，我们可能需要通过某些事实或者某些过程来验证命题，而法学所说的命题，是以法律规范的形式来体现的规范命题。在这个意义上，案例分析在验证规范命题的所谓"正确性"时，实际上会转化为"好不好"这样的回答。假如适用法律规范得到的结果，我们评价是好，可能也就意味着法律规范命题的正确性得到了验证。在这个意义上说，在形成知识的过程中，案例分析首要的功能是用来验证规范命题的"正确性"问题。

同时，在这个过程中可能会有反思，反过来促进规范命题的改良。一个非常著名的例子就是，耶林因为接到一个一物二卖案件的鉴定请求，经过思考，他推翻了自己原有的观点，也促使他从所谓的概念法学阵营转到了批判概念法学阵营中。这个例子告诉我们，案例分析不仅是对既有知识的运用，在运用的时候也会对法律知识进行反思。假如反思的结果是作为大前提的规范命题不合适，那么就需要重构规范命题，并在检验过程中体现出来。这样看来，案例分析实际上对我们法律知识的形成是有促进作用的。

更进一步，如果我们承认先例，由先例创造规范，那么，假如我们所说的法律知识体现为规范命题，那案例分析本身就是一个创造知识的过程。只不过，以制定法为特点的法律体系要求法官适用被给定的知识，而这些知识实际上是来自于法学理论。制定法国家的知识生产过程是：法学理论提供一般性的知识，再把这些一般性的知识规范化、条文化，然后交由法官适用。在这个角度可以部分解释，为什么大陆法系国家法学教授的地位比较高，而英美法系国家法官的地位比较高，因为在大陆法系国家，法学教授创造知识，而在英美法系国家，法官创造知识。在一个学科体系内，谁创造知识，谁的地位就应该更高。我们在制定法体例之下尝试着接引先例制度，比如说案例指导制度等。如果能结合起来，那么，法学教授和法官会共同创造法律知识，我们的案例分析对法律新知的形成，在制定法的背景下就会有更多一层的意义。

对于法律知识的形成，我们还可以进一步观察。司法三段论并不创造知识，这是在形式适用的结果上来说。我们往往假定规范命题被给定，但实际上并非如此。为什么？因为即便有法典，条文的意义仍需要经过解释才能够知道。只有把规范解释清楚了，才能作为大前提适用。解释规范的过程其实也是创造规范的过程。因为，如果一个规范的意义没有得到确定，很难说一项规范被清楚地创造出来。法律适用中的解释实际上也是在形成法律知识。

最后回到这个问题：案例是什么？案例一方面是素材，另外一方面也是形成知识的载体。所以我们的案例教学是很重要的。

金可可（华东政法大学法律学院院长，教授）：谢谢庆育，报告令我们深受启发。下面我们有请李昊教授，他的报告题目是《鉴定式案例分析方法的实务展开》。

李昊（北京航空航天大学法学院教授）：今天我要报告的题目因为自己没有想得特别成熟，所以没有来得及做PPT。大概是在2014、2015年的时候，我和红明他们一起组织把

德国第一次国考、第二次国考的试题翻译过来，发表在《北航法律评论》上。我当时跟红明说，虽然目前鉴定式案例研习的第一阶段在国内还没完全展开，但是我们要提前做好德国第二次国考的推广准备。红明当时觉得我太超前了，但其实从这两年的发展来看，它已经提上日程了。我们的鉴定式要真正推广，一方面需要在高校得到相当程度的认可，另一方面这样一套方法需要真正能被实务落实，必须要符合实务的需求和挑战。这也要求我们现在不光要关注德国第一次国考模式的引入，也需要关注德国第二次国考方法的中国化，从而与第一次国考模式的引入相衔接。

我们现在的国家法律职业考试已经分为了两个阶段，主观命题逐步也在借鉴鉴定式的方法，但我们的法考模式实际上还仍停留在德国第一次国考的阶段，这样培养出来的学生将来要花很长时间去适应实务带来的各种挑战和需求，比如在非诉业务中，我们就非常缺乏我曾经介绍过的预防式法学以及合同设计方面的技能。刚才我也和西北政法大学的百晓锋老师沟通了一下，我们目前真正欠缺的就是把实务或者诉讼的视角纳入到鉴定式分析方法中。我们应当参考德国第二次国考的模式以及日本司法研修所实践的要件事实论来设计和发展我们下一步的鉴定式发展路径，等下次论坛再开会时，我很希望诉讼法的学者能更多地参与和发言。

在大学教育阶段，德国和日本是不培训二次国考的，德国的实务训练是放在二次国考之后，但我国的这个条件还不太成熟，我们所谓的各种法官学院、律师学院还有所欠缺，这就反过来倒逼我们必须在大学阶段提前进行二次国考的训练。而且从我们目前的法学教育的设计来说，也需要在大学阶段去充实这些课程。现在我们整个国家在大学法学教育的发展上逐步以法律硕士培养为主导，法学硕士招生规模逐渐压缩，特别是对法本法硕，需要接受 6 年的培养，让学生天天上基础课是没有意义的，最后几年让学生去外面实习，实习也训练不了方法，没有律所愿意花大量的精力来带一个新人，所以我们必然要在法律硕士阶段培养实务导向的人才，在这个阶段必然需要引入实务导向的训练。这也就使得我们需要在教学体系上、教学方法上进行改革，促进民法和民诉学科在实务人才培养上有机融合。

德国在二次国考采用的方法是"法庭报告技术"，吴香香老师也专门写了实战视角下的请求权基础分析方法，日本则采用了要件事实论，虽然有学者认为这两个方法没有直接关联，但它们的内容其实是很相似的。我们要推广实务导向的鉴定式案例教学需要具备前提基础。

第一个就是它仍以民法鉴定式案例分析方法的掌握为前提。在初级阶段，民法的鉴定式案例分析是以事实确定为前提的，而真正进入实战的时候，则是以事实不确定为前提的，此时要对证据进行质证、查明，但这仍以民法的请求权基础分析为框架，需要训练对法律规范的定性和对法律构成要件的展开。如果没有把请求权基础识别出来，并结合请求权基础的构成要件来掌握证明责任的分配，就很难进入实务训练阶段。所以，在我们目前鉴定式教学里，需要清晰地给民事规范进行定性，要学会区分请求规范和反对规范，同时，在请求规范的构成要件里，还要有意识地纳入诉讼和证明责任的视角，也就是要区分哪些构成要件应由原告来证明，哪些应由被告主张，这会影响到他们在诉讼里面应提供哪些证据来证明要件事实。我们下一步要做的工作，就是对每一个请求权基础、每一个法律规范的构成要件做进一步细化，吴香香老师的书已经提供了一个基本的技术框架。同时，我们还应当注意，无论是德国的二次国考还是日本的要件事实论，都是围绕着证明责任和主张责任展开的，即它是围绕着请求、抗辩、再抗辩和再再抗辩来不断递进的，这也是辩论主义的当然要求。但这些方法在引入我国时会带来一定问题，后面我会谈到。这时，你会发现，围绕上述的诉讼环节，会在原告请求阶段有一个鉴定式分析，在被告抗辩阶段又有一个鉴定式分析，再抗辩阶段和再再抗辩阶段也都相应地要进行鉴定式分析，因此，德国的法庭报告技术是分了五个阶段，其中在原告阶段和被告阶段都需要进行鉴定式分析，最后由法官在证据阶段来确认案件的待证事实，此时还需要总结争点，也就是说，我们在实战中的鉴定式分析方法中不是没有争点的考虑，是通过对待证事实的相关证据的审查判断，凝结到争点上。当然，德国二次国考的鉴定式案例分析方法在展开前还有前置程序，就是涉及选择谁来作为被告，还会涉及诸如管辖、保全等问题。由于我们民事诉讼理论在诉讼标的问题上采用的是旧诉讼标的理论，所以在请求权竞合的情况下，你选择哪一个请求权主张还会影响到当事人最后的审理结果，有一事不再理和驳回起诉的问题。因此，程序法在我们进行请求权基础的分析处于前导地位。

在实务导向的鉴定式案例分析中，关键的问题涉及要件事实的认定。在要件事实的认定上，最重要的是，根据罗森贝克的规范说来辨明每个要件的证明责任到底由谁来承担。

所以说你必须把实体法的前置做好之后，用程序法的视角去观照实体法上的请求权基础。德国的二次国考就依据民法从诉讼法视角展开的鉴定式分析，当然它们还区分了律师试题和法官试题。如果将民诉的视角纳入到民事实体法去深化鉴定式案例分析的话，就会面临几个要解读的问题，也就是本土化的问题。德国之所以采用请求、抗辩、再抗辩、再再抗辩的递进阶段，是以它们采用辩论主义为前提的，但在我国的情况下，我们还保留有强烈的职权主义色彩，所以说，在德国，随着诉讼程序的进展，可以逐步来展开鉴定式分析，而在我国，我们的法院希望在庭审前就把证据问题解决，开一次庭就希望案件结束，并不会逐步展开各种证据阶段，因此，法院会要求当事人在庭审前或者庭审的某一个阶段时就一次性地提供全部证据，这就会导致我们即使引入德国二次国考的训练方法，在鉴定式案例分析上也可能是以事实一开始就得到确定为前提的，这也将使得我们的实务导向的鉴定式案例分析方法和德国、日本的模式有所区分。

第二个需要解决的问题就是，现在我们的民法和民诉学科的师资完全是分开的，所以，民法的老师去考虑问题的时候，其实有时候不太考虑诉讼法的视角，而诉讼法要展开鉴定式分析，除了程序法自身的问题外，比如管辖、执行之类，一旦涉及诸如共同诉讼这些问题时，就会发现大量的问题涉及实体法问题，所以怎么能够让两个学科的师资协同来开展实务导向的鉴定式案例分析是我们面临的挑战。在这方面，北京大学是有远见的，民法的鉴定式案例分析原来就是民法和民诉老师一起开设，但现在民法、民诉老师又分开开设。明天下午在元照图书馆，我请清华大学的任重老师来分析共同诉讼的案例。在共同诉讼视角下分析民事诉讼案例时，就会发现这两个学科面临着不断纠缠的问题。所以将来开展实务导向的鉴定式案例分析，这两个学科是不可能分离的，这也是我们面临的问题。而且我们在民事诉讼理论上也并不是完全照搬了德国的理论，把德国甚至日本的训练方法拿过来的时候，就存在一个本土化的适应问题。

最后，我觉得可能对我们还有一个有难度的问题就是，在大学阶段开设实务导向的鉴定式案例分析课程不可能纯粹由我们老师来开，就大创有这么强的设计能力，也基本上是以一个案件事实确定为前提展开案情的，如果真正是要以辩论主义为基础不断展开证据判断，就涉及这些证据怎么来提供的问题。没有实务经验是很难的。所以恐怕下一阶段的训练需要让实务人士进入到我们教学过程中。

实务导向的鉴定式案例分析方法是我国法学教育培养毕业生能够顺利进入实务，为律所和法院提供合适的人才可以借鉴的一条道路，这个路程可能还比较长，所以我觉得我们需要提前做好准备。今天，我只是简单谈了谈自己的想法，到底怎么操作，可能有赖于大家，特别是年轻的老师们共同努力。

金可可（华东政法大学法律学院院长，教授）：非常感谢李昊教授，李昊教授的视野非常宽广，对我们中国民法学的发展做了很多的贡献，在这里我也一并感谢一下。下面一位报告人是南京大学法学院的刘勇教授，他的报告题目是《民法学教育与裁判分析》，我

们热烈欢迎。

刘勇（南京大学法学院副院长，副教授）：谢谢金老师，我一直感到非常惶恐，因为我可能是会场里面为数不多的完全不懂德语的人之一，而且完全不懂鉴定式的分析方法。我就务虚一点，谈谈我自己的想法，客套的话就省去一万字。首先，接着刚才李昊老师谈的一个问题，就是法学院是干什么的。我们知道德国是有实务培训机构的，包括日本也是一样，有司法研修所，通过这个去培养法律人实务能力，但在我国没有。所以，我总是觉得别国的法学院培养的叫法律人，我国法学院培养的是社会人，即培养出来立刻就要在社会上派上用场的人。一个社会能力、实务能力、理论能力各方面都健全的人，才是我们培养的目标。我们本科教育的培养目标叫职业教育，培养的应该是个社会人，但问题在于法学院能不能承受这样的重任。以我们法学院为例，我们本科有 4 个培养方案，法学硕士有 9 个培养方案，法律硕士有 3 个培养方案，光这些方案都看得眼花缭乱。到底能不能把这些人都培养成社会人，我觉得是有疑问的。

另外一个问题，既然法学院要培养完完全全的有社会能力的法律人，那法学院教什么呢？之前在上海天同和一些老师汇报过，法有三种基本类型，一种法是理论主导的，学习的内容主要是理论，比如说宪法；另一种类型的法是批判型的，理论通常对实务抱有批判态度，可是实务的立场非常强大，比较典型的是招标投标法，法学界可能都不太关心这部法，但这个领域是存在深厚理论的，可是实务的做法几乎完全不理会理论的立场；还有一种就是所谓的混合型，以民法和商法为典型。民法有民法的理论体系，但此外最高人民法院通过指导案例、司法解释、纪要，近些年还有大型律师事务所会总结一些裁判规范，从而对实务产生巨大影响。此时，学说和实务看上去是两套平行发展的制度。那么，在这样的三种类型的法体系中，学生要学什么呢？我个人的想法是要学两个方面的内容，一个是学现行法，一个是学理论学说。到底以哪个为主呢？可能学宪法就要以学习学说为主，但是大部分法律是所谓的混合型的法律，所以就要考虑到底要学什么，这个问题在本科阶段尤为重要。鉴定式案例分析，因为我没有深入学习过，个人感觉更多的是学习现行法的方法，主要关注的是对现行法的理解。但法学教育是两个层面，一个层面是法律人或者法律家的养成，通过学习现行法，使得学生成为能用现行法的法律家；另外一个层面是理想化一些的——为什么要读法学院，难道不是为了让法变得更美好吗？如果要希望未来有一个更理想的法的世界，学说就会显得非常重要。在学习过程中就要把现行法和学说融合起来。至于融合的价值，日本的一个民事诉讼法学者说，"民事诉讼法的学说的社会作用在于，通过关于民诉法的知识创造、体系化、传承，一方面成为法学教育的基础，另一方面提供裁判实务的指针，以及为立法准备提案、资料，实现民事诉讼法制度的持续改善、改革"。在我个人的理解，我国的法尤其是我国的民法，不管是理论也好，实务裁判也好，是有强烈社会关照的；既有强调教育的一面，又有改造社会的一面。

回到民法的层面，民法发展到今天有一个扩大和扩散的现象。在学习过程中会发现要学的东西越来越多，要研究的东西也越来越多。从量上来说的话，是民法本身的规范多了。前两天在浙大法学院参加《担保制度解释》的研读，我就很纳闷，除了规范的量增加了，民法要处理的社会现象也增加了。比如所谓的金融创新，可能有不断的新的担保方式。此外，"质"的层面也在扩大，比如特别法规范的加入。《民法典》有的条文还没生效就已经被相关司法解释变更了立场。相信以后还有更多的司法解释，有司法解释的解释。还有一个就是所谓扩散的现象。民法研究的不同取向是比较明显的，有一部分研究会重视实务立场，强调学民法就是为了解决实务问题，能把现实问题和社会问题解决掉。另一部分理论则强调学民法是要研究制度的，要研究制度发展、理论发展。这样的现象也反映在硕士培养之中。硕士分学术型和专业型，专业型如果放在民法角度就是应用民法，学术型就是理论民法。然后就会产生一个问题，两者要不要连接？怎么连接？

上面讲的是一些宏观的理解，下面要谈下我自己理解的连接的方法。连接的方法应该是裁判例的分析。我这里没有用"案例分析"，而是"裁判例分析"，是指以法院判决作为分析对象。法院判决一方面是遵循法律的判决，另一方面是要解决社会问题，所以它是连接法与社会的一个渠道。研究裁判例有几种方法，一种是规范的，比如说从指导案例中抽取一个抽象性规范。这是向着法的规范形成的方向去发展的，所以这是一种规范的方式。另外一种方法是实践的方法，发现裁判例普遍出现了某些情形。比如，我曾经发现几千个判决都是丈夫把钱给第三者，但没有发现一个妻子把钱给第三者的裁判，这与社会现象就呈现出不同的状态，分析其原因就是一种实践的分析方式。另外还有一种是从裁判当中去抽取法经验，法官是怎么考虑一类事情的，法官考虑这一类事情的出发点是什么？从法官经验的角度去抽取法律适用规范，虽然指向的是法律层面，但这是一种经验的分析方法。还有一种是从个案当中去抽取普遍理论，去尝试解决一个社会问题。针对某一个特定的案件，比如深圳送了几千万房产给保姆这个个案，从中推导出解决这一类社会问题的普遍理论；这是一个理论的方式。所以通过裁判例的分析，通过不同方法的组合，是可以连接法跟社会的，是可以去实现教育目标的。由此而生的另一个问题是，如果这是个四象限的话，鉴定式案例研习方法在象限的哪个位置，还是完全不在同一个层面，还有待探讨。

既然谈到法学教育，我自己理解得比较理想的状态就是，法学院既要教生活民法，也要教交易民法。第二届鉴定式案例研习大赛的案例涉及借贷、担保，是交易民法；而结婚生子主要是生活民法，这两部分要区分开。但在具体的技术方法层面，还有待研究。裁判例的分析和案例的分析是不是要分开？大创老师设计的是一个案例，它不是裁判例，裁判例的分析可能跟社会的连接更强烈，案例的分析可能跟现行法的关联更强烈，这两者要不要做有意识的区分？另外一点，受到明斌老师刚才发言的启发。明斌老师提到了"竞争者"，实际上在教育方法层面是刺激性学习氛围的养成，在教育心理学中叫构成主义的教育方法学，就是让学生始终处于一种竞争状态。鉴定式案例分析可能是形成刺激性学习氛围的非常好的方法，当然可能并不唯一。我个人每次上课之前就想着我这节课要给大家"挖什么坑"，怎么去做我的教学实验。在这个实验当中，教学方法也是很重要的一点。鉴定式案例研习方法是案例分析的方法，是法学教育的方法，能不能把它上升到教育方法论层面，提炼出一定的规则、一定的规律来，会不会对整个民法甚至整个法律教育都有更大的帮助？另外一个很好的连接方法就是法典评注，通过法典评注可以把现行法和理论发展更好地结合起来。

最后，特别感谢让我一个没有任何德国法背景的人来接受再教育，谢谢大家！

金可可（华东政法大学法律学院院长，教授）：感谢刘勇教授。刘勇老师很谦虚地说自己没有受过或不了解德国教育，实际上于飞教授刚才讲得非常好，我们这个案例研习从来没有说只有留德背景的人才了解，事实上刘勇教授所关注的学说、理论和实践相连接都是非常精到的点。下面我们有请严城老师，报告题目为《公司法鉴定式案例分析：现状、困境与出路》。

严城（浙江财经大学法学院讲师）：上一届比赛我做的报告是《民法鉴定式案例分析

的困境与出路》，提出了很多宏观的想法和建议，本届大赛我就从相对微观的视角来考虑商法学科的案例分析。首先谈谈公司法案例分析的现状。在座诸位同仁都知道，在商法教学中引进鉴定式案例分析，就全国范围而言目前还比较少。其次，在难度上，民法的案例分析从民法总论开始循序渐进、有短有长，但商法的案例分析基本上每拿一个出来，没有一个七八千字打底是写不出来的。因为诸位都知道，商法的案例是建构在民法的教义学基础上，就跟我们今天早上在听同学们做报告，这个案子中出现了一个公司担保的问题。公司担保，即公司做出担保的意思，民法案例分析可能一句话就过去了；而在公司法中，如果要做一个完整的案例分析并不简单，因为公司担保必然涉及公司决议问题，涉及公司内部程序性的控制问题，毕竟公司的担保权利不是法定代表人的权利，而是公司机关的权利。那么，机关有没有做出担保决议？决议本身有没有瑕疵？如果决议有瑕疵，会不会构成撤销的例外限制情形等，诸如此类联动性的问题随之出现。这些商法特有的分析步骤，在高阶案例分析的逐项审查过程中，可能就会如纯（教）民法的老师那样直接跳过这个步骤，但这恰恰是法律实务中极其重要的步骤，这就是商法鉴定式案例分析的现状。

下面谈谈它的困境。第一个困境是源自法律政策层面的，大家都知道，如果在民法老师们教出很好的教义学基础的背景之下，做了些民法鉴定式案例分析的训练，在此基础上大家再学商法，会觉得"水土不服"。最大的"水土不服"来自于我们文本写得比较糟，因为文本的体系性不足。昨天在来的路上，我发了一个朋友圈，发给这学期商法学结课的同学，请大家就我要做报告的这个题目，谈一谈做公司法鉴定式案例分析"用户体验"。因为在学校，我对学生教学比较严，每周民法总论课学生要做 2 个案例分析，一个学期 32 个案例分析；商法每 2 周做 1 个，一学期做 6 个；民法一般 1 个案例从几百字做到了几千字，但商法基本上 6 个案子要写到快成一本书。所以，他们从民法总论、物权到商法这一步一步都在做案例，强度非常高，这是强制性要求。学生的平时分占权重的 60%，期末考试才占 40%，所以掌握起来比较灵活。所以我通过平时的案例作业来控制他们的学习过程。有时候强制手段能产出一个良好的学习习惯和效果。所以已经做了大量案例分析的学生对这个题目最有发言权，他们给我发送了很多"用户体验"，告诉我存在的一些困惑和疑难之处。归结起来，首要问题在于公司法立法本身存在一些问题。

第二个是公司法欠缺统一的贯彻法教义学，使得公司法案例展开分析难度很大。具体来看：一是公司法规范的文本太多。大家在民法中已经感受到了，《民法典》之外出了很多司法解释，而《公司法》本身还外加五部公司法司法解释，再加一点其他解释中涉及的公司法的问题，比如，《担保制度解释》里面就出现了公司担保的一些解释。例如公司的法人代表越权做出一个公司担保决议，法院基本上会判断公司肯定构成过错，哪怕是担保合同无效，公司也要付一半的信赖责任，正当性何在？在教义学上怎么解释这个问题？一个公司 30% 的持股人就可以控制整个公司并作出越权担保，70% 的股东怎么办？大家一起背锅？大家学商法时会遇到一个基本规则，这就是债权人、股东和公司间的三方利益平衡，上述解释如何在教义上实现利益平衡？

二是公司法文本的体系化不足，在公司法内部以及《公司法》和《民法典》的关系上欠缺基本的教义，导致识别成本过高。比如大家看德国民法典，在法人中会出一个重要的规则，叫作表决权排除规则。如果待决事项与成员有关，其表决权被排除，在公司法中这仅仅属于个别规范，出现在公司担保。在公司内部担保过程中，规定了表决权排除。但是在其他类似问题的表决上呢？比如股东资格解除或者股东权益缩减，是否要引入该规则呢？我们只能解释或者类推适用方可完成，所以进一步加剧了在商法案例分析过程中去构造这些规范，借此填补漏洞的工作量，我们的成本要比民法高得多。生活中，如果实际控制人不纳入规范体系里面去，那么法人人格否认这个制度就形同虚设。所以，教义学上要作解释论上的展开，这也是一个代价。

三是不完全法条非常多。其实，但凡涉及管制性比较多的规范，经常表述为什么不能做，什么必须这么做，但是后半截没写，如果做了如何，后半截引向何处？解释上这可能是个法定义务的违反从而构成侵权，侵权是不是也需要寻找相似的规范或者说是一个比较相似的规范，所以识别成本也会变高。

四是重复性的请求权基础规范特别多，比如说《公司法（2018 修正）》第 149 条，"董监高"违反注意义务和勤勉义务，要承担侵权责任。那么这个责任本身是一个独立的请求基础，还是《民法典》过错侵权条文的一个重复？像这种规范特别的多。这都是我的学生给我发的"用户体验"。另外，公司本身的特点带来了很多的负面影响，公司法和民法不同，同学们学了民法都会知道民法基本上是以行为法为中心建构的，但是公司法更多的是行为法和组织法的交错，很多权利寻求救济时，请求权基础的查找和构成要件的论证，本身就出现了困难。在行为法层面上，公司法和物权法有点像，最重要的就是权利变动，如果单纯说一个股权变动，我们《民法典》已经规定了，《民法典》买卖合同一章的最后一条称其他买卖合同上参照适用买卖合同的规定，而且，《买卖合同解释》也说，股权转让可以用这个条文，这是股权变动的请求权基础。因此，很多权利属性为何，需要识别，例如知情权、分红权、增资优先认购权等这些权利怎么去用，这就涉及很多组织性规范的问题。

另外，商事参与主体居多，一个人在公司里可能扮演不同的角色，会带来了很多法律关系的适用。民法的买卖合同当事人一方要么是出卖人，要么是买受人。在商事关系中这个人可能同时扮演多重角色，这个时候厘清法律关系的成本过高。对于侵权检索的次序，在民法上大家都知道就这么六个大概的次序，而在商法中动不动就涉及特别规范的审查问题，有的一些权利看起来比较"变态"，比如申请分红，这属于第一序列合同法层面的请求权基础吗？同样，在合同上，这是不是优先于一般的审查步骤？实体和程序，就像我一开始举的例子，公司赚了这么多钱，我向公司请求分红。公司说我现在通过了增资决议，要求你出资，你不出资，就不分红，这是否构成一个抵销？可见，商法处理的问题非常复杂，因为分红过程中就看有没有分红决议，增资就要看增资决议合不合理，所以两个决议要同步审查，才能解决最后决议的最终效力属性。所以不论是请求权的产生还是请求权的消灭，都会带来这些程序和实体共同交错的问题。

此外的问题是错误判决在"乱带节奏"，给同学们带来很多负面影响。例如对《公司法》中合同的解释过程，广西高级人民法院 2020 年公司裁判纠纷规则中的第 7 点写到，要注重股东和公司之间的合同效力，股东和公司有什么合同？公司是怎么来的？如果从教义学解释股东之间形成的利益，用第三人合同这个路径也许可以解释，所以说，公司和股东之间有关系，是一个合同的关系，这是英美法的观点，但在大陆合同法的范畴中，在我们教义学的体系里，和英美法所谓的公司合同解释中的合同不是一个概念。在此，出资履行抗辩规则怎么去用？比如，上海市中级人民法院作了一个判决，上了最高人民法院公报，最终形成类案效果。公司注册资本 1 亿元，做 5000 万买卖，做完之后就把注册资本减少，减成了 100 万。违规减资问题，法院采用的思路是什么？采用最多的是抽逃资本，可抽逃的前提是，拿回来才能抽逃，如果给都没给何来抽逃？如果说这是相似状况做类似解释，类似于适用的情况可不可以？可以，但类推适用有一个前提，如果现行法已经有明确的请求基础规范，类推适用会不会造成法律适用的规避，违反立法者的初衷？公司法至少有一些规范可以考虑，比如法人格否认，或者根据《民法典》第 154 条恶意串通损害第三人利益来否定其效力。

最后简要谈一下出路。一是寄望于《公司法》的修改。二是呼吁教商法的同仁，在推动商法的教学过程中，在课程体系的架构中，首先要贯彻教义学，给同学们建构一个法的内在体系和外在体系，使同学生查法用法的成本会下降。三是民法构建的案例注意结合商法规则，大家做民法案例的时候，要对商法的一些规则做到一个双向关照，比如说我们刚才担保的案子，老师讲到这个地方可以提一下，里面可能涉及很多商法程序性规则，但是我们这个地方略过了不等于不重要。四是案例分析强度，强制会产生一个良好的学习习惯。五是非常有必要推动师资培训，我们现在民法的师资培训比较多，但是发现商法做的培训比较少，主要有两块，一个是师资培训，另一个是通过部分老师先行做出一些示范性商法的鉴定式案例分析，这或许可以带动我们整个私法共同体的进步，谢谢大家。

金可可（华东政法大学法律学院院长，教授）：谢谢严城老师。下面，我们进入与谈阶段，有请第一位与谈人胡东海教授。

胡东海（中南财经政法大学法学院教授）：参与评议诚惶诚恐，我应该属于刚才刘勇老师说的现场不懂鉴定式案例分析的少数老师之一。今年红明老师为我的民法总论课堂的学生"加餐"，讲了三次案例分析的课，我也跟着我们班上学生学了一点皮毛，我简单谈谈关于鉴定式案例教学的想法。

不论是鉴定式案例研习方法，还是其他的案例研习方法，都是将现行有效的法律条文正确地适用于待决案件之中。在这个过程中，需要很多课程互相配合才能达到有效训练的

目标，一个是构建知识体系的基础课，一个是鉴定式案例研习，还有一个是法庭报告技术。对于基础课，我们需要更加侧重以法条的理解为线索展开教学，阐述清楚法条所涉及的基本理论问题。对于鉴定式案例研习，涉及如何将基础课阐释清楚的法条适用于实例中，分析实例中涉及的法律关系及其相应法律依据。对于法庭报告技术，更多涉及在诉讼程序中如何从举证和裁判的角度，动态地讨论如何将法条正确适用于案例之中，并最终给出裁判建议。

对于这三类的教学课程，不同国家以及不同高校可能只是采用了不同概念但本质相同的课程，这些课程在不同概念之下实际上旨在达到相同或类似的教学目标。例如，刘勇老师谈到区分案例分析和裁判例分析，前者对应鉴定式案例研习课程，后者则对应于法庭报告技术；还有其他老师都提到的案例研习的初级案例和高级案例，是否也有这样对应的关系呢？再如，日本研修院的要件事实分析训练，这个对应更多可能是法庭报告技术。另外，举证责任分配的基本规则具体化的过程，表现得与鉴定式案例分析方法的思维过程是一致的，只不过二者采用了不同术语体系来实现其理论目标。可能对于我们高校老师来说，法庭报告技术非常困难，这需要综合运用民法和民诉法的诸多理论知识做基础，同时这应该是我们法律教育的一个极为重要的努力方向。

金可可（华东政法大学法律学院院长，教授）：谢谢东海，下面有请中南财经政法大学法学院陈晓敏老师发言。

陈晓敏（中南财经政法大学法学院副教授）：谢谢大家。对于鉴定式案例分析而言，我其实也是一个门外汉。受我们学院张家勇老师率领的鉴定式案例教学团队的感召，上学期我有给本校卓法班的同学上了一学期债法总论案例研习课。我也是在这个过程中努力补鉴定式案例分析方法的课，包括学习网上朱庆育老师关于请求权基础的讲座，还有李昊老师主编的理想法律人系列丛书等。今天非常荣幸能够近距离学习各位老师的报告。我主要

是从一个新手的角度，对鉴定式案例研习方法谈一些不成熟的想法和心得。

刚才于飞院长提到中国政法大学现在是理论课与案例研习课的授课老师不同，希望未来能够统一两类课程的授课老师。我们学校的课程设置模式是正好相反，最开始是单独设置卓法班，大概 30 人，由专门的教学团队统一为其开设理论课与案例研习课。但是从 2020 年开始，我们将卓法班与普通班的理论课合并，仅对卓法班单独开设案例研习课。为什么将理论课合并？除了受师资方面的限制外，我个人有一点不成熟的想法。鉴定式案例分析和传统的教学理论体系是两套不同的体系，我们教学讲授体系可能是按照一般的教科书或者是民法典的体系设置。而鉴定式案例分析还是以请求权基础为核心，围绕法律适用，对法条进行体系化整合。比如，我们依照请求权基础，从合同、类合同、无因管理、物权、不当得利、侵权请求权的角度去重新整合，以及分析法条规范本身是作为一个请求权基础规范，还是作为一个辅助性规范或者是抗辩性规范，这和传统的教义学体系是两套不同的体系。鉴定式案例分析方法的好处在于，从教学解题或者案件裁判上来说，它能够避免裁判或思维过程中的随意性或跳跃性，它是一个逻辑化、体系化的过程，需要对请求权逐一检索，并分别讨论请求权是否成立、已经消灭和可执行，这使得对案件分析的思维过程被程式化，依照固定的程式有逻辑有体系地组织展开。对于初学者而言，鉴定式案例研习的困难首先是对请求权基础的寻找，也就是哪些条文能够作为请求权基础规范，哪些能够作为抗辩规范，这对我们这样一些没有接受过专业训练的老师来说也是一个困难，吴香香老师的请求权基础检索手册对我们来说是一个很大的帮助。同时，鉴定式案例分析作为一个方法，它实质上是覆盖了所有法学问题的载体。一旦熟悉或掌握了鉴定式案例研习方法的基本规则之后，案例研习更本质或更核心的问题仍然是对于法律规范本身的解释和适用，会回到在已有的法教义学理论基础上，综合运用文义、目的、体系等各种法律解释方法，在具体案件中实现法律的妥当适用。所以我个人理解是在鉴定式案例研习课程之外，未必一定要将理论课与鉴定式案例研习课统合设置。但是我们也可以在理论课之中去部分吸收借鉴鉴定式案例教学的思维去进行讲解，改进理论课的讲授方式。以上是我一点非常不成熟的看法，请各位老师多指教，谢谢。

金可可（华东政法大学法律学院院长，教授）：好的，谢谢。下面有请华东师范大学李建星教授。

李建星（华东师范大学法学院副教授）：各位老师早上好，2008 年中南财经政法大学法学院毕业生前来报到。一方面，回到母校很激动，另一方面，我的物权法老师坐在我后面，我也很激动，所以，如果讲得不好请见谅。首先，针对严城的建议，也是有个期待，既然严城觉得公司法这边的请求权基础很混乱，那我非常期待严城能够尽快出一本像香香老师那样以《公司法》法条为基础的请求权检索的书籍，我们在公司法教学时以及和民法进行融合时的难度就会大大降低。

我这次发言主要有两个部分。一是向大家汇报一下我们华东师范大学法学院推进的一些进步；二是谈一下关于李昊老师讲到的研究生第二阶段的鉴定式案例的展开想法。2020 年第一次参加在中国政法大学举行的鉴定式案例分析会议时，我提到华东师范大学学生比较少、老师比较少的背景下，推进鉴定式案例分析课程的初步规划——第一步是融入，第二步是推进，第三步是铺开。现在可以很明确告诉大家，已经勉勉强强到了推进的地步。因为冯德淦老师的到来，有力地推进了物权法课程中的鉴定式案例分析。在物权法课程内推进鉴定案例分析，有两个特点：一个特点是在单一的课程上面进行推进。就只挑了物权法一门课程作为推进的试点。我在讲大课的时候，在讲到物权请求权时，先把物权请求权的构成要件以及它的法律效果予以讲解，然后到后面再讲物权变动时，再把物权变动跟物权请求权进行联系，然后用案例形式展示出来，通过这样我们就能够为后面建立案例分析课程来奠定一个基础。另一个特点是老师少，恰恰是因为只有两位老师，思维以及授课方式，整个推进进度基本上是一致的。无论出题还是授课内容，都能把案例分析、大课讲授以及最后的期末出题贯穿起来，这样可能对整个课程的编排会有好处。

关于在实务课程的鉴定式案例分析如何展开的问题，据我所知，在德国第二次国家考试时，考生拿到的是一本厚厚的案例案卷，然后在 1~2 个小时内看完，在 3~4 个小时里把它解释出来。这种状况在我国的教学过程中有点难达到。但是我们学院有些老师已经开始在做了，比如说我们刑诉法老师会跟刑法结合，把整个案件事实列在 4 页纸里面，发给所有的同学，让他们读完这 4 页纸的案件材料之后，然后再去做最后的答题。后来也有建议说，是不是可以在物权法中采取同样方式，后来没有采取这种方式。因为在本科阶段的期末考试采取的话，可能会出现遗漏知识点的问题。在物权法考试中，重点是考察不动产物权和动产物权变动。但是，在实务案件中，很难把这两个点都考进去。

不过，第二阶段的案例分析，我们在研究生阶段能不能来做推广？有两个事情引发了我的思考。一是下学期要开设针对法本法硕的民法跟民诉法理论与实务课程。但是，民诉法跟民法两边完全分开讲，导致民法与民诉还是没有打通。二是于飞老师曾经讲过，研究生实习成风。但是从就业市场上，需求方倾向于招录长期实习的同学。我们负有义务去说明，通过鉴定式分析培养的学生，如何比长期实习的学生具有更好的竞争力。这样子才最终能够刺激我们整个鉴定式案例在需求市场上面的效果。所以，之前在设计整个鉴定式案例分析的教育体系时，不单只做本科生培养，还要去打通研究生培养，把研究生的培养融入鉴定式案例分析教学过程。而且，我们还有义务在就业市场做好宣传，为我们的学生就业、进入实务部门提供机会。做鉴定式案例分析，是一个吃苦头的事情。我们作为老师，不能让学生吃了苦、在就业市场上吃亏。总之，做鉴定式案例分析，要"不内卷，换跑道，做增量"。

金可可（华东政法大学法律学院院长，教授）：谢谢李建星老师，下面有请北京师范大学法学院孙新宽老师发言。

孙新宽（北京师范大学法学院讲师）：谢谢各位老师，很荣幸参加本次会议。我个人的教学经验还比较匮乏，就结合刚才各位老师的主要报告内容，分享一些我个人关于鉴定式案例分析进一步发展的思考。

刚才于老师也特别提到，鉴定式案例分析现在面临着下一步如何继续深化发展的问题。从全国层面来看，越来越多的法学院都在尝试努力推进鉴定式案例分析的教学，也有了一些基本的共识。从课程设置来看，大多数法学院是通过开设独立的课程进行鉴定式案例分析的教学。但由于单独开设的鉴定式案例课程数量有限，所覆盖的学生群体和人数在整个法学院中所占的比例还比较小。这就产生一个问题，如何将鉴定式案例分析方法覆盖到更多的同学。法学院开设的课程中比较多的是讲授基础知识的体系课程，因此有必要思考，是否可以将鉴定式案例分析方法和基础课或体系课进一步融合。如果在民法总论、物权、债权等基础课程中，能够将鉴定式案例分析的思维方式与民法既有的理论体系的讲授

进行深度融合，那么大多数同学在学习这些基础课程时，就能够自然而然地学习到鉴定式案例的思维方式。虽然基础课程的课时有限，但在这些基础课学习中，依然可以有意识地以一些案例为例进行完整的鉴定式分析，这样至少可以让同学们对鉴定式案例分析有一个直观的感受和认识。即便同学们之后没有专门学习鉴定式案例课程，也可以有意识地进行自学。我自己也曾尝试在物权法的基础课上作一次鉴定式的案例分析，同学们的反馈非常积极踊跃，可以看出来同学们也有很强的意愿，希望将鉴定式案例分析方法和基础体系课的学习进行有机融合。因此，我个人觉得这个方向值得进一步地探索。

体系课和鉴定式案例分析的融合也面临着很多的困难，一方面是体系课的课时本就不够，需要协调好基础理论知识的讲授和鉴定式案例分析的时间分配；另一个很大的困难是，需要找到能够与所讲授的理论制度相契合的、适合用来作课堂分析的实践案例。我们现在的案例其实相当多，搜寻案例也有各种便利的途径，但从整个《民法典》1000 多个条文来看，我们目前还没有一个很好的案例汇编能给每一个条文都提供一个适于课程讲授和分析的案例，特别是我国本土的实践案例。目前已出版的《民法判例百选》选编了一部分很好的本土案例，所选案例能够引发对既有条文的进一步思考，有些案例也对既有的规定和理论有进一步的发展。这样的判例选编和评释可能需要更多一点，理想的状态是，《民法典》的每一个条文，都能至少有一个相应的典型案例，可以在教学中直接使用，用来作为讲授相关制度的参照案例，这样，老师们在备课过程中就不必为每一个《民法典》条文都重新寻找一个典型的案例，可以把更多的时间用来对这些案例进行深入分析，以和课程讲授进行更有机的融合。老师们也可以用这些案例进行全方位的鉴定式案例分析，这些案例也会引发同学们的思考，对理论学习更感兴趣的同学也可以借助这些案例进一步深化学习。这项工作对基础理论课和鉴定式案例分析课程的教学发展都将大有助益，值得我们共同推动和完成。以上是我简单的一些思考，请各位老师批评指正。

金可可（华东政法大学法律学院院长，教授）：好的，谢谢新宽老师，下面有请吉林大学法学院的任倩霄老师，欢迎。

任倩霄（吉林大学法学院讲师）：各位老师好。我从教时间短，很难说对鉴定式案例教学有什么经验，之前都是以学生的身份参与学习。所以，今天主要来是向各位老师学习的，对鉴定式案例教学的宏观感受和确切规划也近乎没有，我只能说一说最近在准备合同法的案例课教学时遇到的一些具体的困惑，比如合同法相关的案例，其请求权基础到底是什么？是具体的合同编的法律规范还是合同本身，尤其是在遇到非典型合同的时候，如果说一定要明确到合同编中的具体条文，就会产生一个很大的问题，就是非典型合同中相关的内容，要如何适用这些合同编总则和分则中的规定，是直接适用还是间接适用呢？此外像李昊老师说的一样，在鉴定式案例教学中，需要把程序法和实体法要做一个结合，比如《民法典》第 580 条规定的债务的标的不适合强制履行。它是不是跟强制执行中的直接强制、间接强制有关，还是说这里的不能强制履行仅指不能直接强制，这样的话，就会跟实际履行请求权的适用范围产生冲突。再比如，《民法典》第 581 条的替代履行和《民事诉讼法》中的替代执行制度之间有什么关联？在适用范围上有什么冲突？基于上述问题，我自己有一个预先性的感受，如果我以后在鉴定式案例教学中遇到了什么困难，很大原因可能是来自于对特定的条文的解读上的困难。换句话说，案例式教学跟讲授课之间可能需要更多的配套和互动。如果在讲授课的时候尽可能地把这些理论性的问题先解决好，案例式教学也能完成得比较顺畅。

金可可：谢谢！下面我们有请华东政法大学法律学院徐同远老师发言。

徐同远（华东政法大学法律学院讲师）：谢谢金老师、各位老师和各位同学。这次的

鉴定式案例研习大赛，聚焦《民法典》有关担保制度的规定，很有意义。

借助于这样的题目设计，首先彰显了鉴定式案例研习教学应有的一个功能，这就是使我们的法学教育，真的有用起来。在法学教育过程中，老师们花了很大工夫去传授法律知识，但是种种努力下来却发现，这些知识等听讲者毕业的时候却全都忘了。其实，这还是不错的学生，更多的学生是在期末考试结束后就都忘了。这种状况的形成，各种原因都有。比如说，很多人只是为了考试而学知识。建新教授刚才讲，我们的鉴定式案例研习要进行下去，就一定要跳出现有内卷的局面，不要只把它当成考试来对待。这是很有道理的。

要跳出前述内卷的困境，我想，在提高传授知识的厚度或难度上做些文章，也不失为一条路子。简单的东西其实是容易忘的。生活就是这个样子的。比如说，我借严城教授100块钱，可能真的就忘了；反之，如果我借李昊教授1个亿、10个亿，真的不会忘。如果我们的知识传授也具有像10个亿这样的厚度，问题可能就不一样了。一旦一个人有10个亿的时候，他的想法真的就多了起来。10个亿是不大可能装在自己口袋里的。相反，这个人总是想着如何使钱生钱，这样的话，市场上的交易形态就会复杂起来、动态起来。此时，知识真正的用途才能发挥出来。如果只是说10元钱、100元钱，那怎么进行交易设计呢？其实，没那么复杂。如果遇到100元钱的纠纷，去打官司可能是没必要的。如果标的为10个亿，情况可能就不一样了。

具有厚度的法律知识，各种各样、形形色色。在这些知识中，担保应占有一席之地。担保具有高度的经济适应性。每一种担保背后，都对应现实中的一种业态。在《担保制度解释》中，每一条文，甚至一个条文的一款或一句，都可能对应着一个业态。这些业态熟悉起来，要花些时间与精力。而一旦熟悉起来，我们传授的知识就能大有用武之地。

其实，我们民法的知识确实能用得起来。它们本身就有适用性与灵动性。只不过有时候用的例子太过平淡，它们的用武之地被遮蔽了起来。一个简单的例子，使学习知识的人觉得这些知识只有这么一点点作用。因此，通过这次比赛，我们看到了鉴定式案例研习在彰显法学教育前述功能方面的功效。在未来，应该大力发挥这种功效。

这次案例研习大赛设计担保方面的题目，还凸显了我们开展鉴定式面临的一个难题——不单单是找现成的法，相反要花大力气去造法。

鉴定式案例研习不论对它有什么样的认识，核心还是法律适用。而法律适用，最重要的一个前提肯定是找法。问题是在现行法上怎么去找法呢？就像严城教授刚才说的那样，在我国为鉴定式而找法是很难的。这次比赛的题目涉及动产与权利担保领域一个很重要的命题：功能主义还是形式主义，其中就涉及造法的问题。

首先，在这里要说一点，不论是功能主义还是形式主义，它们在很多问题上最终得出的结果都相差无几。对于这一点，所谓在奉行形式主义的德国，也有人这样说过。因此，在解答这个题目时，两种模式优劣的问题，自然不在讨论之列。可是《民法典》对动产与权利担保采用哪种主义却不是一以贯之。在同学们刚才做的报告中，有的按照形式主义来走，而有的则依据功能主义来走。这样的分歧主要不是由同学们自己的主观想法造成的。相反，这主要是因为《民法典》没有"从一而终"，而是"三心二意"。比如说，《民法典》第642条第1款第3项规定，买受人不当处分标的物时，出卖人可以行使取回权，本项似乎是在贯彻形式主义的逻辑。而第641条第2款规定未登记不得对抗善意第三人，这可能又是功能主义的思路。出卖人保留所有权，在这个过程中没有产生物权变动，那此时为什么通过所谓登记来公示未变动过的所有权呢？本款的逻辑与《民法典》第403条其实是一致的，它们都是在公示一种交易——一种担保交易。

《民法典》在功能主义与形式主义上的现状，使得动产与权利担保领域中的造法必不可少。当然，至于是按照何种模式来造法，结果上都不大可能存在天壤之别。这样的造法，于我们的鉴定式案例研习而言，绝非个例。因此，我们的鉴定式教学，一项很大的工作要围绕着造法展开。这也是朱庆育教授发掘鉴定式具有形成法学新知功能的应有之义。

金可可（华东政法大学法律学院院长，教授）：有一点我觉得讲得特别好，功能主义和非功能主义结论应该差不多，但我要做一个限定，应是正确理解的功能主义。下面我们有请武汉大学法学院刘志阳老师发言。

刘志阳（武汉大学法学院师资博士后）：谢谢各位老师！我在南京大学中德法学研究所读硕士期间学过两年德国法，结合刚才在会上听到的各位老师、各位专家的意见，我对于鉴定式案例教学谈几点，核心是三个字。

第一个就是"早"。对我影响比较大的是，我在南京大学学了两年鉴定式后，在德国留学期间遇到了一个真实案件，这个案件比较复杂一点，我很难将各个知识点结合起来一下子找到答案。但是当时在我身边有一位台湾政治大学的同学，他就用鉴定式分析方法一步步地给我作了分析，我听的时候思路就一下子清晰了。这件事对我刺激较大，因为我虽

然过了司法考试，做了两年律师，又在南京大学学了两年鉴定式案例分析，但是在遇到这个案件的时候由于缺乏方法，思维比较模糊，但是来自台湾政治大学的同学却能够很清晰地把案件分析出来。后来我想了一下，可能他在本科的时候就学了鉴定式案例分析方法，将此方法作为案例分析的标准方法。但是我一开始接触法学教育时虽然有案例分析，但是并无相应的分析方法，以至于我在研究生学习鉴定式的时候觉得，它是一个纯粹的德国方法，对我并无实际用处，所以这并没有能够真正影响到我的法学思维。但是我在德国的同学在本科教育时即已接触，已经形成了这种鉴定式的思维方式，在案例分析的时候就不由自主地在潜意识里运用了这种方法。因此我觉得，我国的鉴定式分析不应该只是一个培训。比如我虽然在南京大学硕士期间学了两年，但是后来案例分析时也会习惯之前的老思路，没有鉴定式分析的思维。因此我们在本科教育时需要尽早把这个方法运用到教学中去，让学生觉得这就是法学案例分析的标准方法，以便将来一遇到案件时就习惯性地运用这一方法。

第二个关键词我觉得是"练"。在德国的大学课程可以分为两部分，一部分是主课，一般由教授讲授，但更多的是练，他们在一节主课后会配两次练习课，主要让学生分析案例，由此看来德国教育很注重练习。练习课一般是由过了司法考试的在读博士或者一些讲师在带，我国实际上可以向他们学习，不一定要用这么多讲授主课的老师，可以用一些经过训练后的博士、博士后等师资，以便解决我国的练习课师资短缺问题。

第三个字就是"考"。我国的司法考试选择题比较多，案例分析也是简答形式。我之前过了司法考试，也培训过司法考试，但是我发现我国的司法考试考生考完后知识点基本上都忘差不多了，考试题也很难让考生形成一个案例分析的体系思维。我之前在德国的时候，一个德国学者就说，他们也尝试过不按照鉴定式分析去分析案件，但会遗漏一些知识点，所以分析的答案常常错误。通过鉴定式去分析，形成严密的体系论证，可能会更接近正确答案。这是我今天的三点体会。请各位专家批评，谢谢。

金可可（华东政法大学法律学院院长，教授）：谢谢刘老师。我们本单元的引导报告和与谈到此结束，无论是引导报告还是与谈，都非常的有针对性，也非常的精彩，相信大家和我一样都有非常大的收获。

第三单元：鉴定式案例研习的基本展开

2021 年 7 月 10 日

百晓锋（西北政法大学民商法学院副院长，副教授）：各位老师、同学，下午好！现在开始第三个单元，即鉴定式案例研习的基本展开。我在这需要占用发言人一分钟的时间，简单介绍一下 6 位发言人，他们是：中国政法大学的吴香香教授，西南政法大学的胡川宁教授，北京化工大学文法学院的陈传法教授，华东政法大学的王蒙研究员，首都经贸大学法学院的刘亚东老师，中南财经政法大学的季红明老师。首先欢迎吴香香老师给大家带来报告《民法规范类型与请求权基础分析》。

吴香香（中国政法大学民商经济法学院副教授）：谢谢百老师。各位老师、各位同学下午好！我报告的内容是民法规范类型和请求权基础分析，因为我们鉴定式分析在民法中是请求权基础分析，鉴定式分析和请求权基础分析是在诉讼的语境之下展开的。在诉讼语境之下展开，就涉及原告和被告之间有一个攻击和防御的关系，这就意味着原告和被告各自有自己攻击和防御的工具。那么这种攻击和防御的工具有两个方面，一个方面是事实层面的，事实层面的攻击和防御是通过证据来展开的；另一个方面，攻击和防御的工具是规范层面的，这个时候就规范层面的攻防工具，我做了一个图，就是民事诉讼攻防关系图。

在这个图里，攻防阶段是由原告启动的，即由原告启动请求。那么，原告启动请求的规范工具是什么？可以被原告所用的规范工具就是请求权基础以及跟请求权基础相关的辅助规范，这个请求权基础和辅助规范的成立和适用前提的举证就在原告方，这是原告的攻击工具。接下来，针对原告发动的攻击，被告会进行抗辩，他抗辩的规范工具就是抗辩规范以及抗辩规范的辅助规范，那么这一类规范的举证就在被告方了。针对被告的抗辩，原告这一方有一个反抗辩，这个时候又会涉及一类规范，叫反抗辩规范，或者叫抗辩排除规范，以及相关的辅助规范，又变成了原告的攻击这一方的工具，然后举证又在原告方。接下来针对原告的反抗辩或者抗辩排除，被告可能会再提起一个再抗辩，所依据的规范工具就是再抗辩规范及相关的辅助规范。在攻防关系中，我们可以提炼出三种规范类型，一种叫请求权基础，我们称它为主要规范；另外一种叫做辅助规范，以及抗辩规范。我们会发现，辅助规范在每一层都出现了，因为辅助规范辅助的对象可能是请求权基础，也可能是一抗辩规范，还可能辅助的是反抗辩规范，或者辅助的是再抗辩规范。接下来，我们会发现，攻防结构中，从第二层开始就是各种抗辩，原告请求，被告抗辩，然后原告反抗辩，被告再抗辩，这也就意味着抗辩规范之下还可以再分类，就分成抗辩规范、反抗辩规范和再抗辩规范。抗辩规范的重点要看它抗辩的对象是什么，但是基本上大的类别上来讲，就是主要规范、辅助规范和抗辩规范三种类型。

因为时间的关系，我就简单地讲四个我觉得比较重要的问题。第一个问题是典型的主要规范，就是典型的请求权基础怎么去识别。典型的请求权基础其实是从法效果去识别的，它体现为两种，一种是如果法律效果规定的是一个请求权，比如《民法典》第235条的权利人可以请求返还原物，这是个请求权基础；还有一类是法律效果体现为一种给付义务，就是从义务人的角度上来讲，比如《民法典》第577条是一种给付义务规则，它也是一种典型的主要规范。

第二个问题是如何识别典型的辅助规范。假如辅助的对象是请求权基础，辅助规范就是对请求权基础的适用前提和法律效果做进一步说明。在这个框架之下，一类辅助规范属于适用前提类，比如《民法典》第 115 条第 1 句的物包括不动产和动产，这是对物的一个界定；另一类是法律效果类的辅助规范，比如《民法典》第 1179 条关于侵害他人造成人身损害的损害赔偿的范围。但是还有一类辅助规范，可能在我们通常所讲的框架体系之内被提到的比较少，这种辅助规范可以起一个名字叫做裁判指引类的辅助规范。举一个例子，《民法典》第 142 条大家很熟悉，它规定的是意思表示解释规则，在请求权基础分析的框架之下属于辅助规范，但它不在原告或者被告需要证明的事项范围之内，它是用来指引法官应该如何作裁判的，所以它是裁判指引类的辅助规范。裁判指引类的辅助规范，还有比如《民法典》第 10 条关于法源的规定。所以，在典型的辅助规范里面，我觉得这一类辅助规范其实是有必要单独分出来介绍一下。

第三个问题是典型抗辩规范的识别。在请求权基础的分析框架里，我们知道对单个的请求权检视来说，分权利已产生、未消灭、可行使几个阶段。在每一个阶段，产生阶段、消灭阶段、能不能行使阶段，都会有抗辩的问题，所以，根据抗辩的功能，抗辩规范也可以分为权利产生的抗辩规范，权利变更或者权利消灭的抗辩规范，以及权利行使的抗辩规范。权利产生的抗辩规范，比如正当防卫条款会排除侵害的不法性，导致侵权请求权不能成立。权利消灭的抗辩，比如债权债务终止条款。权利行使的抗辩，比如履行抗辩权，先诉抗辩权，时效抗辩权。这是根据抗辩的功能来区分抗辩规范的。另外一种分法就是根据前面的攻防图来分，根据抗辩的对象是什么进行区分。这里面的诉讼攻防结构，就是原告请求—被告抗辩—原告反抗辩—被告再抗辩，比如说时效抗辩权规则是被告的抗辩规范，那么诉讼时效中止的事由，就会构成时效抗辩的反抗辩规则。接下来针对原告提出的诉讼时效中止的反抗辩，被告就可以再抗辩，比如中止原因消灭已满 6 个月，时效期间依然届满。这里就有一个抗辩、反抗辩、再抗辩结构。所以现在的主要规范、辅助规范和抗辩规范的分类，可以再精细化，尤其是在抗辩规范的类型上，抗辩、反抗辩和再抗辩的区分，还跟举证责任相挂钩。

第四个问题是还有一些特殊的主要辅助和抗辩，我觉得比较值得说的内容是跨类规范。跨类规范是什么？在我梳理《民法典》的过程中，发现很多规范并不只有一种属性，它可能兼具两类规范的属性，比如有些规范既有主要规范的属性，又有辅助规范的属性。举个例子，《民法典》第 320 条规定，主物转让的，从物随主物转让，这里就既涉及负担行为，也涉及处分行为。在负担行为的意义上它会产生请求权和给付义务，它可以作为请求权基础规范来适用，但是在处分行为的层面上，它会涉及权利归属的问题，那么就会有辅助规范的属性。还会有一些规范，兼具主要规范和抗辩规范的属性，比如《民法典》第 317 条第 1 款规定，权利人领取遗失物时，应当向拾得人或者有关部门支付保管遗失物等支出的必要费用。这里面有一个字非常重要，就是"时"，即领取遗失物的时候。因为单纯从这个条款本身来看，它规定的是必要费用补偿请求权，看起来这个请求权基础是个主要规范，但是领取遗失物的时候要补偿必要费用，这背后的意思是说，如果不补偿必要费用的话，对方是可以拒绝返还遗失物的，这里面内含了一个留置抗辩权，它就是一个既有主要规范属性，又有抗辩规范属性的规则。还有些跨类规范既有辅助规范属性，又有抗辩规范属性，比如《民法典》第903条保管人对寄存物享有留置权的规则。从这个规则本身来看，它是留置权的辅助规范，但同时它也意味着有留置权，就可以拒绝返还，所以这里面也有一个抗辩在，所以它又有辅助规范的属性，又有抗辩规范的属性。在整个民法规范梳理的过程中，规范识别确实是一个难题。在诉讼语境下，可能越往细节走，越有必要去结合程序法的知识，也许这是接下来我们可以进一步努力的方向。谢谢！

百晓锋（西北政法大学民商法学院副院长，副教授）：谢谢吴老师。下面有请胡川宁老师作报告，题目为《鉴定式案例教学中的请求权基础和法源问题》。

胡川宁（西南政法大学经济法学院副教授）：首先感谢会务组的邀请，我就请求权基础与法源问题简单与大家交流一下。法源这个问题其实由来已久，也是这两届鉴定式大赛启发我的问题之一。我们知道，两次鉴定式大赛发的公告当中都有一个共性，即没有要求请求权基础必须是法律，而是包括了司法解释，即法律依据上持了一种开放性的态度。而这次比赛在此问题上更加开放，已经扩展到了所有的法律法规，基本上任何条文都可能作为法律依据。由此就产生了这样一些问题：第一个问题就是请求权基础到底是什么？第二个问题就是请求权基础到底应该发挥什么样的功能？就第一点来讲的话，其实大家应该有共识，就是我们的请求权基础应该就是我们通常所说的法律条文，但问题是这里法律条文仿佛并没有范围。而如果没有范围边界的话，或假设是真的没有的话，就会产生一个问题：教义学分析和解释的必要性在哪里？或者说，如果大家都可以无边无际地寻找各自的法律依据，乃至诉求到自然法，那我们还有给它填补所谓的法律漏洞的必要性吗？如此，我们似乎就没有再进行任何法律解释的必要性，因为我们可以随时"创造"我们所需要的"法律"，显然我们从德国法学那里所学来的分析解释方法的任何一个可能的用处都无法发挥。实际上我们会发现，像德国法学发展到现在，它的根本性目标的前提性就是法源是有限的，而不是无限的。正是因为法源是有限的，而客观的事实是无限的，所以我们才有解释的必要性。这是从应然层面上来讲，至少可以有这么个假设。从实然层面上，就是法源问题或请求权基础本身就是我们所称的法律适用问题，当然这个法律适用问题，可能并不仅仅是我们通常所说的民法的法律适用问题。正如德国著名法学家魏德士指出的那样，这个法源问题实际上是个宪法问题，它是一个宪法当中的教义学或解释问题。

法源问题实际上并不单纯是我们民法当中谈得多一些的请求权基础问题，它背后实际上包含有审判权的边界问题。为了回答这个问题，我们需要回归我们国家的规范背景。换言之，我们必须回答的问题是，在我们国家的现行规范背景下，能够作为请求权基础的法律到底有哪些？而不是无边无际地说，我认为这个东西能作为法源，它就能作为法源；对此我们首先是要从宪法当中找到答案的。其实这个问题在我们国家宪法中并不是没有规定的，我国宪法中主要有三个条文涉及此问题：一是《宪法》第 2 条第 1 款规定的人民主权，二是《宪法》第 5 条第 1 款规定的法治国家，三是有关此最直白也是最直接的规定是《宪法》第 131 条。这些条文，尤其是第 131 条，实际上已经限定了我们国家审判权所涉法源的适用范围。对此，《宪法》第 131 条写得很清楚，就是"依照法律"。最关键的是，第 131 条后半句还说，审判权不受行政机关、社会团体，尤其是个人的干涉。由此，我们鉴定式大赛中的融资租赁交易问题，就可能会涉及一些行政法规或者部门规章，而这些一旦作为请求权基础，即作为一个请求权的法律依据，就有必要说明一下为什么这么用，因为一旦用了以后，就不可避免地会和《宪法》第 131 条之间存在紧张关系。此外，以我的教学经验来讲的话，还有一些学生，尤其是一些喜欢学习的好学生在做鉴定式案例分析的时候，特别喜欢用学者观点。这里面实际上也有一个问题，即一旦把学者观点作为请求权基础，或者作为请求权的重要依据，实际上就是与《宪法》第 131 条中的"个人干涉审判权"相关，对此也有必要进行证成性说明。

综合来讲，从我们目前宪法的规范体系上来看，我们的法源体系其实和德国整个的法源体系之间是具有相当性的，即大家基本上都将它限定在全国人大及其常委会或者代议机关所制定的规范性文件。而从人民主权角度来讲的话，或者说从代议机关的角度出发，审判机关原则上是要服从立法机关的，这是立法机关作为代议机关的必然要求。在这个前提下还有第二个层次的问题，即这些狭义的法律条文是有语义上的模糊性问题的。在它们的概念内涵当中，肯定有一些无法涵盖所有客观事实。在这个前提下，我们才有必要对它们进行解释，甚至续造、类推或限缩。而这个大前提的范围如果说不具有有限性的话，正如我刚才所强调的，法律续造也就没有必要再讲。所以，至少在我的教学过程当中，第一节课我就要把法源问题交代清楚。比如在我的鉴定式案例分析课中，我会强调，不用去找那么多司法解释，或者说可以不用司法解释。但是如果学生一定要用的话，我会告诉他应将它们更多地作为一种论证理由，或者说作为一种解释的可能，一种可供选择的解释观点，而不能把它们直接作为法律依据。

如果不遵从前述这些的话，我们肯定就要面临以下三个后果，第一个就是所谓的法律洪水问题。历史上德国就发生过这样的问题，特别是在二战时期，各种规范来源多元，规范数量众多，且每个人都从他们领袖的话语当中，寻求对自己最有利的所谓法律渊源。最后法律适用不再看法律解释水平的高低，而是看谁掌握的"法律大数据"多。而在目前的科技水平下，其实也已经出现了这种现象，即法学生们往往就是上网搜索法条，将搜到的各种各样的"规范性文件"用来直接支撑自己的观点，但是并没有人去反思自己所搜索到的"规范性文件"到底能否真的作为法律适用的大前提。第二个后果就是法源的问题，需要在人民主权原则下思考。否则它就会出现另一种极端，即直接把一些所谓的法条拿来用，不去考虑在人民主权价值背景下可能的续造空间，反而错误地认为这些法条是完全价值中立的，没有一个整体的法源观，或者没有把整个法条所组成的法律秩序看作一个整体对它进行解释。这样推导出来的结果，就容易出现我们所说的最后一种后果，即这样的论证结论，会给人一种主观感。与此相对，我们鉴定式的分析或者教义学分析是需要提供客观性的，从而才有论证上的说服力。而之所以它能够提供客观性，一方面是因为论证本身遵循了演绎逻辑的结构，另外一方面是我们所预设的大前提是基于人民主权意志的不可被否定性，也正因此，这种大前提才具有客观性，由此得出的结论也才具有客观性。当然，如果当大前提是开放的，这种论证结论就只能给人一种具有相当不确定性的主观感，进而缺乏应有的说服力。

最后我谈一下反思和展望。我认为，未来我们的鉴定式分析和教学可能有必要从这三个方面来改进。第一个就是要打破部门法之间的界限，实现法制统一。其实我们上课的老师也会面临这个问题，比方说我讲劳动法的案例时，就会遵行法制统一原则，进而打破部门法边界，而这也是我们国家《宪法》第 5 条第 2 款的要求。法制统一原则对于我首先就意味着，不会在分析劳动法相关案例时将法律适用大前提仅限于所谓的《劳动法》的法条，反而从解释上来讲，劳动法当然肯定也会适用到民法的法条。然而，在现实当中，有的专家可能会有这样的疑问，即在劳动法课堂上去讲民法的法条，属于超纲教学。显然从法律适用的角度看，专家在这个问题上可能是犯了一个宪法上的误解，即他们的这种观点和法制统一原则是有矛盾的。对此，恰恰是德国基本法在这个问题上语焉不详，反而还需要通过法律解释予以确立，而我们国家宪法实际上对法制统一说得很清楚，直接适用即可。也就是说，我国宪法明确告诉我们，我们国家的法制是统一的，不是撕裂的，故各个部门法之间不是相互割裂的关系。因此，部门法的这种分类体系对于教学可能是有必要的，但是从法律适用上来讲，我觉得不应该假设有部门法的边界存在。举例来说，在德国，他们的刑法是没有对什么是物作出规定的，对此我们国家的刑法也一样。为此，德国在法律适用上是直接类推了《民法典》当中有关物的规定。而这种打破部门法的法律适用为什么就不可以呢？或许有人认为这种类推在法律价值上可能是错误的，但这必须要进行论证才能得出，需要作为解释的问题予以讨论，而不能简单假设它就是不可以被类推或者不能被限缩的。否则，这种所谓的法律论证或解释，就会与我们国家宪法的规定存在一种紧张关系。总之，我们需要打破部门法界限。又如，我们民法实际上也有这个问题。比方说我们民法当中，包括现在的《民法典》，也没有对故意和过失作出定义。但是我们的刑法与德国正好相反，即我国的刑法有相当发达的有关故意和过失的既有规定。从而为了解决民法有关故意和过失的法律漏洞，我们充分类推刑法规定就可以。我上课的时候就直接类推刑法的规定。这种类推对于学生来说，是相当具有冲击力的。如此从鉴定式教学来讲，也能形成对法秩序或者法条所组成的这么一种整体规范价值体系的一种确信感。我觉得这个是非常有必要的。

第二个问题是像司法解释包括行政部门作出的各种规范性文件，我们应如何看待它们，毕竟从以后的实务来讲，包括司法考试，它们往往都是要被用到或者被考到的。毫无疑问，它们在现实当中是在发挥着实际作用的，当然这种现实作用，正如我所说，是与宪法制约下的现行法秩序之间存在紧张关系。但是我们又不可能在教学当中完全忽略它们，但是怎么教，我觉得实际上是可以把它们看作类似德国的所谓判例，或者说具有现实习惯法效力的用于证成法源的理由。如此，它们就能更多地与现行的法条融合在一起。当然，这种教学或理解在现阶段是有现实困难的。比如我国的司法解释虽然叫"解释"，但是很少有具体解释过一个法条，反而更像是一种实际意义上的抽象立法行为。尽管如此，站在上述观点的基础上，我们也只能尽力把司法解释作为一种参照，或者说视为一种法律适用理由的说明，而须强调它不能直接被作为法源。

最后一点我想强调一下，法律解释或续造的背后是有价值导向的。续造具体来说就是类推和限缩，它一定是基于既有宪法的价值框架而进行的。当然正如上面我谈到的，这种法律论证是要建立在法源有限性基础上的，如此才能贯彻人民主权原则。而只有这样，法律适用的结论才具有客观性，进而具有说服力，并能向学生传达相对正确的价值信息。

百晓锋（西北政法大学民商法学院副院长，副教授）：谢谢胡老师！下面有请陈老师给我们带来报告《赘余法条与请求权基础规范——以〈民法典〉第183条、第400条为例》。

陈传法（北京化工大学文法学院副教授）：谢谢！在午餐后这样一个最令我困倦的时刻，讲一个费神的也是乏味的、令听众困倦的问题，大家可能更加昏昏欲睡了。我发言的题目是《赘余法条与请求权基础规范——以〈民法典〉第183条、第400条为例》。我先讲赘余法条与规范竞合的一般理论问题，再结合《民法典》第183条和第400条说明其中的复杂性。

一、赘余法条与规范竞合的一般问题

真正的赘余法条其实是排除规范竞合的，这一点在理论上没有争议。因为赘余法条属于贺剑老师所言的"病理性法条"，本无法律适用的余地，自然也不存在规范竞合。但是这个问题在实务中却比较复杂，复杂在什么地方？就是法条的赘余和非赘余之间的界限其实并没有那么清楚。

实际上，从立法评价的角度来讲，我们的法条肯定有赘余，而且这些赘余应该被消除。不过，严格说来，有一部分法条赘余，主要是从立法论角度观察的一个结果，而要从法律适用的角度来看就不一定了，因为教义学的立场就是要尽量把法条解释成有意义的和有用的。所以，这里面存在一个立法论和解释论两种立场之间的冲突和互补问题，这个问题十分复杂，时间有限，就不展开了。

法律适用中的赘余和其他法律实施方式中的非赘余有可能并存。有些法条，例如所谓的"倡导性规范"，可能在法律适用中完全是赘余的，但是在法律实施的过程中，对老百姓有一个引导作用。

单单在法律适用视角下，赘余认定（以及随后的规范竞合认定）也存在分歧。有一些法条乍一看属于赘余法条，但仔细分析可能并不完全赘余，这样的法条极易引起人们认识上的分歧。认识分歧的实质根源，我个人感觉，是立法中的结构主义和功能主义并存。因为大陆法系传统的民事立法，基本上是一种结构主义的立法，亦即基于社会关系（即调整对象）性质的特殊性和调整方法的特殊性而进行的立法，它不同于问题导向的立法。（补充：也许早期的民事立法，比如古罗马法，也有问题导向，但是经过评注法学，特别是潘德克顿的体系化改造之后，结构主义的倾向越来越突出了。）如果从问题导向去立法的话，就会出现功能主义的立法取向。我们的《民法典》在立法的时候恰好有这么一种功能主义的取向。大家都知道，立法者希望借助于《民法典》解决现实中出现的新问题。理想的结构主义立法会编织一条无缝之网，使得功能主义立法没有开展的余地（或者结构主义立法本身就能实现所有的立法功能），但是在结构主义立法不够完善的情况下，问题导向式的立法就有可能起到补充作用。在立法的基本框架仍然是结构主义的前提下，功能主义立法不一定全都是赘余，而是存在嵌入和重组原有结构的可能（这是功能主义立法可能存在的另一种功能），这样也就有了规范竞合的可能。

还有一种意见分歧源于主体视角（以及某种司法政策）。从律师和法官的角度来看，在裁判文书论证可以不精细的情况下，多数律师和法官肯定都希望全引，谈赘余其实对他们来说没有意义，他们觉得"我全引就好了，反正都堆在一起，有一条正确就行（赚）了"。如果要求裁判文书精细论证，法官就可能会逼迫律师选择充当请求权基础规范的法条，法条赘余问题就会凸显出来。（补充：是否要求裁判文书精细论证，涉及司法便民与裁判说理服众之间的紧张关系，涉及在法官与当事人及其律师之间论证义务的配置，涉及当事人主义与法官职权主义的选择，总之，涉及司法政策目标的取舍。）如果要求裁判文书精细论证，无疑更有利于鉴定式案例教学的推行，要不然就无法满足司法实践关于精细说理的需要。

二、《民法典》第 183 条第 2 句：可能潜藏的结构重组或嵌入

一般将《民法典》第 183 条归纳为"见义勇为"条款，可能并不十分准确，它属于乍一看是赘余但有可能藏有部分非赘余内容的法条。根据吴香香老师的《民法典请求权基础检索手册》，该条第一句的前半部分是一个参引性法条。香香老师非常仁慈或者说非常宽容，没有明说但其意思就是——这是赘余。第一句话的后半部分和第二句话，香香老师说都存在两种解释的可能，一种认为是参引，一种认为是主要的请求权基础规范。我今天主要谈第 183 条第 2 句。关于这一句，学说上存在三种观点：第一种观点是独立的请求权基础规范，认为它是一种受益人的补偿义务。这是人大王轶老师的观点。第二种观点认为这完全是赘余的，因为这就是参引，其实是一个赘余规范。第三种观点认为是各种请求权的综合，有的是赘余，但有时候也会发挥辅助作用，其中可能还包含有独立的请求权。如果第一种观点成立，就是功能主义立法实现了结构重组；如果第三种观点成立，就是功能主义立法实现了结构的嵌入。

下面我尝试展示一下第三种观点成立的可能性：其一，相对于无因管理或者不当得利请求权来说，它确实是赘余。其二，在救助合同中，当救助人与被救助人约定不明的时候，第 183 条第 2 句能不能作为任意性规范进入到合同条款，是可以考虑的。其三，救助人存在法定救助义务，包括公法义务和私法义务，目前的立法中并没有求偿请求权的规定，但有些情况下却应该有。在公法救助义务的场合，例如公安人员对于身处险境者的救助义务，如果被救助者从事的是野外探险等非常规性的社会风险活动，也就是说有一定的

过错，是不是要承担受益人的补偿义务？如果是，第183条第2句就提供了新的独立的请求权基础。在私法救助义务的场合，如果救助人属于有监护义务但却没有法定扶养义务的监护人，因为救助而承担了额外的风险，这个时候被救助者是否应该承担受益人的补偿义务？这个同样是可以考虑的。

三、《民法典》第400条及相关解释：隐藏（误导）但仍需适用的赘余

《民法典》第400条是一个赘余法条，与之相关的《担保制度解释》第46条第2款是一个隐藏的赘余法条，而且是一个严重误导法律人的法条。

《民法典》第400条脱胎于原来的《物权法》第185条，只差了几个字，就是在"抵押财产的名称、数量"后面，删掉了"质量、状况、所在地、所有权归属或者使用权归属"。为什么删掉？这是因为当初世界银行调查我国营商环境的时候，回答这个问题的一些专家，根据这一条对问卷中的相关内容做了负面评价。《民法典》为了避免误会，就把这些文字删掉了。这个条款是我们公认的倡导性条款，前面说过，倡导性规范在法律实施中是有其作用的，它至少可以提醒当事人订立合同时不要漏掉这关键的几条。但是《物权法》第185条的确产生了一种误导，在营商环境方面的误导是第一个误导。

第二个误导被《民法典》完全照录，由于"合同"一词在现代汉语中的惯常用法，让大家误以为抵押合同也会产生债的效力。这不仅影响了广大法律人，就是最高人民法院在其司法解释中也接受了这一观点。对此，我持有与流行观点完全相反的见解，预计会遭到大家猛烈的批判。

在性质上，抵押合同到底是物权合同还是债权合同？换句话说，到底是处分行为还是负担行为？现在很多人认为它是一个负担行为。我国民法学界公认，原《物权法》和《民法典》已经确定了一个区分原则，就是区分了物权变动和物权变动的原因。目前流行的学说认为，抵押合同是物权变动的原因，是一个负担行为，后续的登记才是物权变动。我觉得，首先，在概念使用上存在一个小小的误区：物权变动是一个后果或者说是一种状态，而不是一个行为，显然，区分行为与行为后果只有认识论上的意义，而没有法律意义。在承认处分行为的前提下，物权变动的原因就是物权行为；当物权行为之前有一个债权行为的时候，物权行为的原因可能就是这个债权行为。

个人认为，抵押合同在性质上是一个物权行为，理由如下：

第一，抵押合同作为物权行为，其中仅仅包含物权变动的意思，并不包含负担义务的意思。刚才，我们已经看到了抵押合同的内容，也就是它一般情况下所包含的条款。里面哪一项包含有负担债务的意思？一项都没有。《民法典》第400条第2款所列的4项，全都跟物权本身的内容和物权的效力有关。

第二，物权行为是一个中性行为，我们不需要考察它是不是违反公序良俗。我们要不要考察抵押合同是否违反公序良俗？完全不需要。

第三，不动产登记簿上不必记载有关登记义务的约定。如果抵押合同中包含有关办理登记义务的约定，这一约定有可能是一个独立的债权行为，或者是对之前的债务的重申或者细化，与抵押合同实际上没有什么关系。即使订在抵押合同里面，也不属于抵押合同的固有内容。

第四，我们是否需要在抵押合同之中去寻找一个登记义务（相应地去寻求一个请求权基础）？或者在抵押合同之外，去单独确定一个法定的登记义务？我认为不需要。

这里面有一个问题就是，表意人有没有让自己从事的法律行为生效的义务？在我签订一个抵押合同之后，是不是意味着只要我订了抵押合同，我就必须去办理登记，让抵押合同生效？我觉得，如果立足于诚信原则，有很大的概率会产生这样的义务，但是同样会存在不产生此种义务的概率。为什么未必存在这一义务？这就涉及抵押在实务当中可能出现的多种情形。常见的抵押情形，比如说到银行去申请贷款，银行是"不见兔子不撒鹰"，你如果没有提供担保，它不会给你贷款，所以抵押合同会影响到后续的借款合同的订立。在这种情况下，签订抵押合同的第三人应该承担一种使其生效的义务，也就是说有登记的义务。但是，抵押未必都是担保合同之债，也可以对法定债权提供抵押；即使被担保的是合同，也有可能对于先前存在的合同债权追加担保。换言之，在某些情形下，先有债权债务关系，后来债务人可能还不起债了，应债权人的要求，债务人找第三人提供了一个抵押。在这种情况下，如果债务人之外的抵押人签了合同之后反悔，也就是说，如果抵押人不愿意为债务人提供抵押物，并拒绝办理抵押登记，那法庭为什么要强制抵押人登记？难道不能反悔吗？本来这个债权是没有抵押的，我只是新增加一个抵押而已。所以我觉得，此时确定法定的抵押登记义务，不仅是没有必要的，而且可能是错误的。

第五，有关物权行为的原因，可能存在两个误区。我们已经知道有些物权行为没有原因，比如说动产抛弃。对于有原因的物权行为，有两个误区。第一个误区是误以为原因都是行为。原因是不是都是行为？这个答案应该是否定的，因为这个原因里面有可能是法律行为，也有可能是无因管理，还有可能是公法上的一个法定义务，或者私法上的一个法定义务，还有可能是情谊行为。这些都有可能，无因管理本身也可能直接就是情谊行为。第二个误区是误以为原因行为的当事人必须与物权行为的当事人重合。原因是不是都必须存在于物权行为的当事人之间？这个答案也是否定的。《民法典》第522条确定了利他合同，也就是说，我们之间的原因行为完全有可能导致其中一个当事人跟另外一个人之间成立物权行为。比如，张三到花店订一束花送给李四，花店把花的所有权转移给李四，就是后面的物权行为。但它的原因行为存在于张三和花店之间，可见，这个原因行为不一定存在于物权行为当事人之间。抵押合同的原因行为可能存在于债权人和抵押人之间，也可以存在于主债务人和抵押人之间，更多的是后者。

第六，在设定不动产抵押权的物权合同中，抵押合同提供了物权合意，登记是物权行为生效的条件。

第七，如果不承认不动产抵押合同是物权合同，那么动产抵押合同怎么解释？难道同为抵押合同，动产抵押合同就是物权行为，而不动产抵押合同就是一个债权行为吗？

综上，我认为抵押合同就是一个物权合意，并无直接产生债权的效力。

在认定了抵押合同实际上是一个物权合意以后，我们再来看与办理抵押登记义务相对的请求权基础和抵押权未能设立时的请求权基础是什么。第一个问题，与登记义务相对的请求权基础是什么呢？我认为，有可能是一个独立的债权合同，比如说附设于抵押合同当中的，直接对登记义务的一个约定；也有可能是抵押合同的原因行为或者原因关系；当然，还有可能存在不发生登记义务的情形，那么，这个时候就没有请求权基础，你没办法强行要求他去登记。第二个问题，抵押权未能设立时，有没有请求权及其基础？《担保制度解释》第 46 条第 3 款规定，"因抵押人转让抵押财产或者其他可归责于抵押人自身的原因导致不能办理抵押登记，债权人请求抵押人在约定的担保范围内承担责任的，人民法院依法予以支持，但是不得超过抵押权能够设立时抵押人应当承担的责任范围"。这一条有很多个解释，但是不管哪一种解释，它都会导向这样一个问题——抵押权没有成功设立时有没有请求权基础？个人认为，在这个问题上应该考虑原因行为中的请求权及其法定让与，如果不存在原因行为中的请求权的话，那么再考虑有没有与缔约过失责任相对的请求权。

我们要不要坚持抵押合同的无因性？我认为必须坚持。前面的原因关系不存在或者原因行为无效，不应该影响抵押合同效力，这一点很重要。因为如果前面的原因行为无效影响了后面的抵押合同效力，可能会危害交易安全。

最后，尽管《民法典》第 400 条是一个赘余条款，相应地，上述最高人民法院有关担保制度的司法解释第 46 条第 2 款也是一个隐含的赘余条款，但是它们还仍然应该予以适用。实务上一个可行的选择是，限缩上述司法解释第 46 条第 2 款的适用范围。尽管在形式上还要适用这个赘余条款，但在要件认定和效果认定上，仍然应该回到它原本的请求权上去。

所以，对于这样一种误导性的赘余条款来说，存在一种现实意义上的"假性规范竞合"——尽管实质上应以真实的请求权基础为裁判依据，但在形式上未必不可以适用，因为它看起来至少在形式上非常明确，这里面既有法官守法义务的约束（最高人民法院明确要求法官必须引用司法解释作为裁判依据），还有在裁判文书说理不足的情况下有可能增加司法裁判说服力的现实考量。

以上就是我对赘余法条及其法律适用上的一些思考，考虑得不是很成熟，欢迎大家批评指正！谢谢大家！

百晓锋（西北政法大学民商法学院副院长，副教授）：谢谢陈老师！下面有请王蒙老师给我们带来《民总案例的知识点设计》。

王蒙（华东政法大学法律学院特聘副研究员）：各位老师、同学，大家下午好！关于报告的题目先做两点说明：一是标题中的"民总"指的是基于民法总论知识点的案例研习课，不是民法总论体系课。二是之所以选择这个题目来既有历史选择的因素，即华东政法

大学开设民法案例研习课的大背景；同时也有我个人的一点微小经验，因为我有且仅有一次独立讲授民法案例研习课的经历。

首先，简要介绍一下华东政法大学"民法案例研习Ⅰ"的课程安排。华东政法大学的选课系统里将以民法总论知识为核心的案例研习课命名为"民法案例研习Ⅰ"，面向法学专业的二年级本科生开设。这意味着，授课对象已经在大一下学期修过民法总论课程，这是他们已经具备的知识。"民法案例研习Ⅰ"一共有7次课，根据授课团队统一的备课计划，包括1次导论课和6次案例课。其中，每次案例课课前一周同学们会拿到案例材料，提前写好案例研习报告。本门课程的授课频率是2周一次，每次4个小节。期末考核方式是在之前完成的6份案例报告中选择1份，在老师已经分析讲授的基础上进行精修，最后的评价会有各个案例报告的得分，加上最后进修报告的得分成为同学们的成绩。

接下来，主要向各位介绍一下这门课的课程设计。首先是导论课设计（即第1次课）。导论课分为3个板块，第1个板块集中介绍方法理论，旨在引导从未接触过鉴定式方法的同学去了解请求权基础方法。我一般会从民事权利的类型入手，由请求权、形成权、抗辩权的分类引出关于请求权基础的一般分析方法，然后结合刚才香香老师提到的有关法条的基本理论，也包括胡川宁老师提到的关于法源的理论，给同学们做一个整体的梳理。第2板块介绍报告体例，即向学生呈现案例研习报告的体例、法条援引方式、文献及判决的援引规范，应该怎么做好格式规范等。第3个板块是实例演示，即对一个小案例来进行鉴定分析。此处的实例要尽可能地简明和清晰，因为受众刚刚接触到这个方法，需要以一个简明扼要的方式向他们呈现方法的具体运行。同时，这个案例要力求全面。这里的全面不是说考查知识点全面，而是要尽可能地关照到可能要检视的各个请求权基础，按照"契类无物不侵"的顺序（浙江大学光华法学院章程老师口诀）做一个全面检索。此外，我还会结合导论课的实例对比历史进程的分析方法和请求权的分析方法，让同学们直观感受一下这两种不同思路的异同。

其次是案例课的设计。因为同学们已经撰写了案例研习报告，助教们也已经进行了批改，我会从中挑选出具有"非凡特征"的 2~3 名报告人。什么叫"非凡特征"呢？要么是出现了典型的错误，或者是具有独特的观点，也可能是报告比较优秀全面。在学生报告的时候，我会随时进行发问。在报告之后，会进入针对该案例的课堂讨论。讨论的问题都是像刘勇老师上午提到的一样，是我作为出题人事先"挖好的坑"，然后希望同学们"入坑"。但是有的时候我挖完的坑会被学生继续挖，这个时候我自己也会跟着下去。针对这种临时突发状况，也会酌情进行临时课堂讨论。课堂讨论总体是由每组助教引导，我会随机旁听到任何一组的讨论中。如果说在旁听的过程中，我觉得需要进一步追问的，我也会加入到讨论中。在课堂讨论结束以后，我会针对整个案例做一个回顾。先提取案例中重要的事实，做一个请求权的预选，然后对授课过程中出现的争议进行回应，最后会给出个人认为到目前为止较为成熟的结论，供大家进一步思索和参考。关于每一个案例的设计，案例来源其实无非是两个，即改编或者创作。我会从德国法上找相近的案例，结合中国法进行改编，这是比较常见的情形，我上学期的 6 个案例里有 3~4 个是以德国法为原型。但是，如果突然有了灵感，我自己也会原创一个案例。我的思路是，先固定要考查的知识点完成设问，然后再融入案情。从第一个案例到最后一个案例，整体上是由易到难，也符合大家对这个课程逐渐加深的认识。案例的知识板块主要就集中在法律行为的核心知识点里，涉及意思表示瑕疵（主要是错误的问题）、行为能力欠缺以及代理的基本问题。同时，也会涉及有关缔约过失责任以及不当得利返还的法律效果。

最后是我自己对这门课程的开展有几点反思，希望在以后的课程中有所改进。一是优化课程时长。个人觉得每次 4 个小节课时，加上课后延伸的提问与答疑时间，每次授课总时长可能达到 4 个小时，对于老师的心理和身体都是一种挑战，对同学们可能也是。个人觉得单次授课的最优时长是在 2 个小时。二是拓宽考查领域。民法总论的课程虽然是以法律行为作为核心，但知识点并不局限于此，还是可以扩展到诉讼时效、主体资格、抗辩权行使等相关问题。三是构想案例变形。在案例设计时，除了基础案情，可能也进一步增加变量设计延伸问题，全面考查学生知识掌握程度。这是我自己对以后课程改进的几点希冀，以上汇报供大家批评指正。

百晓锋（西北政法大学民商法学院副院长，副教授）：下面有请刘亚东老师带来《学理在鉴定式案例分析中的作用》。

刘亚东（首都经济贸易大学法学院讲师）：各位老师、同学下午好，我先交代一下这个题目，其实我上课的时间并不长，对于鉴定式案例研习这门课更是没有上过，但是我也在想，之前有人总说我们的法条很多都是有"法条病"的，那么我们的学生在解题的时候碰到这些法条，应该怎么处理呢？学理能起到何种作用，于是我就拟了这么个题目，尝试对于学理在鉴定式案例分析中的作用作个简单的说明。

　　我认为学理在法条的适用中有这么三个作用，一个是解释法条的作用，一个是补充法条的作用，一个是矫正法条的作用。我们先来看第一个，解释法条的作用。当然解释法条也不仅限于法条，我们朱老师和徐老师都写过论文说契约也是法源的一种，那么当然也包括解释合同条款的作用。我们简单来看一个公报案例，案情我们就不详说，只看其中补充协议，里面有这么一句话叫"不少于所欠款项20%的违约金，在增值的过程中约定的违约金是否过高"。我们先来看看法院的结论，法院认为本案中这两个公司是典型的商主体，并且具有评估其违约金负担的能力，所以约定的违约金应当在合理预见范围之内，故符合当事人的意思自治，这个是法院的裁判结论。下面我们来看法院作出裁判结论时，它的说理部分（在PPT里标红处）明确约定，一方面固然是为了事先确定，为了事先确定违约金后的赔偿数额，以节省损害举证的成本；另一方面显然还有借约定违约金向对方施加履行压力的意图，就是说本案的违约金具有履约担保的功能，这个是法院在裁判文书里面的说明。这个说理其实是从姚老师的论文里来的，姚老师的论文里说交易实践中约定违约金，一方面是为了事先确定违约金后的赔偿数额，以节省损害举证成本；另一方面交易主体也不同程度地借助约定违约金向对方施加压力，督促其依约行事，形成与违约金补偿功能相对的担保功能。法院的裁判说理来自于姚老师的论文，那么我就在想这个问题，如果法院不按照学者的学理这个说法，能不能够就直接按照约定判定20%的违约金？我认为不用长篇大论说这么多，其实就是阐释了一下约定的违约金的数额是否过高，只是起到解释的作用。这是关于合同条款，对于法条也是一个道理，在最高人民法院的一个公报案例里面提到了显失公平，我们原来的《最高人民法院关于贯彻执行〈中华人民共和国民法通则〉若干问题的意见》（以下简称《民通意见》）第72条，现在就是《民法典》第151条。如果我认为在这个案件里面，法官在作出裁判结论的时候，也引用了学者教科书里面对于显示公平的认定，但其实按照《民通意见》第 72 条可以用涵摄的方法直接得出结论，没有必要引用这么多，引用这么多的目的也是为了裁判说理。这个时候就产生运作的问题，法官这么做，学生在解题的时候碰到这种情况需不需要这么大段地去论证，去援引这么多的学理去说明一个已经非常成熟的法条或者是合同条款，我认为这是解释作用，在解题的时候不需要长篇大论地引用这些去说理。

接下来是补充法条。我们先来看这几个法条，《民法典》第 157 条规定，民事法律行为无效、被撤销或者确定不发生效力以后，行为人取得的财产应当予以返还，不能返还或者没有必要返还的折价补偿，有过错的一方还应当予以损害赔偿。《民法典》第 566 条的第 1 款是关于解除的法律效果，后果是一样的，也涉及返还。《民法典》第 986、987 条涉及不当得利的返还，其实这 2 条也仅仅说到了区分善意和恶意，得利人有没有得利丧失的抗辩。通过这几个法条阅读，能呈现出来的信息是比较单薄的。大部分老师或者是同学现在基本上都接受德国法的教育，或多或少在读这些法条的时候，脑海里就能想到合同解除返还，一定能想到德国法第 346 条还有解除的返还效果，想到不当得利。如果我们接受过这种教育，在解释这个法条的时候就可以把比较法的知识，姑且称作学理解释进去，但如果我们的本科生学不到那么深，他们看到这些法条，在解题的时候会不会把那么多的学理放到里面，其实我是存疑的，这是这几个法条的意思。

下面我们就看一下这几个法条的性质。合同解除、瑕疵合同以及不当得利返还的法则是比较粗糙的，我们刚才已经提过了，现在我们来仔细看一下，合同瑕疵的返还根据是否承认物权行为进行区分，如果承认物权行为，我们就认为是不当得利；如果不承认物权行为，如果所有权能够返还的，我们适用所有占有关系的《民法典》第 459 条以下返还不能或者金钱债务、劳务债务的时候，也属于不当得利返还。这是我们在合同瑕疵返还的时候性质的界定。合同解除返还的理论前几年赵文杰老师在《中外法学》上提到，合同解除的返还在性质上应当适用不当得利，最新的《法学家》上王洪亮老师的论文还是这个观点，我们姑且就说应当是适用不当得利，其实这个是有争议的。合同解除之于现在的主流，在国际上的一种趋势，不当得利返还也是一种意定的返还，是一种单独的返还清算关系，所以这个时候对于合同返还的性质，其实这个地方有争议，我们不提这个争议，我们暂且还把它当成不当得利。那么，合同瑕疵返还除了所有占有返还的《民法典》第 459 条以下，对于不当得利返，合同瑕疵返还和合同解除返还的返还，通通都对应了《民法典》第 986、987、988 条，但回过头来看，这三个条文又是一种极简模式，还是很不清楚，这个时候怎么办？其实也不是没有办法，我们的《九民纪要》用这么三个条文对于合同瑕疵的返还效果进行了说明。对于财产返还和价值补偿以及价款返还，基本上提到了一些比较具有可实际操作性的规则，比如说双务合同里面的相互返还，而且对于风险回跳也提到了那么一点，并且对于返还的时候适用的是主观标准还是客观标准也提到了。我们找到了返还的详细规则，接下来的问题就是不当得利规定得比较简单，这个时候能不能把合同瑕疵，也就是无效、不成立或者可撤销的后果，通通适用到不当得利。解除适用的话，是类推适用吗？类推在法律方法上就是漏洞填补。解释这些法条到底是解释还是漏洞，如果我们通过那么多详细的规则来说，我倒认为是一种法律漏洞，而且对于《九民纪要》之前合同瑕疵的法律效果，可否一体适用于合同解除和不当得利？最高人民法院曾经还用过所有一占有关系中的规则来解释效果，所以说统一的返还法的关系里面，效果怎么办？这些条文之间彼此应该怎样去解释适用，对于理论上来讲都是一个争议非常大的问题，我们学生在解题的时候碰到这种情况怎么办？我觉得我们应当供给学生一些通说性的理论，这个是我们应该做的事情。还有我们不走不当得利路径，来看失败合同的返还清算，冯德淦老师还有陈自强老师他们都写过论文，统一失败合同的返还清算，不管是合同的缔结阶段还是履行阶段还是其他的，通通适用的是统一的返还规则，根据返还客体的类型是物还是金钱还是服务，详细设计了一个很好的规则。对这个说明，不管是法定之债的不当得利的路径，还是我们失败合同返还清算的路径，这对我们来讲都是比较繁复的知识，或者说我也姑且把它当作学理，但是能不能当作学理其实也存疑。不管是什么路径，最终得出的结论可能差异不是很大，但是在教义学的构造上就是走完全不同的路径。还是回到我们刚开始说的地方，如果干巴巴地看这几个条文，我们肯定就读不出这么丰富的内涵。

还有矫正法的作用，这个是夏昊晗老师论文里面的，先看一个小案例，开发商于房价飞涨之际，以未取得预售许可为由主张商品房预售合同无效。我们知道，对于农村宅基地，城里人不能去买，卖方主张合同无效，主张返还，这个时候往往是房子涨价。此时《民法典》第157条规定的无效的法律效果不当。该条规定很粗糙，而且没有例外规定。对于这种违反诚信主张合同无效的情况现行法无法提供妥当的解决方案。理论上有昊晗老师写得很清楚的论文，还有前几年许德峰老师在《清华法学》上也发过类似的观点，对于这种情况的出现，可以用诚信原则或者是其他方法给《民法典》157条合同无效的返还创设例外。两位老师都通过动态系统理论的方法，当然考虑的因素有所不同，但是总而言之都通过这种方法，在实现管控目的的同时，又不能过度损害作为社会生活基础的诚信，这是终极的目的。当然，这种通过诚信原则或者是通过其他方法创设出的例外，是一种目的性限缩，还是矫正、修正功能，其实我也有点疑惑。目的性限缩是对于规范目的，尤其是法条的规范目的创设例外，但是如果是修正功能，又跟目的限缩，对于主观目的的限缩又不同，所以在法律方法论上应该是不同的事物，于程远老师也写过论文，但是到现在我一直也思考不清楚这个问题，可能是我水平还不过关，如果我们的学生在解题的时候遇到这样的问题，怎么办？他能不能找到这样的论文作为解题的依据？现在我还有一点就是怀疑，我刚才所说的这些理论其实都源于比较法上的知识，这些知识能不能作为学理。其实昨天晚上吃饭的时候简单地与姚明斌老师交流了一下，既然是一些通行的商事规则，为什么就不能是放之四海都适用的规则，我们姑且可以称之为学理。

这就是我的一个简单的汇报，由于我刚入职一年，基本上没有授课的经验，我就对这么一些可能会遇到的问题给大家做一个汇报，如果有不对或者是有不合适的地方，还请各位老师指正，谢谢各位。

百晓锋（西北政法大学民商法学院副院长，副教授）：谢谢刘老师！下面有请季红明老师给我们带来《鉴定式案例分析的未来》。

季红明（中南财经政法大学法学院讲师）：各位老师、同学，大家下午好。我报告的题目又加了一个限定，以中南财经政法大学为例。首先感谢征峰老师帮我定了题目，为发言指明了方向，大创老师给我的内容也为我提供了一些有益的提示。

我的报告大概分为三个部分，首先讲法律人教育的目标，核心是树立完全法律人的培养目标，作为未来的一个理想目标；其次是围绕这个目标，进行一个阶段性的任务分配，法学在大学阶段存在什么样的任务，实务阶段存在什么样的任务；最后是尚待展开的未来。

一、法律人教育目标革新——完全法律人

通过比较法学，我们可以认识到存在一种更为完善的法律人培养的目标和体系，法律人的培养不能仅限于法学院的教育阶段，也应该考虑实务界在其中所承担的培养任务。基于英美欧陆发达国家的法学教育和实务训练的比较观察，得出的一个简单结论是培养合格的法律人至少需要 6 年时间，这 6 年的时间大概分为两个阶段。

我们先来看一下法国作为大陆法系代表的培养模式。首先是双阶段的体现，大学教育阶段分为本科的 3 年，加上至少 1 年的硕士教育，这是大学的法学教育。然后进入到实务训练阶段，实务训练阶段又分为 2 个管道，第一个管道是司法官学院，这个管道就是培养法官和检察官的。学生报考学院，通过竞争考试被招录进去之后，接受 31 个月的培训。培训的业务不仅限于法官和检察官的业务，也会涉及律师实务。第二个管道就是律师学

院，学生报考学院并被招录进去后，接受 18 个月的训练，之后获得律师资格。两者的重要差别在于司法官学院的考试难度更高，相当于被招录之后就可以获得未来的法官和检察官的职位，有比较高的薪酬。

在法国的大学教育阶段，理论课通常配有指导课，训练和考察的重点是案例评析和案例解析，在考试的时候案例解析占有相当重要的比重。法国的案例解析和德式鉴定案例分析有类似的功能，法国的案例解析采用了司法三段论和归入法，可能和鉴定案例分析仅在详细程度上有差别。

接下来再看德国的双阶段培养模式。德国的双阶段分得特别明显，比较典型。大学阶段的法律教育以通过第一次国家司法考试为大学的结业，相当于我国的本硕连读。这个阶段着重训练鉴定式案例分析，考查也是采用这种方式，目的是促使学生掌握实体法的知识，并将实体法应用于既定的案情。当然诉讼法也可以在这个阶段学习，但实体法是重点。第二个阶段是两年的实践阶段，之后再参加第二次国家司法考试，通过之后即可获得司法从业资格。这个阶段的训练重点是以第一个阶段为基础，就是以实体法掌握良好为基础，并引入了真实的案件场景，着重结合程序法与实体法，解决真实的案件，做出咨询意见或者是给出裁判建议。这个期间核心训练的技术是法庭报告技术，就是李昊老师之前提到的实务展开的技术。

从整体而言，德国的法律人培养要达到第二阶段可以胜任实务的能力，而将培养的任务分配到两个阶段，就是大学期间负责法学教育任务，实务训练期间承担实践培训任务。两者的关系，从历史经验来看，大学阶段培养成功的话，则实务训练阶段的时间会缩短。如今完成德国大学法学教育通常为 10 个学期，5 年再加上 2 年的实务训练，德国法律人的培养常规上需要 7 年。

通过以上简略的比较，我们可以看到，德国的双阶段培养模式并非如一些人认为的那么特立独行，而是一个相对普遍的教育模式。大学阶段的这种鉴定式案例分析不是德国独有的，在瑞士、奥地利的法律教育中也普遍适用。即使是德国案例分析，它与法国的案例解析也很大程度上相通。我们再看东亚这边，日本法曹的能力要求和实务训练的技术（要件事实论）也与德国类似。李昊老师提到的日本教授那篇关于要件事实论与法庭报告技术比较的文章，虽然没有提到两种技术实质上的承继关联，但从德国人帮助日本制定民事诉讼法，包括之后的学术继受的脉络来看，可能两者真的存在历史上的渊源。再看我国台湾地区的司法官训练的审判技术，其也与德国的法庭报告技术一脉相承（法院就原告与被告的主张分别进行一贯性和重要性的审查）。

通过前面的介绍，如果从我们当下的需求出发，从实务的能力需求出发，从法庭报告技术的培养出发，那么参考德国模式，我们可以设定更为合理的教育目标——培养合格法律人，合理地设定培养路径，分配大学阶段的任务和实务训练阶段的任务。

二、阶段性任务分配

基于这样的判断，我们就对培养完全法律人目标做了阶段性的任务分配。德国第二个阶段的法庭报告技术，是我们培养的目标，我们希望能让法律人达到这样的能力。然后在大学阶段着重进行既定案情上的一个鉴定式案例的培养。

从完全法律人的全学科的综合培养入手，我们从 2013 年开始谋划引进德国法的案例研习，引入多个学科的案例研究教材。中国政法大学吴香香老师翻译的《德国物权法案例研习》已经出版，大家可能都有购买。华东政法大学张传奇老师的《德国民总案例研习》已经交稿，赵文杰老师的《意定之债案例研习》在校对当中，中南财经政法大学李金镂老师的《德国商法案例研习》也已交稿。还有《德国民诉法的案例研习教程》正在由江西理工大学的马龙老师翻译。《德国的亲属法案例研习》由我负责翻译。《继承法案例研习教程》的翻译后续也会展开。

这是侧重于第一阶段培养计划的参考用书，第二阶段德国法庭报告技术的用书也在未来的计划单上。

除了翻译计划，我们也做了课程的改革。基于完全法律人的培养目标，中南财经政法大学从 2016 年起参考德国汉堡大学的法学课程，对卓越法律人才实验班的课程进行了改造设计，核心的课程就是配有相应的案例研习课。总体而言的分工是，最初是夏昊晗老师负责民法总论的案例研习课和理论课；张家勇老师执教债总的理论课和案例课，包括债分的案例研习；李俊老师负责物权法的案例研习；袁中华老师负责民诉法的案例研习；宪法、行政法也有相应的课，还有专门的老师。

在教学改革方面，我们原先的计划并不限于本科教学，原本设计的是本硕贯通的 4 + 2 + 1 的培养计划。硕士前 2 年参考德国的 2 年实务培训。我们有这样的意识，要由学校的老师主导，和实务部门合作培养学生。因为实务部门没有掌握这种技术，需要与高校老师合作。第 3 年是学生自选的项目，可以去德国留学深造。因为无法做到本硕连读，第二阶段的计划也还停留在书面上。不过，此种培养的设想，我私下在一些场合向我的学生，我的婚姻法研习小组成员，包括一些实验班的同学做了重点宣传，也期待一些同学，比如学民诉或者学民法学得好的，在硕士阶段，在民诉方向上有更多的投入，能成为新一代完全法律人的代表。

法庭报告技术的具体展开，需要和民诉法学者进行深度合作。在民诉方面，复旦大学章武生老师在最近 10 年做了很多探索，联合了中、德、日、美等地的学者、法官比较了各地的审理技术，采纳了德国的集中审理技术并以其为范本和江浙沪粤的法官合作。有些法官接受了训练，并将这种新的审判技术运用于具体的案件审判当中，不仅提升了审判速度，更保证了审判质量。章武生老师的团队在 2020 年出版了一本新作，详细展示了这种可复制推广的经验。这本书就是《个案全过程新论——以集中审理为中心》，其中提到的个案全过程审理技术其实就是法庭报告技术。通过这个例子可以看出，法庭报告技术实际上在民诉学界已经有了很好的很成功的经验，具体推广需要民诉和民法学界进一步的交流合作。

三、尚待展开的未来

中南财经政法大学的卓越法律人才实验班做了第一个阶段的工作，第二个阶段就是法庭报告技术方面的训练，需要接着推进。

另外一个方面的问题是中南财经政法大学的普通班中第一个阶段还需要进行推广。中南财经政法大学每年招收的本科生大概780名。2021年课程计划已经出炉，法经班和民商方向可以选修民法案例研习。具体会有多少学生选修，师资配备如何，尚待后续。其他普通班的学生，目前没有选修的可能性。后续的问题是，是否增开选修，开放多少名额的选修，如何开展。

之前我也参与过案例教学，带过4人的小组、30人的小班、60人的班，包括90人的班。为了实现鉴定式案例分析的教学目标，又兼顾培养更多学员，我们借鉴了耶林当年讲解案例的做法，就是采用分组优选作业评阅并讲解。我们曾经尝试过规模在5~7人的小组，7人小组的反馈结果也还不错。具体的组织是：每组成员每个人先独立思考解题，小组讨论形成讨论纪要，然后提交作业，选择最优作业并附评选理由，老师通过评阅最优作业和每组的讨论纪要，基本可以掌握学生的问题点、频发的思维错误，区分各位同学的表现。这是我们现在所做的案例教学工作得到的一点经验。

以上是本次我分享的主要内容，感谢大家的聆听，我的分享到此结束，谢谢大家。

百晓锋（西北政法大学民商法学院副院长，副教授）：谢谢6位报告人。下面有请华东政法大学法律学院孙维飞教授分享他的观点。

孙维飞（华东政法大学法律学院副教授）：非常荣幸和大家交流，听了各位的发言，

首先是吴香香老师关于规范类型和请求权基础分析，我想的问题是，如何统一地说明识别的准据，给识别的准据做更清晰的、更有深度的介绍。假设结合诉讼来说，实体法上的规范类型，比如说请求规范，从证明责任角度看，要求给付判决的原告胜诉所须举证证明的最少法律事实，相对应的规范为请求规范。假设按照这个标准去识别，辅助规范就对应规范的某一或某几个要素所作的说明与展开，这样的话试图给他们作统一的准据说明。

其次是陈传法老师提到的赘余法条和请求权基础，我就想到一个赘余法条——《民法典》第1166条。不论行为人有无过错，法律规定应当承担民事责任的，依照其规定。好多人说是一般条款，我个人认为这是一个赘余法条，也不属于参引。参引是通过它才能找到。此类赘余法条是较为明显的。此外，有的赘不赘余还真不知道，但对法律适用的影响非常大，比如侵权责任部分第1186条，《民法典》新增加了几个字，受害人和行为人都没有过错的，依照法律的规定，由双方分担责任，分担损失。依照法律的规定，如果依照其他法律规定是一个完全法条的话，第1186条是多余的。"依照法律的规定"，这几个字加上去之后让第1186条丧失了其应有的功能，就和第1166条一样成了赘余法条。另外一种依照法律的规定，像吴香香老师说的，依照一些辅助规范，比如依照如何计算医药费、误工费的规定，它不是一个赘余的法条，这是我想起的一个显然赘余和到底赘不赘余要经过讨论的两个法条。

另外，涉及抵押合同定性的问题，抵押合同定性为负担行为还是处分行为，我思考的是核心是先贷款后抵押，抵押合同订立后有没有办理登记的义务。假设不动产抵押，这到底是价值判断的问题，还是教义逻辑的问题？如果是价值判断的问题，两个都可以，是论证好不好的问题，而不是体系上和负担行为、处分行为合不合的问题，实际上是安排的问题；如果是教义逻辑的问题，那就意味着陈老师一旦主张是处分行为，那说是负担行为就不合逻辑。我提出疑问，到底是哪一个，如果是价值判断的问题，应当先解决价值判断，再来解决教义逻辑的问题。一旦认为有办抵押登记的义务，那就必须有负担行为，这个负担行为落在哪，可以再讨论，主张没有这个义务的，当然不需要负担行为。这是听了陈老师的讲解，我有感而发。

接下来王蒙老师和刘亚东老师分别从教学和研究两个角度说明了学者的乐趣，王蒙说明了教学当中挖坑和被挖坑的乐趣，也说到了聆听、交流、引导、回应、指引、纠错教学当中的投入和辛苦，一些方法的介绍都很值得吸收。刘老师从解释合同、解释法条、补充法条、矫正法条，举例说明研究所带来的乐趣，尤其是以明斌的履约压力与督促功能被抄袭而产生的乐趣为例，激励我们认真地搞研究。不过提一个疑问，关于违约金不能酌减，我的疑问是可能它不是用来解释合同的。因为像判决说的是真意应当得到尊重，意思自治并未滥用，因此借用学理不是为了解释争议，而是说真意应不应当受到管控。所以它不是解释合同，而是解释法条。解释酌减规则应不应当在商事领域某些情况限缩适用的问题，它不是解释合同，而是解释法条。最后季红明老师介绍了法国和德国，尤其是德国的两阶段，对完全法律人的理想和三阶段的安排，如果这么去做，的确很鼓舞人心，希望这个目标进一步得到实现。另外我也产生了一个想法，在我们的高阶案例课过程中，是不是安排至少1次课就真实的案例进行演练，以培养学生发现事实，尤其是发现敏感和关键事实的能力。因为规范的适用要以对事实的发现和匹配为前提，而这个能力是需要在真实案例当中去获得。我就说这么多，谢谢。

百晓锋（西北政法大学民商法学院副院长，副教授）：好，下面请中南财经政法大学法学院袁中华老师发言。

袁中华（中南财经政法大学法学院副教授）：简单一点，我仅针对吴香香老师的分享做一个学习体会。总体而言，她的绝大部分观点我都非常赞同，而且我前些年做的研究和她的研究很类似，所以在某种意义上我跟她是同志。但是这里有几点意见或者建议，主要是形式上的问题，她所使用的术语是请求、抗辩、复抗辩。诉讼法学界主要用的是请求原因、抗辩、再抗辩、再再抗辩，这一套术语是源于日本法，日本法又源于德国法。个人认为术语的使用尽量要尊重当下的语言习惯。就像"该当性"这样的语词，明显不符合中文的语言习惯，但大家都这么用那也就这么用。

吴香香：就这点我稍微解释一下，我注意到了诉讼法的用法，但都是翻译的，在诉讼法领域内可能已经形成统一的见解，但民法领域好像还没有。所以我觉得也许可以有不同说法。

袁中华：关于辅助规范的分类，如果按照拉伦茨的观点，按他的所谓的不完全法调可以分为说明性的、限制性的、引用性的和拟制性的。香香老师说的典型的辅助规范，是不是基本上属于说明性的规范？对于规范如何分类，香香老师专门出了一本书，我认真学习了一下。但这样分类有一个前提性的问题，按照罗森贝克的说法，规范之间的关系是以某种具体的权利作为基础。原话是："法律规范彼此之间的这种关系是相对的，而且这种关系只是在对这一权利产生争执之下具有意义，在为了另一权利的诉讼中，规范的这种关系又会是另外一种情况，这些规范在这里是权利产生规范，在那里却作为抵销而提出了对待债权的基础，发挥对抗请求权的作用。"所以当整理这个体系的时候，实际上默认的前提是要以某种请求权为基础，然后再说什么是请求原因，什么是抗辩，什么是再抗辩，或者说什么是完全法条、什么是不完全的法条。当然你可能意识到这个问题，因为你提出所谓的复合型规范。最后要说的问题是你可能低估了这项工作的难度。民法规范的分类是一个系统性的非常繁复的工作，要真正区分规范类型，需要构建一个完整的民法上请求权的体系，然后对每一个请求权分析其请求原因、抗辩、再抗辩、再再抗辩，这样的工作实际上可以称之为中国民法典重述。这可能需要几代人的努力，以大体上能够达成妥协和统一的学术观念为基础才能够形成。日本的司法研修所用了几十年，最后形成了一个要件事实论，统一了日本的司法适用，到 2010 年左右才被日本的主流民法界所接纳。所以香香老师做这个事情我觉得是非常有勇气的，非常赞同，但是这个事情是不是应该搞团队作业？一个人是不是有点势单力薄？这就是我的评议。

百晓锋（西北政法大学民商法学院副院长，副教授）：谢谢袁老师。下面有请华东政法大学法律学院研究员陈丽婧老师。

陈丽婧（华东政法大学法律学院特聘副研究员）：各位下午好，我入职不久，案例教学经验也不是很足，所以就谈一点个人的感想。香香老师刚刚对一些规范进行了分类，特别是举了一个例子，说明规范可能同时具有两种属性，我个人觉得第三种分类，也就是同时是请求权基础并具有参引功能的这一类，可能在之后的鉴定式案例教学里有非常重要的作用。比如，香香老师举的是《民法典》第 566 条关于合同解除后承担违约责任的条款。这个条款可以再结合具体的一些合同类型，比如买卖合同，再结合合同解除后关于返还效果的其他条款，把这些条文都组合起来，便于以后在案例研习中固定使用这些条款的组合。这个确实非常耗费精力，但值得期待。

关于胡川宁老师刚刚做的报告，也提到了关于请求权基础和裁判诉讼之间的联系。请求权这个概念本来就是外来的，诉和请求权的分离要追溯到19世纪中叶的温德沙依德，他认为诉是通过司法程序实现个人意志的一种权能，而请求权是一种纯粹的主观权利。主观权利是法秩序赋予个人实现利益的一种意志上的力，最典型的就是请求权。有请求权就可以要求另一方作出或者是不作出一定的行为。请求权是主观权利，最终还要通过诉来保障才能实现。相反，如果在司法裁判上，诉没有请求权基础支持的话，权利最后也不能实现。所以裁判最基础的一个环节是要进行请求权基础的检索，这就是它为什么非常重要。

刘亚东老师和胡川宁老师都提到了学理在请求权基础检索中的作用。刚才大家说了鉴定式案例非常多的优势，还有一个优势就是在鉴定式案例中，训练了学生的论证与说理能力。鉴定式的特殊之处就在于，针对某一个问题，会罗列非常多相关的解决方案，但是要求学生在最后一定要选择一个方案。也就是说，学生要对他所决定的方案进行论证。在这个过程中，学理起到一个什么作用？学说会有正反观点，在正反观点中，就要训练学生自己对观点的判断，这个是鉴定式案例的另一个意义。我非常期待之后在案例研习的开展过程中，学生越来越具有这种能力。另外，与鉴定式这种方法有所不同的，是裁判式的方法。法官在判决中可能直接给出一个结论，然后说明理由。这种说理能力也源于在先的鉴定式训练，所以这是理论界跟实务界非常良好的互动。我相信这也是未来共同促进法学成熟发展的过程。

百晓锋（西北政法大学民商法学院副院长，副教授）：谢谢陈老师！下面有请华东师范大学法学院冯德淦老师。

冯德淦（华东师范大学法学院讲师）：谢谢各位老师。今天非常荣幸能够学习到几位老师的报告，在学习的基础上我做了一个分类，其中吴老师、胡老师、陈老师和刘老师在

讲请求权基础规范方面的问题，王蒙老师和季红明老师是在讲鉴定式案例课程具体如何开展，以及未来的发展方向。下面我稍微谈一下几方面的学习心得。

关于吴老师的报告，我其实比较有感触的是跨类规范。跨类规范在民法里面成了很多学者研究的重点，因为它可能涉及程序法和实体法交叉的问题，典型的如补充责任的解释问题。我们究竟该如何理解补充责任，在理论和实践上存在很大争论。当然，这里可能涉及补充责任和按份责任，还有其他责任类型的关系问题。鉴定式案例开展之时，需要我们将这些规范的本义搞清楚，在此基础上去解决实际问题。在鉴定式案例展开的过程中，我们时常会反思到底哪些请求权基础可以适用，它们之间有什么交叉，在不同请求权规范交叉之时，我们该如何将其理清楚，哪些规范甚至学理可以被用来解决问题。这其实也是刘亚东老师提到的问题，学理在解决具体问题之时，是否可以直接适用，其究竟起多大作用。刘老师提到的合同失败之后返还的问题，实际上会涉及几套规范的交叉，典型的如所有人占有人规则、不当得利规则，还有基于合同之债的返还清算规则。其实，不管用哪套规则，最后的结论是一样的，不会存在太大差异。就像刚才刘亚东老师讲的，他想借助于《九民纪要》来解释合同解除的一些问题。但德国法恰恰相反，合同解除的规定在德国相对完善，许多学者希望利用这个规则来解释无效合同或者撤销。因为某一个制度更完善，我们就需要把它沿用下去，但是也需要在局部进行适当修正。学理其实可以起到解释规范和补充规范的作用，我们学生在解题的时候也会做一个权衡，也许走一条路走下去他未必觉得会特别好，但是他会借助于其他的学理来修正，这样就得出一个合理的解释。所以说学理在具体解题的时候肯定是有作用的，但它的作用不是直接得出结论。学理会帮助我们在价值衡量的基础上，修正对特定规范的具体理解，甚至反思之后重新寻找具体的规范，最终能够得出相对恰当的结论。

胡老师和陈老师也是在讲请求权规范的问题，对规范的研究肯定是鉴定式案例开展的前置条件，典型的如两位老师所提及的法源的确定和赘余法条的清除等，我这里想提一下赘余法条的问题。刚才孙老师也讲到了好多赘余法条在我们国家的应用情况，后来我想了一下为什么。因为有一些赘余法条好像能带给我们一个方向性的东西，方向性的东西在许多学者看来总归是没有问题的，不言自明的道理很容易被人们不断地援用，但是这反而会架空一些具体规范的适用。因而，在实践中我们还是要提倡寻找具体的请求权基础，排除掉赘余法条。关于王蒙老师和季红明老师的报告，他们两位老师，一个是华政，一个是中南财，他们都是大学院，我们华师人很少。他们说小班教学，我们总共只有四五十个本科生，学生人数相对少。建星师兄上午也讲了，我们民法老师少上加少。纪海龙老师在第一届时也提到了，我们的民法老师较少，可能要寄希望于相对大一点的学院，先开展鉴定式案例的课程。在相对成熟的时候，大一点的学院可以向我们多多传授经验，无论是学生还是老师层面，我们小一点的学院还需要向你们不断学习。我在此表达这个希望，希望有经验的学院可以多开展类似的活动，让我们小学院的老师能够有学习的机会。谢谢各位老师。

百晓锋（西北政法大学民商法学院副院长，副教授）：谢谢冯老师。下面有请中国政法大学谢远扬老师。

谢远扬（中国政法大学民商经济法学院讲师）：非常感谢。听了各位老师的发言之后，我们现在更加地明确，鉴定式的案例教学方法是我们的法学教育发展和培养法律人的非常重要的一环。鉴定式的案例方法学习方法包括它的分析方法是教义学重要的组成部分之一，也是考查我们同学掌握教义学方法的一个重要的手段或者标准。

但是有一些问题，当然这和我个人研究方向和研究兴趣有关，这个问题不仅仅是鉴定式案例分析方法可能面临的，而且是法教义学整个的思维路径都需要面对的。

我简单说一下，挑战涉及立法层面。大家都知道我们的法教义学基本上源于德国，德国教义学是以传统的部门法的立法模式为基础。但是，不论是在德国还是在我国，现在的一个立法模式，不仅仅以传统的部门法为划分，而是以所谓的领域法作为现在基本的立法模式，即以某个具体问题作为立法的目标，并把相关的所要解决问题的所有法律规范都放这部法律的开头框架之下，比如说德国的媒体法、医药医疗法、数据法等。我们现在正在制定的很多法律，比如《个人信息保护法》也是采取的这种模式。在这些法律规范体系中，包括民事性质规范、经济法性质规范、行政法性质规范，甚至于是刑法性质规范，因此其中所涉及的请求权，自然也是混合了各种不同的规范性质，那么，这些规范如何与我们部门法相互协调，这是我们法教义学需要面临的问题，同样也是我们鉴定式案例分析方法在适用请求权时需要面对的问题。在司法实践中，尤其是在一些比较新的司法领域，会有判决涉及这些混合式法律适用，比如去年的海淀法院的一个判决，是有关微博诉超级星饭团 APP 的判决，它以不正当竞争为名，但是所涉及的实际是对于《民法典》第 127 条的展开，即在数据这个概念中，对于数据利益划分规则初步设定的问题。这类问题能否用鉴定式案例分析方法加以分析和解决？我觉得，这也是以后有关鉴定式案例分析的研究和教学当中需要去重视、需要去考虑的问题，因为这种新的法律课题，包括我们民法课题的相关的判决和案例，将在以后越来越多出现。好，我就讲到这，谢谢。

百晓锋（西北政法大学民商法学院副院长，副教授）：下面有请中南财经政法大学李金镂老师。

李金镂（中南财经政法大学法学院讲师）：感谢主持人。各位师友、同学下午好。有很多东西在给予他人的时候往往是越分越少，但是教师在传授知识的时候却是越分越多。我相信在座的各位老师和同仁一定跟我持有相同的观点，因为刚刚王蒙老师也提到，在授课的过程中"挖过的坑"，事实上肯定也引发了他针对一些争议问题多次推翻再推翻自身观点，甚至是自己发表大作的引线。很荣幸，今年是我第二次作为组委会的评委老师参与鉴定式大赛，胡川宁老师刚刚提到说将学科理论观点作为请求权基础，在阅卷中有一些趣事，我们出卷的时候是限制了字数的（限制为 3 万字），但是后来在二次答辩时，许多学生交回来的修改稿又变成了四五万字，我们在答辩的时候就问，为什么字数又变多了？同学都回答说，因为之前限制字数，导致一些问题没有说清楚，上午我们"疯狂的担保"的"总导演"陈大创老师已经说到，我们看重的是大家的法律论证逻辑，并不是长篇大论地去援引学理的观点，我在阅卷中也是倾向于学生预先做出来一个价值判断，然后以学理来辅证自己的论证，在论证的过程中去驳斥与自身相悖的观点。香香老师刚刚在报告中也提到了对法律规范做一个精确的性质定位，包括刚刚陈传法老师关于赘余法条的一个报告，都是为法学生在法律工作中、原被告在诉讼过程中能够精确地去援引一些请求权规范，寻找攻击和防御的工具。我相信经过我们在座各位师友以及其他的一些同仁的努力，投入到这样一个鉴定式教学中，法官在之后的诉讼判决中，看到我们培养出来的代理律师绝对不会再"脑袋充血"，然后答辩式地反问代理律师。刚刚香香老师和季红明老师都在报告中提到一个问题，鉴定式教学的一个前进方向还是最终要回到与程序法的有效结合。那么程序法上的鉴定式教学，当前我们中南财经政法大学也在民诉、刑诉课程中开展了鉴定式案例教学，恰恰是指导如何科学正确认定民事实体权利、正确保护实体权利行使。我举个例子，关于承担按份责任的无意思联络的侵权、分别侵权的案件诉讼过程中，即使原被告代理人都非常有理有据地准确地引用了法律规范，法官也会头疼，他到底应该要去依职权去追加加害人，还是听从原告的自由选择去追加所有的加害人，还是在诉讼过程中渐渐查明事实后，再去追加涉案加害人。所以我认为，在我们之后的鉴定式案例教学的模式中，能更多地和法学其他专业有效结合，形成一个高效率、全方位的培养模式。谢谢各位老师。

百晓锋（西北政法大学民商法学院副院长，副教授）： 谢谢李老师。作为研究民诉的学者，我看到各位老师十分重视程序和实体结合，我特别感动，也特别期待，尤其是这次"疯狂的担保"，如果从诉讼法的角度做推理的话，那么跟你们的分析可能不太一样，但是我们的根基肯定还是在请求权基础。

第四单元：鉴定式案例教学的经验与反思

2021 年 7 月 10 日

于飞（中国政法大学民商经济法学院院长，教授）： 各位老师、同学，第四单元座谈现在开始。这一单元的主题是鉴定式案例教学的经验与反思，有 5 位报告人，6 位与谈人。下面我们有请第一位报告人——湖南大学法学院教王文胜老师进行报告，报告题目为《湖南大学民法案例教学的经验反思》。大家欢迎！

王文胜（湖南大学法学院教授）： 大家下午好。我报告的内容包括两个方面，第一个方面是向大家报告一下我本人在湖南大学开展民法案例教学的基本情况，第二个方面是具体的经验和反思。

我在 2013 年进入湖南大学工作，到现在一晃 8 年的时间，这 8 年的时间里我所开展的案例教学主要是面向本科生，可以分成三个阶段。

第一个阶段是在 2013 年到 2017 年前后，按照学校的安排，在大班的授课之外，另外有小班讨论课，所有的学生都必须要参加，并且原则上是要由任课老师亲自来主持。小班讨论跟大班授课平行展开，隔一周一次，每次 90 分钟。在这种小班讨论课上，我开展了案例教学的尝试，但是后来发现其中有很大的问题。一来效果不是特别好，有一部分同学

似乎其实不是那么地感兴趣，他们的主要目标可能还是获取学分。二来要求任课老师的时间投入非常大，因为小班的讨论课有人数的限制，1 个大班必须要安排至少 5 个小班，任课老师 2 个星期要带 5 个小班的讨论课。于是，从 2017 年左右开始，我慢慢减少直至停止了这种小班讨论课。

在第二阶段，考虑到完全没有这种案例教学又不行，因为还是有很多同学想要好好学民法案例分析，所以我又在课外给学生开设讨论会，或者说叫研习组，由学生自愿报名参加。当然，学生需要提交详细的申请材料，来说明他确实有这种认真学习的意愿，目的是想让那些真正想学习的学生来接受案例分析的训练。这种尝试从 2017 年左右到现在，这种课外的讨论会具体来说又包括两种类型，一种是跟正常的上课并行的，比如说在讲民法总论课的学期，就给学生组织课外的案例研习。另外一种类型始于上一个寒假，我尝试着在寒假中组织线上研习组进行案例教学，目前暑假正在尝试着组织以线下为主的研习组。在假期进行的案例研习和训练，这是另外一种类型。

接下来我们很快就会进入到第三个阶段的尝试。按照新的培养方案，从明年的春季学期开始，2020 级以后的学生，他们将会在大二的第二个学期开始有专门的案例研习的选修课，由学生自愿来选。

以上讲的是面向本科生的案例教学。除了本科生之外，还有面向研究生的案例教学，主要面向法本法硕的学生。这也包括在 2016 年到 2017 年的一段时间前后，有两批非全日制的学生，主要来自检察院系统，他们这些学生于第一个年级在学校里面接受和全日制学生同样的培养。在这几年里，我也进行了一段时间的民法案例教学的尝试。这两年因为精力有限，所以没有再教法本法硕的学生。对于非法本法硕的学生，还有对于法学硕士的学生，因为课程设置以及课时的限制，很难在课堂上或者在课外去开展这种案例教学的训练。另外还有从 2014 年开始，我给湖南省检察系统从事民事检察业务的检察官做了很多培训，在培训的过程中也不断地给他们去灌输这种鉴定式案例分析的方法，包括近期又要给他们去做将近 10 天的培训，在这个过程里，我的感受是，给实务界的人做鉴定式案例教学和在学校里面给学生的训练是完全不一样的。

以上所报告的我开展教学工作的基本情况。

接下来是来报告我这几年的体会。总的体会是，如果用金庸的武侠小说里面的功夫来做类比的话，我感觉鉴定式案例分析方法就像降龙十八掌而非独孤九剑。降龙十八掌基本的特征是动作简单、招式简明，但是威力无穷，它主要靠内力。另外一个方面，练降龙十八掌的门槛不高，郭靖就练到了很高的境界，他主要靠的就是勤学苦练。和这个功夫相对照的另外一个很著名的功夫就是独孤九剑，它的招数非常的精妙，剑法非常的复杂，它的功力也很强大，但是它对内力没有什么要求，对悟性要求很高，所以这门功夫练的门槛要求很高。在金庸的武侠小说里面，除了它的创始人以及后来的风清扬之外，主要就是令狐冲把独孤九剑练得很好。我个人的感受是，鉴定式案例分析的方法更像降龙十八掌，就这个案例分析方法本身来说，它的招数其实并不复杂，关键是背后的法学基本概念、基本理论和基本制度要掌握得很好，基本功要打得非常扎实。换句话来说，鉴定式案例的分析本质上就是提供了一个运用基本概念、基本理论和基本制度的分析框架，分析框架本身要掌握其实并不难，但是要把分析的框架运用好，对学生的这种基本功的要求，或者说对学生的"内功"的要求其实是很高的。所以我个人的感受是，对学生进行鉴定式案例教学，本质上是要训练他在一个精细的分析框架里面去运用基本功，还是要把他的"内力"提高上去。所以在我的教学过程中，侧重点在于两个方面，一个是教"招式"，让学生建立起一个基本的思维框架，另外一个是反复的训练，让学生反复地去运用他们所学到的基本概念、基本制度和基本理论，把学生的基本功打扎实，把他们的"内力"慢慢地提高。在这两方面的训练里面，"内力"的提高其实是重点也是难点。

就我自己在湖南大学的实践来看，鉴定式案例教学所面临的最大障碍在于我们没有合适的助教。从我自己在德国的学习经验来看，德国的这种鉴定式的案例教学之所以做得好，一个很重要的原因在于他们有一支很成熟的、质量很高的同时数量又很庞大的助教队伍。但是，对我们来说，包括在湖南大学，我们很难找出几个合格的助教来。因此，要开展鉴定式案例研习的训练，主要依靠老师的情怀。那么，助教的问题怎么解决？我这几年也在不断探索。后面还要继续不断探索。刚才讲到，我们对本科的培养方案进行了调整，把原来安排在第二个学期的民法总论课程放到了大一的第一个学期，这样的话，学生入学后第一个学期学民法总论，第二个学期学合同法，第三个学期学物权法，到第四个学期就开始给他们安排案例研习选修课的训练。经过几年的积累，等学生到了大三、大四的时候，这些在大二的时候就开始接受训练的学生到了大三或者大四，或许就可以给大二的学生去做助教。目前我所设想的是这样的一个解决方案，当然还要再继续地摸索。

这是总的经验和反思。另外，在案例的来源、案例的选择、案情的详略，还有案例问题的设置以及答题要求等几个方面，也向大家报告一下，特别是对照上一个环节华东政法大学王蒙老师的介绍，来感受一下差别。首先是案例的来源。以往主要是由老师来提供案例，但是我们注意到，学生在中学的学习中，基本上不关注社会生活，不看新闻，即使看新闻也主要是看八卦新闻、娱乐新闻。如果不看新闻、不了解社会生活的话，我认为是不可能学好法律的，所以，为了引导学生去更多地了解社会生活，从去年开始，我尝试让学生自己编写案例，但也不是让学生自己凭空地去想象，而是一定要有案例的原型，要么是以新闻报道的案例作为原型，要么是以判决书里的案例作为原型，并且我要求学生把原型的新闻报道或者判决书提供给我，这样的话，就要求学生去阅读新闻报道，去了解社会生活。其次是案例的选择。以往用于教学的案例要么很罕见，要么经过各种加工组合，学生在日常生活当中可能接触不到。我这几年开始尝试用一些生活当中很常见的案例去进行训练。在案情的详略方面，我们以往所用到的案例很多都经过了高度的浓缩，这种案例有它的问题，所以我这几年开始尝试着用大量"有血有肉"的案例，在案情里面有大量的细节，有一些案件细节对于案件的处理可能是没有意义的，但训练学生去识别不同类型的案情十分重要。在问题的设置上，我还要求学生对法官的裁判文书进行评析。另外，在答题上，我要求学生围绕着诉讼请求来进行分析，而不是对里面所有的请求权都进行逐一分析。以上是我报告的内容，谢谢大家。

于飞（中国政法大学民商经济法学院院长，教授）：感谢文胜教授对湖南大学法学院案例教学经验的分享。对于文胜教授的比喻，我很赞成。鉴定式案例分析不是为了把那些天分高的学生培养成绝顶高手，他是为了把普通的学生培养成标准化的法律人。谢谢文胜教授。下面我们有请第二位发言人，来自华东政法大学法律学院的赵文杰副教授，报告题目为《案例研习课教学中的困惑与反思》。大家欢迎！

赵文杰（华东政法大学法律学院副教授）：各位老师、同学下午好。今天我来跟大家

分享一下在华东政法大学教授民法案例研习课的经验以及困惑。

首先，我来做一个简要的介绍。王蒙老师在刚才的报告当中也做了一些说明，尤其是关于我们学校初阶课的安排，已经有了非常详细的说明，我补充一些内容。请看一下案例研习课在整个课程体系中的位置。目前华东政法大学的案例研习课分为两个阶段，一个是初阶，安排在大二的上学期；另一个是高阶，安排在大三的上学期。初阶的民案课紧接着大一下学期民法总论的讲授课，高阶的案例研习课是在修完了债法、物权法、婚姻家庭与继承法等民法主干课之后安排的。大致有这样一个规律，即案例研习课与民法的主干讲授课直接衔接。我们推定学生已经具备了相关基础知识，所以初阶课虽名为初阶，实际上就是一个民法总论案例研习课，而高阶是民法综合案例课。但到目前为止，民法高阶案例课和我们的预期还有相当的距离，即它可能只达到了综合，但未必在整个案例的难度和分析深度等方面会超过初阶课，只是知识点安排得多，但从方法和对学生的要求上，未必有实质性的提高，这是第一个背景性的介绍。

其次，来看一下初阶和高阶选修的情况。目前，初阶民法案例研习课面向我们法律学院的所有学生开放，从选修人数看实际上与必修相当。在华东政法大学的体量之下，我们开设 6 个平行班，也意味着每 1 名老师要带 80 名左右的同学，在助教配置上，平均 10 名同学配备 1 名助教。从体量上来说，刚才王蒙老师也介绍了，案例数上各个老师可能有不同的安排，一般是 5 至 6 个，基本特征是一个案例针对一个知识点，变化相对来说比较少，比如说围绕行为能力展开。虽然它少，但并不意味着它不复杂，尤其在民法总论案例课当中关于意定代理权的问题非常多，代理部分争议非常大。在高阶民法案例研习课中，人数上明显要少很多，大约 80 个人会进入课程当中，主要是因为排课的时间比较晚，很多同学该修的学分修完了，没有修这样一个学分的必要，未必会选。此外，也许经过了初阶的折磨之后，学生可能没有勇气再选高阶课，因为高阶从文义上来说会比初阶要难得多。高阶课案例的安排也是 5 至 6 个，但是和初阶不一样，初阶是 6 个平行班，每一个老师独立地从头带到尾，而高阶课是一个接力课的形式，即由一位老师负责当中的一个案例，这是我们的现状。

目前，这样的民法案例课在华东政法大学已经实施了大概 3 到 4 年的时间，如果说追溯到更早，可能从金老师和姚老师开始的话，有这样的 4 到 5 年了。那么，它有哪些成效？我归纳了一下，对学生来说可能有三个作用，一是大大增强了学生的文献搜索和分析能力。文献搜索的能力意味着什么？如果只是上讲授课的话，能够完整地看一本教科书的同学已经算比较优秀，他们基本上不会看专门的论文；但是，以意定代理权授予行为错误为例，如果仅看目前的教科书，他可能是没有办法解决这个极富争议的问题，必然要查阅很多专业的论文，所以通过民法案例研习课可以带动学生主动地去查询相关的文献，并且他在不同的对立观点和论理中进行辨析。举一个例子，在一个消极欺诈案件中，核心的问题是关于告知义务的有无，而关于告知义务有无的判定，很多时候并不能够通过三段论的演绎法得出，他可能是要利用到很多法学以外的知识，我看到我们的学生能够直接查询到经济学的论文，通过分配信息和生产信息的观点，来论证告知义务的范围，我就觉得这就是进步，他们不仅有很强的搜寻本专业文献的能力，还具有搜寻其他相关知识文献的能力，而且能够进行初步的分析。二是关于论辩能力。关于课堂的组织形式，目前在我们的实践当中还没有完全的统一。我一直认为一定是要有这样一个学生报告和学生现场讨论的环境。为什么？就是因为在现场讨论本身就是对各位同学和老师的一种考验，因为在这个过程当中，你怎样把自己的观点在非常有限的时间内简明扼要地介绍给他人，并且能够应对他人的反对观点，并说服他人，这本身就是一个非常大的挑战，如果你能够应对这个挑战，那也意味着你的能力有相当的提高，所以这个环节我历来非常重视。这个环节就像刚才王老师所讲，在3个小时当中会占据大约至少1个半小时，甚至到2个小时。当然，学生自己进行辩论的前提需要有助教的带领。三是凝聚共识，主要涉及请求权基础的遴选。在我国法律当中，比如在不当得利返还，《民法典》第122条能不能做一个独立的请求权？还是说要以《民法典》第985条作为请求权基础，这可能是有争议的。关于合同无效或者最终无效之后，《民法典》第157条是不是一个独立性请求权基础，可能也仍然是有争议的，经由同学不断地援引，大家就这个问题会产生很多争论，在争论中也会慢慢凝聚一种共识，同时也意味着这些问题会反馈给老师，这些问题在学界可能是被忽视的，因为我们在解释法律的时候，可能不太注重到底它能不能够做一个请求权基础。

上述是它的一些成效，我再来简单介绍一下困惑。困惑体现在三个方面，一是关于课程的定位，二是课程的开展，三是课程的效果。

关于课程的定位方面，各位同学经常提出这样的问题，即这个课到底对我的学习有什么样的作用，最后能达到什么样的目标？对此，大致上有三个观点，第一种观点认为它仅仅是对讲授课知识的补充，通过这个课检验一下上个学期学的知识掌握得扎不扎实。第二种观点不仅认为有第一个功能，还能养成一种请求权基础思维方法，那么什么叫做养成请求权基础思维方法？我觉得它的核心一是思维的完整性，即尽可能地检索所有的可能性，二是合目的性，即完成检索完之后，不能只是材料的堆砌，而不从当事人的角度考虑哪一些是应当优先考虑的，哪些可能是劣后考虑的。目前为止，从交上来的作业来看，第一个阶段完成得比较好，但从合目的性的角度来说，训练的结果还不是很尽如人意。第三种观点是关于解决现实疑难案件能力的培养。虽然期望能够在高阶案例课中达到这一目标，但很可惜，目前为止我们还没有推进到这一步。

关于课程的开展方面，第一个问题是关于案例的编写，目前我们的案例主要来自于两方面，正如王蒙老师所说，第一个是基于德国案例书给的一些指引，因为它有比较明确的知识点指向，比较容易借鉴和利用。第二个来自于我们的生活体验，比如说购房购车时可能会遇到一些现实的争议，把它转化成具体的问题，作为素材来编写。而且关于素材的编写，会发现有非常意想不到的结果。我原来编写过一个购买二手房的故事，在当中引起了非常多的争议，有很多延伸的研讨，这是我意想不到的。同时还有一个瓶颈性的问题——助教的培养。我认为，案例课的成功一半是来自于助教，一个好的助教可以发挥的作用比我们想象的要大得多，他能够给学生指引学习阅读的材料，在批改的方面能够提供很多具体的建议。考虑到一个体量的问题，我们的频率是每2周就要有一次作业，每次作业至少在5000字以上，如果指望一个老师读80篇文章，而且每篇还是5000字以上，可想而知的就是这个老师基本上不可能做其他的事情了，所以很多工作需要靠助教来完成。但助教有个问题是不够稳定，好不容易把研一的学生招进来，觉得他素质很好，但是很可能他有其他的任务，没有办法继续带，而高年级本科学生到后面有考研等其他事务，没有办法来完成助教工作，这会严重影响课程质量。老师能够控制的因素会相对来说比较少。

关于课堂的安排，正如刚才所讲，还是要继续重视课堂研讨，并且还要注意让老师去引导，因为助教本身可能经验各有不同，所以老师要去观察每一个小组助教的情况和他研究问题的难点，不能完全依赖助教，还要自己去参与到这个过程当中。

目前暴露出来的这些问题供各位参考。首先，目前的案例课当中只注重格式，对争议点的把握并不是很足；其次，以具体法律后果为导向的思维方法掌握得还不够；最后，过于关注一些细节的争点，对于全面检索做得还不够好。所以未来要从这些方面改进。一是要明晰高阶案例课的定位，并且把它的作用充分发挥出来；二是尽可能缩短讲授课与案例课之间的时间差；三是继续强化课堂的讨论和助教的引领作用。以上就是我的一些经验和一些困惑与各位交流，谢谢大家。

于飞（中国政法大学民商经济法学院院长，教授）：谢谢文杰教授。文杰教授对华东政法大学经验的介绍相信给了大家很多的启发。下面我们有请第三位发言人，来自中国政法大学法学教育评估中心的柯勇敏老师，报告题目为《民法鉴定式案例教学的难点及其应对》。大家欢迎！

柯勇敏（中国政法大学民商经济法学院讲师）：尊敬的老师们、同学们，下午好。感谢邀请，我非常激动能有这样一次难得的学习机会。对于我开设鉴定式案例课的经历，首先我要感谢于飞院长，在第一届鉴定式案例研习论坛中我申请加入这个团队，于老师答应了，于是在今年春季的学期，我能够有机会在中国政法大学开设两个班的请求权基础民法案例研习课。我今天报告的内容主要基于今年春季学期有限的教学经验展开，主要分为三个部分：第一部分是我上课的一些内容和特点；第二部分是我在上课的过程中感受到的一些难题；第三部分是一些在我看来可能具有可行性的建议。

关于课程安排与课程特点。我的课一共 2 个学分，总计 16 周，每周都上，虽然很多老师 2 学分的课分 8 周来上，单周或者双周上，每次上 4 个学时，但我考虑到如果单周上课的话，按照学校的助教费用发放规则，助教的钱会少一半，于是就本着"再苦不能苦助教"的原则，放弃了可能更为合理的单周上课方式，选择了每周都上，每周 2 课时。所以我这学期的课程安排非常紧凑，一共讨论了 12 个案例，每周讨论 1 个案例。具体安排是：前 3 周主要由我来讲授，包括课程的概况，还有请求权基础案例分析在方法论层面的理论知识，包括相关文献的阅读方法，文献的构成，还有文献的检索的方法，等等。然后结合了比较有名的菜单篡改案，给同学们展示了请求权基础案例分析方法的基本操作流程。在这前 3 周中，除了我讲授以外，我给同学们发了很多资料并且非常着重地强调，希望他们在第 4 周开始报告之前要全部读一遍，对请求权基础的方法要先有一个初步的了解。然后从第 4 周开始到第 15 周，一共是 12 周，一共讨论了 12 个案例，我把 30 个同学分为 6 组，每个组是 5 位同学，每组同学会分到 2 次报告的机会，我会要求每一位同学在这两次报告的过程中都要上台展示一次，每组展示的时间一般是 30 分钟左右。在此基础上我会为每一个报告组配一个评议组，在报告组报告之后花将近 5 分钟的时间进行评议。评议的内容有二：一是评议，主要对报告组同学的报告进行总体评价，特别是要指出他们的报告的缺点是什么；二是对报告组进行提问，对于评议组同学没有考虑到的问题，我会进行追问。报告组大约有 5 分钟的准备时间，此时一般恰逢第一小节下课，第二小节开始后报告组用将近 10 分钟的时间，对所有的之前的提问一一回应，在回应的过程中，我也允许其他同学进行进一步的追问和讨论。最后的 10 到 15 分钟，我会对整个案例里面可能涉及的比较重要的值得讨论的点，我会做总结和评析，这个是我授课过程中的主要的方式。不过，这样的方式最大的缺陷就在于，整个课程进程可能太着急，对一些核心的争议点刚讲完可能这个课就结束了，对周边的一些知识点没有机会展开充分讨论。但我觉得它也有一个非常大的好处，从同学们的反馈来讲的话，就是可以涵盖更多的知识点，同学对于民法总论、物权法、债法、亲属继承法这些知识有了一个比较体系性的回顾。今后开设这门课程时我会尽可能弥补缺点。

在此基础上，我想谈几个教学的难点。一是学科的融合问题。受学术旨趣的影响，我针对具体知识点来设计案例，融入了商法上的一些知识点，比如说公司为他人担保、商事代理、商事留置权等。在民事诉讼法层面，没有过多地涉及，可能仅仅在一些抗辩、举证责任分配等比较基础的层面，会跟同学们有一些探讨，在更进一步层面的结合诉讼法的一些问题来展开，可能还是有所欠缺的。所以，在学科融合的问题上，我就会发现，当你去试着引入，比如说商法上的一些知识点或者民事诉讼法上的一些知识点的时候，可能会首先考验老师自身的能力，此外也会涉及如何根据民法的请求权基础的一整套的操作流程，将不同学科的知识点较为融贯地结合在一起。二是同学选课以后发现特别困难，压力特别大，总体的积极性不是很高。这可能也是各位上过鉴定式案例课的老师共同的感受。三是鉴定式案例课与民法基础课的衔接存在一定冲突，这一点于飞院长上午也有提到。具体来讲，我在案例课讲授的过程中发现，当涉及某些知识点时，很多同学基础课的任课老师没有讲过，或者讲过但是各个老师讲的观点不一样，比如物权法里的物权行为理论，不同老师支持不同立场。这就导致上我案例课时同学对同一个基础性问题存在不同认知，所以我只能尽可能地回避这样的一些问题。此外，基础课的期末考试跟我们鉴定式案例分析的课程之间也有衔接上的困难。例如中国政法大学民法必修课的期末考试主要就分为名词解释、单选题、简答题、法条分析、论述题与案例题，案例题的话一般会翻拆成几个小问，对每一个小问的答题要求基本上就是一个结论，再加较为初步的说理。这与鉴定式案例分析方法的整个要求、流程与理念都不是特别契合。四是鉴定式或者说请求权基础案例分析的课程作为法学教育的一个环节，如果我们认为它很重要乃至很必要的话，那么它在整个本科生教育的课程体系安排中，似乎更应该处于必修课的地位。但是中国政法大学现在只是一个选修课，本校能上请求权基础这个课的同学可能一年就300余人，而学校每年法学专业的新生会有上千人，它的普及率总体上来讲是比较低的，所以，如何让更多的同学参与到这样这个环节来，值得深思。

在此基础上，我自己想到了一些小对策。一是可以考虑建立各个学科之间常态化的沟通机制，加强民法、商法与民事诉讼法之间的沟通和交流，乃至未来有可能的话融合更多的法律部门。如果能够建立常态化的交流机制，可以更好地使得我们鉴定式的课程更加具有综合性。二是我期待鉴定式案例研习的比赛能够在各个院校逐步提升地位。据我所知，在中国政法大学，我们这个年轻的比赛在保研的时候不算加分，也不能作为奖学金的评定依据，很多同学对比赛的积极性不是很高。吸引更多的同学参加比赛，其实也是一种推广鉴定式案例教学的有效方法。三是需要扩大师资团队，这一点诸多老师已经提及。如果需要有更多的同学参与到这个课程里面来的话，就需要更多老师的参与。

此外，我要特别感谢我的助教团队，鉴定式案例教学的课程是集体劳动成果，需要较为充足的助教团队的支持，在本学期的授课过程中，我的5名助教同学都展现出了扎实的专业功底和满满的责任心，感谢他们。对于这门课他们的参与可能比我更重要。其中江美茹同学还在我们第二届鉴定式案例研习比赛中获得了靠前名次，我感到惊喜和荣幸。

鉴定式案例教学是法学教育里的重要一环，很荣幸参与其中，最后期待鉴定式案例论坛未来越办越好，谢谢大家。

于飞（中国政法大学民商经济法学院院长，教授）：感谢勇敏老师。柯老师在这个学期新加入中国政法大学民法鉴定式的教学团队，为之付出非常多，令人赞赏。正是有新鲜血液的输入，我们的鉴定式案例教学事业才能够永葆青春。困难总是会有的，我们大家一起来克服！下面有请第四位发言人，来自西北政法大学民商法学院的孙政伟老师，他报告的题目是《民事案例研习课在西北：困境与挣扎》。

孙政伟（西北政法大学民商法学院讲师）：各位老师、同学们，下午好，我来这里是抱着一个学习的态度，因为这门课我下一个学期才是第一次开。

我记得很清楚，去年第一届案例研习论坛举办的时候，香香老师让我代表西北政法大学发言，被我婉言谢绝，因为真的没有资格，我们还没有很成功的经验，但是今天之所以敢去报告这么一个题目，是因为我们在西北政法大学开启了鉴定式案例教学，9月要把我们的课程推行下去。事实上，对西北政法大学来讲，这个案例课程一直都是不缺的，很多年以来在我们整个的教学体系里，除了讲授课以外，还大多数搭配民事案例研习、商事案例研习、家事法案例研习，这些案例课是不缺的。但显然，这种案例课不是以鉴定式的方法进行教学的，老教师们在课堂上更多的是讲一些自己在外面做律师的时候办理的一些很成功的案件，所以基本上都会沦为例证教学。所以，今天各位老师谈到的在各自的教学单位里面所经历的这些困惑难点，对我来说是一种"凡尔赛式"的表达，我十分羡慕。我们西北政法大学的鉴定式案例分析课程的建立还没有进展到那一步，我们目前处于一个刚刚拉开帷幕的阶段。在推进课程启动的过程当中，实际上老师和学生这两个群体都面临着各种各样的难点，我的题目不叫困境与应对、困境与出路或者是困境与办法，而叫困境的挣扎，表达着我的一种基本的判断，我不认为我已经找到了一个很好的、有效的应对办法，我们仍然在挣扎努力着，至于说到底能挣扎成什么样子，这在未来还不可预见。我自己并不认为我目前正在做的一些东西，在本校也好，在任何一个地方也好，是具有可复制性的，但是我依然愿意把我做这件事的过程向大家汇报一下。

我是 2017 年从吉林大学取得博士学位，然后在西北政法大学教书，那个时候开始组织我本科导师制下的这些学生进行读书会，读书会的形式跟其他几位老师不太一样，我一直坚持鉴定式以及请求权基础这一阅读门类，划定一些范围，例如吴香香老师翻译的那本《德国物权法案例研习》，包括李昊老师主持出版的德国那套书都划定为阅读书目之一。做这个工作首先要求无私奉献，面临着没有钱的情况，学院领导给予了充分的关怀和一些资助，这笔钱虽然不是很多，但是足以让我吸引一些学生来。为了吸引他们，我和百晓锋副院长曾经想过这么一个办法，就是我们在学生的培养方案下曾经有一条是实践类，有 2 个学分，这 2 个学分可以通过各种各样的方式来获得，其中一种方式就是一个学期完成多少篇读书报告，然后获得老师的签字，学生就可以获得 2 个学分。我说只要参加我的读书会，完成若干篇读书鉴定式报告，我就给学生签字，让学生能够以这种方式获得这 2 个学分。打着这个"广告"招来了一些学生，学生也比较有意愿和积极性，当时还组织了面试。结果后来真到给学分的时候，我发现从学院这个层面上并不需要我去签字，这 2 个实践性的学分是学校送给学生的，学员不需要完成任何工作就能获得 2 个学分。等到下一个学期我再去招学生的时候，学生对学分的热情没有了，人数显然就减少了。学生对于鉴定式的热情显然没有对 2 个学分的热情大，这是一个问题。但是读书会我推行了大概三四年，我也确实是自己有一些获益，并且在读书会上培养了自己的助教。刚才几个老师都谈到说助教很重要，我确实是通过自己的读书会积攒了一些学生助教，这些助教现在有 5 个在读研一。大四的同学们下一个学期可能面临着保研或者考研，都可能没有精力来做这件事，唯一一个被我拉过来必须得做助教的大四同学，这次比赛答辩进入了前 10 名。还有一些是已经研一的同学，他们分布在中国政法大学、华东政法大学、吉林大学，我要求他们下个学期来给我做助教，我找了 7 个同学，然后下个学期的这门课一开始计划招 21 个人，1 个助教负责 3 个学生，这是我在西北政法大学的一个推广鉴定式的工作。

另外一个工作是我从 2017 年进入西北政法大学就参加了另外一门课，就是民事法律诊所的教学，当然这个法律诊所在西北政法大学是完全模仿着美国式诊所课程模式进行，我们一共是 3 个老师在上，一个老师教学生怎么去接见当事人，我主要负责的内容是起诉状和答辩状的撰写，还有一位老师是证据法的老师，去教怎么样在法庭上进行质证。我就在我的诊所课上"夹带私货"，我会利用 2 到 3 次课程，进行鉴定式的介绍和引导，当然这仅仅是一个非常入门式的介绍，至于说他们在被引导以后，究竟是产生了多大的兴趣，接下来会读多少书，会去 B 站也好，去利用各种网络资源找各种各样的相关学习资料进行深入学习也好，这是他们自己的事情。这是我曾经做的两件事情。

之所以下一个学期把读书会终于变成了一门鉴定式的课，是因为我在西安当地找了一家区域性大的律师事务所来赞助这门课程。他们的律师团队也会加入我们的教学团队，适当的参与到教学活动中来。同时我们所使用的教学案例都是源自这家律师事务所承办过的案件，经过我的改编后应用到课堂上。这样在课堂上鉴定式的案例分析方法与律师实务中所遇到的实际问题相互动，同学们的讨论可能会更有收获。

经费的问题解决以后还有另外一个问题——时间问题。我们这是一个 2 学分 36 课时的课程，曾经以学院的名义与学校的教务处沟通，能不能把老师 108 课时的课时量算入年底的工作考核里，以后可以做评职称的依据之一，结果是学校不同意，等于说我下学期付出巨大的精力在开这门课，但只有 36 课时的工作量。我跟领导汇报，我本年度年底 200 课时的考核肯定是完不成的，所以这就面临着从明年开始我是需要每年多上一些课程把当年欠缺的补上去，其实这对老师来讲是一个非常大的考验。

站在学生的层面讲，更多的是学生自身利益的考量，因为我们现在的学生面临更多的是保研的压力，或者是在学校里面拿到一个很漂亮的分数便于将来出国，于是又回到这只是一个 2 学分的课程的问题，对学生来讲性价比不高。所以如果将来这门课可以给学生 6 个学分，同时给老师 108 个课时的工作量，我想在西北政法大学可能会有更多的老师来愿意开这门课，也会有更多的同学们来选这门课。

我们有一位高丰美老师在前年曾经在自己的案例研习课上推行过鉴定式案例分析，但没有资金的支持，一个人一个学期看了 60 个人的报告，没有助教，没有经费，没有课时的翻倍，什么都没有，就是靠着情怀做了一个学期。事实上我自己的期待是以后会有更多的法律服务市场的机构来给我们资助。其实，从学院的层面上讲，还在努力想办法从西安当地的其他的一些区域性大所再去找几笔资助过来，想尽一切办法从当地律所拉来各种各样的赞助，让我们这个课程能持续下去。如何保证资金不断注入，保证老师的高度热情，保证同学们选课的热情，保证助教的收入，确实是我们还在挣扎的东西。

以上就是我所要报告的内容，谢谢各位。

于飞（中国政法大学民商经济法学院院长，教授）：好的，感谢孙政伟老师。听了孙老师的报告，我觉得靠老师个人去找出路、找门路去维持一个课，确实十分辛苦，还是需要领导重视，协助调动公共资源，让老师和同学们在这个课当中有更多的获得感才是长久之计。接下来，我们有请第五位报告人，来自北京大学法学院的贺剑教授，他通过网络来跟大家交流，他报告的题目是《民法案例研习漫谈》，大家欢迎！

贺剑（北京大学法学院助理教授）：今天以这种特别的方式参加论坛，特别高兴，也特别惶恐。高兴是因为我第一届比赛以个人的身份向全国的同行来汇报我们北京大学在这方面的一些做法；惶恐是因为家庭的原因，不能亲临现场聆听各位老师的演讲和与谈，只能发表个人报告，有点像不做文献综述就写论文，非常地不尊重，所以特别惶恐，也向大家致歉。我今天主要是结合个人从事民法教学的一些感悟，以北京大学个案为例，讲一些这方面的得失，供大家批评和比较。从 2007 年田士永老师首次开设民法案例研习课程以来，已经有 10 多个年头，后来到 2012 年春天，葛云松老师和金可可老师差不多同一时间分别开设类似课程，后续各个学校都有跟进，这大概属于开设民法案例课程的第一波。第二波可能是组团开设，不局限于民法，也扩展到行政法、刑法等其他领域，这方面的代表，大家比较熟悉的是季红明老师、夏昊晗老师等留德的年轻学者组团开设的一系列课程。以上都是狭义的民法课程，此外还有一系列相关的教学和研究努力，包括中南财经政法大学的暑期班、北京大学的师资培训班、各种鉴定式会议，以及李昊、朱晓喆两位老师分别组织的德国民法案例研习教材的翻译。现在我觉得是一个全面开花的状态。在这个背景下，我今天仅汇报一下我个人关于民法研习课程的一些体会和感悟，算不上严格的学术论文。

首先，我简要介绍一下民法案例研习课程在北京大学的状况。第一个是介绍学生在一学期 16 次，每次 3 课时的民法案例研习课程中需要经历什么。由浅到深大概有三个阶段。第一个阶段会夹杂老师的讲授（当然也包括撰写案例解题作业），重点训练请求权基础方法，或者说让同学了解请求权基础的"套路"；第二个阶段是重点训练学生的法律研究能力，包括法律解释、案例和文献的运用等；第三个阶段是实战模块，会有比较复杂的案例给同学做练习，最后还有以真实案卷为基础的模拟法庭。具体到一周的安排，正式上课是周四下午 3：10～6：00，通常是两节小班课（讨论课）、一节大班课，或者三节小班课。周四晚上或者最迟周五拿到作业，有 3 天左右的时间完成，下一个周的周一晚上交，字数通常为 8 000～15 000 字；周三上午会有半天的教学预备会（助教会），所有老师和助教参与，讨论上周作业的解题思路、重要问题，以及本周要布置的新作业。助教会之前，助教需要阅读同学的作业，做初步批改，知道有哪些争议，以便于助教会上有效讨论。助教会之后，各个助教一般还要做一份各个小班的讨论提纲，以便于主持小班课的讨论。周四下午的课程核心分两部分，一个是小班，一个是大班，下面我结合电脑上的示例来分享。

根据助教会的会议记录可知，课前的作业大概是一页纸的教学案例，一个学期通常会有 10 来个这样的问题。各位老师的发言，还有助教的一些发言，都会作为助教们之后主持周四小班讨论的一个基础。助教会做一个讨论提纲，其中包括对班上同学作业的记录，哪些同学是哪种观点。以某一节课关于案例检索和运用的 PPT 为例，大概讲案例的分类、来源、如何去检索、如何去运用案例，一定程度上也涉及法学写作的相关内容。概括的话，我觉得可以有两点小结：一是"大小班结合"，小班核心是同学来讨论他们此前所撰写的作业，然后大班的话会配套讲一些内容——跟案例的具体解答无关的一般性的内容（比如案例的检索和运用）。二是我们在传统的请求权基础方法训练之外，还重点训练法律研究能力的培养，包括怎么去做文献综述、检索案例、综述案例、法律解释，其实是方法论的一些内容，这两年来还训练证据和事实的分析。这是一个整体状况。下面我分享几点个人的感受。

第一点是课程的目标和课程的设计。虽然我知道各家院校的案例研习课程是同一个名字，但内容其实不同。如果提炼最底线或最共性的东西，至少包括有一个案例，有作业的撰写和讨论交流。背后的目标是训练同学尊重法律、适用法律，以事实为依据，以法律为准绳。除此之外还可以有一些额外的目标，包括法律研究能力、学术规范的训练等，可以结合具体的情况，结合整个学校的课程来进行。学校要是有相应的法律写作课程，甚至法律检索课程，或者相应的讲授课还有专门配套的案例研习课程，单独的案例研习课程可能就能有不太一样的功能。这一点可能会有一些共识性的东西，但也会有很多额外的要素。

第二点关于人。首先是学生，怎么能保障学生来听这个课，我觉得从今天大家的反应来看，可能已经不存在这样一个问题。其次，比较现实的是助教的配备问题，北京大学 12 门课程 12 个小班会配 12 个大助教，每班再配一个小助教，小助教会分担大助教的一些任务，包括批改作业。原先大助教要一个人批 20 份作业，那整整一天都做不完，小助教过来可能分担 5～10 份。小助教之前也上过课，从中遴选大助教品质会更有保障，也更有连续性。助教的存在，会让老师开设案例研习的任务量减轻很多，而且也能无限扩大"产能"，因为大班讲授的内容，包括出题，既可以适用于 260 人，也可以适用于 620 人。另外，小班课可能会有两种不同的模式，周三上午老师和助教讨论出一个初步答案之后，助教"现学现卖"，周四下午给同学去讲授，这对助教会提出相当高的要求，效果也未必好（要这样还不如上大课，老师自己讲）。另外一种是把小班讨论课定义为同学来讨论（写过的）作业，同学之间互相交流、辩论，这样的效果，实践证明更好。这个时候助教其实是一个单纯的主持人，需要控制时间、设定议程、引导讨论的进行等。这个时候，对助教的要求其实没有那么高，只要上过这门课的好学生都可以当，助教的问题其实就好解决了。

对教师而言，我觉得有两点：一是要讲逻辑，要尊重法条。前期私下的一个争论是说案例研习课的教师是不是都得是从德国回来的，这个谬论如今已经被绝大多数人所驳斥。因为重点不是知识的背景，甚至跟科研能力的水平也没有关系，而仅在于是不是真正用法条来解决案例。我觉得只要讲逻辑就没问题。二是教师要有公心，愿意为教学做投入和回报不太成比例的付出。

第三点是制度的保障。这方面刚才我有幸听孙政伟老师讲，相信各位老师都深有同感，第一位的制度保障就是钱的问题，尤其是助教的支出。北京大学助教的支出，很多年来大概是每个人 800 元，一个学期 5 个月，所以每个大助教是 4000 块钱，如果配 12 个助教就需要支出 48 000 元，当然如果 10 个班就需要支出 4 万元，但这个费用是由学校的助教制度决定的，由学校直接给钱。小助教我们以往给一半的薪酬。这个是最大的一笔支出，比如说 48 000 元加上 24 000 元就是 72 000 元。这两年因为一些原因，助教制度有一些改革，但得益于学院的努力，我们助教名额大体是能够维持的。教师这方面，我们也有一定的额外政策，比如算双倍的课时量、给双倍的课时费等，但因为这门课通常由 2～3 位老师主持，并且是全程参与，所以实际上和上正常的课程差不多。

当然，除了物质激励，还有一些重要的非物质激励。对助教来说，他们能在研究生阶段主持课程甚至讲课，这是非常锻炼人的。对老师来说，我觉得是一个教学相长的过程，一些研究当中有意思的问题可以先来做一些案例，此外，看到学生学有所成时的成就感，学生和同行的一些好评等。但我想多说一句的是，对于年轻老师来说，确实有些特殊的困难，包括教学和科研的关系、工作和生活的关系等，不能把所有事情都压到年轻人头上。

第四点是时代的背景。案例研习课程的流行至少得益于两点：其一是法教义学，作为解释和适用法律的方法论，法教义学如今已深入人心，为法律人所认同。而法教义学正是案例研习得以可能的前提。其二是国家的繁荣昌盛，这一方面带来了众多的民事争议，民事诉讼、法律适用的意义日渐凸显。另一方面，正是因为国家的繁荣昌盛，国家留学基金会才在前些年资助了一大批去德国留学的人。今天回来的人，目前真正在上案例研习课、在一线干活的这一批年轻人，包括我自己，都受益于这些经费的资助。如此，在这样一个大时代的背景下，如果怀一颗感恩之心，倒也没必要去计较那么多制度性的东西，觉得这个事情有意义就去做，没有领导没有政策，像孙老师那样自己去找资源也要去做，不用想太多。

于飞（中国政法大学民商经济法学院院长，教授）：谢谢贺老师对于北京大学经验的介绍。下面我们进入与谈阶段，第一位与谈人是江西理工大学法学院法律系副主任马龙老师。大家欢迎！

马龙（江西理工大学法学院法律系副主任）：非常感谢主办方，感谢各位领导老师给我这么一个难得的机会，到这里来向各位前辈学习，作为后辈先发言，有抛砖引玉的作用，但我是学民诉的，所以连"砖"都谈不上，就是"一块石头"。今天听了我们这一阶段各位老师分享的教学的经验感触非常深，学到了很多，同时特别是我们西北政法大学的孙老师的经历，可谓感同身受，因为我们真的很像。我也是 2017 年从武汉大学博士毕业，之后到江西理工大学从教。读博期间在 QQ 群里认识了李昊老师和季红明老师，从他们那里知道鉴定式案例分析这个方法，然后我就想把这个方法教授给学生，但是遇到了和孙老师类似，甚至比他更严重的困难。我从教的学校作为一个中部地区的理工类地方高校，开展鉴定式案例分析方法的教学所遇到的困难可能在座的各位领导前辈想象不到的，因为我们的学生对于学习鉴定式的意愿基本上没有，我上个学期给研究生开了一次课讲鉴定式案例分析，以吴香香老师的《请求权基础思维及其对手》开篇，然后用了国家法官学院的《法律适用方法》，然后我发现选课的研究生并不感兴趣，只有一个人认真听完了全部的课程，效果很差。

从下一个学期 9 月开始，我终于能名正言顺地对研究生进行鉴定式案例分析方法教学，但是我也是持非常不乐观的态度。刚才孙老师说在挣扎，我这个是挣扎中的挣扎，我也不知道以后会怎么样，因为学生对学习鉴定式案例研习方法没什么兴趣。师资方面，绝大部分老师都不知道什么叫鉴定式案例分析，听都没听说过，且学校层面支持力度也有限，我们遇到的困难可能会更大，所以以后怎么办我也不知道，只能是靠自己努力，感触实在是太深了，所以我以后也是要多多地向各位前辈学习。但我想，仅靠我一个人努力可能也不够，而且我今天还知道我们各个高校都有助教。我们找不到人来做这个事情，也没钱。刚才贺老师说北京大学给的钱少是制度问题，但是我们现在遇到的问题是我们根本就没有钱，有制度也没用，只能是走一步看一步。另外，在此还想借这个机会向李昊老师和季红明老师说一声抱歉，一直以来跟他们学习，然后特别是从今天开始加入到他们的编译团队，自己也想做一些事情，但是出于各种原因，这个事情进展比较缓慢，在此向两位老师说一声抱歉，但是再次保证，我今年肯定要保质保量地完成我自己承诺的任务，请两位老师放心。最后还是感谢我们主办方，再次感谢主办方给我发言的机会，非常谢谢大家，谢谢各位领导，谢谢各位老师。

于飞（中国政法大学民商经济法学院院长，教授）：谢谢马龙老师的分享，我们大家一起抱团取暖。下面有请中南财经政法大学法学院副教授夏昊晗老师发言。

夏昊晗（中南财经政法大学法学院副教授）：感谢于老师。听了前面 5 位老师的分享，我内心挺感动的，因为他们的所思所想正是我曾经和现在的一些想法，有一种找到志同道合者的感觉。我们从 2016 年开始做鉴定式案例研习，说实话，非常地辛苦，做这样一件事情非常不容易。就像贺剑老师最后讲的那样，坚持下来，一方面要有情怀，另外一方面也要于老师等领导们提供的一系列的支持。我相信，我们的鉴定式案例研习工作一定会推进得更好，走得更远。正如王文胜老师所言，鉴定式案例研习就如同降龙十八掌，门槛其实很低，上手是很容易的，关键在于勤学苦练，但是它比较强调内功，只有内功深厚的人才能将降龙十八掌最大的威力发挥出来。遗憾的是，通过这几年的教学，我恰恰发现很多学生得其形而忘其神，有些学生对这个分析框架掌握的特别好，语言表达也很好，但深入看论证，却发现完全没有法律思维。我有一次产生非常大的挫败感，就是去年江奖评选的

时候，我出了一道关于抵押物自由转让的问题，经过我们鉴定式案例研习培训的同学做得很不理想，完全没有任何经受过鉴定式训练的痕迹在里面，倒是另外两个没有经受训练的学生写得非常好，令人赞赏。我经常讲，如果说在传统的理论教学和鉴定式案例课程之间必须做一个选择的话，我宁愿放弃鉴定式案例课程，而不是传统的理论教学。现在我们面临最大的问题是，学生看书的积极性不高，做鉴定式案例研习的时候往往就是简单地翻翻书，没有一探究竟的雄心，没有打破砂锅问到底的好奇心，这样完成的作业就没有多大实际意义。虽然我一直认为鉴定式案例研习非常有意义，但是做了几年之后就在反思在咱们目前的这样一种课程体系之下，鉴定式的课程究竟能不能发挥我们期待它所发挥的功能？我曾经非常地困惑，甚至于对其重要性产生了怀疑，这就是去年鉴定式案例研习论坛我没有去的原因。当时有人问我为什么不去参会？这一次有两个老师问我为什么不做报告？我内心主要是担心自己作为报告人说一些话可能不太合适，今天作为与谈人讲这些可能也还是不合时宜，也许勉强还可以接受。无论如何，我觉得只要我们持续用功，在于老师等领导的大力支持下，我们最终一定能够取得不错的结果。谢谢各位老师，我就简单讲这些。

于飞（中国政法大学民商经济法学院院长，教授）：好，谢谢昊晗。夏昊晗老师是全国鉴定式案例研习的核心老师之一。夏老师在中南财经政法大学开展鉴定式案例研习工作，付出了巨大的辛劳，我想，正如昊晗老师所说的，鉴定式案例研习是招式，一个法教育学的功底是内力，这两者结合起来才能发挥最大的威力，而学生这个教义学的功底，实际上很大程度上还取决于中国民法教育学本身的成熟，我们本身就没有很成熟的教育学体系去供给学生，指望他们掌握得很透彻很统一很科学，可能本身也有一定的先天不足。这方面我觉得不是鉴定式案例研习本身的缺陷和错误，而是鉴定式案例研习何以发挥威力前提的一个欠缺。所以这方面我想还是需要我们全体民法学者共同努力，把前提打造好，把这一套技术发挥好。再次谢谢夏老师。下一位发言人是华东政法大学法律学院特聘副研究员李运杨老师，大家欢迎。

李运杨（华东政法大学法律学院特聘副研究员）：谢谢于老师。我个人对于鉴定式案例教学的经验可以说存在很多不足，因为我还没有独立上过案例研习课，但听完我们这个单元 5 位发言人的讲解之后，加上之前学习过程当中的一些体会，谈一些感受。

王文胜教授在报告中讲到，鉴定式案例分析方法的核心仍然是法学基础知识的掌握，刚才昊晗教授也谈到这样的认识，鉴定式的案例分析方法只是一种招式、一种方法而已，不应当舍本逐末，这一点我是非常赞成的。这一点可能在我国尤为重要，即高校里的法教义学教学可能本身存在缺陷，法学知识的供给存在不足，所以法学教育的核心应该是法教义学知识的传授。但是，我们通过鉴定式案例研习的推动，可以在一定程度上促进法学知识的掌握。因为通过案例研习，可以弥补我们法学知识的盲点，促进教义化的程度，所以案例研习的推动还是有必要的。

另外，我再谈一下我们国家推动案例教学过程中可能存在的特殊性或者难点。我们知道，鉴定式案例分析的大致步骤是，第一步要有一个大前提，即首先要在法律规范的基础之上提取构成要件，然后对这些构成要件进行拆解或者定义；第二步是分析和认定案件事实；第三步是将案件事实涵摄到大前提下，检验是否符合大前提的各个构成要件，最后得出一个肯定或否定的结论。那么，我国开展鉴定式案例教学的最大问题可能在寻找大前提的环节。我在教学过程中，就明确遇到这样一个问题，由于我们国家学理上存在各种各样的观点，没有形成通说，在构成要件的提取方面存在困难，尤其是在一些有争议问题上，我本人实际上没有足够的底气来给学生讲，我只能按照我个人对这个问题的理解来讲，比如我认为这样一个请求权需要具备哪些构成要件，这样一个要件具备之后会得出什么样的法律效果。尤其在做权利和动产担保领域的案例研习之时更为明显，比如，如何定义我们的担保物权？所有权保留中的所有权是否属于担保物权？这里可以举一个简单的例子，我们《民法典》第 196 条，规定了不适用诉讼时效的请求权，其中有一项就是登记的动产物权的权利人请求返还的不适用诉讼时效，那么问题来了，如果一个保留出卖人，他办了登记，接下来他当取回标的物的时候，要不要适用这里的规定？如果把它理解成一种担保权，那么根据我们《民法典》司法解释的精神，这种登记型担保物权要受到主债权诉讼时效限制的，但是如果适用《民法典》196 条，它就不会受到诉讼时效的限制。所以，基于不同的认识会得出不同的答案。

对于鉴定式案例分析，想说的还蛮多的，由于时间的原因我就说这些，谢谢。

于飞（中国政法大学民商经济法学院院长，教授）：谢谢运杨老师。下一位有请中国政法大学民商经济法学院讲师于程远老师与谈。

于程远（中国政法大学民商经济法学院讲师）：谢谢于老师。听了各位老师的发言后我特别有感触，所以想谈以下几点。

一个是夏昊晗老师提到的调动同学积极性的问题，这一点我也深有体会。相比以往，我的课程设计发生了一些变化，一开始是考虑设置一个报告组和两个提问组，然后各自准备不同的任务：报告组准备报告，分析讲解案例，然后由提问组针对报告组的漏洞、其中蕴含的法律问题进行质询，再由报告组接受质询，回答提出的问题。但后来试行了几节课之后，我感觉这样不行。因为这演变成了学生自己给自己上课。其中，最主要的问题是：报告组的同学只能讲出他所报告的内容，但凡提问组提出一个问题，他们便做不出任何有意义的回答。我在旁听过程中觉得特别煎熬，上课便成了纯粹的浪费时间。后来，我改变了教学方法：报告组做完报告之后，由我来接受学生的质询，允许所有同学向我提问，即前半节课学生进行报告，后半节课我针对报告进行梳理点评，由大家向我提问，我针对大家的问题再做一个针对性的回复。后来，我向同学询问课程的改进建议和意见，同学们表现得非常热情，给我提了不少意见。有同学提出，这样的上课方式参与度不够，因为问题都被我回答了。对此，也有同学提出了建设性意见，即由我来设计一个问题引导大家去思考，循循善诱。一开始，我觉得特别有道理，便积极采纳。但后续准备过程中又觉得有点不对味：如此这般，这个课会不会终究变成了一场我的自问自答，这到底是提升了参与度，还是降低了参与度？在课程设计上应该往哪个方向去推进，是让我尤为困惑的。怎么能够最充分地调动起同学们的积极性，把我想要提供给大家的知识尽可能广泛、充分地提供给大家，进而让大家有所收获呢？这确实是一个问题。再者，贺剑老师刚才讲到要尝试把科研能力训练融入我们的鉴定式案例教学中，这一点也是一直以来我在不断尝试的一个方向。相对而言，令我比较满意的是，我的硕士生指导也恰是沿着这样的思路，且他们也成功地完成了文章并发表在《研究生法学》，也算是发现问题、解决问题，最后形成一个初步的科研成果。我觉得这是一个成功的尝试，取得了一定效果。

另外，这次收集意见的时候，有一个同学的意见给我留下很深的印象，他说："老师，我觉得这个方法并不好用。"我问为什么不好用？他说："原来不用这个方法的时候，这个案子我会解，我觉得这个解下来很顺利。现在用过这个方法之后，我觉得没法用，构成要件根本拆解不了，哪个问题该归于哪个构成要件，也分析不出来。"我让他举个例子，具体在哪分析不出来或者区分不开。他以侵权责任要件为例，觉得诸如在违法性、过错等构成要件的关系厘清、与有过失究竟归于过错问题还是原因力或是因果关系等问题，均不好处理。听了同学的想法后，我觉得这恰恰说明这位同学学得很不错，因为他恰是运用鉴定式的方法发现了理论中现存的一些争议问题。

在这种情况下，我们不应该往后退缩，认为方法本身不好用，我们更应该前进一步，发现问题后考虑怎么去解决，在这个前进过程中把问题实际解决了，这就是一个科研成果，就是一个发现问题、解决问题的过程。而像我之前所说的指导研究生发表论文时，实际上也就涉及违法性和过错的关系的相关问题，然后做了一个简单的研究，尝试把这个问题解决，进而就形成了一个初步的成果。在我看来，鉴定式方法在科研或研究能力的培养上的产出效率可能高于我们用它来解决实践问题，因为它很容易就能够发现问题，进而去解决问题，让我们能够从一个微观层面发现实践中不合理的地方，发现理论、体系上各种各样的冲突。从这个角度上讲，我觉得它实际上是很有效的。但是，这种方式也会带来一个困惑：这种鉴定式分析方法的培养，或者说法教义学的发展程度在实践中究竟能发挥多大的作用？比如，《民法典》第1054条是关于婚姻无效或者被撤销后的法律效果。围绕本条，婚姻无效或被撤销后，财产怎样分割，损害赔偿问题怎么展开，都是应当关注的问题。按照照顾无错方的原则分割，那么有过错方也应该有损害赔偿的请求权？如此，所谓"过错"，究竟是指什么过错？一般而言，看到这样的法条，特别是按照《民法典》第157条的思路，这样一个过错显然是导致婚姻无效或者被撤销的过错。导致婚姻无效的过错，如重婚、近亲结婚、未达到法定婚龄。过错方有这样的过错，无过错方方可请求损害赔偿，法官应按照照顾无过错方的利益去判决。但当查询实践中司法案例时，就会发现法院很少是这样理解的：实践中法院把这个"过错"更多地理解为一个类似于离婚时的过错。很多现实案例，比如在同居期间男方有出轨行为，那么在分割财产的时候，法院会以《民法典》第1054条为依据，认为出轨即是过错，故而要照顾女方利益。或者说男方在同居期间打了女方，法院会依据《民法典》第1054条进行判决，同样认为男方存在过错故而应该照顾女方利益，但这实际上是离婚财产分割的基本原则，并不适用于同居关系。问题在于，当我们沿着发现问题、解决问题的思路前进时会觉得，好像发现了一个问题，但当真正去解决这个案子的时候，我们查到的大量实践案件主流做法都是我们认为可能是错误的做法。所以，站在一个律师的角度，我在给当事人出报告的时候，到底应该怎么出？实际上，在我看来，如果鉴定式方法要想在这个领域中马上实现效益的话，可能是一个比较长期的过程，而且必须得在实践中、在各个部门中建立起一套共同的话语体系，使它成为大家都认可的方法，这样大家都有意识去运用这种方法处理案件，如此才可能起到作用。但如前所述，关于它的这种短期效益显现期望，在科研方面其实更容易实现。因为我们在进行科研时若发现问题，然后通过这样的思维方式更容易找到解决问题的办法。我的看法就是以上几点，请各位多多批评，谢谢！

于飞（中国政法大学民商经济法学院院长，教授）：非常感谢。程远说得非常具有启发性！下面我们有请西南政法大学民商法学院李海老师发言。

李海（西南政法大学民商法学院讲师）：谢谢大家。我看到第四单元的主题主要是鉴定式案例分析教学的经验与反思，其实我主要是来学习的，谈不上经验与反思，因为这个课我总共才上过6次。刚才听昊晗师兄的分享，感觉他对咱们鉴定式教学在国内的实施情况好像比较悲观。但是我看到各位兄弟院校的同仁在鉴定式案例教学当中所取得的成绩，我真的是感到羡慕嫉妒，但是没有恨。因为参与鉴定式案例教学的工作，或多或少还是有各位老师的情怀在里面，以后还需要与各位同仁共同合作进步。那么我在这里想分享一下西南政法大学在鉴定式案例教学当中的一些情况。

总体来说我们也是在摸索怎么样进行教学。贺老师说到，吸引学生来上鉴定式案例分析课已经不再是问题，但是在我们这里还是一个问题，因为我们学校主要是给大三的学生开设这门选修课。如此我们就面临一个问题，学生在大三的时候，选修课的学分基本上已经修够了，来上这个课的意愿就不强烈了。好在黄家镇老师有他的个人魅力，所以每年来上这个课的人还很多。有赖于黄老师的个人魅力，一个很大的阶梯教室也能爆满。我个人就比较担忧了，因为当我在接力黄老师上这门课的时候，我就发现只剩下一半的学生了。但即便是如此，也有100多位同学在上这门课，相对于学校的规模来说人数并不多。这门课仅配了一个助教，我跟黄老师两人接力。黄老师在前采取讨论的方式，每周分析1个案例。刚才于老师提到，这门课程是要汇集所有的学生。所以凡是来听了课的学生，包括没有选课的学生，黄老师都把他们拉入了讨论群，分成了20多个组一起来讨论案例，每周黄老师会把新的案例发下去，让每一组的每一位同学写报告。于是乎，每周都有差不多200份报告需要阅读，这对于老师与助教来说工作量巨大。每次课将从收到的报告中，挑选出其中两组具有代表性的同学来进行讨论，在课堂上进行攻防演练，老师穿插点评，这就是我们之前的方式。这种方式的结果是，上去做攻防的同学自己在"表演"，下面的同学参与度并不高，也是刚才于程远老师提到的问题。在接手后，我尝试采取了课堂现场讨论的方式，把案例在上课的现场发给同学们，然后让同学们一起来现场讨论。而我在选取讨论的同学的时候，采取了随机的方式，也就是说每一位同学并不知道自己会不会被抽到发言，所以每一位来上课的同学都要做好时刻要发言的准备，随时思考，通过这样一种方式提高学生的参与度。

我在上课的时候与学生一起共同来搭建鉴定式案例分析的框架，虽然最终可能有夏昊晗老师提到的问题——同学们做出来的报告可能有其形而无其神，但是至少通过这样共同参与的方式，让大家先能够把形搭起来，至于神那就如王文胜老师所讲的，就需要勤学苦练才能够练成。至于苦练方面，那么我们只开了一学期的课，可以说只是初阶的课。有些兄弟院校开了两学期，分为初阶和高阶，但是两学期的课程真的就能够让咱们的学生较好地掌握鉴定式案例分析方法吗？德国的法科学生从一开始学民法就参加辅导课，其实辅导课主要就是在进行这方面的训练。那么，我们是不是也可以考虑，我们现在这一批同学培养出来之后，他们在一定程度上掌握了鉴定式案例分析方法，当他们进入研究生阶段，进入博士阶段，能不能也像德国一样开设辅导课呢？这样让我们的学生从一开始就进行这方面的训练，这是我的一个设想，不知道有没有可行性。当然希望大家也能够一起来讨论一下，我们怎么样来完善我们的教学，谢谢！

于飞（中国政法大学民商经济法学院院长，教授）： 谢谢李海老师的分享，下面有请来自吉林大学法学院王立栋老师报告，大家欢迎。

王立栋（吉林大学法学院讲师）： 谢谢于老师，刚看了一下时间，发现已经到了闭幕

的时间，我长话短说。我在中国政法大学的中德法学院读书时就开始接触案例鉴定式案例教学，后来在德国也系统地上过他们的案例练习课。从个人经历来看，我认为鉴定式案例研习对学习民法是一套非常行之有效的方法，我自己在做科研，还有在教学的过程中，也经常去翻一下德国的案例书，来寻找一些灵感。当然，我个人没有太多鉴定式案例教学的经验，因为吉林大学目前没有开设针对本科生的鉴定式案例研习课程。我个人有一些团队授课，主要是研究生那边的，我利用团队授课的机会在研究生那边做过六七次尝试。从这些有限的经验来看，有两个比较深的感触，首先就像孙政伟老师讲的那样——难，东北西北遥相呼应，有效地把这门课组织起来，确实不容易；其次是缺少共识，我上课时是找一些非常简单的案例，但是发现即便对于这些简单的案例，也很不好说请求权基础到底是什么。老师和学生之间经常不能达成共识。在德国，因为已经非常成熟了，这些基本的共识都非常清楚。在中国，首先是老师和老师之间，老师和学生之间达成共识很难，其次是不同的学校的老师之间也很难达成共识。我在上课之前偶尔也跟国内的同行交流一下，请教一下他们怎么看待这些问题，发现这些老师之间也很难达成共识。

我接下来要说的一点是我未来的规划。在吉林大学现在想系统性地开设针对本科生的鉴定式案例教学，既有制度上的障碍，人手也不太够。所以我自己初步规划是2022年"借壳上市"，我们本科生有一门选修课，叫民法实例研习，我决定把这门课改造成鉴定式案例研习。在开设这门课的时候准备借鉴一下刚才各位老师讲的经验，特别是王文胜老师说的三个阶段的经验，一是小班讨论，二是自愿参与，三是选修。根据王老师的经验，我可以直接跳过前两个阶段，直接一步到位跳到选修。我希望明年这门课能开成，也希望2022年再办鉴定式案例研习大赛的时候，我能过来讲一下自己的经验。我就说这些，谢谢大家。

于飞（中国政法大学民商经济法学院院长，教授）：感谢立栋老师。我最后再说一句话，我觉得建立案例研究的课堂组织特别重要。魔鬼隐藏在细节之中，这个课上的效果怎么样，跟课堂的组织方式是非常相关的。所以，我觉得下一次我们再开这个会的时候，可以专门研讨课堂组织方式，一种最有效果的组织方式，最有经验的老师探讨出来以后把它标准化，然后进行统一，免得后来者再试错再走弯路。今天我们这个阶段就到这里，非常感谢 5 位发言人，精彩是你们的奉献，拖延时间是我的失误，请大家原谅。这个阶段结束。

闭幕式

2021 年 7 月 10 日

麻昌华（中南财经政法大学法学院教授）：非常高兴有这个机会来主持本次鉴定式案例研习论坛闭幕式。下面我们有请张家勇教授来为此次鉴定式案例研习论坛进行总结发言。

张家勇（中南财经政法大学法学院副院长，教授）：很高兴能够如愿在 2021 年 7 月 10 日把去年在中国政法大学就定下来的任务完成。我们基本上可以宣布今天的会议圆满成功。我们今天的会议是基于鉴定式案例研习大赛而进行的教学研讨，说不上是学术研讨，这个会议的总结可以分为两个部分来看。

第一个部分涉及对本次鉴定式案例大赛的说明。关于大赛具体进行的工作，上午颁奖过程中李俊副院长已经做过了说明，我再补充说明一点情况。我去年在中国政法大学会议上说过，今年的鉴定式案例应当是一个混合型的，原则上包括民法、刑法或者是行政法相关内容的综合案例，这也是因为我们中南财经政法大学开设暑期班的时候，这三个部分的内容都有，所以希望在大赛的案例编制上反映出鉴定式案例的"高阶训练"色彩。但是，最后在编制案例的时候，王复春老师说，要他把刑法的案情设计到我们这个"疯狂的担保"案例中去，实在是不知道如何做，只能另外单独编制刑法的案例。但是，如果竞赛案例分成两个案例，一个刑法案例，一个民法案例，则达不到预设目标。本来是想就一个综合性的案例多角度分析，就像律师那样，在处理民事案件的时候，可能需要同时考虑某些行政法上或刑法上的问题。由于前述原因，我原来的想法没有得到实现，即使我们这里有号称"民法鉴定式案例第一编剧"的陈大创老师。

另外一个要表示抱歉的是，我们认为，大赛的参加者应该被假定是对鉴定式案例分析有相对深入了解的人，他们对相关法学基础理论以及对鉴定式案例报告的写作方法都已经达到了相对较好的掌握程度，所以案例的选择应当稍稍偏高阶一些，因此我们最终决定选择了与担保有关的案例。不过，从结果来看，我们的预判出现了偏差，"疯狂的担保"最后的确太"疯狂"：去年参赛的作品（案例报告）是 700 多份，今年只有近 120 份。这让我非常失落。但想到如果答卷本身很好便也罢了，不过结果再一次让我失望。根据书面评审的结果反馈看，老师们说实在挑不出特别好的，所以，我毅然决然地说，那复试就定 10 人。尽管复试辛辛苦苦搞了 5 个多小时，但最终的结果也没有改变书面评审所获得的结果，进入复审的同学的表现仍然不尽如人意。所以，最终确定奖项就抱着宁缺毋滥的原则，结合大家讨论的结果，确定了 5 人获奖，1 个二等奖，4 个三等奖。我们如果要把大赛继续办下去，就必须办出一些质量来；如果我们对一些质量不高的作品也给予奖励，我们的大赛评奖就失去了公信力。只有我们大家拿出来优秀的参赛作品，通过鉴定式案例大赛宣传与推进，鉴定式案例教学的意义与价值才能得到最大程度的体现。

第二个部分要说的是鉴定式案例研习论坛。大家在交流的环节谈到的问题涉及鉴定式案例教学的方方面面，很多问题都触及这套教学方法的核心。

首先是如何看待鉴定式案例教学法与专业教学和理论学习的关系。很多人在面对鉴定式案例教学时都心存疑虑，这套来自域外的方法真的有用吗？刚才吴晗老师也就他的感受表达出某种悲观的意见，但是，我个人还是持谨慎乐观的立场。我们中南财经政法大学可以说是国内最早将鉴定式案例教学纳入法科学生培养体系的高校，但仅在卓法班展开。卓法班是经过入校后二次选拔"挑"出来的学生，要求高于一般学生，比如语文要求在 125 分以上，英语和数学要求在 135 分以上。卓法班的课程最先涉及 10 门以上的案例与相关理论课搭配。但是，学生反映上课撰写案例作业的压力太大，没有时间阅读和参加其他学生活动，所以，目前的培养方案大幅度削减了案例课的数量，总数在 6 门左右。从我近四年的教学感受来看，这套方法还是有一些积极效果的，至少多数同学拿到案例知道如何去着手分析，没有经过这套方法训练的同学多数是没有相同表现的。当然，我也在反思，如果我们授课的对象就是被挑选出来的"优秀学生"，他们学得好是因为这套教育方法本身好，还是因为他们本来就优秀？为了回应这个问题，我曾经设想过设置"对照组"，将挑选出来的"尖子生"与随机抽取的"普通生"采用同一套教学模式，最后对教学效果进行评价。不过这个想法由于师资的原因没有实施，希望中国政法大学、华东政法大学这样大面积推广鉴定式案例教学的高校能够及时反馈相关情况，谨慎评估这套教学法的得失。

其次是如何看待案例教学的目标任务。大学本科 4 年，很多学生是不读研究生的。大家可以算一算，法学专业课的上课时间有多长。我的初步估计是不到 2 年。2 年的时间让学生不仅要学好理论，还要具备职业法律人所需的全部技能，这样的目标在座各位做得到吗？如果我们都做不到，凭什么要求学生做到？所以，我认为，对于鉴定式案例教学能够做什么、应该做什么，一定要有清晰的认识。别指着鉴定式案例教学把大学法学教育的职业培养目标全部实现，这是不可能的，也是不现实的，甚至是错误的。大学法学教育只能培养学生最基本的职业素养，在我看来，最基本的职业素养就是要学会针对法律纠纷说理的时候，养成依法说理的思维习惯，并且这个法一定是中国法，不能把德国法的条文拿来分析中国法律问题。很多学生说德国法一套一套的，拿到我国的案子就立马傻眼。我国的法律再有待完善，你也必须面对，这是你真实生活的世界，不能绕开。哪怕有问题，哪怕结论不一定得到别人的赞同，也要想办法通过法律的解释，通过案例的阅读去把问题给消解掉。这才是法治思维，才叫依法说理。如果这一点思维都没有，总是凭感觉处理问题，凭什么叫做法律人？所以，我认为鉴定式案例教学就是让法科学生从一开始就学会依法说理。当然，法律适用或法律执业还需要具备很多其他的技能，这不是鉴定式案例教学这样一个方法就能够解决的。很多实务技能必须通过专业实习去解决，让我们目前的大学法学专业教育去承担这方面的任务是有误导性的。

最后是鉴定式教学未来怎么做。比如，如何编辑案例，如何引导学生展开讨论，如何培养助教，助教如何批改作业，师资和助教问题可能是最为困难的问题。师资一要看专业素养，二要看精力投入。从国内目前的总体情况看，鉴定式案例教学的专业师资是明显不足的，包括中国政法大学、华东政法大学和中南财经政法大学这些老牌政法院校都是如此。这个工作可能需要通过师资培养的途径解决，我们考虑过了，但没有切实推进。编写案例与组织教学，鉴定式案例教学的投入都远远大于传统的案例教学，所以需要相关学校对从事鉴定式案例教学的老师们给予一些优惠待遇，他们通常都是年轻老师，科研和家庭的压力都很大，这种高强度投入需要更多支持。在助教问题上，一是培养优秀的助教很难，组织学生讨论尤其是作业批改，都主要借助助教来完成；二是除助教的需求数量大、能力要求较高外，聘请助教的费用也是一笔不小的开支。据我所知，除了北京大学这样极少数财力雄厚的学校可能不存在问题外，多数学校都会有压力。如何解决这个问题，也是需要探讨和面对的。不过，我想大家还是要抱着希望的态度去看待这个新生事物，把有价值的事情逐步推向较好的结果方向。不论能力大小，每个人推进一点总是好的，大家既然来了，就一起把这个有意义的事情往前推进！

最后的最后再耽误一分钟表示一下感谢。第一个要感谢的是大赛的出题老师和评审老师，你们付出很大，谢谢你们！第二个要感谢的是今天来参会的各位，从早上八点开始到现在下午六点，真的很不容易。感谢大家对本届论坛的支持和对鉴定式案例教学的投入，希望大家把这份热情继续保持下去，谢谢你们的付出和坚持！

麻昌华（中南财经政法大学法学院教授）：谢谢张家勇教授把他几年关于鉴定式案例教学的一些苦与乐在这里跟大家分享。至此，我们本届全国鉴定式案例研习论坛圆满结束，谢谢大家！

附　录

（本书涉及的法律法规及其对应简称）

全称	简称
《最高人民法院关于审理民间借贷案件适用法律若干问题的规定（2020 第二次修正)》	《民间借贷规定》
《最高人民法院关于适用〈中华人民共和国民法典〉有关担保制度的解释》	《担保制度解释》
《最高人民法院关于适用〈中华人民共和国公司法〉若干问题的规定（三)》	《公司法规定三》
《最高人民法院关于适用〈中华人民共和国企业破产法〉若干问题的规定（二)》	《破产法规定二》
《最高人民法院关于审理买卖合同纠纷案件适用法律问题的解释（2020 修正)》	《买卖合同解释》
《最高人民法院关于适用〈中华人民共和国民法典〉物权编的解释（一)》	《物权编解释（一)》
《最高人民法院关于审理融资租赁合同纠纷案件适用法律问题的解释》	《融资租赁合同解释》
《最高人民法院关于适用〈中华人民共和国民事诉讼法〉的解释（2020 修正)》	《民诉法解释》
《最高人民法院关于人民法院办理执行异议和复议案件若干问题的规定（2020 修正)》	《执行异议和复议规定》